Gebaute Gebete

Christliche sakrale Architektur –
Neubauten in Österreich 1990 bis 2011

Constantin Gegenhuber

Gebaute Gebete

Christliche sakrale Architektur –
Neubauten in Österreich 1990 bis 2011

VERLAG ANTON PUSTET

Inhalt

Vorwort - Prof. Manfred Wagner	7
Gebaute Gebete für das Christentum	8
Christliche Glaubensgemeinschaften in Österreich	10
Anforderungen an den Sakralraum	14
Österreichische Positionen ab 1953	24

Realisierte sakrale Neubauten in Österreich

Wien
Wien-Favoriten: Römisch-katholische Kirche und Pfarrhof Emmaus	36
Wien-Floridsdorf: Römisch-katholische Kirche und Pfarrhof St. Cyrill und Method	42
Wien-Simmering: Römisch-katholische Pfarrkirche St. Benedikt Leberberg	48
Wien-Donaustadt: Römisch-katholisches Seelsorgezentrum St. Katharina von Siena	56
Wien-Donaustadt: Römisch-katholische Kirche „Christus, Hoffnung der Welt"	60
Wien-Simmering: Evangelische Kirche am Leberberg, Gemeindezentrum Arche	68
Wien-Simmering: Rumänisch-orthodoxe Kirche „Zur Heiligen Auferstehung"	72
Wien-Hirschstetten: Koptisch-orthodoxe Kirche	76

Burgenland
Podersdorf: Römisch-katholisches Pfarrzentrum	84
Siegendorf: Neuapostolische Kirche	92

Niederösterreich
Paudorf-Göttweig: Römisch-katholische Pfarrkirche St. Altmann	96
St. Pölten, Stattersdorf-Harland: Römisch-katholische Pfarrkirche – Milleniumskirche	104
Oberrohrbach: Römisch-katholische Filialkirche – Kirche vom Erbarmen Gottes	112
Klosterneuburg: Evangelische Kirche	120
Waidhofen an der Thaya: Evangelische Kirche der Frohen Botschaft	126
Hainburg: Evangelische Kirche – Martin Luther Kirche	132
St. Pölten: Neuapostolische Kirche	142

Oberösterreich
Treffling: Römisch-katholisches Seelsorgezentrum „Christus, dem Auferstandenen"	146
Schlüßlberg: Römisch-katholische Seelsorgestelle „Zur heiligen Familie"	154
Kirchham: Römisch-katholische Pfarrkirche St. Laurentius	160
Steyr-Resthof: Römisch-katholische Kirche St. Franziskus	166
Wels: Römisch-katholisches Pfarrzentrum St. Franziskus	174
Gallspach: Römisch-katholische Pfarrkirche Hl. Katharina	182
Linz-Solarcity: Römisch-katholisches Seelsorgezentrum Elia	190
Linz: Römisch-katholische Seelsorgestelle Treffpunkt Mensch und Arbeit, voestalpine	198
Lichtenberg: Römisch-katholisches Seelsorgezentrum	206

Wien Burgenland Niederösterreich Oberösterreich Salzburg Tirol Vorarlberg Steiermark Kärnten

Salzburg

Salzburg: Römisch-katholische Konzilspfarre St. Paul	212
St. Veit im Pongau: Römisch-katholisches Kloster Maria im Paradies Kinderalm	220
Salzburg-Süd: Evangelische Kirche – Auferstehungskirche	228
Salzburg-Schallmoos: Rumänisch-orthodoxe Kirche	236

Tirol

Innsbruck-Kranebitten: Römisch-katholische Kirche Mariä Heimsuchung	242
Telfs-Schlichtling: Römisch-katholische Heilig-Geist-Kirche	248
Innsbruck: Römisch-katholisches Karmelkloster St. Josef	256

Vorarlberg

Bludenz: Neuapostolische Kirche	264

Steiermark

Aigen im Ennstal: Römisch-katholische Filialkirche	270
Graz-Eggenberg: Römisch-katholische Pfarrkirche zu den Heiligen Schutzengeln	278

Kärnten

Damtschach: Römisch-katholische Pfarrkirche	286
Rudersdorf bei Ferndorf: Evangelische Kirche	292
Gmünd: Evangelische Kirche	300
Villach: Neuapostolische Kirche	306

Zusammenfassung 312

Endnoten	317
Architektenbiografien	319
Künstlerbiografien	324
Glossar	329
Bibliografie	330
Foto-/Plannachweis	333

Vorwort

Kirchenarchitektur spielte in der Kulturgeschichte Österreichs immer eine entscheidende Rolle. Dies verblüfft einerseits, weil zunehmend das Kircheninteresse der Bevölkerung abnimmt und andererseits die Distanz gegenüber der Gegenwartsarchitektur auch in allen anderen Auftragsformulierungen, europäisch gesehen, sehr auffällig erscheint. Die Verhinderung des Neuen, für das zwangsläufig Altes Platz machen muss, ist, gleichgültig aus welchen Gründen, bis heute politische Norm und brachte jenen Adaptionismus zutage, der in der Imitation von Historie oder bestenfalls angepasster Unauffälligkeit resultiert.

Dieser allgemeinen Haltung widersprechen die zwar wenigen, teilweise auch nicht gebauten, aber zumindest ausgepreisten Kirchenbauten der Zweiten Republik zum Teil. Denn tatsächlich war die römisch-katholische Kirche nach dem Zweiten Weltkrieg einer der wichtigsten Bauherrn für die damals aufstrebende österreichische Architektur und deren bedeutendste Vertreter waren lange vor allen anderen Auftraggebern von der Kirche gebeten worden, neue Konzepte zu entwickeln. Die Auftragsvergabe stand damals im Zeichen hoher Spiritualität, der sich die junge Architektenelite gerne stellte und damit bedeutende Architekturdenkmäler schuf, die inzwischen in die international verbindliche Architekturgeschichte Eingang fanden.

Ob dies auch für die Neubauten ab den 1990er-Jahren, die unter christlichem Vorhaben stehen, gesagt werden kann, ist die zentrale Frage des Autors. Wichtig sind Constantin Gegenhuber weniger die Wertungen, sondern ein alle 40 Kirchen umfassendes Schema, um dem Leser und Betrachter selbst eine Wertungsanalyse möglich zu machen. Auf die architekturhistorische Wertung zu verzichten, erlaubt er sich unter dem Prätext einer kultur- und geistesgeschichtlichen Abhandlung, damit der Emanzipation funktionaler Parameter, die auch Sonderbedingungen, wie Lichtführung, liturgische Verortung, Reflexion über den Sakralraum und die Inanspruchnahme anderer Künstler thematisiert. Ohne die daraus resultierenden Wertkategorien vorweg nehmen zu wollen, werden Prozesse sichtbar, die nahezu im 1:1-Vergleich die Wünsche der in den Diözesen beziehungsweise in den Pfarrgemeinderäten verantwortlichen Entscheidungsträger melden, was grosso modo zweifellos mit geringeren Qualitätsansprüchen korreliert. Bestens gelungene Beispiele gehen nur dort auf, wo ein intensiver Dialog zwischen Theologie und Architektur stattgefunden hat, die Spiritualität der unmittelbaren Auftraggeber sich auch mit der intellektuellen Dimension des Architekten decken konnte.

Aus dieser Studie lassen sich auch Alarmsignale herauslesen, die dringend zur Besinnung vor allem auf Auftraggeberseite rufen. Der Rückzug der Kirchenmusik ist ebenso abgebildet wie die Scheu vor zeitgenössischer bildender Kunst im Ausstattungsbereich, das Risiko durch technisch-konstruktive Innovationsgrade wird ebenso vermieden wie die bewusste Gestaltung der Resträume, die insbesondere für Kinder und Jugendliche gedacht sind.

Dieses Quellenmaterial ist also nicht nur Dokumentation und nicht nur kultur- und geistesgeschichtliche Abhandlung über ein wichtiges religionsbezogenes Phänomen unserer Gesellschaft, sondern auch Diagnose eines Zustandes, der die Akzeptanz neuer Architektur und die Anspruchshöhe kirchlicher Auftragsgeber aufzeigt. Somit sind drei Reflexionsebenen angesprochen und mit deutlichen Warnzeichen konfrontiert: die Architekten (vielleicht noch am wenigsten), die kirchlichen Funktionseinheiten und vor allem die Gläubigen selbst, die sich trotz des hohen spirituellen Anspruchs, den die Kirche aufgrund ihres Wesens vertreten muss, sich nicht allzu sehr von der profanen Welt unterscheiden. Demokratisch legitimiert kann dies manche trösten. Spirituell läuft etwas, wie Gegenhuber schlüssig nachweist, in die falsche Richtung.

o.Univ.-Prof. Dr. phil. Manfred Wagner

gegenüberliegende Seite:
Martin Luther Kirche, Hainburg

Gebaute Gebete für das Christentum

Die jahrelange Auseinandersetzung mit dem christlichen Glauben einerseits und mit der Architektur andererseits führte mich zu der überraschenden Erkenntnis, dass es keine umfassende Darstellung zum Thema der Neubauten in der sakralen Architektur im Zeitraum 1990 bis 2011 in Österreich gibt.

Mein Interesse an diesem Thema hat mehrere Wurzeln: Ich besuchte das humanistische Stiftsgymnasium der Benediktiner in Seitenstetten. Diese Zeit war prägend für die Basis meines christlichen Glaubens, der seither ein zentrales Thema in meinem Leben ist.

Das Architekturstudium absolvierte ich an der Technischen Universität Wien und schloss es 1999 mit einer Diplomarbeit über Krankenhausbau bei Univ.-Prof. DI Helmut Richter ab. Die jahrelange Auseinandersetzung mit der Architektur für die Medizin führte mich schlussendlich zur Auseinandersetzung mit der Architektur für die Spiritualität, für den christlichen Glauben.

Die Faszination an der menschenzugewandten Produktentwicklung, die von Carl Auböck propagiert und gelehrt wurde, führte zu meinem gleichzeitigen Studium an der Meisterklasse für Produktgestaltung bei Prof. DI Auböck an der Hochschule für angewandte Kunst. Aus der weiteren Beschäftigung mit diesen vielschichtigen Themenbereichen, die alle um das Thema Mensch und Raum kreisen, entstand auch mein Wunsch nach einer tiefergehenden Auseinandersetzung unter geisteswissenschaftlichen Aspekten. So kam es zu der vorliegenden Publikation, welche auf meiner Dissertation bei Univ.-Prof. Dr. Manfred Wagner an der Universität für angewandte Kunst am Institut für Kultur- und Geistesgeschichte in Wien fusst.

In der theoretischen Einleitung werden die christlichen Glaubensgemeinschaften in Österreich abgehandelt und ihre charakteristischen Glaubensinhalte dargestellt. Anschließend erfolgt die Darstellung ausgewählter österreichischer Positionen ab 1953. Der Hauptteil der Publikation umfasst die Untersuchung zahlreicher christlicher sakraler Neubauten in Österreich im Zeitraum 1990 bis 2011. In die Arbeit wurden jene Sakralbauten, die als reine Neubauten errichtet worden sind, aufgenommen. Als methodisch notwendige Untergrenze der Größenordnung wurden 100 Sitzplätze festgelegt, sodass Kapellenneubauten und kleine Kirchenneubauten von der Untersuchung ebenso exkludiert sind wie Umbauten, Zubauten und Erweiterungsbauten verschiedenen Ausmaßes. Die einzige Ausnahme bildet die evangelische Kirche in Hainburg mit 60 Sitzplätzen, die aufgrund ihres hohen Innovationsgrades in die Publikation aufgenommen wurde.

Architektur als gebaute Philosophie ist die Suche nach adäquaten Räumen. Der Ursprung für die Sehnsucht nach Räumen ist der Mensch, ebenso wie die Natur und die Suche nach dem Göttlichen. Jeder Mensch ist aufgrund seines zellulären Aufbaus Raum per se, Raum zum Leben. Der Mensch erlebt sich als Raum, durch die vernetzten Raumstrukturen erlebt er seine Gebundenheit im Körper. Der Körper wird durch seine Haut begrenzt und gilt als die erste Hülle in der menschlichen Wahrnehmung. Nach der Bekleidung als zweiter, ist für uns Menschen die Architektur, die Behausung, als dritte schützende Hülle allgegenwärtig.

Der Sakralbau stellt ein besonderes Kapitel der Architektur dar. Sie soll die Basis beziehungsweise die Voraussetzung dafür schaffen, dass Äußeres abgelegt werden und die Schau nach innen erfolgen kann. Der sakrale Raum ist materialisierter Raum, somit erleben wir ihn als begrenzten Raum, jedoch soll der sakrale Raum uns öffnen und uns bewusst machen, dass wir die Endlichkeit und Begrenztheit des Raumes überwinden werden und in die Unendlichkeit des unvorstellbaren erfüllten Universalraumes eingehen werden. Um diese hohen Anforderungen des Sakralraumes erfüllen zu können, benötigen wir in unserer Informations-, Technologie- und Konsumgesellschaft den transzendentalen Raum. Dieser soll einen Kontrapunkt zur äußeren Welt darstellen. Er lehnt den äußeren Raum in keiner Weise ab, jedoch soll der äußere Raum transformiert werden, um den Geist erweitern und öffnen zu können. Dies geschieht sowohl in der Besinnung, in der Aussprache, bei der Verkündigung, als auch bei der Messfeier und im Vor- und Umfeld des Sakralbaus.

Der Mensch ist als entwickeltes Wesen ein Geistwesen und hat „durch die Gnade Teilhabe am Leben Gottes; sie führt uns in das Innerste des dreifaltigen Lebens". Um diese Verbindung zu pflegen, benötigen wir Räume, Zwischenräume, Räume der Stille und Räume zum Feiern. Die Anforderungen an den sakralen Raum sind sehr mannigfaltig, denn der sakrale Raum soll als Bindeglied zwischen Gott und Mensch dienen.

kosmischen und transzendentalen Raum. Der Mensch ist ein Wesen, das sich im Raum ausdrückt, er denkt im Raum, er fühlt im Raum, er erfährt seine Sinne im Raum, und dieser anthropologische Raum führt hin zum sakralen Raum als Raum des Erhabenen und des Numinosen.

Dies leitet über zu einer weiteren Fragestellung: Welche architektonischen Ausformungen und Funktionskriterien muss ein Sakralraum erfüllen, um den von der jeweiligen Glaubensgemeinschaft definierten Anforderungen gerecht zu werden.

Ein Schwerpunkt der Untersuchung gilt der Frage, wie weit Sakralarchitektur sich heute in Österreich in ihrer Möglichkeit zur Zeichensetzung im Stadtbild behauptet, im Wettbewerb der Aufmerksamkeit ihren Platz beansprucht, in Konstruktion, Materialwahl und Lichtführung die Funktion ausdrückt. In dieser Untersuchung habe ich Analyseschritte zur Beschreibung der sakralen Architektur eingeführt. Im Blick auf die Entstehungsgeschichte, in der Beschreibung des Ortes, der Darstellung der Vision, des architektonischen Themas, gefolgt von einer Architekturanalyse, der Beschreibung von Konstruktion, Materialität und Innenausbau, hinführend zu den liturgischen Orten und zur persönlichen Reflexion zum sakralen Raum und der abschließenden Darstellung der künstlerischen Gestaltung entsteht ein komplexes Instrument zur Betrachtung und Einordnung der sakralen Räume.

Daraus erwächst ein Bild der Vielschichtigkeit und Differenziertheit der realisierten Positionen in Österreich. Das zentrale Thema der sakralen Architektur ist das Bestreben nach der Auflösung des Raumes, der Auflösung der Zeit als Ausdruck der Hinwendung zu Gott – im Kontrast zur Räumlichkeit, Materialität, Zeitlichkeit und zur Eingebundenheit im soziologischen Kontext und dem gegenwärtigen religiösen Diskurs.

Christliche Glaubensgemeinschaften in Österreich

Im Lauf der Geschichte haben sich mehrere Bekenntnisse herausgebildet, die sich alle als christlich verstehen, aber zu verschiedenen Fragen unterschiedliche Positionen beziehen. Im Folgenden werden jene Konfessionen kurz vorgestellt, die zwischen 1990 und 2011 neue Sakralbauten errichtet haben. Zuvor aber ein Überblick über alle staatlich anerkannten christlichen Bekenntnisgemeinschaften, geordnet nach der Zahl ihrer Mitglieder:

Die größte Bekenntnisgemeinschaft in Österreich ist die katholische Kirche (5.533.517 Mitglieder, Stand Ende 2009). Davon gehört die überwiegende Mehrheit dem lateinischen Ritus an. Die restlichen Katholiken verteilen sich auf östliche katholische Riten, wie den griechisch-katholischen, armenisch-katholischen oder syrisch-katholischen Ritus.

An zweiter Stelle steht die Evangelische Kirche mit 323.983 Mitgliedern, die sich wiederum in Augsburger und Helvetisches Bekenntnis unterteilt.

Die drittgrößte Gemeinschaft ist die griechisch-orientalische beziehungsweise orthodoxe Kirche. Sie zählt circa 400.000 Gläubige, die sich unter anderem entsprechend ihrer Nationalität in eigene Kirchengemeinden gliedern (griechisch-orthodox, serbisch-orthodox, russisch-orthodox, rumänisch-orthodox, bulgarisch-orthodox, ukrainisch-orthodox).

Darauf folgen die altkatholische Kirche mit 14.621 Mitgliedern, die neuapostolische Kirche mit 4900 Mitgliedern und verschiedene altorientalische Kirchengemeinden wie die armenisch-apostolische, die syrisch-orthodoxe und die koptisch-orthodoxe Kirche in Österreich, die jeweils zwischen 1000 und 2000 Mitgliedern zählen. Ungefähr in dieser Größenordnung findet sich auch die evangelisch-methodistische Kirche. Als Religionsgemeinschaft staatlich anerkannt ist weiters die „Kirche Jesu Christi der Heiligen der Letzten Tage" (Mormonen) mit 2236 Mitgliedern.

Die römisch-katholische Kirche
Römisch-katholisch sind die Mitglieder jener christlichen Gruppierungen, die den Papst als Kirchenoberhaupt anerkennen. Zu ihr gehören 73,6 Prozent der österreichischen Bevölkerung. Der Begriff „katholisch" kommt aus dem Griechischen „katahólos" und bedeutet „das Ganze betreffend", „allgemein".

Die Glaubensinhalte bauen vor allem auf dem nizäno-konstantinopolitanischen Glaubensbekenntnis auf, das aus den ersten beiden ökumenischen Konzilien (325 und 381) hervorgegangen ist. An vorderster Stelle stehen dabei die Lehre von der Dreifaltigkeit und die Lehre von der Menschwerdung Gottes. Im Mittelalter wurde vor allem die Gnaden- und Sakramentenlehre ein wichtiges Thema.

Die Sakramente sind im katholischen Selbstverständnis „wirksame Zeichen der Gnade", die Christus selbst eingesetzt hat. Sie haben immer einen sichtbaren Aspekt, wie etwa Brot und Wein bei der Eucharistie, und einen unsichtbaren (die Gnade, die dadurch bewirkt wird). Ab dem Hochmittelalter wurde die Zahl der Sakramente auf sieben festgelegt: Taufe, Firmung, Eucharistie, Buße, Krankensalbung, Weihe und Ehe.

Zentrum des Gemeindelebens ist der Gottesdienst. Er besteht aus zwei wesentlichen Elementen, dem Wortgottesdienst (Lesungen, Evangelium, Predigt) und der Eucharistiefeier (Gabenbereitung, Hochgebet, Kommunion). Die Neubelegung der Messe war ein wichtiger Programmpunkt des Zweiten Vatikanischen Konzils.

Wichtig – im Unterschied zur evangelischen Kirche – ist der Glaube, dass in der geweihten Hostie der Leib Christi real gegenwärtig ist. Darum wird die konsekrierte Hostie in katholischen Kirchen im Tabernakel aufbewahrt und in ihrer Präsenz gekennzeichnet durch das Ewige Licht, auch Ampel genannt. Als Zeichen der Verehrung machen die Gläubigen vor dem Tabernakel eine Kniebeuge. Weiters spielt in der katholischen Liturgie und Glaubenspraxis die Heiligenverehrung eine wichtige Rolle:

„Namens-, Kirchen- und Länderpatrone sind allgegenwärtig. Die liturgische Ordnung des Gottesdienstes enthält ein reiches Spektrum an Heiligenfesten. In der christlichen Volksfrömmigkeit haben Heilige eine zentrale Bedeutung. Bereits die ersten Christengenerationen schlossen in ihr Gottes-Gedächtnis auch jene Menschen und Gestalten ein, die für sie von besonders starker Zeugniskraft auf Gott hin waren und als Fundamente der kirchlichen Gemeinschaft galten."[1]

Vielfach diskutiert wurde nicht nur die Frage nach der Heiligenverehrung, sondern auch der päpstliche Primat, die Vorrangstellung des Papstes unter den Bischöfen, und die päpstliche Unfehlbarkeit, die 1870 am Ersten Vatikanischen Konzil zum Dogma erhoben wurde.

Mit dem Zweiten Vatikanischen Konzil (1962-1965) strebte die Kirche Erneuerung und Modernisierung an: „Gegenwärtig sieht sich der Katholizismus als universal organisierte Glaubensgemeinschaft mit der Aufgabe konfrontiert, seine liturgische, rechtliche und theologische Strukturiertheit unter den Bedingungen des weltweiten kulturellen Pluralismus neu zu überdenken."[2]

Die strukturellen Säulen der katholischen Kirche sind das Bischofs-, Priester- und Diakonenamt. Seit dem Zweiten Vatikanischen Konzil liegt ein besonderer Fokus auf der Bedeutung der Laien: „Im Selbstverständnis des Zweiten Vatikanischen Konzils versteht sich die katholische Kirche als ‚Volk Gottes auf dem Weg' mit einer Verheißung und betont das allgemeine Priestertum der Gläubigen ebenso wie die Notwendigkeit der hierarchisch geordneten Gemeinschaft."[3]

Die römisch-katholische Kirche ist außerdem territorial strukturiert. In Österreich besteht sie aus neun territorialen Diözesen, darunter zwei Erzdiözesen, und einem Militärordinariat. Die Territorialdiözesen stimmen mit den Gebieten der Bundesländer großteils überein, lediglich ein Teil Nordtirols gehört zur Erzdiözese Salzburg und das östliche Niederösterreich gehört zur Erzdiözese Wien.

Die neun territorialen Diözesen sind weiters in zwei Kirchenprovinzen unterteilt. Die Kirchenprovinz Wien besteht aus der Erzdiözese Wien (gegründet 1469, 55 Dekanate, 660 Pfarren), der Diözese St. Pölten (gegründet 1785, 25 Dekanate, 424 Pfarren), der Diözese Linz (gegründet 1785, 39 Dekanate, 472 Pfarren) und der Diözese Eisenstadt (gegründet 1960, 12 Dekanate, 171 Pfarren). Zur Kirchenprovinz Salzburg gehören die Erzdiözese Salzburg (gegründet um 700, 20 Dekanate, 208 Pfarren), die Diözese Graz-Seckau (gegründet 1218, 26 Dekanate, 389 Pfarren), die Diözese Gurk-Klagenfurt (gegründet 1072, 24 Dekanate, 335 Pfarren), die Diözese Innsbruck (gegründet 1964, 19 Dekanate, 244 Pfarren) und die Diözese Feldkirch (gegründet 1968, 9 Dekanate, 124 Pfarren). Die Zuständigkeit des Militärordinariats ist die Seelsorge der Militärangehörigen und deren Familien. Es umfasst vier Dekanate und 22 Pfarren.

Die evangelische Kirche

Als evangelische Kirche (auch evangelische Freikirche genannt) werden jene christlichen Kirchen bezeichnet, die in der Tradition der Reformation stehen. Evangelisch bedeutet, der biblischen Botschaft des Evangeliums gemäß. Der Begriff der evangelischen Kirche wird zum Sammelbegriff für lutherische als auch für reformierte Kirche.

In Österreich erreichte die Reformation 1580 ihren Höhepunkt. Große Teile der Bevölkerung stimmten damals der Lehre Martin Luthers (1483-1546) zu. Gleichzeitig setzte die Gegenreformation der Habsburger ein, die für das Kaiserhaus eine politische Existenzfrage war. Erst Kaiser Joseph II. war es, der in den Bestimmungen des Toleranzpatents nicht nur die Duldung der Evangelischen bewirkte und damit ihr jahrzehntelanges Leben im Geheimen beendete, sondern diese Gemeinschaften mit der Zuordnung ihrer wichtigsten Bekenntnisschriften auch charakterisierte.

Martin Luther legte den Schwerpunkt seines Glaubenszugangs auf „die Erkenntnis der Rechtfertigung durch den Glauben allein (justificatio sola fide), die er als eine ‚Wiederentdeckung' des Evangeliums ansah. Indem er sich von Augustinus abwandte, verstand er die Rechtfertigung als die sofortige Erkenntnis, dass Sündern vergeben wird und sie durch das Werk des gekreuzigten Christus rechtschaffen werden"[4].

Zudem sah er nur zwei Sakramente (Taufe und Abendmahl) als „schriftgemäß" an und „stritt für den absoluten Vorrang des gepredigten Wortes vor dem (ex opere operato) empfangenen Sakrament. Das Heil wird nicht durch den bloßen Vollzug des Sakraments gespendet und empfangen, sondern durch die viva vox evangelii. Auch die Eucharistie steht ganz im Zeichen der Wortverkündung. [...] Nur wenn das Wort Gottes in Gesetz und Evangelium im Gottesdienst der Gemeinde wieder die bestimmende Macht ist, kann die Kirche eine Reformation erfahren."[5]

Was die Rituale und Liturgie in ihrem Grundaufbau betrifft, entstand also keine neue Religion, die sich davon abwandte, sondern eine, die erneuerte Zugänge forderte. Nur gegen eine allzu technische, minimalistische, ja mitunter magische Handhabung des ex-opere-operato-Prinzips erhoben die Reformatoren Einspruch. Aus diesem Ansatz heraus ergab sich für Luther auch ein anderer Zugang zum Amtsverständnis, vor allem in Abgrenzung zur römisch-katholischen Kirche. Er zeigte ein „Allgemeines Priestertum" auf: „Die Taufe ist die Weihe der Christen, zwischen denen es keine Standesunterschiede geben kann. Luther hält zwar am geistlichen Amt (lat. ministerium) fest, polarisiert aber gegen ein Opferpriestertum, in dem er heidnische Überreste sieht. Dies führt zu tiefgreifenden Veränderungen der Kirchenverfassung."[6]

Bei Jean Calvin (1509-1564), einem anderen bedeutenden Reformator, spielt die Prädestinations-Lehre eine wichtige Rolle: „Gott ist alles, der Mensch ist nichts. Dennoch hat Gott in seinem unergründlichen Ratschluß beschlossen, bestimmten Menschen Anteil an seinem seligen Leben zu geben; [...] Daß er zu den Erwählten Gottes zählt, kann der Mensch an seiner Gemeinschaft mit Christus, an der Zugehörigkeit zur Kirche, am tadellosen sittlichen Leben, an der treuen Pflichterfüllung in Familie und Beruf sowie am Erfolg all seiner Bemühungen ablesen."[7]

Was den aktuellen Aufbau und die Organisation in Österreich betrifft, ist auf der offiziellen Homepage der Evangelischen Kirche Österreichs Folgendes zu lesen: „Von den über 8 Millionen Einwohnern Österreichs stellen die über 356.500 Evangelischen A.B. und 19.500 Evangelischen H.B. einen Bevölkerungsanteil von 4,7 Prozent. Die größere Kirche A.B. ist in sieben Diözesen untergliedert, an deren Spitze jeweils ein Superintendent oder eine Superintendentin steht. Insgesamt gibt es 211 Gemeinden. [...] Oberster Repräsentant der Evangelischen Kirche A.B. ist der Bischof, der zusammen mit dem Gremium des Oberkirchenrates die hauptsächliche Kirchenleitung bildet.

Die Evangelische Kirche H.B. besteht aus neun Pfarrgemeinden. Kirchenleitung ist die Synode H.B., deren Exekutive der Evangelische Oberkirchenrat H.B. (der gewählte Vorsitzende hat den Amtstitel ‚Landessuperintendent').

Beide evangelische Kirchen leben mit einer presbyterial-synodialen Kirchenverfassung (Gemeindeleitung durch Presbyterien, Kirchenleitung durch Synoden; Ausgeglichenheit von Laien und Geistlichen, Wahlen gleichsam demokratisch!).

Beide Kirchen bilden weder eine Bekenntnis- noch eine Verwaltungsunion. Sie arbeiten aber in vielen Bereichen eng zusammen und haben zur ‚Wahrung ihrer gemeinsamen Belange' [...] die ‚Evangelische Kirche A. u. H.B.' gebildet. Sie setzt sich aus der Kirche A.B. und der Kirche H.B. zusammen. ‚Parlamentarisches' Organ der Kirche A. u. H.B. ist die Generalsynode, Exekutivorgan der Evangelische Oberkirchenrat A. u. H.B."[8]

Die orthodoxe Kirche
Die orthodoxe Kirche ist eine Familie von Kirchen, die in der Verwaltung voneinander unabhängig und meistens Landeskirchen sind. Sie teilen denselben Glauben und anerkennen den Ehrenprimat des Patriarchen von Konstantinopel. Die Bezeichnung „orthodox" bedeutet „zum einen, ‚rechtgläubig', dann aber auch, auf rechte Weise Gott die Ehre gebend. Damit sind die beiden wichtigen Elemente der orthodoxen Kirchlichkeit gegeben: die rechte Lehre und der rechte Lobpreis"[9].

Historisch entwickelte sich die orthodoxe Kirche aus dem byzantinischen Kaiserreich. Ab dem 9. Jahrhundert gab es zwischen Rom und Konstantinopel immer mehr Spannungen, die schließlich 1054 zum Schisma führten. Kontrovers waren auch der päpstliche Primat und das „Filioque".

Die orthodoxe Kirche breitete sich nach Norden hin aus: nach Bulgarien, Serbien und Russland. Mehr als fünf Jahrhunderte lang erlebte die orthodoxe Kirche Verfolgungen, zuerst durch das Osmanische Reich, später durch den Kommunismus.

In ihrer Lehre unterscheidet sie sich nicht grundlegend von der römisch-katholischen Kirche. Sie erkennt dieselben sieben Sakramente wie die Westkirche an. Die Taufe geschieht in der orthodoxen Kirche durch Untertauchen. Zur Eucharistie sind Kinder im Unterschied zur römisch-katholischen Kirche schon ab der Taufe zugelassen. Der Klerus ist im Allgemeinen verheiratet, nur die Bischöfe leben zölibatär.

Die Mitte des religiösen Lebens ist die Eucharistiefeier („göttliche Liturgie"). Obwohl diese in ihrer Grundstruktur der westlichen Liturgie gleicht, gibt es einige markante Unterschiede. Dazu meinte Fairy von Lilienfeld (1917-2009), Professorin für Geschichte und Theologie des christlichen Ostens an der Universität Erlangen: „Während der lateinische Westen sich mehrheitlich in der christlichen Hymnik und besonders in der Prosa der Gebete kunstvoll kurz und dicht ausdrückt, liebt es der griechisch-orientalische Osten, das Geheimnis des betreffenden Festes [...] anbetend und meditierend zu umschreiben."[10] Typisch ist die relativ lange Dauer des orthodoxen Gottesdienstes, wobei viele Gläubige nicht von Anfang bis Ende teilnehmen. „Menschen kommen und gehen, bewegen sich im Gotteshaus, um an unterschiedlichen Stellen und […] vor verschiedenen Ikonen zu beten."[11] Hinsichtlich der Kirchenmusik haben alle Ostkirchen gemeinsam, dass „nur der Gesang der menschlichen Stimme zählt, der das Wort der Heiligen Schrift und der Liturgie übermittelt. Orgel- und Orchestermusik im Gottesdienst kennen die Orthodoxen Kirchen nicht"[12].

Prinzipiell wird bei den orthodoxen Gottesdiensten gestanden, deshalb befindet sich eine Bestuhlung in vielen orthodoxen Kirchen nur an den Längswänden. Im Gegensatz zur katholischen Liturgie ist bei den Orthodoxen das Knien nicht üblich und gilt sogar als unangemessen, da der Sonntag an die Auferstehung erinnern soll. Ein wichtiger Aspekt des Gottesdienstes ist, wie im lateinischen Westen, die Verehrung der Heiligen. Diese drückt sich in der orthodoxen Kirche hauptsächlich dadurch aus, dass die Ikonen eine sehr zentrale Rolle einnehmen.

Die neuapostolische Kirche
Die neuapostolische Kirche gehört zur Gruppierung der christlichen Apostelgemeinden. Sie ist eine internationale, christliche Kirche, die 1863 aus der katholischen-apostolischen Gemeinde entstanden ist. Die Bibel (im deutschsprachigen Raum die Lutherübersetzung) bildet die Grundlage der Lehre. In Österreich leben etwa 4900 neuapostolische Christen. Die Kirche ist in sechs Ältestenbezirke unterteilt und umfasst 55 Gemeinden.

In Anlehnung an die Urkirche haben sie das Apostelamt mit dem Stammapostel an der Spitze (Sitz in Zürich) wieder eingeführt. Die Apostel sind Stellvertreter Jesu Christi, eigentlich Mittler zwischen Gott und der Gemeinde. Sie sind bevollmächtigt, die Bibel zu interpretieren und zeitgemäße Verkünder zu sein. Das Sakrament der Versiegelung (Übermittlung von Heiligem Geist) dürfen nur sie alleine vollziehen. Die beiden anderen Sakramente, Wassertaufe und Abendmahl, werden auch von Inhabern des Priester- oder Bischofsamtes gespendet. Vom Apostelamt abgeleitet, aber untergeordnet, gibt es noch zahlreiche andere kirchliche Ämter. Alle drei Jahre findet eine internationale Vollversammlung sämtlicher Apostel statt.

Ein Charakteristikum ist auch die ausführliche Eschatologie (die Lehre über das Ende der Zeiten). Dazu schreibt der Theologe Aloys Klein: „Wenn Christus wiederkommt, findet die erste Auferstehung statt. In der schreckenerregenden Zwischenzeit des Kampfes mit dem Satan bis zur zweiten Auferstehung werden diejenigen bewahrt, die aus neuapostolischer Sicht Gottes Volk sind. Es folgen Gottes Endgericht und die neue Schöpfung. […] Die neuapostolische Kirche unterhält keine ökumenischen Beziehungen, da sie sich Dank dem Apostelamt als das in unserer Zeit wieder aufgerichtete Erlösungswerk Gottes, als die wahre Kirche der Endzeit versteht. […] Die Zahl der Mitglieder ist in den letzten Jahrzehnten weltweit rapide angestiegen, vor allem in Afrika und Asien. In den europäischen Ländern zählt die neuapostolische Kirche 450.000, weltweit rund 5,5 Millionen."[13]

Anforderungen an den Sakralraum

Anforderungen an den Sakralraum in der römisch-katholischen Kirche

Die Liturgiekonstitution des Zweiten Vatikanischen Konzils äußerte sich hinsichtlich der prinzipiellen Ausrichtung der Künste im Zusammenhang mit sakralem Bauen: „Vom Wesen her sind sie ausgerichtet auf die unendliche Schönheit Gottes, die in menschlichen Werken irgendwie zum Ausdruck kommen soll, und sie sind um so mehr Gott, seinem Lob und seiner Herrlichkeit geweiht, als ihnen kein anderes Ziel gesetzt ist, als durch ihre Werke den Sinn der Menschen in heiliger Verehrung auf Gott zu wenden [...] damit die Dinge, die zur heiligen Liturgie gehören, wahrhaft würdig seien, geziemend und schön: Zeichen und Symbol überirdischer Wirklichkeiten."[14]

Um diese prinzipielle Ausrichtung zu bewahren, darf die Kirche kein Abgleiten in die Beliebigkeit zulassen. In diesem Sinne sagt das Konzil weiter: „Die Kirche hat mit Recht immer auch eine Art Schiedsrichteramt ausgeübt; sie hat über die Werke der Künstler geurteilt und entschieden, welche dem Glauben, der Frömmigkeit und den ehrfurchtsvoll überlieferten Gesetzen entsprächen und als geeignet für den Dienst im Heiligtum anzusehen seien. [...] Sie hat dabei die Wandlungen in Material, Form und Schmuck zugelassen, die der Fortschritt der Technik im Laufe der Zeit mit sich gebracht hat."[15]

Speziell über den Bau von Kirchen sagt das Konzil, es sei „sorgfältig darauf zu achten, dass sie für die liturgischen Feiern und für die tätige Teilnahme der Gläubigen geeignet sind"[16]. Die Anweisungen der Liturgiekonstitution sind prinzipieller Natur. In den Jahren nach dem Konzil wurde die konkrete Umsetzung dieser Anweisungen überlegt und 1970 in der Einführung zum erneuerten römischen Messbuch kundgemacht. In dieser „Allgemeinen Einführung in das Römische Messbuch" heißt es bezüglich der Gestaltung liturgischer Räume: „Das Volk Gottes, das sich zur Messfeier versammelt, hat eine gemeinschaftliche und hierarchische Ordnung, die sich in den verschiedenen Aufgaben und Handlungen in den einzelnen Teilen der Feier zeigt. Der Kirchenraum soll deshalb so gestaltet sein, dass er den Aufbau der versammelten Gemeinde gleichsam widerspiegelt, ihre richtige Gliederung ermöglicht und jedem die rechte Ausübung seines Dienstes erleichtert. [...] Wenn auch der Kirchenraum die hierarchische Gliederung der Gemeinde und die Verschiedenheit der Dienste andeuten soll, muss er doch ein geschlossenes Ganzes bilden, damit die Einheit des ganzen heiligen Volkes deutlich zum Ausdruck gelangt. Form und Schönheit des Raumes wie auch seine Ausstattung sollen die Frömmigkeit fördern und auf die Heiligkeit der Mysterien, die hier gefeiert werden, hinweisen.[17]"

Als liturgische Orte werden jene Bereiche im Sakralraum bezeichnet, wo die römisch-katholischen sakramentalen Handlungen stattfinden. Im Folgenden werden die einzelnen Orte jeweils kurz beschrieben.

Der Altar – Mensa Domini

Der Altar oder Tisch des Herrn hat im Lauf der Geschichte eine bedeutende Wandlung durchgemacht. Der Theologe Peter Ebenbauer schreibt dazu: „Bemerkenswerterweise gab es im Christentum zunächst keinen Altar. Erst allmählich gewann der Tisch des eucharistischen Mahles [...] den Rang eines heiligen Opferortes und erhielt die Bezeichnung Altar (2./3. Jh.). In Verbindung mit besonderen Orten, an denen sich Christen zur Feier der Eucharistie versammelten, entwickelten sich Typologien für den christlichen Altar, die in bestimmten Epochen der Kirchengeschichte zu seiner primären Funktion als Tisch des Herrenmahles hinzutraten: das christliche Märtyrergrab als ‚Tisch des Herrn' und der christliche Altar als bleibende sakramentale Gedächtnisstätte des erlösenden Kreuzesopfers Jesu. Diesen Traditionen entsprechend, ist der Altar des christlichen Gottesdienstes als Tisch (aus Holz, Stein, Metall oder anderen Materialien) beziehungsweise als stilisierter Sarkophag mit einer ‚Mensa' (Tischplatte) gestaltet. Vom Mittelalter bis zur Liturgiereform des II. Vaticanums war in der lateinischen Kirche die Verknüpfung des Altars mit einem Bildaufbau (Retabelaltar) beziehungsweise mit dem Tabernakel (Hoch- und Sakramentsaltar) vorherrschend. In den evangelischen Kirchen kehrte man zur Tischgestalt des Altars zurück, soweit nicht ältere Altäre weiterbenutzt wurden."[18]

Für die Gestaltung des Altarraums nach dem Zweiten Vatikanischen Konzil legt die „Allgemeine Einführung in das Römische Messbuch" fest: „Der Altarraum soll durch eine leichte Erhöhung oder durch eine besondere Gestaltung und Ausstattung vom übrigen Raum passend abgehoben sein. Er soll so geräumig sein, dass man die Liturgie würdig vollziehen kann."[19]

Über den Altar heißt es weiters: „Der Altar, auf dem das Kreuzesopfer unter sakramentalen Zeichen gegenwärtig wird, ist auch der Tisch des Herrn, an dem das Volk Gottes in der gemeinsamen Messfeier Anteil hat. Er ist zugleich Mittelpunkt der Danksagung, die in der Eucharistiefeier zur Vollendung kommt. [...] Für gewöhnlich soll eine Kirche einen feststehenden, geweihten Altar haben, der frei steht, damit man ihn ohne Schwierigkeiten umschreiten, und an ihm, der Gemeinde zugewandt, die Messe feiern kann. Er soll so aufgestellt sein, dass er wirklich den Mittelpunkt des Raumes bildet, dem sich die Aufmerksamkeit der ganzen Gemeinde von selbst zuwendet."[20]

Die Messe der Gemeinde zugewandt zu zelebrieren, ist eine der wesentlichsten Neuerungen nach dem Zweiten Vatikanischen Konzil. Ratzinger bezeichnet die Zelebrationsrichtung „versus populum" als die „sichtbarste Folge von Neugestaltung, die nicht nur eine äußere Anordnung liturgischer Orte bedeutet, sondern auch eine neue Idee vom Wesen der Liturgie als gemeinschaftlichem Mahl einschließt"[21]. Er merkt an, dass dadurch gewissermaßen eine „Klerikalisierung" eingetreten sei: „Nun wird der Priester [...] zum eigentlichen Bezugspunkt des Ganzen. Alles kommt auf ihn an. Ihn muss man sehen, an seiner Aktion teilnehmen, ihm antworten; seine Kreativität trägt das Ganze."[22]

Schon in konstantinischer Zeit war es üblich, dass Reliquien und Altäre miteinander in Verbindung standen. „Man feierte das Opfer der Kirche dort, wo Menschen durch die Selbsthingabe an Gott Christus am meisten ähnlich geworden, in sein Opfer eingegangen waren."[23] Zu dieser Praxis äußert sich die „Allgemeine Einführung" wie folgt: „Den Brauch, bei der Weihe unter einem Altar Reliquien von Märtyrern oder anderen Heiligen einzufügen, möge man beibehalten. Die Echtheit der Reliquien muss jedoch gesichert sein."[24]

Zum Thema der Nebenaltäre steht in der „Allgemeinen Einführung": „Es soll nur wenige andere Altäre geben. Bei Neubauten sollen sie in vom Hauptraum möglichst getrennten Seitenkapellen stehen."[25]

Ein herausragendes Beispiel stellt der Altar der Linzer Seelsorgestelle „Treffpunkt Mensch und Arbeit" am Standort voest alpine vom bildenden Künstler Gerhard Brandl (siehe Seite 198) dar.

Der Tabernakel

Der Begriff „Tabernakel" stammt vom lateinischen Wort „tabernaculum" (= Zelt). Er bezeichnet ein kleines schrankartiges Gehäuse zur Aufbewahrung der Eucharistie. Der Name „Zelt" hat seine Wurzeln einerseits im Alten Testament, wo Gott im Bundeszelt wohnt, andererseits im Johannesevangelium, wo es heißt, das Wort (der Sohn Gottes) habe unter uns ein „Zelt aufgeschlagen" (Joh 1,14).

Das Kästchen mit dem Leib des Herrn wechselte im Lauf der Geschichte öfter seinen Ort. Es wurde „zunächst in Privatwohnungen, später in Nebenräumen der Kirche aufbewahrt"[26]. Ab dem 8. Jahrhundert befand es sich auf oder direkt über dem Altar. Später „schuf man dafür einen Wandschrank, aus dem sich das Sakramentshäuschen entwickelte"[27]. Im Barock wird schließlich dieser Schrank als Tabernakel mit auf den Altar gestellt.

Nach dem Zweiten Vatikanischen Konzil wird, wie die „Allgemeine Einführung" festlegt, „sehr empfohlen, die Eucharistie in einer vom Kirchenraum getrennten Kapelle aufzubewahren, die für das private Gebet der Gläubigen und für die Verehrung geeignet ist. Ist das nicht möglich, soll das Sakrament – entsprechend den Gegebenheiten des Raumes und den rechtmäßigen Bräuchen – auf einem Altar oder an einer anderen ehrenvollen und würdig hergerichteten Stelle des Kirchenraumes aufbewahrt werden".[28]

Die Überlegungen, die hinter dieser Dezentralisierung des Tabernakels stehen, sind theologischer Natur. Die verschiedenen Weisen, in denen Christus in der Messe gegenwärtig ist, sollen erst nacheinander sichtbar werden: „Zunächst in der Gemeinde der Gläubigen, die in seinem Namen versammelt ist, dann beim Wortgottesdienst in seinem Wort, wenn die Schrift gelesen und ausgelegt wird, [...] schließlich aber ‚in besonderer Weise unter den eucharistischen Gestalten.'"[29]

Die eucharistische Gegenwart Christi im Tabernakel soll deshalb nicht von Anfang an in der Messe sichtbar sein, weil sie ja erst aus der Konsekration im Rahmen der Eucharistiefeier hervorgeht. Ferner wird hinsichtlich des Tabernakels festgelegt: „Die Eucharistie soll nur in einem einzigen, nicht beweglichen, undurchsichtigen und festen Tabernakel aufbewahrt werden, der so verschlossen ist, dass, soweit irgend möglich, die Gefahr der Profanierung vermieden wird. Jede Kirche soll daher in der Regel nur einen Tabernakel haben."[30]

Eine liturgisch und architektonisch interessante Lösung schuf das Architektenteam Luger und Maul für die Wochentagskapelle im Seelsorgezentrum Wels-Laahen (siehe Seite 174). Der quaderförmige Tabernakel kennzeichnet durch den vertikalen, rot leuchtenden Glasstreifen den Tabernakel als liturgischen Ort. Der vertikale Glasstreifen „übernimmt" die Funktion des Ewigen Lichtes – gewöhnlich eine Ampel – und verknüpft zwei Elemente zu einem prägenden Objekt.

Das Ewige Licht – Ampel

Das Ewige Licht, das – an drei Ketten hängend – auch „Ampel" genannt wird, erinnert an die Gegenwart Gottes im Tabernakel. Die Wurzel dieses Brauches liegt schon in den Anfängen des Christentums: „Es ist urmenschlicher Brauch, an heiligen Stätten Licht brennen zu lassen, zum Zeichen der Verehrung, aber auch des Segens, der von dem Orte ausgeht. [...] Der alte Brauch benutzt dabei Kerzen mehr als einzelne Votivgabe, für den Dauergebrauch bevorzugt er das Öllämpchen, die Ampel."[31]

Ab dem 13. Jahrhundert gibt es in der lateinischen Kirche einzelne örtliche Vorschriften, die die Verwendung von Ampeln an der Aufbewahrungsstätte der Eucharistie nahe legen. Ab 1600 war es für die ganze westliche Kirche vorgesehen, dass während der Gottesdienste vor den Altären und Beichtstühlen stets einige Ampeln brennen sollten. Während der übrigen Zeit sollten zumindest drei Ampeln vor dem Sakramentsaltar brennen, womit sich eine spezielle Funktion der Ampel herauskristallisiert: „Ihre Verwendung als Ewiges Licht, das ständig vor der Aufbewahrungsstätte der Eucharistie brennen muss. [...] Die Ampel sollte möglichst aus Olivenöl oder Bienenwachs gespeist sein."[32]

Im Seelsorgezentrum Treffling (siehe Seite 146) sind Tabernakel und Ewiges Licht voneinander getrennt und verschieden positioniert. Das Ewige Licht ist als roter Kubus ausgeformt und verweist trotz der Entfernung auf den Tabernakel.

Die Sessio – Priestersitz

Vor dem Zweiten Vatikanischen Konzil war für den Altarraum kein Priestersitz im Sinn eines Vorstehersitzes notwendig. Erst nach dem Konzil trat die Rolle des Priesters als Vorsteher der Versammlung hervor. „Der Sitz des Priesters hat dessen Dienst als Vorsteher der Gemeinde und dessen Aufgabe, das Gebet zu leiten, gut erkennbar zu machen."[33]

Bezüglich Ort und Aussehen des Sitzes empfiehlt die „Allgemeine Einführung": „Besonders geeignet ist der Platz im Scheitelpunkt des Altarraumes, der Gemeinde zugewandt, sofern nicht die Gestalt des Raumes oder andere Gründe dagegen sprechen. Der Sitz darf nicht die Form eines Thrones haben."[34] Über die Plätze der übrigen Teilnehmer mit besonderen Diensten heißt es nur, sie „sollen sich an passender Stelle im Altarraum befinden, damit alle ihre Aufgaben ohne Schwierigkeiten erfüllen können"[35]. Eine besonders gelungene Gestaltung des Priestersitzes findet sich in der Milleniumskirche in Telfs (siehe Seite 248). Die Sessio wurde entlang der paraventartigen Altarwand positioniert. Das linsenförmig konfigurierte Altarpodest ist das liturgische Zentrum und die Sessio fügt sich harmonisch als liturgischer Ort ein.

Der Ambo – Ort der Verkündigung

Das Wort „Ambo" stammt vom griechischen Begriff „anabaino" (= hinaufsteigen) und bezeichnet ein herausgehobenes und oft besonders gestaltetes Lesepult. In seiner zentralen liturgischen Funktion durch das Zweite Vatikanische Konzil eingeführt, übernahm er die Funktionen, die bis dato vorwiegend auf Kanzel, Lesepult und Altar verteilt gewesen waren. Es werden dort „die Lesungen, der Antwortpsalm und der österliche Lobgesang ‚Exsultet' vorgetragen; er kann auch für die Homilie und die Fürbitten verwendet werden. Kommentator, Kantor und Chorleiter sollten an sich ihren Dienst nicht vom Ambo aus versehen"[36].

Der Ambo ist neben dem Altar das zweite konstitutive Element in einer Kirche. Am Altar ist Gott in der Eucharistie gegenwärtig, am Ambo ist er – wenn auch auf andere Weise – gegenwärtig im Wort. Die Bedeutung des Ambos seit dem Zweiten Vatikanischen Konzil bedingte auch die Notwendigkeit einer entsprechenden innenarchitektonischen Gestaltung. Laut der „Allgemeinen Einführung" erfordert die „Würde des Wortes Gottes" für seine Verkündigung einen „besonderen Ort in der Kirche, dem sich im Wortgottesdienst die Aufmerksamkeit der Gläubigen wie von selbst zuwendet. In der Regel soll dies ein fest stehender Ambo, nicht ein einfaches tragbares Lesepult sein. Der Ambo soll dem Kirchenraum entsprechend so gestaltet sein, dass die Vortragenden von allen gut gesehen und gehört werden"[37].

Einen inhaltlich und formal interessanten Ambo entwarf das Architektenduo Andreas Lichtblau und Susanna Wagner für das Pfarrzentrum in Podersdorf (siehe Seite 84). Im Bereich des abgesenkten Altarbereiches befinden sich Altar und Ambo gleichwertig. Sie imponieren als skulptural geformte schwarze „Monolithe", die sich in einem intensiven Dialog befinden.

Der Raum der Gemeinde

Die Aufteilung des Kirchenraumes in Presbyterium und Kirchenschiff, welche nicht selten den Eindruck einer Trennung von Priesterraum und Laienraum erweckte, wurde nach dem Zweiten Vatikanischen Konzil im Wesentlichen aufgegeben. Das neue Kirchen- und Liturgieverständnis forderte die Einheitlichkeit des Kirchenraumes, mit Betonung des Allgemeinen Priestertums. Weil aber die Kirche auch eine hierarchisch gegliederte Gemeinschaft ist, „wird der einheitliche Kirchenraum auch ein gegliederter Raum sein müssen, in dem zwar der ‚Raum' des besonderen geweihten Priestertums und der ‚Raum' des allgemeinen Priestertums voneinander unterschieden, aber doch zugleich aufeinander bezogen und zur Einheit zusammengeschlossen sind"[38].

Die „Allgemeine Einführung" betont im Bezug auf den Raum der Gemeinde insbesondere die Möglichkeit zur tätigen Teilnahme und zur Einnahme der entsprechenden Körperhaltungen: „Die Plätze für die Gläubigen sollen mit entsprechender Sorgfalt so angeordnet sein, dass sich der ganze Mensch mit Leib und Seele an der Feier der Liturgie beteiligen kann. Es ist zweckmäßig, in der Regel Kniebänke beziehungsweise Sitze für die Gläubigen vorzusehen [...] Die Sitze beziehungsweise die Kniebänke sollen so beschaffen sein, dass die Gläubigen die der Liturgie entsprechenden Körperhaltungen ohne Schwierigkeit einnehmen und ungehindert zur Kommunion gehen können."[39]

Mit dem Fokus auf das Gemeinschaftsmoment der Eucharistiefeier nach dem Konzil veränderte sich die Gestaltung der liturgischen Orte ebenso wie der gemeinsame Raum der Kirchengemeinde. Das bedeutete die Ausformung verschiedener Konfigurationen um den Altarraum, etwa kreisförmig, kreissegmentförmig, ellipsoid oder u-förmig.

Der Raum für die Gemeinde wurde bei der Seelsorgestelle Innsbruck Kranebitten vorbildlich gelöst (siehe Seite 242). Drei kreissektorenförmige Kirchenbankreihen orientieren sich im zylindrischen Zentralraum hin zum Altarbezirk.

Taufstein – Taufbecken – Taufbrunnen

Ein Taufstein oder Taufbecken ist ein Taufwasserbehälter und dient in christlichen Kirchen zur Feier des Taufsakramentes. Weil die Gläubigen durch die Taufe in die christliche Gemeinde aufgenommen werden, wird ihr architektonisch ein prägnanter Ort zugedacht, häufig im Eingangsbereich der Kirche, in einem eigenen Baptisterium oder in einer Taufkapelle. Historisch hat sich die Taufpraxis und somit die Form und Größe des Taufwasserbehälters mehrmals verändert: „Zuerst taufte man in natürlichem fließenden oder stehenden Wasser [...]. Seit dem 3. Jh. sind eigene Taufräume bezeugt, die in der Mitte das Taufbecken [...] enthielten, zu dem meist einige Stufen hinabführten und in das der Täufling stieg, um mit Wasser übergossen zu werden. Als das Taufrecht seit dem 6. Jh. von den Bischofskirchen allmählich auf die Pfarrkirchen überging, erbaute man meist keinen eigenen Taufraum, sondern errichtete eine Kufe (im Norden zunächst aus Holz, sonst aus Stein: Taufstein). [...] Die liturgische Bewegung ließ den Wunsch aufkommen, die Taufe im Blickfeld der Gemeinde zu vollziehen und deshalb den Taufstein nicht mehr in der Nähe des Kircheneingangs aufzustellen, sondern in der Nähe des Altarraumes."[40]

Nach der neuen Ordnung der Kindertaufe, die in der Zeit nach dem Konzil in Kraft trat, soll der Taufbrunnen „so eingerichtet werden, ‚dass das Wasser in das Becken einfließen und daraus abfließen kann. Eine solche Einrichtung wird empfohlen, weil fließendes Wasser ein deutliches Zeichen des Lebens ist.' Wohl im Hinblick darauf, dass manche neueren Kirchen auf den Taufstein verzichten, weil das Taufwasser (mit Ausnahme der Osterzeit) vor jeder Taufe eigens geweiht wird, tritt der neue Taufordo für die Erhaltung des Taufsteines ein: ‚Er soll die Stätte der Taufe sein und nach Möglichkeit bei der Weihe des Taufwassers als Behälter dienen. Auch in den Zeiten, in denen kein Taufwasser in ihm aufbewahrt wird, erinnert er die Gläubigen an die eigene Taufe.' Bei der Vielgestaltigkeit der Kirchen wird man keine genaue Regel für den Ort seiner Aufstellung geben können. Er stellt jedoch den Künstler und Bauherren die bedeutsame Aufgabe, ebenso formschöne und symbolträchtige wie funktional richtige [...] Lösungen zu finden"[41].

Architekt Heinz Tesar schuf für die römisch-katholische Kirche „Christus, Hoffnung der Welt" in Wien-Donaustadt einen besonderen Taufstein und positionierte diesen unter der „Zwei

Viertel"-Ausschnittsecke des kreuzquaderförmigen Kirchenraumes. Altar, Tabernakel und Taufstein bilden ein liturgisches Dreieck (siehe Seite 60).

Der Beichtstuhl oder Beichtraum
Der Beichtstuhl oder Beichtraum ist ein obligatorischer Teil der Einrichtung katholischer Kirchen. Er ist der Ort für das persönliche Sündenbekenntnis der Gläubigen, dem die Lossprechung durch den Priester folgt. Er stellt somit den Ort für den Vollzug des Bußsakramentes dar.

Der Beichtstuhl hat in der katholischen Kirche eine lange Tradition. Anfangs wurde zur Beichte „an einer geeigneten Stelle, vielfach in der Nähe des Altars, ein beweglicher Sitz aufgestellt. Nach dem Tridentinum beginnt man, zwischen Priester und Büßer ein Gitter aufzurichten. [...] Im Barock entstehen die festen, meist dreiteiligen und überdachten Beichtstühle"[42].

Für den historischen katholischen Kirchenbau war der Ort für die Beichte ein besonders markanter Ort im Sakralraum. Der „Ort für das Sakrament der Buße" wird im katholischen Kirchenneubau äußerst mangelhaft thematisiert. Die Beichtaussprachezimmer sind meistens abgelegen und im Kirchenraum nicht als besonderer liturgischer Ort wahrnehmbar. In derzeit ausgeführten katholischen Kirchenneubauten gibt es anstelle des klassischen Beichstuhles ein Beichtaussprachezimmer, in dem sowohl kniend als auch sitzend gebeichtet werden kann. Für den historischen katholischen Kirchenbau war der Ort der Beichte ein besonders markanter im Sakralraum. Der „Ort für das Sakrament der Buße" wird im katholischen Kirchenneubau äußerst mangelhaft thematisiert. Die Beichtaussprachezimmer sind meistens abgelegen und verborgen positioniert und im Kirchenraum nicht als besonderer liturgischer Ort wahrnehmbar. Ein rares Beispiel für die Auseinandersetzung mit dem „Ort für das Sakrament der Buße" stellt der von Architekt Wolfgang Pfoser installierte Beichtzylinder in der Pfarrkirche St. Pölten-Stattersdorf dar. Unterhalb der Orgelempore befindet sich eine zylindrische Beichtinsel und diese dient als Beichtaussprachezimmer (siehe Seite 104).

Ort für die Kirchenmusik
Zuletzt noch ein Wort zum Ort der Musik, deren Bedeutungsrückgang sich im römisch-katholischen Ritus auch in der Architektur der jüngeren Kirchenbauten ausdrückt. So soll „der Sängerchor unter Berücksichtigung des Raumes den Platz einnehmen, der klar ersichtlich macht, dass der Chor ein Teil der Gemeinde ist, der einen besonderen liturgischen Platz versieht. [...] Die Orgel und andere für den Gottesdienst anerkannte Musikinstrumente sind so aufzustellen, dass sie Sängerchor und Gemeinde beim Gesang unterstützen und auch bei reiner Instrumentalmusik von allen gut gehört werden können"[43]. Als gelungenes Beispiel für die Integration der Orgel in das Raumkonzept ist die Seelsorgestelle Schlüßlberg zu erwähnen (siehe Seite 154).

Typologische und liturgische Überlegungen im katholischen Kirchenbau des 20. Jahrhunderts
Aus der Zusammenschau der beschriebenen liturgischen Orte geht hervor, dass die Positionierung und Anordnung der verschiedenen Prinzipalstücke, nämlich Taufstein, Altar, Ambo, Tabernakel, maßgeblich für die sakrale Raumwirkung ist. Die Beziehung der verschiedenen liturgischen Orte zueinander bestimmt die architektonische Raumwirkung.

Entscheidende liturgische Veränderungen und Veränderungen des liturgischen Raumes wurden durch die Liturgische Bewegung initiiert. Um grundrisstypologische Überlegungen ausführen zu können, ist eine kurze geschichtliche Betrachtung des liturgischen Raumes im 20. Jahrhundert wesentlich. Der Priester Johannes van Acken (1897-1938) setzte entscheidende Impulse in Richtung christozentrischer Raumgestaltung mit Entwicklung eines Einheitsraumes von der Altarstelle aus. Entscheidend für die architektonische Umsetzung war der deutsche Architekt Rudolf Schwarz, der Idealpläne für den Kirchenbau entwickelte. Rudolf Schwarz spricht von drei theologisch bedeutsamen „Gegenden" in einem Kirchenbau: „Es gibt also in einem Kirchenbau drei Gegenden: die Gegend des offenen Weltraums, die Gegend der Schwelle und die unbetretbare Gegend dahinter. Die erste ist der eigentliche Wirkraum des Geistes, die zweite die Christi, des Mittlers, die dritte die Gegend des Vaters und auch Christi, der fortging."[44]

Die Liturgische Bewegung der Zwischenkriegszeit war der Grundstein für die neue Ausrichtung, die in der Liturgiekonstitution „Sacrosanctum Concilium" mündete. Sie hatte zum Ziel, das christliche Leben unter den Gläubigen zu vertiefen und die Erneuerung der Liturgie zu fördern.

„In der Liturgie, besonders im heiligen Opfer der Eucharistie, ‚vollzieht sich' ‚das Werk unserer Erlösung', und so trägt sie in höchstem Maße dazu bei, dass das Leben der Gläubigen Ausdruck und Offenbarung des Mysteriums Christi und des eigentlichen Wesens der wahren Kirche wird, der es eigen ist, zugleich göttlich und menschlich zu sein […] zwar so, dass dabei das Menschliche auf das Göttliche hingeordnet und ihm untergeordnet ist, das Sichtbare auf das Unsichtbare, die Tätigkeit auf die Beschauung, das Gegenwärtige auf die künftige Stadt, die wir suchen. Dabei baut die Liturgie täglich die, welche drinnen sind, zum heiligen Tempel im Herrn auf, zur Wohnung Gottes im Geist. […]"[45]

Zusammenfassend lässt sich sagen, dass die Liturgiekonstitution „Sacrosanctum Concilium" und die darauffolgenden konkreten Bestimmungen für die Liturgie die zeitgenössische Architektur des römisch-katholischen Kirchenraumes maßgeblich beeinflussen. Die wesentlichen Veränderungen, die den Kirchenraum betreffen, können resümiert werden:

1. Konzentration auf einen einzigen, frei stehenden Altar unter Verzicht auf Seiten- oder Nebenaltäre.
2. Trennung von Altar und Aufbewahrungsort der Eucharistie (Tabernakel), der nun in einer eigenen Kapelle aufgestellt werden kann.
3. Einführung eines festen Ortes der Wortverkündigung (Ambo) im Altarbereich, wodurch die Kanzel im Kirchenschiff obsolet wird.
4. Einführung eines festen Priestersitzes für die Gottesdienstleitung.
5. Änderung des Kommunionritus (Kommunionsprozession).
6. Funktionsänderung des Taufsteins aufgrund der Bestimmung, das Wasser in jeder Feier außerhalb der Osterzeit zu weihen.
7. Verlagerung des Taufortes vom Eingangsbereich ins Angesicht der Gemeinde.
8. Änderung der Bußpraxis, Einführung von Beichtzimmern und Reduzierung der Beichtstühle.

Im Vordergrund steht nach dem Konzil der Gemeinschaftscharakter der Liturgie, also die Mahlfeier als gemeinsam vollzogener Akt zwischen Gott und dem gläubigen Volk. Der Priester ist als Stellvertreter Christi der Vorsteher der Feier. In dieser Akzentuierung liegt auch der theologische beziehungsweise kirchensoziale Grund für die Zelebration „versus populum" (zum Volk gerichtet), im Gegensatz zu der vor dem Zweiten Vatikanischen Konzil üblichen Zelebration „versum orientem" (nach Osten gerichtet).

Seit dem Konzil wird in mannigfaltiger Hinsicht mit verschiedensten Raumkonstellationen und Raumtypologien experimentiert. Prinzipiell müssen dabei verschiedene Ebenen berücksichtigt werden. Der deutsche Theologe Albert Gerhards schreibt hinsichtlich des Prüfsteins für einen geglückten Gottesdienst: „Nicht nur die persönliche Gottesbeziehung der einzelnen Gläubigen, auch nicht die gemeinsame Ausrichtung allein, sondern die Erfahrung gläubigen Miteinanders wird zum Prüfstein für geglückten Gottesdienst."[46]

In die Gestaltung sakraler Räume müssen demnach drei Ebenen und Ausrichtungen des Austausches miteinbezogen werden: Erstens die personale Ebene (die persönliche Gottesbeziehung des Einzelnen), zweitens die gemeinsame vertikale Ausrichtung (die Beziehung des Volkes zu Gott) und drittens die horizontale Ausrichtung (das Miteinander der Gläubigen in der gemeinsamen Eucharistiefeier).

Entsprechend diesen Kriterien kam es in den letzten Jahrzehnten vereinzelt zur Ausbildung von Communio-Räumen. Dieser Gedanke des Communio-Raumes wurde zum Beispiel bei der ersten Entwurfskonzeption der Klosterkirche Karmel, Innsbruck vom bildenden Künstler Leo Zogmayer thematisiert. Die Innenraumgestaltung wurde im Jahr 2002 ausgeführt, jedoch auf Wunsch der Klosterschwestern wegen mangelnder Praktibilität im klösterlichen Alltag revidiert. Im Jahr 2008 erfolgte eine komplette Umgestaltung durch Architekt Schuh (siehe Seite 256). Als ein weiteres Beispiel für die Anordnung der Prinzipalstücke nach dem Communio-Raumgedanken ist die Seelsorgestelle St. Franziskus Wels (siehe Seite 174) zu erwähnen.

In der Ausformulierung der Communio-Räume werden die Forderungen der postkonziliaren Bestimmungen inhaltlich und formal konsequent umgesetzt. Meist wird die elliptische, ellipsenähnliche Form oder der Kreis gewählt, wobei zwei Brennpunkte zwischen Mensa und Ambo einen gemeinsamen Raum der Mitte fokussieren.

Durch die Ellipse oder den Kreis wird der Gemeinschaftscharakter formal deutlich unterstrichen. Das „Ich" wird durch die Positionierung der Gläubigen im elliptischen Gemeinderaum im „Du" gespiegelt. Dabei versteht sich die Gottesdienstgemeinde im Rahmen der Mahlfeier als gemeinsames „Wir". Der Fokus auf den Gemeinschaftscharakter, wobei auch die vertikale Ebene, die Ausrichtung auf Gott hin, beibehalten werden soll, bedeutet eine neue architektonische Herausforderung, die eine vielschichtig differenzierte Ausprägung im Sakralbau mit sich bringt.

**Anforderungen an den sakralen Raum
in der evangelischen Kirche**
Um den evangelischen Kirchenbau im Untersuchungszeitraum in seinem Kontext einzuordnen, ist eine kurze Betrachtung der protestantischen Kirchenbaugeschichte notwendig. Hierzu schreibt Harald Hammer-Schenk: „Bei aller Zurückhaltung in Bezug auf die Gestaltung der Kirche und trotz der verschiedenen Verweise und Möglichkeiten spontan gewählter Versammlungsorte äußert sich Luther doch relativ dezidiert, wobei eine grundsätzliche Befürwortung des Kirchengebäudes erkennbar ist: ‚Der Gottesdienst, sey eine offentliche, redliche versammlung an sonderlichem ort, da nicht jederman sein mus, wie auff der gassen odder marckt, Auch etwas sonderlichs daselbst gehandelt wird, da bey auch nicht jederman sein sol, als bey uns die Kirchen sind und sonderlich der kor, welcher von altes her dazu sonderlich ist gebawet und abgesondert, das man daselbst hat das Sacrament gehandelt und Christus gedechtnis gehalten.'"[47]

Calvin trat für Schlichtheit und Schmucklosigkeit der Kirchengebäude ein: „Calvin befürwortet eindeutig den Kirchenbau, lehnt aber aufwendigen Schmuck entschieden ab: ‚Wie nun Gott den Gläubigen das gemeinsame Gebet in seinem Wort gebietet, so müssen auch öffentliche Kirchengebäude da sein. [...] Nur muss dabei alles Gepränge wegbleiben. [...] Auch sollen wir [den Kirchen] nicht irgendeine verborgene Heiligkeit andichten, die unser Gebet bei Gott geheiligter machte. Denn wir sind doch selbst Gottes wahre Tempel.' In Folge vernachlässigter und unansehnlicher Kirchen verstärkte sich im Bereich der Reformierten in der zweiten Hälfte des 16. Jh. der Gedanke eines beschränkten Aufwandes: ‚Die Stätten, an denen die Gläubigen zusammenkommen, sollen aber würdig und der Kirche Gottes in jeder Hinsicht angemessen sein. Dafür sind geräumige Gebäude, oder Kirchen zu wählen [...] so wissen wir [...], dass die Gott und seiner Anbetung gewidmeten Stätten nicht gewöhnliche, sondern heilige Orte sind'."[48]

Die Lehren Calvins und Luthers haben bis heute Auswirkungen auf den evangelischen Kirchenbau. Über die Gestaltung von Kirchenräumen in der Folgezeit heißt es weiter: „Im späten 17. und 18. Jh. erfolgte im protestantischen Kirchenbau die Lösung aus der Tradition des dreigeteilten Längsbaus und des gotischen Stils. Mit differenzierten Grund- und Aufrissen, besonders durch den Einsatz von Emporen und des Gestühls auch als gestaltende Raumelemente, beginnt eine Suche nach dem idealen Kultbau, dessen Leistung in der phantasievollen Intellektualität der klaren, geometrischen Entwürfe liegt, die durch Sturms Publikationen nur am Rande einen gewissen Zug zur experimentell-beliebigen Reißbrettarchitektur erhalten. Der katholischen Barockarchitektur steht damit eine nicht weniger zeittypische Gestaltungsvielfalt gegenüber, deren experimenteller Charakter die eigentliche Emanzipation von der Tradition darstellt, der die Entwicklung im 19. Jh. entscheidend bestimmt hat und der bis heute das Bild vom protestantischen Kirchenbau prägt."[49]

Ein wichtiges Ereignis für den protestantischen Kirchenbau in Österreich war das Toleranzpatent, das Kaiser Joseph II. im Jahr 1781 den Lutheranern, Reformierten und nicht-unierten Orthodoxen gewährte. Ab diesem Zeitpunkt durften sie ihre Religion legal ausüben, die Vorzugsstellung der römisch-katholischen Kirche blieb aber gewahrt. Man gestattete den Protestanten das Betreiben von Schulen und die Errichtung von Bethäusern, sogenannten Toleranzbethäusern, wenn zumindest 100 evangelische Familien in einer Entfernung von einer Gehstunde von einem Ort lebten. Besonders in den gebirgigen Teilen Oberösterreichs und Kärntens waren viele Menschen heimlich protestantisch geblieben und schlossen sich mit dem Patent Josefs II. zu den sogenannten Toleranzgemeinden zusammen. Ihre Bethäuser durften aber keine Glocken und keinen öffentlichen Eingang an der Straßenseite haben, damit sie von außen nicht als Kirchen erkennbar waren. Viele dieser Bauten wurden später, als es mehr Freiheiten gab, Kirchen angeglichen und sind heute nicht mehr eindeutig als Toleranzbethäuser erkennbar.

Eindeutig findet in der Reformation eine neue Ausrichtung auf das Wort statt, und die Kanzel wird zu einem zentralen Ort in der Kirche. Luther nannte die Kanzel meist „Predigtstuhl".

„Eine Sonderform ist ab Ende des 17. Jh. der Kanzelaltar, bei dem die Kanzel hinter oder über dem Altar angebracht ist, oft in Verbindung mit diesem und seltener zusammen mit Orgel oder Orgelempore."⁵⁰ Ein original erhaltener Kanzelaltar aus dem Jahr 1805 befindet sich im Toleranzbethaus im Ort Eisentratten in Kärnten.

Über den evangelischen Kirchenbau im 20. Jahrhundert schreibt der deutsche Theologe Horst Schwebel: „Das Institut für Kirchenbau und kirchliche Kunst der Gegenwart, ein EKD-Institut an der Marburger Universität, konnte in einer mehrjährigen Untersuchung von 17 Gemeindezentren mit Mehrzweckräumen feststellen, dass es bei allen Gemeinden die Tendenz gab, den zentralen Mehrzweckraum auf eine Funktion – nämlich den sonntäglichen Gottesdienst – zu reduzieren und den Raum formal zu ‚resakralisieren' (durch ein Kruzifix oder sonstige Kunstobjekte, durch die Fixierung von Altar, Kanzel und Taufe, durch das Einbeziehen kostbarer Materialien und durch eine strenge Benutzungsordnung). [...] Der Mehrzweckraum-Gedanke scheiterte nicht an mangelnder theologischer Reflexion, sondern an einer falschen Einschätzung anthropologischer Gegebenheiten. Bei dem Gebäude, das als Kirche angesprochen werden soll, und bei dem Raum, in dem man Gottesdienst erlebt, besteht offensichtlich ein Bedürfnis nach Identifikation, das seitens des Mehrzweckraums nicht befriedigt werden kann. Während das Mehr an Freiheit als positiver Wert anzusprechen ist, ist gleichzeitig ein Verlust im Bereich der Sinn- und Wertsetzung und der emotionalen Identifikation zu verzeichnen."⁵¹

Trotzdem wurde dieser Bautyp – mit all seinen Risiken zur „Entsakralisierung" – auch im katholischen Kirchenbau in den 1970er-Jahren thematisiert und diese Bauform wurde speziell bei mehreren sakralen Neubauten in Oberösterreich in stark modifizierter Art weiter verfolgt. Neben dem multifunktionalen Mehrzweckraum wurde die voll konsekrierte Kapelle angeschlossen (Seelsorgestelle Wels-St. Franziskus, Seelsorgezentrum Solarcity Linz und Seelsorgestelle voestalpine).

Die Form des Kanzelaltares wurde von Architekt Heinz Tesar aufgegriffen und fand eine zeitgemäße Interpretation in der evangelischen Kirche in Klosterneuburg (siehe Seite 120). Architekt Wolf D. Prix führte das Thema des Abendmahltisches in der evangelischen Martin Luther Kirche in Hainburg auf innovative Weise fort (siehe Seite 132).

Anforderungen an den sakralen Raum in der orthodoxen Kirche

Die bereits zitierte Fairy von Lilienfeld schrieb hinsichtlich des Wesens der orthodoxen Kirche: „Kennzeichnend für die orthodoxen Kirchen ist eine scharfe Trennung von Sakralem und Profanem, die sich zugleich mit den Begriffen von rein und unrein verbindet."⁵²

Diese Unterscheidung in der Begrifflichkeit ist sowohl für die Liturgie als auch für das orthodoxe Gotteshaus wesentlich. „Die ständige heilige Gegenwart Gottes in der geweihten Kirche wird von den orthodoxen Gläubigen besonders lebhaft empfunden: die Kirche, ‚der Tempel', ist ein vom profanen Leben ausgegrenzter heiliger Ort. Zum Verständnis legt sich ein Vergleich mit dem Verhältnis der alttestamentlichen Gläubigen zum Tempel in Jerusalem nahe. Viele Einzelheiten der Ausgestaltung des orthodoxen Gotteshauses und der priesterlichen Kleidung haben Bezüge zur alttestamentlichen Schilderung des Tempels. Die ostkirchlichen Gläubigen bereiten sich auf den Besuch der Kirche und des Gottesdienstes vor, indem sie nach moralischer, aber auch nach kultischer Reinheit streben (Enthaltung von Sünden, Beichte, Fastenpraxis). Ihr emotionales Verhältnis zu ihrem Gotteshaus lässt sich mit den alttestamentlichen Wallfahrtspsalmen [...] und den Motiven der Sehnsucht nach dem Tempel in Jerusalem im Psalter beschreiben [...]. Das Gotteshaus bildet den Tempel zu Jerusalem ab: Der Narthex (die Vorhalle, der Vorraum) entspricht den Vorhöfen des Tempels, das Schiff der Tempelhalle selbst, und der Altarraum, der vom Hauptraum durch Stufen und/oder Altarschranken, durch einen Vorhang oder [...] durch eine Ikonostase [...] abgetrennt ist, dem Allerheiligsten. Diesen dürfen nur geweihte Bischöfe, Priester und Diakone betreten, wie im Alten Testament allein der Hohepriester dies durfte. Die kultischen Geräte dürfen nicht von Laienhänden, geschweige denn von den Händen Nicht-Orthodoxer oder gar Ungläubiger berührt werden."⁵³

Unter einer Ikonostase, durch die im orthodoxen Kirchenbau der sakrale vom profanen Bereich getrennt wird, versteht man „die hölzerne, mit Ikonen geschmückte dreitürige Bilderwand zwischen Altar und Gemeinderaum. Die Mitteltür (Heilige oder Königstür genannt) symbolisiert das Himmelstor und wird nur vom Bischof oder den Priestern durchschritten"⁵⁴.

Als prototypische Beispiele für den Aufbau und die Gestaltung einer Ikonostase können alle drei orthodoxen Kirchenneubauten erwähnt werden – die koptisch-orthodoxe Kirche Wien-Hirschstetten (siehe Seite 76), die rumänisch-orthodoxe Kirche Wien-Simmering (siehe Seite 72) und die rumänisch-orthodoxe Kirche in Salzburg-Schallmoos (siehe Seite 236).

**Anforderungen an den sakralen Raum
in der neuapostolischen Kirche**
In den Richtlinien der Neuapostolischen Kirche International werden Kriterien für den Kirchenbau erstellt. Ein charakteristisches Merkmal ist die Ausbildung von schlichten Versammlungs- und Beträumen mit Konzentration hin zum Altarbereich. Dieser wird dabei meistens als Altarnische mit erhöhtem Altarpodest ausgebildet.

Die neuapostolische Kirche Süddeutschland definiert auf ihrer Homepage einzelne Leitlinien: „Das Gebäude ist als Kirche erkenntlich, es wirkt einladend, ist städtebaulich eingebunden und wird als öffentliches Gebäude wahrgenommen [...], die Kirche enthält als kirchliches Gemeindezentrum Räume für unterschiedliche Funktionen [...], dem Plan liegt ein schlüssiges Innenarchitekturkonzept zugrunde [...], ein sakraler und festlicher Gottesdienstraum [...] – helle Räume, viel natürliches Licht [...], zurückhaltende Gestaltung der Altarwand; Altar als Zentralpunkt, Reduzierung der Material- und Farbvielfalt [...]"[55]

Des Weiteren heißt es: „In allen unseren Kirchen gibt es einen Sakralraum mit dem Altar als zentralem Ort, von dem aus die Wortverkündigung erfolgt und an dem die Sakramente und weiteren Segenshandlungen der Kirche gespendet werden. Dieser Sakralraum ist als Ort der inneren Einkehr, des Gebets und der Wortaufnahme äußerlich schlicht gehalten; Heiligenbilder und Reliquien kennt unsere Kirche nicht. Um den Sakralraum sind Nebenräume angeordnet, die den vielfältigen Aktivitäten des Gemeindelebens dienen."[56]

Ein für den neuapostolischen Kirchenneubau typisches Beispiel stellt die von Architekt Gottfried Haselmeyer und Architekt Heinz Frühwald geschaffene neuapostolische Kirche in St. Pölten dar (siehe Seite 142).

Seelsorgezentrum Lichtenberg
Kircheninnenraum mit liturgischen Orten

Österreichische Positionen ab 1953

Kardinal Franz König (1905-2004) war von 1956 bis 1985 Erzbischof von Wien. In diesen Zeitraum fallen die nachfolgend angeführten innovativen sakralen Neubauten. Kardinal Franz König schuf einen ausgezeichneten Nährboden für die Entstehung zahlreicher Sakralbauten. Geprägt war diese Epoche durch die Reformideen des Zweiten Vatikanischen Konzils. Kardinal Franz König beauftragte 1956 Erzbischof Koadjutor Franz Jachym (1910-1984), die vielfältigen Bauvorhaben in der Erzdiözese zu leiten. Er war ein großer Förderer der jungen Architektengeneration und der Dialog zwischen Liturgie und Architektur war ihm ein wichtiges Anliegen. Oberstes Gebot war die Umsetzung der neuen Liturgie in neue adäquate Räume. Erzbischof Franz Jachym setzte sich intensiv für die sakrale Architektur im Zeitraum 1956 bis 1984 ein, wobei circa 130 Kirchen- und Seelsorgezentren entstanden sind.

Ein weiterer Mentor für die engagierte Architektenszene dieser Zeit war der Priester Otto Mauer (1907-1973). Dieser unterstützte den Dialog zwischen Religion und Kunst maßgeblich und gründete die berühmte Galerie nächst St. Stephan, die eine Plattform für die Avantgarde der bildenden Kunst seiner Zeit war. In den Achtzigerjahren kam es zu einem Verlust des Innovationsgrades in der sakralen Architektur. Auf eine Darstellung der Kirchenneubauten in diesem Zeitraum wird deshalb nicht näher eingegangen.

Salzburg-Parsch: Pfarrkirche „Zum kostbaren Blut"
Arbeitsgruppe 4, 1953-1956

Der Architekturtheoretiker und Architekturhistoriker Friedrich Achleitner schreibt zu diesem Projekt Folgendes: „Erster moderner Kirchenbau der Nachkriegszeit, in dem die liturgischen Erneuerungen rund zehn Jahre vor dem Zweiten Vaticanum realisiert wurden. Heute überrascht weniger die ‚Modernität' des Umbaus aus einem ehemaligen Stallgebäude, als die unverbrauchte, ja frische Wirkung des Raumes. Der Kontrast des hellen Altarraumes zum niedrigen, alten Stallgewölbe besitzt eine architektonische Dialektik, die nicht nur auf die Tradition der Holzmeisterschule verweist, sondern die in Salzburg bis zur Franziskanerkirche zurückreicht. Hier wurde ein architektonischer Weg beschritten, der das Neue im Dialog mit dem Alten formuliert und beides gewissermaßen im Gegensatz vereint."[57]

Der niedrige Gewölbeabschnitt wurde als Hauptteil des Kirchenraumes beibehalten, nur im Bereich des Altares wurde das Dach geöffnet und auf einer Seite vollständig verglast. Die Dachebene des Satteldaches wurde zu einem Pultdach verlängert, und so entstand ein neues, dreiseitig prismatisches Raumvolumen, welches als Glockenturm dient. Durch Ausbildung einer neuen Eingangssituation entstand ein längsgerichteter Kirchenraum mit einem proportionalen Verhältnis von 1:2, Gesamtlänge 30 m, Gesamtbreite 15 m. Im Zentrum des neu geschaffenen Kirchenraumes steht der zentrale Altarbereich, mit drei Stufen versehen und von beiden Seiten mit Kirchenbänken als zentraler christlicher Feierraum erlebbar gemacht. Bezeichnend für diesen Sakralbau ist die Mitwirkung dreier führender bildender Künstler der Nachkriegszeit: Josef Mikl gestaltete Glasfenster, die dem niedrigen Gewölbeteil des Kirchenraumes eine leuchtende Fülle verleihen, Fritz Wotruba schuf ein großes Relief aus Beton, das über dem Haupteingang platziert wurde. Die Zeichnungen von Oskar Kokoschka mussten ebenfalls in Beton gegossen werden – für die vorgesehene Ausführung als Bronzetore reichten die finanziellen Mittel nicht.

Friedrich Achleitner schreibt weiters: „Die liturgische Erneuerung besteht nicht nur in der Freistellung des Altars (als Volksaltar), sondern auch darin, dass sich die Gemeinde auf beiden Seiten versammeln kann."[58]

Dieses Projekt war der Auftakt für die sakrale Nachkriegsarchitektur und beeinflusste nachhaltig die folgenden Jahr-

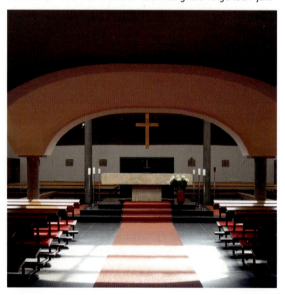

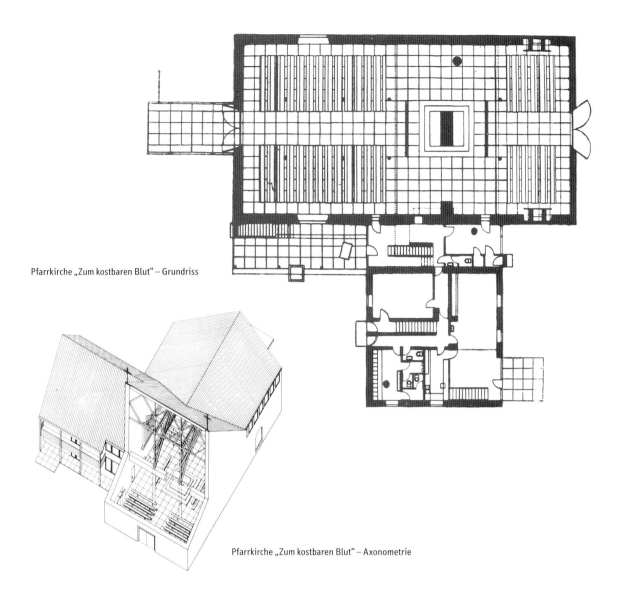

Pfarrkirche „Zum kostbaren Blut" – Grundriss

Pfarrkirche „Zum kostbaren Blut" – Axonometrie

zehnte. Das schlichte, aber kraftvolle Bauwerk hat von seiner Raumwirkung nichts eingebüßt und ist nach wie vor ein Maßstab für den Umgang mit sakralen Räumen.

Steyr-Ennsleite: Römisch-katholisches Seelsorgezentrum
Arbeitsgruppe 4 mit Johann Georg Gsteu, 1958-1961, 1970/71
Ein wegweisender sakraler Neubau wurde in Steyr-Ennsleite realisiert. 1958 wurde mit dem Seelsorgezentrum Steyr-Ennsleite begonnen, einem großen Arbeiterwohngebiet, bis dahin ohne Kirche. Das Ziel war die Errichtung des Seelsorgezentrums mit Pfarrgebäude, Kanzleien, Jugendheim und Kindergarten. Die Kirche für etwa 1500 Gläubige mit 500 Sitzplätzen wurde im Osten der Anlage realisiert. Sämtliche Baufunktionen erhielten einen eigenen Baukörper.

Friedrich Achleitner schreibt hierzu: „Diese Seelsorgeanlage nimmt in der Geschichte des modernen österreichischen Kirchenbaus eine ganz besondere Stellung ein. Einerseits ist sie Auftakt jener konstruktivistischen Richtung, die durch die Sommerseminare von Konrad Wachsmann (USA) entscheidend beeinflusst wurde und innerhalb der Holzmeister-Schule so etwas wie eine rationalistische Gegenströmung auslöste. Andererseits ist sie Symbol für die Erneuerungsbestrebungen innerhalb der Kirche mit der Tendenz der ‚Entsakralisierung, Entmystifizierung und Entsymbolisierung' von Kultbauten. Obwohl Ende der fünfziger Jahre die Diskussion noch nicht so weit war, wurde hier bereits der Weg in Richtung multifunktionalen Raum eingeschlagen."[59]

Der Entwurf basiert auf einem Raster von 62,5 cm. Die einzelnen Baukörper haben ein Grundrissausmaß von 12,5 x 25 m, wobei der Sakralbau aus drei Einheiten gebildet wurde, die 37,5 x 25 m messen. Sämtliche Bauten wurden in Stahlbeton ausgeführt. Jeder Bauteil wird von x-förmigen, vorgefertigten Stahlbetonstützen getragen, von denen immer vier an den Längsseiten die Hauptlast aufnehmen, und zwei an den Schmalseiten, die vorwiegend der Querversteifung dienen. Die Ausbildung der X-Stütze bildet den Vorteil der Seitensteifigkeit, somit waren

Spannweiten von 12,5 m langen Balken möglich. Vorteil dieses konstruktiven Prinzips war die Schaffung freier Innenräume: So konnte im Kirchenschiff der Mittelteil dreigeschoßig ausgeführt werden. Die Kirche wurde mit Profilit verglast. Die Außen- und Zwischenwände waren nicht tragend, somit konnte ein beliebiges, variables innenarchitektonisches Konzept realisiert werden.

Dieses Projekt ist gekennzeichnet durch den architektonischen Gedanken der Flexibilität und Variabilität. Die konsequente Folge war die Errichtung der in den nächsten beiden Jahrzehnten durchgeführten und viel diskutierten Mehrzweckbauten. Dieser Weg wurde jedoch aufgrund seiner geringen Akzeptanz durch den Mangel an Eindeutigkeit und Zuordenbarkeit größtenteils wieder aufgegeben. Zahlreiche Kirchenneubauten in Oberösterreich, die im Zeitraum 1990 bis 2011 realisiert wurden, greifen diese Entwurfskonzeption auf und modifizieren sie.

Steyr-Ennsleite ist ein Meilenstein der Nachkriegsarchitektur und setzte wesentliche Impulse für die weiteren Jahrzehnte.

Wien: Seelsorgezentrum St. Rafael
Architekt Ottokar Uhl, 1962-1964

Ottokar Uhl schreibt hinsichtlich der sakralen Architektur: „Das Kirchengebäude kann nicht als heiliges Objekt angesehen werden. Das Bedürfnis nach gebauten Kirchen ergibt sich zunächst aus der Notwendigkeit, dass eine Gemeinde sich zur Mahlfeier versammeln kann. Im Christentum ist die Unterscheidung von ‚sakral' und ‚profan' grundsätzlich aufgehoben. Es kann daher keine eigenen Vorschriften für eine sakrale Architektur geben. Die aus der Tradition kommenden stimmungsmäßigen bis sentimentalen Bedürfnisse, die an sakrale Räume gestellt werden, entspringen einer problematischen Haltung. Warum soll der Mensch sich ausgerechnet während der Eucharistiefeier von einem stimmungsmäßigen Raum einhüllen lassen? Ist ihm die private Andacht wichtiger als die aktive Teilnahme am Tun der Gemeinde?

Auch eine Besonderheit in den Methoden der Planung von Bauten der Gemeinde wird von der Theologie nicht gefordert. Eine beherrschende Stellung des Kirchenbaus in der Stadt ist heute kein erstrebenswertes Bild der Stellung der Kirche in der Gesellschaft. Kirchliche Bauten brauchen nicht symbolhaft zu sein. Das Christentum war Kampfansage gegen alle Mythen und ist es geblieben. In diesem Sinn ist die Säkularisierung ein christlicher Prozess."[60]

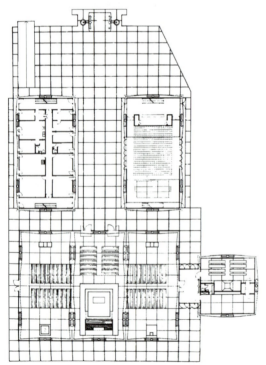

Steyr-Ennsleite, Römisch-katholisches Seelsorgezentrum – Grundriss

Uhl steht für prozessorientierte Planung, er stellt Bauen als Pro-

Seelsorgezentrum St. Rafael 1964 und ...

... 2008

zess in den Vordergrund. Sämtliche wissenschaftliche Arbeiten und Bauten spiegeln diesen Ansatz des partizipatorischen Planungsprozesses wider. Er tritt für eine Überwindung der thematischen Architektur ein, für die Überwindung der traditionellen Muster, die rein auf die Lösung eines Themas bezogen sind. Er hält den Kirchenbau als isolierte Bauaufgabe für überholt, da die Kirchenbauaufgabe als Prozess gesehen werden soll.

Agnes Joszai und Zuzana Nejedla schreiben zum Seelsorgezentrum St. Rafael: „Uhl verwirklichte zwei funktional getrennte, kubische Baukörper, die sich – bei gleicher Höhe – über unterschiedlich großen, rechteckigen Grundrissen erheben. Ihre südlichen, auf einer Fluchtlinie liegenden Längsseiten sind parallel zur Siemensstraße ausgerichtet. Ein von der Straße aus zugänglicher Vorplatz verbindet die beiden Solitäre an den Schmalseiten, in die jeweils zwei gegenüberliegende Eingänge eingeschnitten sind. Im östlichen, größeren Kubus (18 x 12 m) befindet sich der für 270 Personen konzipierte Kirchenraum; der westliche Kubus (12 x 6 m), dessen Längsseite exakt der Schmalseite des Kirchenbaus entspricht, enthält den Pfarrsaal und sanitäre Einrichtungen."[61]

Ottokar Uhl wurde hinsichtlich der Industrialisierung und Modularisierung seiner Bauten maßgeblich von Konrad Wachsmann beeinflusst. Er projektierte eine Kirche für eine Lebensdauer von mindestens 40 Jahren, die demontierbar ist und wieder aufgestellt werden kann. Aufgrund des modularen und industriellen Bauansatzes verwendete Uhl als Deckenkonstruktion das „Merosystem", verzinkte Stahlrohre, die mittels Gewindeknoten entsprechend dem konstruktiven Raster montiert werden. Die gesamte Decke wurde mit Kunststoffkuppeln bedeckt, um eine einheitliche Lichtatmosphäre zu schaffen. Die Außenwände und der Fußboden wurden mit vorgefertigten Betonplatten ausgeführt. Die Atmosphäre des Kirchenraumes bricht radikal mit den traditionellen Raumvorstellungen der christlichen Kirchenbauten.

„Infolge der ephemeren Bauweise und der fehlenden Wärmedämmung mussten seit 1965 mehrfach Renovierungsarbeiten vorgenommen werden. 1972 wurden aufgrund des undichten Daches die Lichtkuppeln angehoben und Blechverkleidungen angebracht, wodurch das ursprüngliche Erscheinungsbild und die Belichtung stark beeinträchtigt wurden."[62]

„St. Rafael entstand im Rahmen des ‚Montagekirchenprogramms' der Erzdiözese Wien. Dieses wurde vom Kirchlichen Sozialforschungsinstitut angeregt und sollte der zunehmenden Mobilität der Gesellschaft, der Verlagerung von Siedlungsschwerpunkten und der Flexibilität der Arbeitswelt Rechnung tragen. Die schnell und kostengünstig zu errichtenden Montagekirchen entsprachen den Bedürfnissen von neu entstandenen, schnell wachsenden Gemeinden. Nach Auffassung von Ottokar Uhl sollte ein dauerhafter Kirchenbau erst dann errichtet werden, wenn eine konsolidierte Gemeinde bei der Gestaltung ihres Gotteshauses mitentscheiden kann."[63]

Die Kirchengemeinde fasste zum Zeitpunkt der Errichtung den Kirchenneubau als „Notkirche" auf. Die Montagekirche wurde zum baulichen Definitivum und ist bis dato nicht demontiert worden. Sie wurde der philippinischen Gemeinde in Wien zur Verwendung als Kirche übergeben.

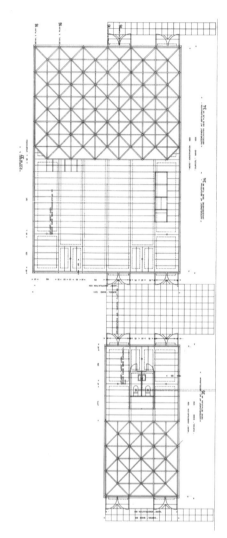

Wien, Seelsorgezentrum St. Rafael, Grundriss

Heidemarie Seblatnig setzt sich mit den von Ottokar Uhl im Eingangszitat beschriebenen Planungsgrößen für die sakrale Architektur kritisch auseinander, da ihrer Meinung nach seine Haltung zu einer Entsakralisierung der kirchlichen Räume beitrug.

Ottokar Uhl verfolgte mit seinen Kirchenbauten – und im besonderen bei diesem Projekt – den Aspekt des „a-materiellen" beziehungsweise „ortsungebundenen" Raumes für Versammlung und Gottesdienst.

Wien: Pfarrkirche Oberbaumgarten zu den Heiligen vier Evangelisten
Architekt Johann Georg Gsteu, 1962-1965

Johann Georg Gsteu gilt als Vertreter der konstruktiven Architektur und wurde von Konrad Wachsmann in Salzburg nachhaltig beeinflusst. Er plante und realisierte seine Bauten im Geist der industriellen und modularen Bauweise. Im Vordergrund steht seine sehr präzise und strukturelle Entwurfsmethode: Architektur als Denk- und Erfindungsprozess, genaue Analyse der Bauaufgabe und Erarbeitung sehr technologischer Lösungen.

Ein Hauptwerk ist das Seelsorgezentrum Baumgartner Spitz, welches den vier hll. Evangelisten geweiht wurde. Die Zahl „Vier" ist Basis des architektonischen Entwurfs, bildet den Leitgedanken. In der Stahlbetonkonstruktion mit einem quadratischen Kirchenraum ergibt sich aufgrund der vier gleichförmigen, frei stehenden Bauteile ein räumliches Lichtkreuz, die architektonische Mitte, in deren Zentrum der Altar steht. Das Kreuz als christliches Symbol kommt bei diesem Bauwerk in seiner räumlichen Ausprägung vorbildlich zur Wirkung.

„Johann Georg Gsteu hatte bei dem [...] Seelsorgezentrum Baumgarten in Wien die Auseinandersetzung mit dem Quadrat – dem räumlichen Würfel – auf der Grundlage einer konstruktiven, modularen Ordnung zu einem in sich geschlossenen, sehr komplexen, aber auch alles aus- und abschließenden Raumthema gemacht. Gleichwohl ist mit diesem scheinbar rationalistischen Entwurf ein starker stimmungsvoller und stimmiger Raum gelungen, der kaum mehr überboten werden konnte."[64]

In diesem Projekt nimmt Johann Georg Gsteu das damals erst im Entstehen begriffene theologisch-liturgische Konzept des Zweiten Vatikanischen Konzils vorweg. Die Gesamtanlage aus

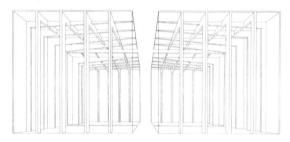

Wien, Pfarrkirche Oberbaumgarten – Axonometrie

Pfarrhof, Pfarrsaal, Sakristei und einem Glockenträger wurde konsequent in genauer quadratischer Form und in strenger Symmetrie zum zentralen Kirchenraum ausgebildet. Daraus resultiert eine symmetrische Anlage, bei der die vier zusätzlichen Baukörper genau an den räumlichen Eckpunkten des Kirchenraumes positioniert wurden. Das gesamte Seelsorgezentrum spiegelt einen sehr konzentrierten und spirituellen Ansatz wider, der architektonisch präzise bis ins letzte Detail ausgeführt ist. Bei Betrachtung der Gesamtanlage wird die Zahl Vier als Entwurfskonzept mit dem Verweis auf die vier Evangelisten als christliche Metapher nachvollziehbar.

Auf der Basis einer konstruktiven Architekturentwurfsmethodik entstand so ein weihevoller Raum, ein markanter Meilenstein der österreichischen Nachkriegsarchitektur, der immer noch eine starke sakrale Wirkung erzeugt.

In den letzten Jahren wurden in der Gesamtanlage und beim Kirchenbaukörper Renovierungsmaßnahmen, im besonderen bei der Abdeckung des Lichtkreuzes, vorgenommen, und zur Verbesserung der Raumakustik wurden Stoffbahnen angebracht. Erwähnenswert ist weiters die damals technologisch sehr fortschrittliche Ausbildung einiger architektonischer Details. So wurden das Taufbecken und der Tabernakel in Polyester gegossen. Gsteu suchte in diesem, wie in seinen anderen Bauwerken stets Lösungen auf dem neuesten Stand der Technik.

Tirol, Völs: Pfarrkirche
Josef Lackner, 1965-1967

Josef Lackner erhielt 1965 den Auftrag zur Errichtung einer neuen Pfarrkirche in Völs, einer kleinen Gemeinde in der Nähe der Landeshauptstadt Innsbruck. Die Kirche zeichnet sich durch eine expressive, zeichenhafte Architektursprache aus. Friedrich Achleitner schreibt zur Völser Pfarrkirche: „Die landschaftliche Wirkung dieser Kirche ist leider durch die späte Verbauung sehr beeinträchtigt. Ihre expressiv-gestische Form kann (auch ohne die Absicht des Architekten) als eine Reflexion auf die Baukultur der Innstädte mit ihren Grabendächern angesehen werden, die hier zu einer souveränen, signifikanten Form geführt hat. Der quadratische, an den Wänden ausgeleuchtete Kirchenraum (ein immer wiederkehrendes Raumthema Lackners) mit der abgehängten Holzdecke gehört zu den eindrucksvollsten Raumgedanken in der Nachfolge Holzmeisters. [...] Die aus statischen Gründen günstige Verformung des unteren Wandbereiches wird räumlich durch Eingang, Sakristei, Beichtstühle etc. gut genützt."[65]

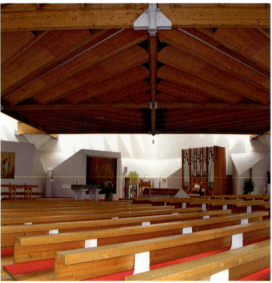

Völs, Pfarrkirche – Grundriss

Während das äußere Erscheinungsbild der Pfarrkirche sehr hermetisch und monolithisch geprägt ist, wirkt der Innenraum offen und vermittelt Weite.

Oberösterreich, Puchenau:
Römisch-katholisches Seelsorgezentrum St. Andreas
Roland Rainer, 1973-1976

Roland Rainer schuf mit der Gartenstadt Puchenau eine zukunftsweisende Wohnanlage in der Nähe der oberösterreichischen Landeshauptstadt Linz. Das katholische Seelsorgezentrum in Puchenau umfasst einen Kirchenbau für etwa 300 Personen, Werktagskapelle, Taufkapelle, Jugendräume und Kindergarten. Die Entwurfsidee für das Seelsorgezentrum war die Idee des Zentralraumes.

Architekt Roland Rainer schreibt hierzu: „Bekanntlich sind auch in der alten chinesischen Baukunst der Kreis und die Halbkugel Sinnbilder des Himmels – Himmelstempel und Himmelsaltar haben kreisrunde Grundrisse. [...] An die, die Anfänge des christlichen Kirchenbaus bezeichnenden berühmten Zentralbauten, wie das Baptisterium von San Giovanni in Laterano, von San Vitale in Ravenna, die Pfalzkapelle in Aachen usw. braucht nicht erinnert zu werden, wohl aber vielleicht an die erst neuerdings in ihrer ganzen Fülle und Schönheit bekannt gewordenen armenischen Zentralraumkirchen, die meist über Oktogonen errichtet sind."[66]

Mit den Erneuerungen des Zweiten Vatikanischen Konzils trat der Zentralraum als liturgischer Feierraum wieder in den Mittelpunkt der Betrachtung und wurde architektonisch thematisiert. Dafür ist dieses Projekt von Roland Rainer ein wegweisendes Beispiel.

Roland Rainer kreierte mit der Ausformung des Oktogons und des somit entstandenen introvertierten Kirchenzentralraumes einen architektonischen Typus, der bis dahin in der sakralen Nachkriegsarchitektur Österreichs nicht verfolgt worden war. Zwei wesentliche Merkmale kennzeichnen die Kirche von Puchenau: Im Zentrum des Oktogons befindet sich der Altarbereich, dieser wurde jedoch im Gegensatz zu den bisher üblichen Sakralbauten nicht als erhöhter Altarbereich, sondern als eine Altarmulde ausgeführt, sodass der Altarbereich in doppelter Hinsicht als Konzentration des liturgischen Geschehens ausgeformt worden ist.

Das zweite wesentliche Merkmal und Schwerpunkt im architektonischen Entwurf war die Art der Lichtführung: das Licht wird über Tamboure in den Kirchenzentralraum geführt. Hierzu schreibt Roland Rainer weiter: „Das ist im Falle der Kirche Puchenau durch die Führung des Lichts versucht worden, das durch hohe, als weithin sichtbare Zeichen wirkende Tamboure streng gebündelt den Altarbereich beziehungsweise im Falle der Taufkapelle das Taufbecken hervorhebt. Dabei war es wichtig, dass die Mensa nicht genau unter dem Tambour steht, sondern so abgerückt, dass vor ihr und unter dem Licht führenden Tambour Raum gebildet wird – im Augenblick der Kommunion tritt die

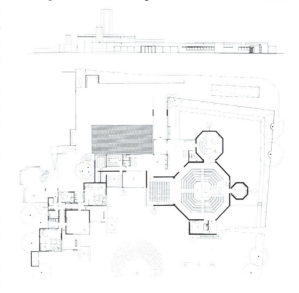

Puchenau, Römisch-katholisches Seelsorgezentrum St. Andreas – Ansicht und Grundriss

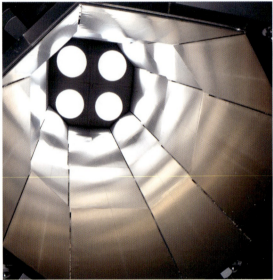

Tambourkuppel Untersicht

Gemeinde aus dem Halbdunkel des Kirchenraumes in das in diesen zentralen Raum von oben herabfallende Licht."[67]

Zur Positionierung des Altares im Zentralraum sagt der Bauherr und Pfarrer von Puchenau Pater Andreas W. Ebmer OCist hingegen: „Tatsächlich war die Entscheidungsfindung sehr trivial: Zusammen mit dem Architekten bestimmte ich im Rohbau der Kirche den endgültigen Platz für den Altar. Ich rücke deswegen etwas nach Osten, damit vor dem Altar mehr Platz zum Kommunionausteilen entsteht, dass ich einer geringeren Zahl von Gläubigen den Rücken zeige und damit ich mir nicht bei der Lichtführung aus dem Tambour den Körperschatten auf das Messbuch werfe und mich beim Lesen behindere."[68]

Roland Rainer verwendete handgeschlagene alte Ziegel und legte großen Wert auf natürliche Baustoffe mit Ausführung in präziser handwerklicher Qualität. Im Kontrast zum Ziegelmaterial stehen die in Aluminium ausgeformten drei Lichttamboure. Rainer stellte dem in diesen Jahrzehnten üblichem lichtdurchfluteten quaderförmigen Kirchenraum das Konzept des dunklen, mystisch wirkenden Zentralraumtypus entgegen.

Friedrich Achleitner zum Seelsorgezentrum Puchenau: „Die Kirche Puchenau nimmt im Werk Roland Rainers, aber auch im österreichischen Kirchenbau eine besondere Stellung ein.

Die historische Reflexion bei diesem Entwurf reicht vom skandinavischen Protestantismus bis zum orthodoxen Kirchenbau, von der ‚Wohnlichkeit' der Moschee bis zur Ästhetisierung von Materialwerten im Fernen Osten. Es scheint, es würde in Puchenau wieder jener ‚universelle Historismus' zum Vorschein kommen, der immerhin seit dem Barock die Wiener Architekten beschäftigte. Die Kirche besteht aus in sich ruhenden Zentralräumen (die allerdings durch ihre Verbindung eine Art von Bewegung erzeugen), diese werden von Tambouren beleuchtet, die außen wie Rufzeichen aufgesetzt sind. Die Konstruktion tritt zurück, sie erscheint nicht mehr als bestimmendes, räumliches Instrument."[69]

Die Kirche St. Andreas in Puchenau stellt einen Meilenstein des sakralen Kirchenbaus in den 1970er-Jahren dar und setzte weitreichende Impulse für die Renaissance des sakralen Zentralbautypus. Im untersuchten Zeitraum 1990 bis 2011 wurden zahlreiche Kirchen errichtet, die dem Zentralraumtypus zugeordnet werden können. So zum Beispiel die auf einem kreisförmigen Grundriss errichtete Kirche in Innsbruck-Kranebitten (siehe Seite 242) und Lichtenberg (siehe Seite 206).

Wien: Kirche Salvator am Wienerfeld
Johannes Spalt, 1976-1979

Die Kirche Salvator am Wienerfeld wurde von Architekt Johannes Spalt im Zeitraum von 1976 bis 1979 errichtet. Dieser Sakralbau nimmt eine Sonderstellung in der österreichischen Architekturgeschichte ein, da Johannes Spalt darin die Architektursprache Asiens aufgriff und transformierte.

Johannes Spalt schreibt hinsichtlich seiner architektonischen Vision: „Die strenge axiale Anordnung und das symbolisch gemeinsame Dach aus Holz sollen Ruhe und Geborgenheit vermitteln."[70] Und weiters in seiner Baubeschreibung: „Die zur Wienerfeldgasse gerichtete Kirche hat einen annähernd quadratischen Grundriss und wird von einer paraventartigen Außenwandkonstruktion unter dem Schirmdach umfasst. Die Umsetzung dieser bisher nur bei kleinen Objekten verwirklichten Gedanken, das Dach und den Paravent betreffend, ist bei dieser größeren Anlage versucht worden. Die Spannweite der Holzleimbinder beträgt bis zu 22 m. Diese sind von bündelartigen Säulen getragen und mit Stahlbetonstützenteilen verschraubt. Der Paravent, aus einem Fachwerk bestehend, das mit Ytong-Steinen ausgefüllt und verputzt ist, wird unabhängig vom Dach, wo es notwendig ist, an die Säulen angehängt und dadurch versteift. Andererseits wird seine Standfestigkeit durch Verwinkelung des Paravents erreicht. An den Punkten der Verhängung mit den Säulen hat der Paravent doppelte senkrechte Hölzer, die einen mit Glasbausteinen ausgefachten Zwischenraum aufweisen. Dadurch entsteht eine optische Verbindung mit außen.

Die Lichtführung durch die unmittelbar unter dem Dach an den Paravent anschließenden Fensterbänder beeinflusst den Raumeindruck entscheidend. Die große Lichtkuppel im Raum bringt gerichtetes Licht auf den Altarbereich. Der Paravent wirkt nicht wie eine Mauer, sondern als Abgrenzung eines Raumbereiches. Die Sitzordnung ist an drei Seiten um den Altar als Zentrum angeordnet, und das kaum merkbare Gefälle gegen den Altarbereich ermöglicht von allen umfassenden Bankreihen einen guten Blick. Das Flügelaltarbild Herbert Boeckls hängt in einer nischenartigen Erweiterung hinter dem Altarbereich. Ein Teil der Altarrückwand lässt den Einblick zur Tageskapelle offen, die ein differenzierter Raum mit einem niederen Altarbereich und einer optischen Verbindung zur Kirche ist, in der das Tabernakel eingebaut ist."[71]

Der Entwurfsgedanke des Paravents und des großen ausladenden Schirmdaches kennzeichnet das vorliegende Projekt. Hinsichtlich der Konstruktion schreibt der Bauingenieur Wolfdietrich Ziesel: „Die Konstruktion entspricht dem Architekturkonzept: Ein großes, weit gespanntes Dach mit einem ingenieurmäßig konstruierten leichten Holztragwerk überdeckt ein zimmermannsmäßig gebautes Haus, das völlig unabhängig

unter diesem Dach steht und damit diesem einen schwebenden Charakter verleiht."⁷²

Friedrich Achleitner zur Salvatorkirche: „In Wirklichkeit handelt es sich um viel mehr: Die Typologie des voralpenländischen Streckhofes und die traditionsreiche Technologie des Fachwerkbaus ergeben mit der Transformation in eine neue Anwendung ein architektonisch vielfältiges, lebendiges Gebilde, das tatsächlich durch den riesigen Schirm des Daches Ruhe ausströmt, ohne ins Rurale oder sogar Regionale abzugleiten. Der Dreiklang von Gerüst, Haut und Licht ist ein Produkt langer räumlicher Erfahrung. ‚Klassisch', im Sinne der Moderne, ist auch das Umfeld der Kirche gestaltet: der Vorhof, die Mauer im Sockel, die mit jedem Schritt das Besondere des Baus sichtbar macht."⁷³ Und weiters: ‚Der wohltemperierte Raum', aus Holz gebaut und eine zentral- bis osteuropäische Baukultur reflektierend, ist im neueren Kirchenbau kein zweites Mal – nicht einmal als Variation zu finden."⁷⁴

Der Sakralbau von Architekt Johannes Spalt thematisiert das „Umhüllen" des Sakralraumes in Leichtbauweise. Seine Architektursprache fußt und gründet auf seiner jahrzehntelangen Auseinandersetzung mit dem Thema des Flugdaches, das er bei verschiedenen Einfamilienhäusern konsequent ausfor-

muliert hat. Eine weitere Assoziationskette stellen die „japanischen" Faltwände dar, sie basieren auf der japanischen und ostasiatischen Bautradition. Der von Architekt Johannes Spalt errichtete Kirchenbau unterscheidet sich signifikant von den in diesen Jahrzehnten ausgeführten Sakralbauten in Österreich.

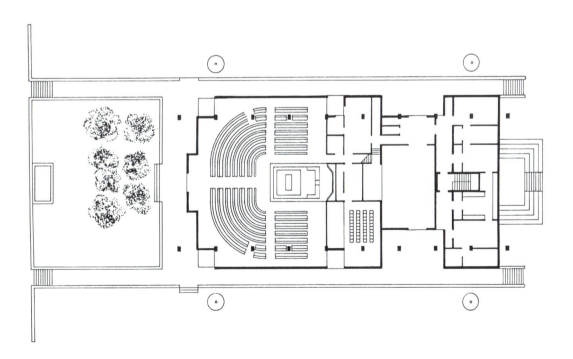

Wien, Kirche Salvator am Wienerfeld-Grundriss

Wien-Favoriten:
Römisch-katholische Kirche und Pfarrhof Emmaus
Architekt Otto Häuselmayer, 1990-1992

1100 Wien, Tesarekplatz 2

Entstehungsgeschichte
Architekt Otto Häuselmayer führte die Städtebauplanung für das Stadterweiterungsprojekt am Wienerberg durch und schuf hierfür selbst 250 Wohneinheiten. 1989 erhielt er von der Erzdiözese Wien den Direktauftrag für den Neubau einer Pfarrkirche mit angeschlossenem Pfarrhof. Der Baubeginn war im April 1990, am 30. Juni erfolgte die feierliche Grundsteinlegung durch Erzbischof Kardinal Hans Hermann Groër, und bereits am 20. April 1992 konnte er die Kirche und den Altar mit den Reliquien des Apostels Jakobus d. Ä., der hl. Elisabeth von Thüringen und des Stadtpatrons von Wien, Clemens Maria Hofbauer, feierlich einweihen.

Ort
Die Pfarre Emmaus am Wienerberg befindet sich im 10. Wiener Gemeindebezirk. Der Wienerberg ist ein Naherholungsgebiet auf einem Höhenrücken im Süden der Bundeshauptstadt, gekennzeichnet durch weitläufige Grünflächen. Die in den 90er-Jahren neu errichtete Wienerberg-City mit zahlreichen Hochhausbauten mit gesamt etwa 2100 Wohnungen prägt Teile des südlichen Stadtbildes von Wien.

Für die Wohnhausanlage Wienerberg konzipierte Architekt Otto Häuselmayer ein autofreies Zentrum und schuf einen quadratischen Platz, an welchem der Kirchenneubau und der Pfarrhof situiert wurden. Ebenfalls an diesem quadratischen Kirchenplatz errichtete Architekt Heinz Tesar ein Kindertagesheim (Eröffnung 1990) und Architekt Gustav Peichl eine Volksschule (Eröffnung 1991).

Architektonische Vision
Die Vision von Architekt Otto Häuselmayer war es, eine klar gegliederte, architektonisch gut ablesbare Kirche auszuformen, die sich zum Platz hin orientiert. An die Pfarrkirche angeschlossen ist ein großzügig dimensioniertes Pfarrzentrum, dessen C-Form zusammen mit der Kirche ein Atrium umschließt.

Architektonisches Thema
Der Kirchenneubau weist eine rechteckige Grundrisskonfiguration auf. Als markantes architektonisches Zeichen wurde der Glockenturm um halbe Glockenturmbreite in Richtung Kirchenplatz vorgesetzt und seine Wirkung dadurch verstärkt. Der Kirchenbaukörper präsentiert sich als weißer Quader, die Zwischenzone wurde als prägnante Glasoberlichtzone gestaltet und mit einer segmentförmig konfigurierten Dachkonstruktion bogig abgeschlossen. Der Glockenstuhl wurde als dreiteilige Fachwerkkonstruktion ausgebildet. Der Kirchenhauptraum wurde als klassisches Kirchenlängsschiff konzipiert und zeigt eine klare symmetrische Betonung. Die Eingangssituation wurde von der Gebäudefassade zurückgesetzt. Charakteristisch für die Kirchenraumatmosphäre ist das imposante Tonnendach, welches durch seine großzügige Glasumrahmung „schwebend" erscheint und dadurch eine helle und freundliche Raumatmosphäre schafft.

Otto Häuselmayer entwarf einen quer gelagerten, großzügig dimensionierten Windfang, indem er eine leicht geschwungene Glasholzfront ausbildete. Direkt darüber führte er die Orgelempore aus, wobei die Erschließung derselben im Inneren des Glockenturmes erfolgt.

Die Wochentagskapelle wurde an der Schmalseite des Kirchenhauptraumes angeschlossen und zeigt eine konische Grundrisskonfiguration mit segmentbogenförmigem Deckenabschluss. Sie kann direkt vom Kirchenhauptraum und vom Pfarrzentrum betreten werden.

Das Pfarrzentrum wurde an der Längsseite des Kirchenbaukörpers angegliedert und zeigt eine c-förmige Konfiguration. Das Pfarrzentrum beinhaltet einen großen Pfarrsaal, Sitzungszimmer und Jugendräume, welche um den zentralen, nahezu quadratischen Atriumhof orientiert sind. Der Atriumhof wird dreiseitig von einem Arkadengang umrahmt. Das historische Thema des „Klosterhofes mit Arkadengang" wurde hier aufgegriffen und thematisiert.

Architekturanalytische Betrachtung
Der Kirchenbaukörper wurde als klar strukturierter, massiver Quader konzipiert und durch mehrere segmentbogenförmige architektonische Elemente in Kontrast gesetzt, nämlich durch die bereits erwähnte Dachkonstruktion und durch die Berandung des Windfanges. Diese segmentbogenförmige Linienführung in der Grundrisskonzeption ist bei den Kirchenbankblöcken ebenso ablesbar wie bei der Wochentagskapelle. Architekturmorphologisch bedeutet das, dass die Bogenform der Dachkonstruktion ihre Entsprechung im Inneren findet und so dem Baukörper eine unaufdringliche Eleganz verleiht.

Konstruktion

Das segmentbogenförmig ausgebildete Tonnendach wurde als Holzkassettenkonstruktion gefertigt. Der Kirchenhauptraum wurde mit einer fünfsegmentigen Dachbinderkonstruktion, die Werktagskapelle mit einer zweisegmentigen ausgeführt. Die Dachkonstruktion wird von filigranen metallenen Fachwerksträgern getragen, diese ruhen auf eleganten, sich verjüngenden, verzinkten Stahlstützen. Die vierseitig umschließenden Mauerwerksscheiben sind selbsttragend. Zwischen Mauerwerksscheiben und der Dachkonstruktion wurde ein großzügiges breites Oberlichtband ausgeführt, dieses umrahmt den Kirchenhauptraum. Der Sockel des Glockenturmes wurde als massive Stahlbetonkonstruktion ausgeführt und darauf die dreiteilige, quadratische Fachwerkskonstruktion als Glockenturm aufgesetzt.

Materialität und Innenausbau

Das äußere Erscheinungsbild ist durch die Verwendung von vier klassischen Baumaterialien geprägt: das weiß gestrichene Massivmauerwerk, die Holzglaskonstruktion im Bereich des Kirchenportales, die Oberlichtverglasung und schließlich das weiß gestrichene unverkleidete Stahlfachwerk des Glockenturmes.

Im Inneren dominiert ebenso das rein weiß gestrichene Massivmauerwerk, hierzu im Materialkontrast steht die verzinkte Stahlrohrkonstruktion, welche die Dachkonstruktion trägt.

Die helle Raumatmosphäre und das homogene Materialerscheinungsbild werden durch die Verwendung von Solnhofener Natursteinplatten ebenso bewirkt, wie durch die Verwendung von Buchenholz beim gesamten Kirchenmobiliar und bei der Holzkassettendachkonstruktion. Der Stiegenaufgang zur Empore und das Emporengeländer wurden analog in Buchenholz gefertigt.

Liturgische Orte

Der Altarraum, das zentrale architektonische und liturgische Element des Kirchenraumes, wurde als dreistufiges Altarpodest errichtet und liegt in der Symmetrieachse. Die hölzerne Altarwand ist als Schiebe-Faltwand ausgeführt und wird bei Hochfesten geöffnet. Sie verbindet die Wochentagskapelle mit dem Kirchenhauptraum.

Auf dem Altarpodest befindet sich mittig der schlichte Altar aus Buchenholz mit einer aus Kalksandstein geschliffenen Mensaplatte. In analoger Bauweise wurden Ambo und Sessio in Buchenholz gefertigt. Der zylindrische, in Metall gefertigte Tabernakel ruht auf einer Buchenholzsäule nahe der Altarwand.

Als wesentliches Merkmal der liturgischen Orte befindet sich der ebenfalls aus Kalksandstein gefertigte Taufstein zwischen Altarpodest und Kirchenbankblock. Diese Positionierung des Taufsteins im vorderen Kirchenbereich war eine besondere Zeichensetzung – wer getauft wird, ist inmitten der Gemeinschaft. Die vier Kirchenbankblöcke orientieren sich um den zentralen Altarraum. Die beiden axial aufgestellten sind sektorenförmig ausgebildet, die beiden flankierenden linear.

Reflexion über den Sakralraum

Der Sakralraum ist gekennzeichnet durch eine helle und freundliche Raumatmosphäre. Das tonnenförmige Dachkonstrukt schließt den Sakralraum schützend ab und deutet so symbolisch auf das Firmament hin. Durch die räumliche Orientierung zum zentralen Altarpodest wird der Gemeinschaftscharakter des Sakralraumes stark betont. Die Integration des Taufsteins im vorderen Anteil des Altarbereiches setzt ein markantes Zeichen, erinnert an die eigene Taufe und bildet ein Zeichen des Aufgenommenseins in die christliche Gemeinschaft.

Künstlerische Gestaltung

Architekt Otto Häuselmayer entwarf sämtliche liturgischen Prinzipalstücke. An den Längsseiten des Kirchenhauptraumes wurden Kreuzwegbilder von Veronika Schaller angebracht.

1 Kirchenaußenansicht mit Tesarekplatz
2 Kircheninnenansicht mit Altarbereich
3 Kircheninnenansicht mit Orgelempore

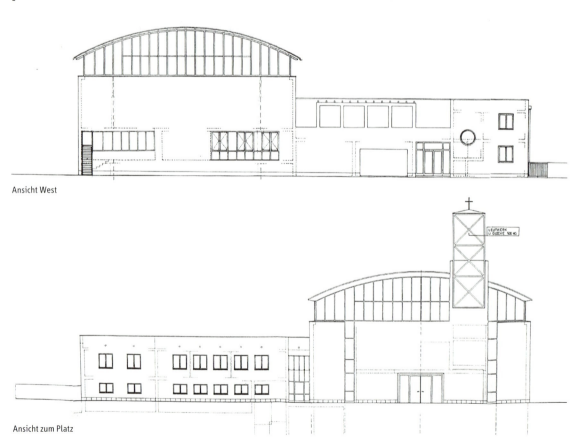

Ansicht West

Ansicht zum Platz

2

3

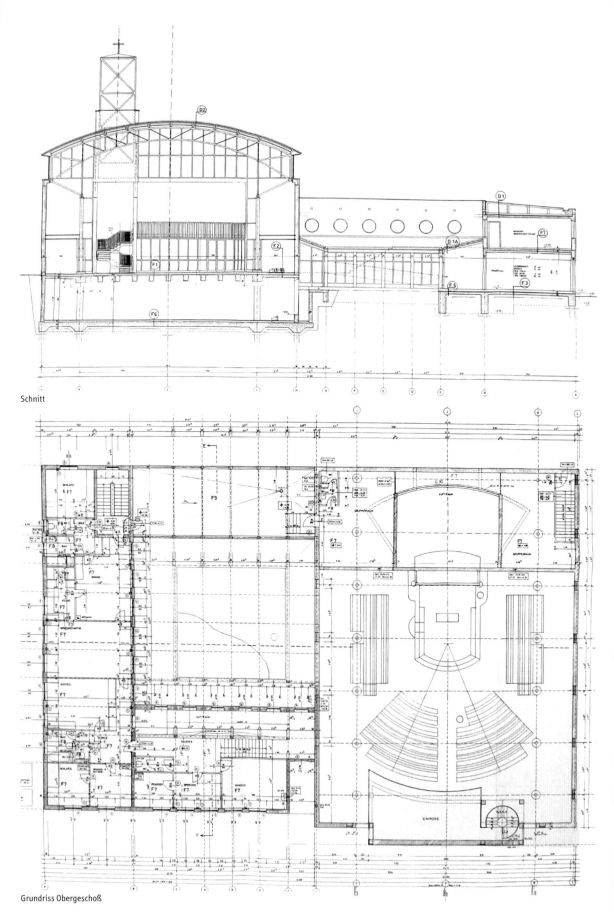

Schnitt

Grundriss Obergeschoß

1 Taufstein
2 Säule mit Deckenkonstruktion
3 Kircheninnenansicht zur Orgelempore

Wien-Floridsdorf:
Römisch-katholische Kirche und Pfarrhof St. Cyrill und Method
Architekt Otto Häuselmayer, 1994-1995

1210 Wien, Theumermarkt 2

Entstehungsgeschichte
Im 21. Wiener Gemeindebezirk, im Neubaugebiet „Brünner Straße West" am Marchfeldkanal, entstand eine Wohnsiedlung mit circa 3500 Wohneinheiten. Dieses neue Siedlungsgebiet für rund 15.000 Bewohner benötigte eine Pfarrkirche und ein angeschlossenes Pfarrzentrum. 1993 wurde Architekt Otto Häuselmayer von der Erzdiözese Wien mit der Planung und dem Bau der römisch-katholischen Kirche Cyrill und Method beauftragt. Baubeginn für Kirche und Pfarrhof war März 1994, die feierliche Grundsteinlegung der Kirche erfolgte im Herbst 1994, und bereits im März 1995 konnte die Pfarrkirche durch Kardinal Erzbischof Hans Hermann Groër feierlich eingeweiht werden.

Ort
Der Kirchenneubau St. Cyrill und Method liegt inmitten des neuerrichteten Siedlungsgebietes, das durch eine Mischnutzung von Wohn-, Büro- und Geschäftsbauten gekennzeichnet ist. Die Kirche und der Pfarrhof wurden auf ein circa 1,5 m angehobenes Plateau gestellt. In unmittelbarer Nähe zum Kirchenzentrum befinden sich der Kindergarten von Architekt Johann Georg Gsteu und die vom Architektenteam Stefan Hübner und Peter Leibetseder entworfene Ganztags- und Musikschule.

Architektonische Vision
Die Vision war die Schaffung eines skulpturalen, dreiteilig gegliederten Baukörpers, der die Funktion eines Kirchenbaus und eines Pfarrhofes erfüllt. Das Zentrum bildet das einschiffige Kirchengebäude, dessen dominierendes architektonisches Element das Tonnendach ist. Der Pfarrhof wurde an den Kirchenneubau parallel angegliedert. Im Gegensatz zur Emmaus-Kirche wurde der Glockenturm frei stehend an der Rückseite errichtet.

Architektonisches Thema
Mit dem architektonischen Kunstgriff der Anhebung um etwa 1,5 m stellte Otto Häuselmayer den Kirchenbaukörper auf ein Podest, welches durch eine elegante, konvex geschwungene Treppenanlage erschlossen ist.

Die Kirche ist annähernd nord/süd-ausgerichtet und zeigt einen rechteckigen Grundriss. Der Besucher betritt den großzügig konzipierten Vorplatz, der teilweise vom auskragenden Tonnendach überragt und überdeckt wird. Nach Durchschreiten des symmetrisch angelegten Kirchenportals gelangt man in eine Zwischenzone, welche von einer, die gesamte Schmalseite einnehmenden Empore gedeckt wird. Anschließend wird die rund 10,5 m hohe Kirchenhalle betreten.

Die Kirchenhalle ist streng symmetrisch entworfen. Der Blick des Besuchers fällt auf die Dachkonstruktion. Deren schwebender Charakter wird durch die großzügige Fensterverglasung unterstrichen. „Häuselmayer hat sozusagen den Himmel gerahmt und in seinem Kirchenraum über die Altarwand gehängt."[75]

Der Blick richtet sich hin auf die leicht konkav geschwungene Konche, welche seitlich durch zwei schmale Fensterstreifen zusätzlich architektonisch betont wird. An der Westseite wird der Kirchenraum von vier vertikalen Fensterstreifen erhellt, an der Ostseite befindet sich die Wochentagskapelle.

Das Pfarrzentrum wurde als eigenständiger Baukörper ausgebildet, dem Kirchenbaukörper parallel gestellt und diesem gegenüber nach vorne gezogen.

Die dreigeschoßige Erschließungszone mit einer Breite von 2,5 m verbindet sämtliche Bereiche des Pfarrzentrums und die mit den unterhalb der Kirche gelegenen Räumen für Jugendgruppen und dem Veranstaltungssaal sowie mit der Pfarrerwohnung.

Der vierte architektonische Baukörper ist der dem Marchfeldkanal zugewandte Glockenturm, welcher aufgrund der Bauklassenzuordnung im unteren Bereich massiv und im oberen Teil als Holzkonstruktion ausgebildet ist.

Architekturanalytische Betrachtung
Der quaderförmige Kirchenbaukörper wird von einem segmentförmig konfigurierten Tonnendach überspannt und schützend gedeckt. Die Zone zwischen Dachkonstruktion und weißem Kirchenquader wird vom Baumaterial Glas dominiert, dadurch entsteht eine Dreiteilung des Baukörpers.

Das parallel gestellte Pfarrzentrum wird unmittelbar an das Kirchenlängsschiff angegliedert, dadurch wird die architektonische Wirkung des Tonnendaches im Bereich der Ostseite abgeschwächt.

Das seit den Tempelbauten bekannte Thema des Verehrungsortes als Schrein wird hier in zeitgemäßer Weise aufgegriffen und durch zwei architektonische Maßnahmen in seiner Bedeutung unterstrichen. Erstens durch die Platzierung des „Schreines" auf einem Podest, zweitens durch Abschluss des Tempels mit tonnenförmigem Dach und somit deutlichem Verweischarakter auf den Himmel.

Konstruktion

Architekt Otto Häuselmayer legte Hauptaugenmerk auf die präzise, konstruktive Ausformulierung der selbsttragenden Dachkonstruktion. Das segmentbogenförmige Tonnendach wird von Doppelsäulen getragen, wobei sie im Außenbereich als Metallsäulen und im Inneren als Buchenholzsäulen ausgebildet wurden. Die primäre Dachkonstruktion wurde aus gebogenen Holzträgern gefertigt, die mit vier Stahlschwertern konstruktiv verbunden wurden, sodass die Lasten in einem konstruktiven Stahlknoten abgeleitet und von dort mit vier Unterspannungsseilen zu den Doppelstützen weitergeleitet werden und somit eine stabile Tragkonstruktion bilden. Das konstruktive Tragsystem wird seitlich von je einem Querstabilisator mit den Doppelsäulen verbunden. Der Architekt konzipierte acht Doppelsäulenpaare, wobei zwei der Dachsegmente das auskragende Tonnendach im Freien bilden.

Das Pfarrzentrum ist eine klassische Massivmauerwerkskonstruktion. Die dreigeschoßige Erschließungszone wird durch ein Oberlichtband abgeschlossen. Der frei stehende rechteckförmige Kirchenturm wurde in der Sockelzone aus Stahlbetonscheiben gebildet und zeigt im oberen Abschnitt eine Holzkonstruktion mit schräg gestellten Lamellen.

Materialität

Im äußeren Erscheinungsbild dominieren jene Materialien, die Architekt Otto Häuselmayer bereits bei der römisch-katholischen Kirche Emmaus im 10. Wiener Gemeindebezirk verwendete. Das weiß gestrichene Massivmauerwerk, die verzinkte Stahlrohrkonstruktion des statisch tragenden Systems und das Material Holz bei der Dachuntersichtkonstruktion dominieren das äußere Erscheinungsbild. Die Zone zwischen Dachkonstruktion und Massivmauerwerk wurde großzügig verglast im Sinne einer Pfosten-Riegel-Konstruktion. Im Inneren dominieren idente Baumaterialien in analoger Weise und Verwendung.

Innenausbau

Der Kirchenboden wurde in klassischer Bauweise mit hellen Solnhofener Natursteinplatten verlegt. Die Konchenwand ist mit Buchenholz verkleidet und verweist mit der Aufteilung in drei vertikale Felder auf die Trinität. Die Kirchenbänke wurden analog in Buchenholz gefertigt.

Liturgische Orte und künstlerische Gestaltung

Sämtliche liturgischen Orte wurden von Architekt Otto Häuselmayer künstlerisch entworfen. Mensa, Ambo, Tabernakel und Sessio befinden sich auf dem einstufigen, segmentbogenförmig konfigurierten Altarpodest. Das Altarpodest mit anschließender Konchenwand bildet das liturgische Zentrum, zu dem hin sich die vier sektorenförmig konfigurierten Kirchenbankblöcke orientieren. Die leicht geschwungene Konchenwand interpretiert das klassische Thema der Apsis.

Reflexionen zum Sakralraum

Das Hinaufschreiten zum Kirchengebäude wird als Hinschreiten zu einem besonderen Ort erlebt. Entscheidend für die Wahrnehmung des sakralen Ortes ist das schrittweise Hinführen zum Ort des Numinosen.

Der Sakralraum ist hier wie bei der Kirche Wien-Emmaus dominiert vom tonnenförmigen Dachkonstrukt, welches wie ein Himmelsgewölbe über dem sakralen Baukörper schwebt beziehungsweise ihn abschließt. Der Sakralraum ist zum zentralen Altarpodest orientiert und betont dadurch den Gemeinschaftscharakter bei der Eucharistiefeier.

1

2

1 Kirche mit Pfarrhof
2 Kirchturm
3 Kircheninnenraum mit Orgelempore
4 Kircheninnenraum mit Presbyterium

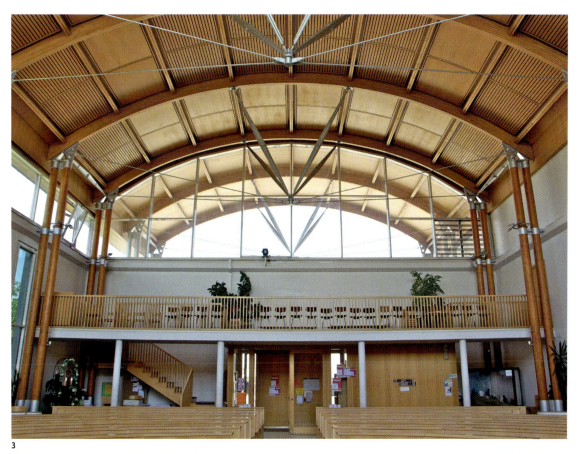

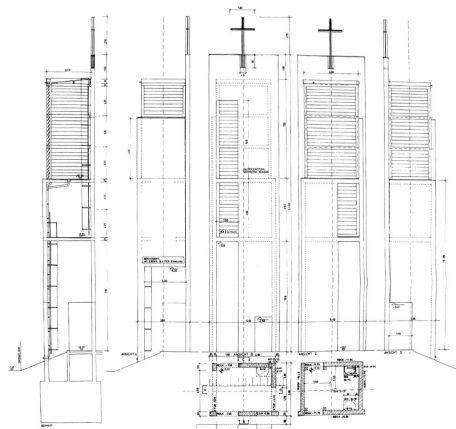

Turm: Grundriss, Schnitte und Ansichten

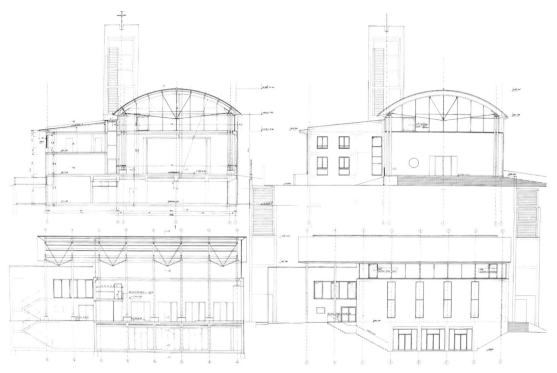

Obere Planreihe: Querschnitt und Ansicht Süd   Untere Planreihe: Längsschnitt und Ansicht Ost

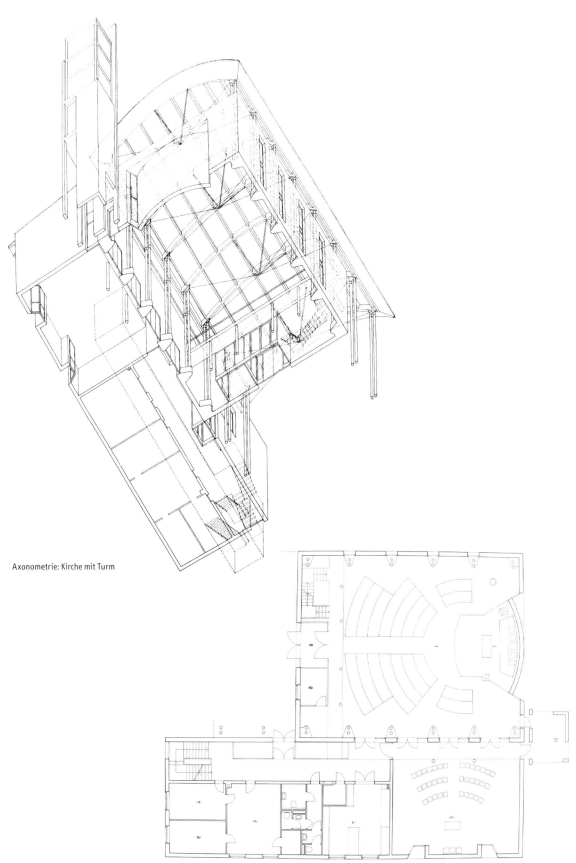

Axonometrie: Kirche mit Turm

Kirche und Pfarrhof, Grundriss Erdgeschoß

Wien-Simmering:
Römisch-katholische Pfarrkirche St. Benedikt Leberberg
Architekten Wolfgang Zehetner, Walter Michl, Walter Zschokke, 1995-1997

1110 Wien, Svetelskystraße 9

Entstehungsgeschichte
Im Zuge der Errichtung eines großen Neubaugebietes im Bereich des Leberberges mit etwa 3000 Wohneinheiten wurde seitens der römisch-katholischen und der evangelischen Kirche die Idee zur Errichtung eines ökumenischen Zentrums angedacht. Diese Vision wurde jedoch nicht realisiert, und deshalb entstanden das römisch-katholische Pfarrzentrum St. Benedikt und direkt benachbart das evangelische Gemeindezentrum Arche. 1994 wurde von der Erzdiözese Wien ein Architektenwettbewerb ausgeschrieben. Das Projekt des Architektenteams Wolfgang Zehetner, Walter Michl und Walter Zschokke wurde prämiert. Die Grundsteinlegung erfolgte am 5. Mai 1996, die Bauarbeiten dauerten bis 1997. Die Pfarrkirche konnte am 8. Juni 1997 feierlich durch Erzbischof Christoph Schönborn eingeweiht werden.

Ort
Inmitten eines großen Stadterweiterungsgebietes im Osten Wiens, im 11. Wiener Gemeindebezirk, befindet sich das römisch-katholische Pfarrzentrum St. Benedikt, welches von mehrgeschoßigen Wohnbauten umgeben ist. Weiters befindet sich in unmittelbarer Nachbarschaft der Neubau des Gymnasiums, geplant von den Architekten Henke und Schreieck.

Architektonische Vision
Das Architektenteam Wolfgang Zehetner, Walter Michl und Walter Zschokke setzte einen architektonischen Kontrapunkt zu den mehrgeschoßigen Wohnungsbauten. Die Vision war die Schaffung eines Baukörpergefüges, bestehend aus drei Baukörpern, die sich um einen ovalären zentralen Kirchenplatz gruppieren. Im westlichen Teil des Pfarrzentrums befindet sich der Kindergarten, anschließend als eigenständiger Baukörper die Pfarrkanzlei mit Pfarrwohnung, straßenseitig der Kirchenneubau. Der Kirchenbaukörper wurde in das Ovaloid eingeschrieben, die anderen Baukörper wurden außerhalb davon platziert. Die inneren Gebäudelinien folgen exakt der ovaloiden Begrenzung. Die architektonische Vision der Architekten war es, die drei Baukörper derart zueinander in Beziehung zu setzen, dass ein architektonisches Gefüge entsteht, welches einen direkten Bezug zum öffentlichen inneren Kirchenplatz hat. Dieser fungiert als interner, städtebaulich relevanter Platz.

Architektonisches Thema
Das Pfarrzentrum wird zur Hauptdurchzugsstraße hin durch eine schräge, zur Kirche hin ansteigende massive Mauerwandscheibe abgetrennt und dadurch bewusst architektonisch zu den umgebenden Bauten abgegrenzt.

Durch das gesamte Pfarrzentrumsareal zieht diagonal ein Weg durch, welcher als „alter Leberweg" bezeichnet wird. Auf diesem gelangt man von beiden Straßenseiten zum inneren Kirchenplatz. Beim Durchschreiten des Pfarrzentrums wird der Besucher auf das ausgeklügelte geometrische Spiel der inneren und äußeren Raumvolumina aufmerksam.

Die äußere Begrenzung der Kirche wird durch eine kreissegmentbogenförmig konfigurierte Glaswand gebildet. Nach Durchschreiten des in der Mittelachse der Glasfront gelegenen Hauptportals gelangt man in den parabelförmigen Kirchenhauptraum, zusätzlich wurde am südlichen Teil der gläsernen Hauptfassade ein Nebeneingang geschaffen.

Beim Betreten des Kirchenraumes fällt der Blick auf den elliptisch geformten, sockelförmig erhöhten Altarbereich. Der Kirchenraum wird dominiert durch das Zusammenspiel von drei geometrischen Grundformen: von der äußeren kreissegmentbogigen Glasfront als Begrenzungsebene zum Kirchenplatz hin, von der parabelförmigen massiven äußeren Begrenzungsmauer des Kirchenraumes und von dem aus der Kirchenparabelachse herausgeschwenkten, schräg versetzten elliptischen Altarraum.

Das Hauptaugenmerk des Kirchenraumentwurfes konzentriert sich auf den elliptischen Altarbereich – wobei erst bei genauer Betrachtung feststellbar ist, dass die Achse dieser Ellipse in keinem wahrnehmbaren Bezug zur Parabelachse steht.

Als weitere zusätzliche geometrische Figur wurde im nordöstlichen Anteil des Kirchenhauptraumes eine rechteckförmige Empore eingefügt, welche wiederum im Kontrast zum gesamten Kirchenraum steht.

Architekturanalytische Betrachtung
Bei der Analyse des Grundrisses werden das Wirken der verschiedenen Formen und Begrenzungen und deren Zusammenspiel als Charakteristikum für diesen Kirchenentwurf erkennbar. Die erste Begrenzung des Kirchenraumes wird durch die kreissegmentbogenförmige Stahlglaskonstruktion bestimmt, die zweite geometrische Hauptfigur wird durch das parabelförmige Massivmauerwerk charakterisiert, die dritte geometrisch

den Raum bestimmende Form ist die exakt geostete Ellipse des Altarraumes. In einem Brennpunkt der Ellipse ist exakt der Mittelpunkt des Tabernakels, im zweiten Brennpunkt steht der Ambo. So zieht die Parabelachse des Kirchenhauptraumes zwar hin zum Tabernakel, jedoch nicht zum Altar – und dies ist außergewöhnlich. Die Längsachse der Ellipse hingegen verbindet Tabernakel und Ambo. Im Mittelpunkt zwischen Tabernakel und Ambo steht der Altar.

„Detail am Rande: Im Zuschnitt des Mauersegels ist eine unaufdringliche Lektion zum Thema Formgenerierung verborgen: Denn er entspricht exakt den aus der Parabel herausgeschnittenem Mauerteil, nur dass er abgehoben, hochgehoben wurde."[76] Aus dem Mauersegel wurde ein lateinisches Kreuz herausgeschnitten.

Konstruktion

Das Pfarrzentrum wurde als Massivmauerwerkskonstruktion ausgeführt. Die Fassade besteht aus einer Stahlglaskonstruktion mit nach außen vorgelagerten Stahlbetonsäulen, welche die Lasten der Rahmenkonstruktion aufnehmen. Der Aufbau der Stahlglaskonstruktion zeigt eine äußerst interessante technische Innovation: Um die 9 mm dünnen Carrara-Marmorplatten zum Leuchten zu bringen, wurde ein besonderer technischer Aufbau kreiert: Die äußere Fassadenschicht wird durch Klarglasscheiben-Tafeln gebildet, auf welche ein Glasfasergeflecht mit Epoxydharz als Trägerschicht aufgetragen wurde, und als innerste Schicht wurden die 9 mm dünnen Carrara-Marmorplatten mit einer Dimension von 3 x 1,2 m befestigt. Die Dachkonstruktion ist ein Flächentragwerk, welches als Fichtenholz-Kassettendecke ausgeführt worden ist.

Materialität und Innenausbau

Im äußeren Erscheinungsbild dominiert die weiße Mauerwerksfarbe der äußeren Mauerwandscheiben. Als zweites bestimmendes Material imponiert in der Eingangsebene die Glas-Carrara-Marmorplatten-Schicht, die außen durch das Epoxydharz gelblich erscheint, jedoch im Inneren opak leuchtet.

Im Kircheninnenraum dominieren die weiße Mauerwerksfarbe und die verschiedenen Farbtöne der Hölzer. Durch die Verwendung verschiedener Holzmaterialien wird die helle und warm anmutende Atmosphäre des Kirchenraumes unterstrichen. Die Kassettendecke wurde aus Fichtenholz gefertigt, der Emporenboden besteht aus Schwarzkieferbrettern. Im Altarraumbereich wurden wandhohe Sitzelemente aus Birkenholz geschaffen. Diese sind auf einer umlaufenden Boden- und Deckenschiene mobil konstruiert, können den gesamten Altarraum abschließen und dadurch einen Wochentagskapellenraum bilden.

Der gesamte Boden des Kirchenraumes wurde mit quadratischen Kehlheimer Sandsteinplatten verlegt. Die rechteckige Orgelempore im rückwärtigen Kirchenraum wurde von der Glasfassade abgesetzt. Diese besteht aus einer Stahlprofilkonstruktion, welche mit rohem Ortbeton ausgefüllt wurde.

Lichtführung

Die natürliche tageslichtspezifische Belichtung erfolgt durch die Glasfassade, die im oberen Anteil mit klaren Sichtglasplatten ausgeführt worden ist. Der zentrale großflächige Anteil wurde mit den bereits oben beschriebenen Carrara-Marmorplatten ausgekleidet, wodurch gefiltertes Licht in den Kircheninnenraum eindringt.

An der südseitig gelegenen Kirchenwand wurden in Wandnischen farbige Glastafeln angebracht, welche die Kreuzwegstationen darstellen und tageslichtspezifisch erhellt sind. Die elliptische Deckenkonstruktion der Altarzone erfährt im Bereich der Begrenzungslinie durch ein indirektes Beleuchtungssystem eine markante Konturierung. Die Deckenuntersicht wurde nach einem speziellen ornamentalen Muster mit quadratischen Plexiglasprismen ausgestattet. „Ein Ornament, das aber nicht beliebig ist. Denn es basiert auf einem Muster, das Albrecht Dürer aus Fünfecken und Rhomben entwickelt hat, wobei immer dort, wo der Rhombus sein sollte, das Glasprisma platziert ist."[77] Dazu schreibt Walter Zschokke: „Mein Ziel war nun, dieses Muster soweit zu verfremden, dass die Erkennbarkeit erst nach längerer Analyse möglich würde und die Prismen in der Decke über dem Altar als unregelmäßig verteilt erscheinen. Ich habe daher die Rhomben durch Quadrate (die Prismen) ersetzt und den Ausschnitt so stark eingegrenzt, dass die Regelmäßigkeit der von einem Zentrum ausgehenden Rhomben/Prismen nur in Ansätzen besteht. Die Einzeichnung der Lage der Prismen auf der Schalung mußte ich selber vornehmen, da niemand das Muster verstehen wollte. Ich denke aber, daß es gelungen ist. In Summe bilden die Prismen eine zenitale Lichtöffnung von etwas über 2 Quadratmetern, was ausreicht, der

Werktagskapelle bei geschlossenem Zustand der Schiebewand eine besondere Lichtstimmung zu verleihen, was unser spezielles architektonisches Anliegen war. Das ist alles."[78]

Als künstliche Lichtquellen dienen zahlreiche, auf schlanken Stahlstützen stehende tulpenförmige Glaskörper. Diese wurden inmitten der Kirchenbankblöcke montiert und können gelegentlich den Sichtkontakt zum Altarraum irritierend beeinflussen.

Liturgische Orte

Sämtliche liturgischen Orte befinden sich auf dem zweistufig erhöhten, elliptischen Altarpodest. Wie bereits oben beschrieben liegt der Tabernakel exakt in der Kirchenhauptachse, also in der Parabelachse und ist im ersten Brennpunkt der Ellipse platziert. Der Tabernakel wurde aus einem sich nach oben hin verjüngenden Sandsteinsockel gebildet, auf dem der aus Kirschholz gefertigte Tabernakelkorpus ruht. An diesem Holzkorpus wurden seitlich vier vertikale Messingstangen fixiert, und darüber liegt baldachinartig ein Tuch. Das Motiv des Baldachins wird hier aufgegriffen und verdeutlicht den architektonischen Entwurfsgedanken, welcher auch bei der Deckenkonstruktion ausformuliert worden ist.

Im zweiten Brennpunkt der Ellipse steht der Ambo, welcher ebenfalls aus einem Sandsteinsockel geformt wurde, an dem zwei schlichte Holzplatten zur Auflage der liturgischen Bücher montiert worden sind.

Exakt in der geometrischen Mitte zwischen Tabernakel und Ambo befindet sich der Altar. Dieser wurde analog aus vier sich verjüngenden Sandsteinpfeilern gebildet und mit einer hölzernen Mensaplatte abgeschlossen.

Der Taufstein und die Osterkerze wurden in der Nähe des Altarpodests positioniert. Der Taufstein besteht aus einem sich verjüngenden Sandsteinsockel, auf welchem eine circa 70 cm durchmessende Taufbeckenschale ruht. Diese Schale wird von einem zeltförmigen Messingdeckel abgeschlossen. Die formale Ausarbeitung nimmt den Gedanken der Dachkonstruktion auf und zitiert das Thema des Zeltes. In unmittelbarer Nähe steht die Osterkerze, welche auf einer leicht konischen Säule fixiert wurde.

Die Gesamtkonzeption der liturgischen Orte ist streng formal ausgearbeitet, doch können zwei Probleme bei der Liturgie auftreten. Die liturgischen Orte sind am Altarpodest situiert und in sich geschlossen, und durch die relativ große Entfernung von den Kirchenbankblöcken kann eine räumlich spürbare Distanz zur mitfeiernden Gemeinde entstehen. Weiters wird bei der Gestaltung der elliptischen Wochentagskapelle, welche durch Verschieben der Sitzelemente ermöglicht wird, ein Problem erkennbar: Der Ambo ist unverrückbar, und dadurch ist bei der Wochentagsliturgie und bei liturgischen Feiern im kleinen Rahmen das innere Bezugssystem der liturgischen Orte nicht mehr stimmig.

Reflexionen zum Sakralraum

Der ovaläre Kirchenvorplatz bildet einen wichtigen Kontrapunkt zur bebauten Umgebung. Beim Betreten des Sakralraumes wird man von dem dominanten, an ein Tuch erinnernden Flächentragwerk „bedeckt". Die Konzentration richtet sich auf den elliptischen Altarbezirk, dieser wird als Kristallisationspunkt des Kirchenraumes wahrgenommen.

Bei längerem Verweilen fällt die Diskrepanz zwischen dem abgeschlossenen Altarraum und dem „Kirchenhauptschiff" auf. Ich nahm die Vermischung zweier liturgischer Raumgedanken wahr: Im Bereich des Altarraumes dominiert der Communio-Raumgedanke mit zwei Brennpunkten, nämlich Tabernakel, Ambo und Altar in der Mitte, hingegen dominiert im Kirchenhauptraum durch die Positionierung der Kirchenbankreihen das traditionelle Wegkirchenmodell.

Die Raumatmosphäre ist ruhig und von einer feierlichen Grundstimmung, so werden die personale und die vertikale Ausrichtung hin zu Gott gut unterstützt.

Kirchengebäude mit Kirchenplatz

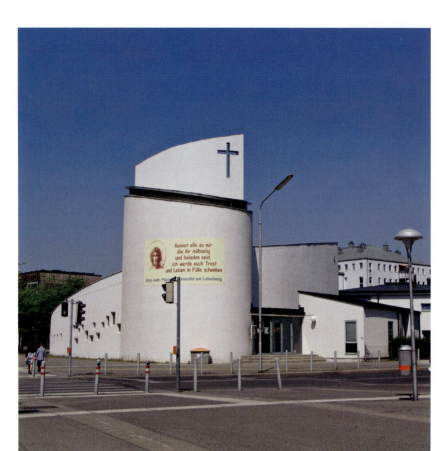

1 Kirchengebäude Außenansicht, straßenseitig

2 Kirchengebäude mit Kirchenplatz

Ansicht West

Schnitt

Ansicht Süd

Grundriss

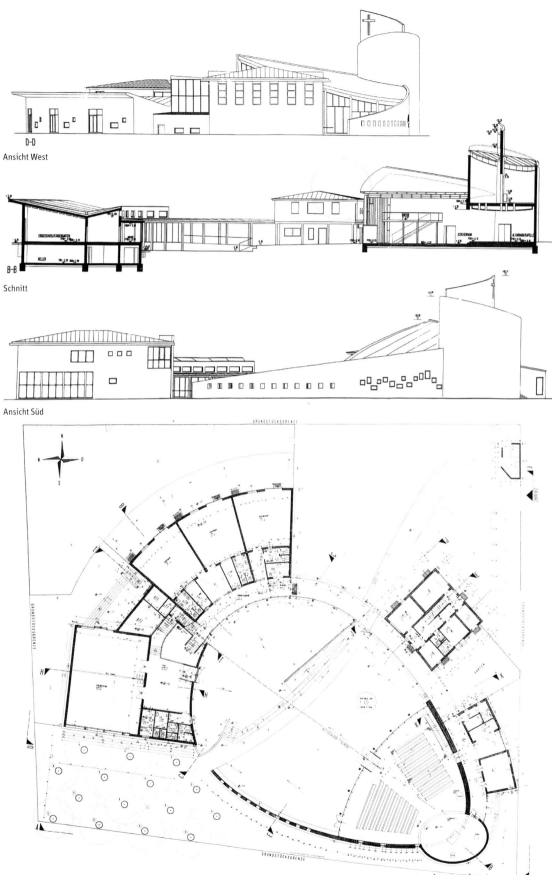

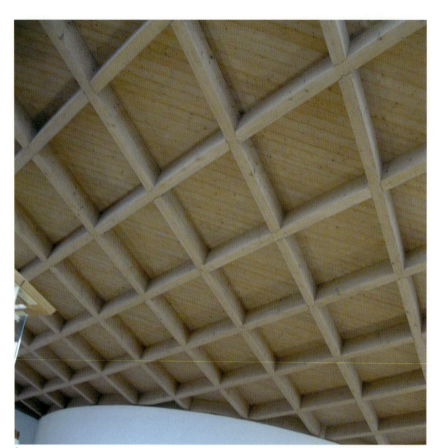

1 Flächentragwerk
2 Deckenuntersicht mit Empore und Fassadenelementen
3 Deckengestaltung im Altarbereich
4 Tabernakel
5 Taufstein

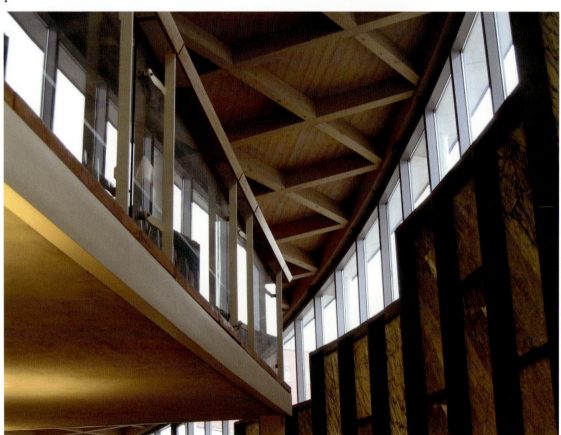

3

4

5

Wien-Donaustadt:
Römisch-katholisches Seelsorgezentrum St. Katharina von Siena
Architekt Walter Stelzhammer, 1995-1996

1100 Wien, Kundratstraße 5

Entstehungsgeschichte
Die Erzdiözese Wien beschloss 1994 den Bau eines Seelsorgezentrums im Neubaugebiet Wulzendorf in Wien-Donaustadt. Die Gremien der Erzdiözese Wien beauftragten den Architekten Walter Stelzhammer 1995 mit der Planung des Seelsorgezentrums, das bereits am 19. Oktober 1996 von Weihbischof Helmut Krätzl gesegnet und in Betrieb genommen werden konnte.

Ort
Inmitten eines großen Neubaugebietes in Wien-Donaustadt in der Wulzendorferstraße gelegen, befindet sich zwischen mehrgeschoßigen Wohnbauten das Seelsorgezentrum.

Architektonische Vision
Die architektonische Vision von Architekt Walter Stelzhammer war es, einen minimalistisch anmutenden Baukörper zu schaffen, um so Konzentration und spirituelle Räume zu kreieren. Er setzte ein baldachinartiges, rechteckiges Gebilde in die Baulücke zwischen mehrgeschoßigen Wohnbauten, um der sakralen Bauaufgabe architektonisch Ausdruck zu verleihen. Unter dieses Dachkonstrukt stellte er einen l-förmig konfigurierten flachen Baukörper, der sämtliche Funktionen des Seelsorgezentrums beinhaltet. Die große Restfläche unter dem baldachinförmigen Dach ergibt einen großzügigen Vorplatz mit der Implantation eines Baumes als Verweis auf die Natur. Die Vision war das klassische Thema des klar gegliederten flachen Baukörpers mit schirmendem und umhüllendem Baldachindach als Betonung des besonderen Ortes.

Architektonisches Thema
Walter Stelzhammer schuf zwei flache Baukörper, die er l-förmig zusammenfügte. In der Zwischenzone beider Baukörper befindet sich die lichtdurchflutete Foyerzone. Von hier aus wird der Mehrzwecksaal betreten, welcher im vorderen Teil durch eine Faltwand abgetrennt und dadurch als Wochentagskapelle genutzt werden kann.

Die Längsseite besteht aus einer selbsttragenden Stahlbetonscheibe, welche mit braun lasierten Holzplatten verkleidet worden ist. Die Fassadenfrontseite des Mehrzwecksaales, die als Altarwand dient, wurde innen und außen mit weißen Marmorplatten verkleidet. Der Mehrzwecksaal wurde mit einem durchgehenden Oberlichtband versehen.

Der zweite, quer gelagerte, ebenso rechteckförmig konfigurierte Baukörper beinhaltet die Garderobe, eine großzügig gestaltete Teeküche, Aufenthaltszone, Sanitärblock und einen Besprechungsraum. Im Untergeschoß befinden sich mehrere tageslichtlose Jugendgruppenräume.

Architekturanalytische Betrachtung
Gekennzeichnet wird das Seelsorgezentrum St. Katharina durch ein klares architektonisches Konzept, eine stringente Formensprache und eine gut ablesbare konstruktive Umsetzung. Das dominierende architektonische Element ist die aus Stahlbeton gefertigte Dachkonstruktion. Scheiben und kreisrunde Öffnungen kennzeichnen dieses Projekt. Zahlreiche kreisrunde Oberlichtfenster wurden über dem Mehrzwecksaal und dem administrativen Baukörper eingebaut, im Bereich des Vorplatzes wurde eine kreisrunde Öffnung eingeschnitten und ein Baum gepflanzt. Das Thema des Kreises wiederholt sich ebenso im Bereich der Bestuhlung. Dafür wurde jener Stuhltyp gewählt, den Roland Rainer für die Stadthalle in Wien entworfen hatte – kreisrunde Ausnehmungen in der Rückenlehne sind das markante gestalterische Merkmal.

Die klare Raum- und Formensprache wurde ebenso konsequent in einer klaren Materialsprache umgesetzt. Walter Stelzhammer verwendete Stahlbeton, Glas, Holz, schwarzen Granitstein und weiße Marmorplatten.

Konstruktion
Die Stahlbetonskelettkonstruktion mit fünf Stahlbetonpfeilern an beiden Schmalseiten und sieben Stahlbetonpfeilern an beiden Längsseiten trägt das dominierende Flachdach, welches aus statischen Gründen mit oben liegenden Stahlbetonträgern als „abgehängte Konstruktion" ausgebildet worden ist.

Der Mehrzwecksaal wird aus zwei selbsttragenden Stahlbetonscheiben gebildet. Die zweite, dem überdeckten Vorplatz zugewandte Seite wurde komplett mittels einer Pfostenriegelkonstruktion verglast. Die transparenten Teile sind aus Isolierglas, die drei roten Teile als Schwingflügeltüren mit Blechpaneelfüllungen ausgeführt. Der zweite Baukörper wird aus mehreren selbsttragenden Mauerwandscheiben gebildet, wobei die Zwischenelemente verglast wurden.

Materialität

Im äußeren Erscheinungsbild dominiert das aus Stahlbeton gefertigte Baldachindach. Der große Mehrzwecksaal wurde im Bereich der Frontseite mit weißen, horizontal verlegten, rechteckigen Marmorplatten verkleidet. Die Mauerlängsscheibe wurde mit in Holzfarbe lasierten Holzplatten verkleidet.

Der quer gelagerte zweite Baukörper ist im Zugangsbereich mit horizontal verlegten schwarzen Granitplatten verkleidet. Die Rückseite des Quertraktes wird durch die weiße Mauerwerksfarbe bestimmt.

Im Innenraum des Mehrzwecksaales dominiert auf der einen Seite die Holzverkleidung der Längswand, auf der anderen Seite die raumhohe Verglasung. Die Altarwand wurde mit weißen, horizontal verlegten rechteckigen Marmorplatten verkleidet.

Innenausbau

Der Boden beider Baukörper wurde mit hellen Terrazzoplatten ausgelegt. Im vorderen Abschnitt des Mehrzwecksaales wurde als Raumteiler eine Faltwand aus Aluminiumrahmen mit Plexiglaselementen angebracht, um die Wochentagskapelle vom Mehrzwecksaal abtrennen zu können. Der gesamte Plafond wurde als abgehängte Akustikdecke ausgeführt.

Lichtführung

17 kreisrunde Oberlichtdachkuppeln illuminieren den Mehrzwecksaal. Das u-förmige Oberlichtband und die komplette Verglasung der hofseitig zugewandten Längsseite führen zu einer sehr hellen Tageslichtqualität.

Liturgische Orte

Architekt Walter Stelzhammer und Projektleiter Adrian Ryser gestalteten das gesamte liturgische Mobiliar: Altar, Tabernakel, Sessio und Altarwandkreuz. Der Altar besteht aus einer Eichenholzplatte mit vier quadratischen Eichenholzbeinen, welche im Knotenpunkt mit einem Messingkreuz versehen sind. In analoger konstruktiver und materialtechnischer Ausführung wurden der Ambo und die Sessio gestaltet. Das Altarwandkreuz wurde aus zwei parallel angeordneten, polierten Messingflachprofilen gebildet.

Reflexionen zum Sakralraum

Der Ort zwischen hohen Betonblöcken soll ein besonderer Platz sein. Durch die Ausbildung des Daches steht der multifunktionale Mehrzweckraum geschützt unter einem „Baldachin". Der Mehrzweckraum dient kirchlichen und außerkirchlichen Veranstaltungen, und deshalb erfolgte die sakrale Gestaltung nur im vorderen Bereich mit den Prinzipalstücken. Die sonstige Raumatmosphäre erinnert jedoch an einen Veranstaltungssaal.

1

2

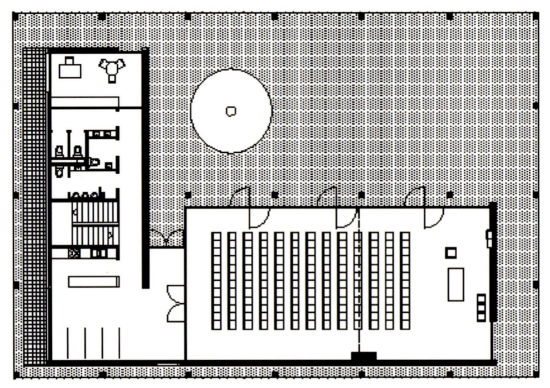

Grundriss

1 Frontansicht
2 Altarwand mit Kreuz
3 Kircheninnenraum

3

Ansicht Nord   Ansicht West

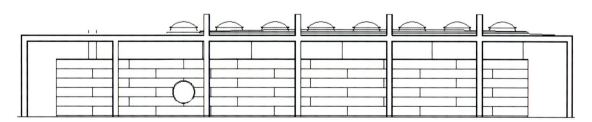

Ansicht Süd

Wien-Donaustadt:
Römisch-katholische Kirche „Christus, Hoffnung der Welt"
Architekt Heinz Tesar, 1999-2000

1220 Wien, Schüttauplatz 5

Entstehungsgeschichte

In der Donau-City entstand in den 90er-Jahren des 20. Jahrhunderts ein multifunktionaler Stadtteil, der neben Bürobauten, Einrichtungen für die Technische Universität, Gebäude für Kultur und Freizeit circa 1500 Wohnungen umfasst. Kardinal Erzbischof Christoph Schönborn entschloss sich, für die Donau-City – im Gebiet der Pfarre Kaisermühlen – einen entsprechenden Kirchenneubau mit Seelsorgeräumen als Rektoratskirche, also eine Kirche ohne eigene Pfarre, zu errichten. Deshalb wurde nach intensiven Vorbereitungsarbeiten des Bauamtes der Diözese Wien gemeinsam mit der Wiener Entwicklungsgesellschaft für den Donauraum und der Planungsdirektion der Stadt Wien 1998 ein geladener Architektenwettbewerb ausgeschrieben. Die Jury stand unter dem Vorsitz von Architekt Boris Podrecca. Architekt Heinz Tesar gewann einstimmig den ersten Preis. Nach knapp zweijähriger Planungs- und Bauzeit wurde die Kirche am 24. November 2000 von Kardinal Christoph Schönborn feierlich geweiht.

Ort

Der sakrale Neubau wurde inmitten von zahlreichen Megabauten innerhalb des neuen Stadtzentrums nördlich der Donau errichtet. Dieser Stadtteil wurde nach einem Masterplan der Architekten Adolf Krischanitz und Heinz Neumann gebaut. Geprägt ist die städtebauliche Umgebung durch die UNO-City aus den 70er-Jahren des 20. Jahrhunderts, daneben ragt der Andromeda-Turm von Architekt Wilhelm Holzbauer empor. Benachbart zur Donau-City-Kirche ist ein Bankgebäude von Architekt Paolo Piva und in unmittelbarer Nachbarschaft die Eingangszone zur Technischen Universität. Die Donau-City ist charakterisiert durch eine architektonische Mischnutzung, bestehend aus je einem Drittel Wohnbauten, Bürobauten und Kulturbauten, wie Austria Center und Technische Universität. In unmittelbarer Nähe zum Sakralbau verlaufen die U-Bahntrasse und die Hauptverkehrsachse der Wagramer Straße.

Architektonische Vision

Hinsichtlich der architektonischen Vision schreibt Architekt Heinz Tesar: „Der Grundgedanke des Entwurfs ist es, den Kirchenneubau durch die städtebauliche Konstellation des ‚Über die Donau Bringens' als Sakralraum als Auftakt zum neuen Stadtviertel zu verankern. [...] Das Gebäude reagiert spezifisch auf sein Umfeld und ist in seiner Drehung zur Diagonale, der Hauptstraße des neuen Stadtteils, konzeptiv geostet. Der Sakralraum bildet zusammen mit dem gegenüberliegenden Bankgebäude den Platz am Beginn der Diagonale."[79]

Heinz Tesar wandte einen architektonischen Kunstgriff an, indem er die Kirche als Achsenscharnier implantierte, welches er aus dem Masterplanraster herausschwenkte. Tesar fügte in diese neuralgische städtebauliche Situation einen kleindimensionierten Quader ein. Diese Wirkung wird noch zusätzlich betont, weil der Sakralbau in die Erde vertieft eingesetzt wurde. Daraus resultiert, dass der niedrige Kirchenquader „sich in der Umgebung der Hochhäuser als präziser Kreuzquader" behauptet, indem er durch sein kontrastierendes Bauvolumen seine architektonische Bedeutsamkeit betont. Durch die Verkleidung des gesamten Baukörpers mit Chrom-Stahlplatten wird dieser zudem in seiner Andersartigkeit herausgehoben.

Architektonisches Thema

Das architektonische Thema war die Auseinandersetzung mit dem für den christlichen Sakralbau seit Jahrhunderten bedeutenden Zentralbau. Der Architekt wählte den Quader als Bauform, wobei er die vier Gebäudeecken durch verschieden hohe herausgeschnittene Glasquader betonte, sodass aus dem Quader ein Kreuzquader entstand.

Diese architektonische Ausformulierung beruht auf dem liturgischen Konzept, welches vom Vorsitzenden der Liturgiekommission der Erzdiözese Wien, Prälat Rudolf Schwarzenberger, für diese Kirche entwickelt wurde. Die Hoffnung der Christen auf die Erlösung wird durch die Zahl Acht symbolisiert, die an den achten Tag der Woche, den Tag der Wiederkehr Jesu Christi erinnert. Deshalb setzte sich Architekt Heinz Tesar intensiv mit der Zahl Acht in ihren architektonischen Möglichkeiten auseinander.

„Die oberen vier Ecken sind ausgeschnitten, nach einer abstrakten Regel ist es an der vorderen, ausgesetzten Kante ein kleiner Würfel von einem Viertel der Gebäudehöhe. Im Gegenuhrzeigersinn ist es an jeder Ecke ein ebensolcher Würfel mehr, der herausgeschnitten wird."[80]

Diese „Viertel-Einschnitte" wurden konsequent architektonisch ausformuliert und liturgisch zugeordnet. Unter dem „Ein-Viertel"-Ausschnitt kommt der Tabernakel als Ort der Realpräsenz Christi zu stehen, an der „Zwei-Viertel"-Ausschnittsecke der Taufstein, in der Nähe der „Drei-Viertel"-Ausschnittsecke wurde die Marienstatue aufgestellt. Durch die „Vier-Viertel"-Ausschnittsecke wird architektonisch der Eingangsbereich markiert. Architektonisches Hauptthema dieses Projektes ist die Auseinandersetzung mit dem Thema Licht. Heinz Tesar verwendet hierzu drei verschiedene Lichtquellen, nämlich die vorher erwähnten Glasquader an den Raumecken, zweitens zahlreiche kreisrunde Fensteröffnungen, die nach einem genauen geometrischen, diagonalen Raster gesetzt worden sind. Die Fensteröffnungen haben zwei verschiedene Durchmesser, sie bilden Perforationen durch die gesamte Wandschicht. „Die Leibungen um die größeren der runden Öffnungen sind zur Raummitte hin orientiert. Sie erscheinen wie die Augen, die den Kirchenbesucher anblicken."[81] Diese Perforationen führen zu einem tageslichtspezifischen und witterungsabhängigen, teils punktförmigen Lichtspiel und erzeugen dadurch eine lebendige Raumwirkung.

Ein, der Herzwunde Jesu nachempfundenes Deckenfenster bildet die dritte Lichtquelle. Sie setzt im Kircheninnenraum ein markantes Zeichen.

Im extern erschlossenen Untergeschoß, welches durch Ausbildung eines dreieckigen vertieften Vorplatzes gut belichtet wird, sind sämtliche seelsorgerisch spezifischen Räume, Gruppenraum, Pfarr- und Veranstaltungsraum, Pfarrkanzlei, Besprechungszimmer und der Jugendkeller situiert.

Architekturanalytische Betrachtung

Architekt Heinz Tesar nahm den Kubus als gedachten Grundbaukörper, und durch die Versenkung in die Erde wurde er zum „imaginären Kubus", welcher in seinem räumlichen Wahrnehmungsbild zum Quader mutierte und durch die oben beschriebenen Maßnahmen zum Kreuzquader wurde; dadurch entstand die „Achtkreuzgeometrie". Dem grundrisslichen Quadrat des Kirchenraumes wurde durch die Anordnung der Kirchenbankreihen – in drei unterschiedlich tiefen Sektoren ausgeführt – ein Kreis eingeschrieben, und durch die Anordnung der liturgischen Orte ein Dreieck geformt. Das zentrale Altarraumpodest besitzt die Form eines Rechteckes, dessen Schmalseite den Raummittelpunkt tangiert.

Die intensive Auseinandersetzung mit den geometrischen Grundformen Quadrat, Rechteck und Kreis kennzeichnet diesen Kirchenbau. Im Kreis feiert die Kirchengemeinschaft die Mahlfeier.

Konstruktion

Die Primärkonstruktion ist eine Stahlbetonkonstruktion, die sekundäre Gebäudehülle wird durch die hinterlüftete Chrom-Stahlplattenkonstruktion gebildet. Die Deckenkonstruktion ist als Flachdach ausgebildet, das ebenso mit Chrom-Stahlplatten verkleidet wurde.

Materialität

Das äußere Erscheinungsbild ist charakterisiert durch die Ummantelung aus Chrom-Stahlplatten, diese sind rechteckig zugeschnitten und horizontal angeordnet. An der Eingangsfassade wurde ein weißes Kreuz angebracht. Ein frei stehendes niedriges Glockengerüst mit drei Glocken setzt ein weiteres christliches Zeichen.

Innenausbau

Der Kircheninnenraum erhält durch die Auskleidung mit Birkenholzpaneelen an den Wänden und der Decke und Ahornriemchenparkett am Boden einen warmen homogenen Charakter. So präsentiert sich der gesamte Kircheninnenausbau als „lebendiger Holzschrein".

Lichtführung

Die Lebendigkeit des Sakralraumes wird durch die gezielte Lichtführung bewerkstelligt. Die Glasquader an den Eckpunkten des Raumquaders bringen tageslichtspezifisch viel Licht in den Kircheninnenraum und heben die strenge Wirkung des Raumquaders teilweise auf.

Sämtliche Wandscheiben wurden mit den bereits oben beschriebenen Perforationen versehen. Das kreisrunde Fenster war in früheren Jahrhunderten im christlichen Sakralbau für die Öffnung an der Ostfassade der Apsis und als Fensteröffnung an der Westfassade über der Orgelempore vorbehalten. Dieses Thema der Multiplikation der kreisrunden Fensteröffnungen wurde von Architekt Heinz Tesar bereits bei der evangelischen Kirche in Klosterneuburg 1995 verwendet und hier weiterentwickelt. Die Fensteröffnungen im geometrischen Muster wirken nicht stereotyp, das einfallende Licht ist durch den sich verändernden Tagessonnenstand unterschiedlich und witterungsabhängig lebendig oder gedämpft. Ein besonderes Detail ist die ebenfalls kreisrunde „winzige Öffnung in der das Altarkreuz fassenden Kreisscheibe, die in den Morgenstunden des Christkönigtags einen Sonnenstrahl auf die Tafeln des Kreuzweges leitet"[82]. Das, über dem zentralen Altarbereich angebrachte, herzwundenförmige Deckenfenster ist die einzige Lichtquelle in der Decke. „Die Dachöffnung, eine Metapher der Herzwunde Jesu, kann als sensible Interpretation des Eintrittsortes des Geistes erkannt werden."[83] Sie verweist dadurch auf Jesus Christus, der für die Kirche namensgebend ist.

Liturgische Orte
„Das liturgische Konzept der Kirche wurde vom Vorsitzenden der Liturgiekommission der Erzdiözese Wien, Prälat Rudolf Schwarzenberger, entwickelt. An der Schwelle zum 3. Jahrtausend nach der Menschwerdung Jesu Christi wurde der Titel ‚Christus, Hoffnung der Welt' für die Kirche namensgebend. Die Hoffnung der Christen auf die Erlösung wird durch die Zahl Acht symbolisiert, die den achten Tag der Woche – die Wiederkehr und die Erneuerung – erinnert. Architekt Heinz Tesar verstand es, diese theologischen Vorgaben mit seiner modernen Formensprache architektonisch umzusetzen."[84]

Der Kircheninnenraum wird dominiert vom Altarblock, dieser ist ein teilweise roh belassener und teilweise polierter Block aus Syenit. Er ruht auf einem einstufigen Altarsockel, dieser ist rechteckförmig konfiguriert. An der schmäleren Rechteckseite wurde die Sessio, welche in Holz ausgeführt worden ist, positioniert. Zwischen Altar und Sessio wurde der Ambo, welcher ebenso aus Syenit gefertigt worden ist, fixiert. Somit stehen sämtliche drei liturgischen Prinzipalstücke auf dem zentralen Altarsockel. Die anderen liturgischen Orte wurden allesamt in den Raumecken aufgestellt und exakt unterhalb des jeweils eingeschriebenen Glasquaders positioniert. Verbindet man Altar, Tabernakel und Taufstein, so ergibt sich das erwähnte „liturgische Dreieck", dessen Hypotenuse parallel zur Altarwand liegt. Das bedeutet, dass das liturgische Konzept konsequent geometrisch ausformuliert wurde, nämlich Quadrat, Dreieck und Kreis. Die Kirchenbankreihen sind aus drei verschieden großen Kreissektoren gebildet, diese münden hin zum Zentrum des Altarraumes.

Ein weiterer für die römisch-katholische Kirche wichtiger Ort ist der Bereich der Marienverehrung, welcher an der dritten Raumecke positioniert worden ist. Der Raum um die Marienstatue dient bei der heiligen Messfeier den Kindern als bescheiden ausgeführter „Rückzugsort".

An der Altarwand wurde eine kreisförmige Scheibe ohne Perforationen ausgeführt, dieser wurde ein mit Gold belegtes Kreuz aus Ebenholz eingeschrieben. Diese Scheibe mit dem Christuskreuz verweist als architektonische Metapher auf die Namensgebung der Kirche – Christus, Hoffnung der Welt.

Reflexionen zum Sakralraum
Der gesamte Baukörper schafft durch seine hermetisch anmutende Außenhülle einen Kontrapunkt zur Umgebung und betont dadurch seine Wertigkeit. Die Grenze zur umliegenden Bebauung wird deutlich markiert, der Ort als sakraler Raum definiert. Die Kirchenraumatmosphäre erfüllt die dreifache Funktion, die an einen Sakralraum gestellt wird, gut: der sakrale Raum als Ort des Gebetes, dies gelingt durch die besondere Licht-Raumatmosphäre; das gemeinsame Feiern der Eucharistiefeier wird durch die Platzierung des feiernden Kirchenvolkes um den dominanten Altarbereich gut gelöst; die Funktion der vertikalen Hinwendung zu Gott wird durch die gelungene gesamte Raumkomposition beziehungsweise durch die „Andersartigkeit" des Raumes unterstützt.

Künstlerische Gestaltung
Marc Tesar, der Sohn des planenden Architekten, gestaltete den Altarblock und den metallenen Tabernakel. Sämtliche anderen liturgischen Orte und liturgischen Geräte wurden von Architekt Heinz Tesar selbst entworfen. Die Geräte (Monstranz, Kelch, Hostienschalen) wurden aus Chrom-Stahl, Silber und Ebenholz ausgeführt. Weiters schuf Heinz Tesar die Kreuzwegstationen Christi an der Kirchennordwand. Die Leidensstationen sind sehr abstrahierte schwarz-weiße Bilder des Architekten.

Kircheninnenraum mit Altarbereich

1 Entwurfsstudie
2 Kirchenaußenansicht mit UNO-City
3 Tabernakel
4 Sakrale Geräte

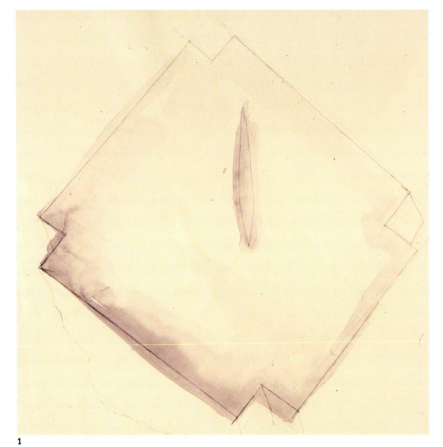

1

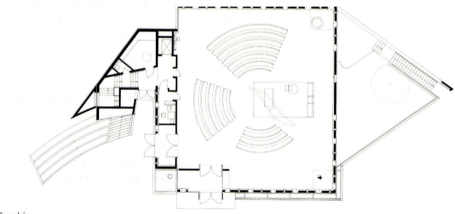

Grundriss

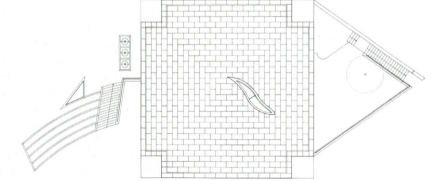

Dachdraufsicht

2

3

4

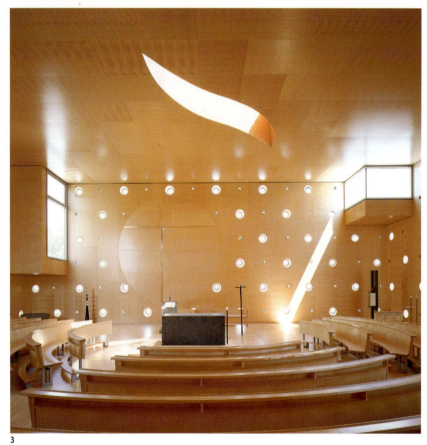

1 Taufbrunnen
2 Kircheninnenraum mit Eingangsbereich
3 Kircheninnenraum mit Altarbereich

Proportionsstudien

Architekt Heinz Tesar entwickelte spezielle Proportionsstudien im Rahmen des Entwurfsprozesses: für den Taufbrunnen (A), für das Fassadenkreuz (B) und für den Kircheninnenraum mit seinen liturgischen Orten (C)

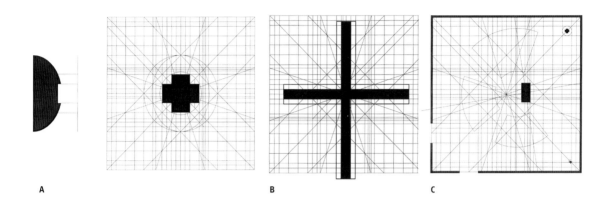

A B C

Ansicht Ost Ansicht West

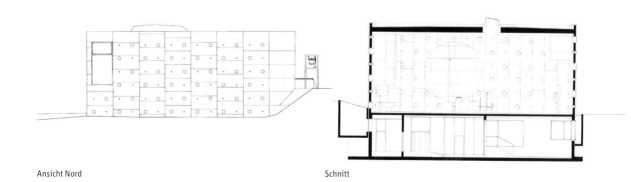

Ansicht Nord Schnitt

Wien-Simmering:
Evangelische Kirche am Leberberg, Gemeindezentrum Arche
Architekt Christoph Thetter, 1997

1110 Wien, Braunhubergasse 20

Entstehungsgeschichte
Als in den 90er-Jahren des 20. Jahrhunderts das Stadterneuerungsgebiet am Leberberg konzipiert wurde, gab es Überlegungen für ein ökumenisches Zentrum, welches von der römisch-katholischen Kirche und der evangelischen Kirche gemeinsam errichtet werden sollte. 1994 gab es dafür einen Wettbewerb, das überzeugende Projekt der Architektengruppe „Atelier in der Schönbrunnerstrasse" wurde zwar von der Jury favorisiert, jedoch vom damaligen Erzbischof Kardinal Groër abgelehnt. Anschließend entwarf Architekt Christoph Thetter vom „Atelier Schönbrunnerstrasse" ein evangelisches Gemeindezentrum, das im Jahr 1997 unter dem Namen „Arche" realisiert wurde.

Ort
In unmittelbarer Nachbarschaft zum römisch-katholischen Pfarrzentrum St. Benedikt liegt das evangelische Gemeindezentrum „Arche". Inmitten mehrgeschoßiger Wohnbauten und in unmittelbarer Nähe zum Park Leberberg wurde das Gemeindezentrum an einer Hauptdurchfahrtstraße errichtet.

Architektonische Vision
Architekt Christoph Thetter schuf ein klar gegliedertes Gemeindezentrum mit drei differenzierten Baukörpern, einem kubischen Kirchenbau, einem eigenständigen Gebäudetrakt für Pfarrbüro und Pfarrwohnung und einem Baukörper für einen Kindergarten. Dieses klar gegliederte Konzept steht in deutlichem architektonischem Kontrast zum angrenzenden katholischen Pfarrzentrum. Die architektonische Vision war die Erarbeitung eines differenzierten Gebäudeensembles, welches sich um einen Atriumhof gruppiert. Das Gemeindezentrum betont im Inneren das Dialogische, zeigt jedoch zur umgebenden Außenwelt eine klare Abgrenzung.

Architektonisches Thema
Das evangelische Gemeindezentrum besteht aus drei höhenmäßig differenzierten Baukörpern. Der längsgerichtete quaderförmige Baukörper, der als Pfarrkanzlei und als Pfarrwohnung dient, wurde zur Hauptdurchfahrtstraße und zur Straßenbahnlinie hin ausgerichtet. Der Besucher betritt den ersten Hof, welcher mit einem rechteckigen Wasserbecken ausgestattet ist und erreicht jene Zwischenzone, wo sowohl das Pfarrgebäude als auch der kubische Kirchenbau betreten kann.

Nach Durchschreiten eines verglasten Foyers gelangt man in den kubischen Sakralraum mit einer Kantenlänge von 12 m. Dieser Kubus ist vierseitig bis auf eine Höhe von circa 2,5 m verglast. Ab 2,5 m ist der gesamte Kubus allseitig vertikal mit Lärchenholzplatten ausgekleidet. Die quadratische Akustikdecke vermittelt durch ein umlaufendes Oberlichtband den Eindruck des „Schwebens". An den Kirchenhauptraum ist eine Sakristei, welche ebenso durch eine Glaswand abgetrennt ist, angeschlossen.

Der dritte flache Baukörper dient als Kindergarten. Zwischen diesem Kindergartentrakt und dem Sakralkubus liegt der zweite Atrium-Hof.

Architekturanalytische Betrachtung
Entsprechend den Kriterien und Richtlinien der evangelischen Glaubensgemeinschaft, die als Institution demokratisch konstituiert ist, wurde im vorliegenden Projekt dieser zentrale Gedanke architektonisch konsequent thematisiert. Der zentrale Baukörper des Gemeindezentrums ist der „sakrale Kubus", der sich jedoch nicht als schützend abgeschirmte Hülle präsentiert, sondern durch seine Sockelverglasung den direkten Kontakt mit der Umgebung aufnimmt.

Die Positionierung der liturgischen Orte versinnbildlicht in der linearen Aufstellung den architektonischen Entwurfsgedanken der Klarheit.

Die Entscheidung für die Form des Kubus versinnbildlicht und verdeutlicht die evangelischen Glaubensinhalte. Christoph Thetter gelang es, durch Form, Konstruktion und Materialität den religiösen Überzeugungen Ausdruck zu verleihen. Der Kubus verdeutlicht als klares Bauvolumen eine eindeutige und präzis gestaltete Architektursprache. Die Verwendung des Kubus als sakraler Baukörper ist in Österreich im Zeitraum 1990 bis 2011 einmalig.

Materialität und Innenausbau
Der gesamte Kubus wurde im Inneren mit Lärchenholztafeln beziehungsweise mit Akustikelementtafeln ausgekleidet. Daraus resultiert ein harmonischer, homogener und warmer Raumcharakter. Der Boden des Kircheninnenraumes wurde mit quadratischen, grauen Steinplatten ausgelegt.

Lichtführung
Durch die allseitig umlaufende Glassockelzone dringt ausreichend Tageslicht in den Kirchenraum. Zusätzlich tritt Tageslicht durch den schmalen Oberlichtkranz im Bereich des Deckenabschlusses ein. Zahlreiche formschöne Deckenlampen in einer Höhe von etwa 3 m beleben durch ihre Formgebung den Raum.

Liturgische Orte
Für die evangelische Glaubensgemeinschaft existieren zwei Sakramente, die Taufe und das Abendmahl. Der als Tisch ausgeführte hölzerne Altar steht auf einem rechteckförmigen, einstufigen Holzpodest. Der Ort für die Abendmahlfeier wird so zur liturgischen und architektonischen Mitte des Kirchenraumes. Ein Schwerpunkt des evangelischen Gottesdienstes war und ist die Predigt, deshalb wird der Ort für die Predigt innenarchitektonisch markant betont. Die Kanzel, wie sie in der evangelischen Glaubensgemeinschaft genannt wird, wurde als bogenförmiger Holzkörper ausgeführt und erinnert an einen Schiffsbug. Dieser Schiffsbug verweist auf den Namen des Gemeindezentrums.

Das zylindrische Taufbecken befindet sich vor dem Abendmahltisch, exakt in der Symmetrieachse des Kirchenraumes. Das Taufbecken besteht aus einem doppelzylindrischen Holzsockel mit abschließender Kupferschale.

Als weiteres raumbildendes christliches Zeichen ist ein massives Holzkreuz, welches auf einer stählernen Stele montiert ist, neben dem Altarpodest positioniert. Kanzel, Altar und das Holzkreuz liegen auf einer Linie.

Reflexionen zum Sakralraum
Der kubische Kirchenraum ist ein sehr kraftvoller und konzentrierter sakraler Ort, und man erlebt die ungewöhnliche Wirkung der transparenten Sockelzone im Bereich des Feierraumes als Verbindung nach außen im Kontrast zur hölzernen kubischen Auskleidung des Raumes. Dies bringt Klarheit und Öffnung, wie ich es bei einer Abendmahlfeier erleben konnte.

1 Kirchenaußenansicht mit Eingangsbereich
2 Kreuz an der Außenfassade
3 Glockenkonstruktion
4 Gottesdienstraum – Ecksituation
5 Kreuzstele im Gottesdienstraum
6 Gottesdienstraum mit Kanzel, Abendmahltisch, Taufbecken und Kreuz

4

5

6

Wien-Simmering:
Rumänisch-orthodoxe Kirche „Zur Heiligen Auferstehung"
Architektin Mihaela Ionescu und Architekt Georg Baldass, 2002-2003

1110 Wien, Simmeringer Hauptstraße 161

Entstehungsgeschichte
Seit mehr als hundert Jahren bestehen Bemühungen um die Errichtung einer rumänisch-orthodoxen Kirche in Wien. 1994 bildete sich ein Komitee, um dieses Ziel verstärkt zu verfolgen. Im Herbst 1994 wurde an alle in Wien lebenden Rumänen ein Brief mit dem Plan zur Errichtung einer solchen Kirche in Wien versandt. Nach jahrelanger Suche eines geeigneten Bauplatzes informierte Anfang des Jahres 2000 Monsignore Leopold Strandl die rumänisch-orthodoxe Kirche, dass in der Nähe seiner Wohnung ein Grundstück zum Verkauf stünde. Einige orthodoxe Gläubige kamen für den Kauf des Grundstückes auf, im Frühling 2001 wurden die rechtlichen Schritte eingeleitet und das Grundstück ging in das Eigentum der „Rumänisch-orthodoxen Kirche zur Heiligen Auferstehung" in Wien über. Schon kurz danach präsentierten zehn Architekten ihre Vorstellungen zum Kirchenneubau. Am 14. September 2001 beschlossen die Mitglieder des Kirchenrates, die Pläne von Architektin Mihaela Ionescu und Architekt Georg Baldass zu prämiieren.

Am 23. September 2001 wurde eine ökumenische Messfeier zur Grundsteinlegung abgehalten. Die Bauarbeiten begannen am 2. Juli 2002. Am 27. April 2003 fand nach der orthodoxen Osterliturgie von Erzbischof Serafim Joanta, dem Metropoliten von Deutschland, Mittel- und Nordeuropa, die erste heilige liturgische Feier statt. Als Beschützer dieser neuen Kirche wurde der Apostel Andreas, der Schutzheilige Rumäniens, ausgewählt.

Ort
Die Bauparzelle ist ein circa 9 m breites Grundstück, zwischen zwei Häusern in der Simmeringer Hauptstraße gelegen. Der Bauplatz öffnet sich von der Hauptstraße trapezförmig zur Hobelgasse. Vor der Kirche befindet sich ein stark frequentierter Platz mit U-Bahn-Station und Straßenbahnlinie. Diese gute Erreichbarkeit ist ein wesentlicher Faktor, um die in ganz Wien verstreuten rumänisch-orthodoxen Gläubigen zu versammeln.

Architektonische Vision
Erzbischof und Metropolit Serafim Joanta gibt hierzu folgende Ziele vor: „Es wurde ein Bauwerk gewünscht, das ‚die byzantinische und rumänische Tradition der Kultstätten mit moderner Architektur' vereinen sollte."[85]

Zur architektonischen Vision schreiben die planenden und ausführenden Architekten Mihaela Ionescu und Georg Baldass:

„Die normalerweise zylindrische Kuppel wird aufgrund der Kraft des trapezförmigen Grundstückes eine konische Kuppel. Wir treten mit gesenkten Köpfen ein, die ansteigende Bewegung der Kuppel führt unseren Blick allerdings zu einer zweiten, höheren Kuppel, von wo aus uns durch das irisierende Licht der Pantokrator anblickt. Das bis in die Nähe der Erde heruntergestiegene Himmelsgewölbe hüllt uns ein, bringt uns zusammen, bewirkt, dass wir uns einander nahe fühlen und in ständiger Kommunikation mit Gott. Die Einsamkeit weit von der Heimat, die Sehnsucht nach unseren Lieben Zuhause – ist das nicht das Gefühl, das uns oftmals beherrscht? Die Kirche ist das Haus des Herrn und gleichzeitig auch unseres. Hier sind wir nicht allein. Hier sind unsere Heiligen. Hier ist die Quelle unserer Kraft."[86]

Architektonisches Thema
Durch den schlanken, an der Kircheneingangsfassade gelegenen Glockenturm wird der Sakralbau in der Straßenfront sofort erkennbar. Die Eingangsfassade ist durch ein rundbogenförmiges mittig gelegenes Eingangsportal gekennzeichnet. Die Treppe führt hinauf zum Kirchenvorraum (rumänisch: Pronaus). Das Eingangsportal ist mit zwei Glastafelflügeln zum öffentlichen Raum hin abgeschlossen, die zwei moderne Engelsdarstellungen zeigen. In diesem für die orthodoxe Kirche typischen Vorraum brennen in einer gedeckten Nische die Öllampen und Kerzen. Durch das Kirchenportal gelangt der Besucher in eine niedrige Durchgangszone, welche durch die Ausbildung der Orgelempore bedingt ist. Anschließend eröffnet sich der längsgerichtete kuppelgedeckte Kirchenlängsraum, welcher von zwei konischen Tonnengewölben abgeschlossen wird. Dabei ist die zweite konische Tonne höher positioniert. Beide Seiten werden durch Oberlichtfenster illuminiert, wodurch gebrochenes Tageslicht in den mit Fresken ausgestalteten Kirchenraum fällt. Der Kircheninnenraum wird von der, für den orthodoxen Kirchenbau sinnstiftenden Ikonostase dominiert.

Im linksseitigen Eingangsbereich befindet sich eine Stiege zur Orgelempore. Diese eröffnet einen guten Blick in das mit Fresken ausgemalte Gewölbe.

Im Untergeschoß ist der großzügig dimensionierte Gemeinschaftsraum untergebracht, der flächenmäßig dem Kirchenraum entspricht.

Architekturanalytische Betrachtung

Die rumänisch-orthodoxe Kirche ist eine zeitgemäße Interpretation eines orthodoxen Sakralbaus, an einem ungewöhnlichen Bauplatz gelegen – in einer Baulücke. Die für den orthodoxen Sakralbau typische Kuppelbauform wurde aufgrund der Topografie in zwei konische Gewölbesegmente zerlegt, somit entsteht die spezifisch orthodoxe Raumstimmung. Das für die Orthodoxie bestimmende architektonische Element des Rundbogens wurde im Bereich der Fassadengestaltung mehrmals zitiert, beim Eingangsportal, beim Fassadenabschluss, zwischen den unterschiedlich hohen Nachbarhäusern und ebenso bei den drei Rundbogenfenstern, welche über dem Eingangsportal gelegen sind, die den hl. Andreas, Christus und den hl. Leopold darstellen. Schwerpunkt der architektonischen Gestaltung war die präzise Lichtführung hin zur raumbildenden Ikonostase. Der ebenso für den rumänisch-orthodoxen Kirchenbau typische, spitz zulaufende Glockenturm wird beim vorliegenden Projekt hier in zeitgemäßer Form interpretiert und ausgebildet.

Konstruktion

Es handelt sich um eine Stahlbetonkonstruktion mit Ausbildung einer zweiteiligen, konisch verlaufenden Stahlbetonschalenkonstruktion, in Form von zwei Tonnengewölbesegmenten. Die Ausführung des Glockenturmes erfolgte analog in Stahlbetonbauweise mit zwei übereinander gestellten Glockenstühlen. Das Dach wurde mit Kupferzinkplatten gedeckt.

Materialität und Innenausbau

Im äußeren Erscheinungsbild dominiert die weiß gestrichene, rundbogig abgeschlossene Fassade mit in Sichtbeton ausgeführter Umrahmung. Der Boden ist einheitlich in Terrazzogusstechnik gefertigt. Der Kircheninnenraum wird von den unten beschriebenen Fresken maßgeblich bestimmt.

Lichtführung

Als natürliche Lichtquelle dienen ausschließlich die beiden segmentbogenförmig konfigurierten Verglasungen zwischen dem niedrigen und dem höher gelegenen konischen Gewölbeabschluss.

Liturgische Orte

Da die orthodoxe Liturgie sowohl vom Priester als auch von den Gläubigen im Stehen vollzogen wird, ist die Kirche nur an beiden Längsseitenwänden mit einer einreihigen Holzbestuhlung bestückt.

Die Ikonostase als eigenständiger und wichtigster liturgischer Baukörper wurde von Gheorge Gheorghita Vornicu gefertigt. Zum Sinn der Ikone schreibt der österreichische Metropolit Michael Staikos: „Die Ikone bleibt in der orthodoxen Kirche eine geistige, anzubetende, doxologisch-eucharistische Hauptdimension. Der Sinn jeder Ikone besteht darin, die Auferstehungshoffnung und den Gnadenzustand des Menschen auszudrücken, die heilige Ikone bringt uns die Evangelienbotschaft."[87]

Reflexionen zum Sakralraum

Das Hinaufschreiten in den für den orthodoxen Kirchenbau typischen Vorraum bedeutet eine Übergangszone. Bei Betreten des sakralen Raumes wird man von dem freskenbedeckten Gewölbe umschlossen, und die Konzentration richtet sich auf die Ikonostase. Der dunkle Kirchenraum führt zu einer mystischen Atmosphäre. Der Raum lebt durch die in ihr vollzogene Liturgie, dies konnte ich durch das Mitfeiern einer orthodoxen Eucharistiefeier erleben. Wort Gottes und Raum werden quasi eins und dienen der Verherrlichung Gottes.

Künstlerische Gestaltung

Mit der Ausmalung des Gewölbes wurde der rumänische Maler Vasile Lefter beauftragt. Hierzu schreibt Nicolae Dura: „Vasile Lefter kam und malte die Szene ‚Jesus und die Kinder'. […] Er begann im September und bemalte bis Weihnachten 2004 den Altarraum mit dem Fresko. Der Altarraum stellt in der orthodoxen Kirche ein Symbol für das Reich Gottes dar, das Reich Gottes mit den zentralen Türen und mit der Ikonostase, wo Christus, Sohn Gottes, bescheiden als Kind, als Gekreuzigter, aber auch als Auferstandener und in den Himmel Aufgefahrener und als ewiger Richter dargestellt wird. Die kirchliche Malerei, die Ikone stellt nicht eine mechanische Kopie des Vorbildes dar, sondern sie ist immer der Beweis einer neuen Begegnung mit dem ungeschaffenen Geheimnis des gemalten Wesens. Die orthodoxe Ikonographie bedeutet nicht nur den Ausdruck der Ästhetik, obwohl das ein sehr wichtiges Element ist, sondern ‚sie bedeutet Ausdruck und bildhafte Darstellung des Glaubens, Verkündigung des Wortes Gottes und gleichzeitig eine Verwirklichung der lobpreisenden Gott-Menschen-Gemeinschaft.'"[88]

1

Ansicht Simmeringer Hauptstraße

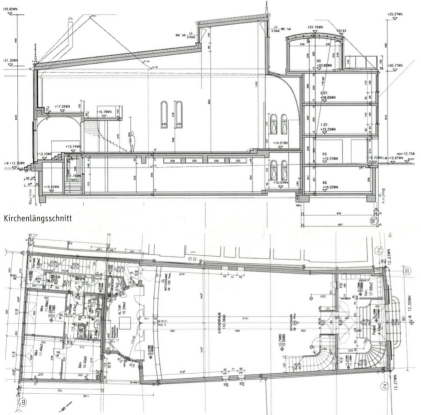

Kirchenlängsschnitt

Grundriss Erdgeschoß

1 Kirchenaußenansicht von Simmeringer Hauptstraße
2 Kircheninnenraum mit Ikonostase und Fresken von Vasile Lefter

Wien-Hirschstetten:
Koptisch-orthodoxe Kirche:
Die Kirche der Heiligen Jungfrau Maria von Zeitoun
Architekt: Siegfried Jakob, 1998-2002

1220 Wien, Quadenstraße 4-6

Entstehungsgeschichte
In Österreich leben circa 6000 koptisch-orthodoxe Christen, die Mehrzahl ist in Wien beheimatet. Pater Johannes wurde zum Grundkauf im Februar 1997 bevollmächtigt und im November 1997 erfolgte die Baubewilligung. Architekt Siegfried Jakob wurde mit der Planung für die Bischofs- und Pfarrkirche beauftragt. Die feierliche Grundsteinlegung wurde durch seine Heiligkeit Papst Shenouda III. am 25. April 1998 begangen. Der Bau startete am 1. März 1999, die Rohbauabnahme konnte im April 2000 durchgeführt werden. Die Fertigstellung der Kirche inklusive benachbartem Kindergarten erfolgte im Juni 2002.

Am 11. Juli 2004 fand die feierliche Einweihung des koptisch-orthodoxen Bischofssitzes durch den Patriarchen Papst Shenouda III. statt. Der Wiener Erzbischof Kardinal Christoph Schönborn nahm am würdevollen Weihegottesdienst teil und richtete Worte der Verbundenheit an die koptische Gemeinde.

Der Name der Kirche – Kirche der Heiligen Jungfrau Maria von Zeitoun – bezieht sich auf eine aufsehenerregende Marienerscheinung im Jahr 1968, bei der über lange Zeit hinweg über der Kirche von Zeitoun, einem Vorort im Norden von Kairo, die Jungfrau Maria zu sehen gewesen sein soll. Die Erscheinungen wurden von Hunderttausenden Menschen gesehen. Es gab damals Berichte in den Medien und auch die katholische Kirche hat sich mit dem Fall befasst. Die Echtheit der Erscheinungen wurde vom koptischen Papst Kirellos VI. und dem katholischen Patriarchen der koptisch-unierten Kirche bestätigt.

Ort
Der Kirchenneubau befindet sich im 22. Wiener Gemeindebezirk am Rande des Ortskerns von Hirschstetten, an der Quadenstraße gelegen. Der Neubau ist in ein Parkschutzgebiet mit umliegender alter niedriger Wohnbebauung auf der einen und mehrgeschoßigen Wohnbauten auf der anderen Seite eingebettet.

Architektonische Vision
Die koptisch-orthodoxe Kirche bezieht sich in ihrem Architekturentwurf auf die Tradition der koptischen Kirchenbauten mit Wahrung der altkirchlichen Tradition: die Ausrichtung nach Osten hin. Der Altarraum befindet sich im Osten der Kirche und liegt um einige Stufen höher als das Kirchenschiff. Entsprechend der koptischen Bautradition erfolgt eine streng zonale Gliederung in Vorraum, Kirchenschiff, Ausbildung einer raumbildenden Ikonostase. Das Zentrum des Kirchenbaus ist der heilige Bezirk des Altarraumes mit Kommunionräumen.

Architektonisches Thema
Die koptisch-orthodoxe Kirche wird über einen großzügig dimensionierten Vorplatz betreten. Über eine 23-stufige, in der Symmetrieachse gelegene Treppe gelangt der Besucher in das streng symmetrisch konzipierte Kirchengebäude. Neben der Feststiege verläuft eine behindertengerechte Rampe. Durch eine zweiflügelige Holztür wird die quer gelagerte Kirchenvorhalle betreten, linksseitig im Nordwesten befindet sich die Taufkapelle. Die Lage der Taufkapelle im Nordwesten ist typisch für den koptisch-orthodoxen Kirchenbau. Der quer gelagerte Vorhallentrakt wird an beiden Seiten – also Nord und Süd – von zwei verschieden hohen, auf quadratischem Grundriss ruhenden Kirchtürmen abgeschlossen. Der nördliche Kirchturm ist zweiteilig ausgeführt und weist eine Kuppelhöhe von 22,85 m auf, der südseitige, ebenfalls von einer Kuppel bekrönte Turm zeigt eine Höhe von 14,85 m. Der Kirchenraum ist dreischiffig, wobei das zentrale Kirchenhauptschiff eine Raumhöhe von 13,65 m hat. Die beiden Seitenschiffe zeigen eine maximale Raumhöhe von 6,9 m. Die Kirche ist für etwa 450 Personen konzipiert, wobei im Kirchenhauptschiff rund 300 Personen, im Altarraum 50 Personen und im Bereich der Galerien 100 Personen an der Messe teilhaben können.

Die gesamte Raumwirkung konzentriert sich hin zur raumbildenden Ikonostase. Die Ikonostase trennt den Kirchenraum vom Altarraum. Der quer gelagerte Altarraum ist stufenpodestförmig vom Hauptschiff erhöht und ebenso streng symmetrisch konzipiert. In der Mitte befindet sich der exakt geostete Hauptaltar, welcher von zwei Seitenaltären flankiert wird. Seitlich angeschlossen befinden sich die geschlechterspezifisch getrennten Räume für die Kommunionspende. Der Hauptaltarraum wird von einer halbrunden Apsis abgeschlossen und die Seitenaltäre weisen ebenso halbrunde Apsiden mit kleinerem Radius auf. Der Hauptaltar wird von einem spitzbogig konfigurierten Kuppelgewölbe bekrönt.

Im Untergeschoß befindet sich ein großer zentraler Mehrzweckraum und diesem benachbart die Sonntagsschule. Diese ist ein Charakteristikum der koptisch-orthodoxen Kirche und wird seit ihren Anfängen betrieben und kultiviert. Den Abschluss des Mehrzweckraumes bildet die unterhalb des

Hauptaltares gelegene Bühne. Das Untergeschoß beinhaltet ebenso zwei Priesterräume mit Bücherei und Sanitärblöcken. Das Obergeschoß nimmt die im Westen gelegene quer gelagerte Orgelempore auf und über den Seitenschiffen befinden sich an der südlichen und nördlichen Längsseite Galerien, diese dienen den Frauen und Kindern zum Mitfeiern der Liturgie.

Architekturanalytische Betrachtung

Der koptisch-orthodoxe Kirchenneubau fußt auf dem Formenkanon der altkirchlichen koptischen Bautradition. Die historischen koptischen Kirchenbauten besitzen eine exakte zonale Gliederung in Vorhalle, Hauptschiff und Altarzone mit Ikonostasenwand. Diese Architektursprache wird beim Kirchenneubau zitiert und konsequent umgesetzt. Dieser Bautradition entsprechend, wird der Abschluss des Altarraumes mit Apsiden ausgeführt. Der Kuppelabschluss beider Kirchtürme und der im Bereich des Hauptaltarraumes zitiert in konsequenter Weise diese architektonische Tradition.

Konstruktion

Die Fundamente sind in Stampf- oder Stahlbeton als Streifenfundamente ausgeführt, in welche die Stahlbetonstützen eingebunden sind. Das Massivmauerwerk ist mit 38 cm starken Porothermsteinen und 25 cm starken Hohlblocksteinen ausgeführt, außen- und innenseitig verputzt. Sämtliche Tragelemente sind in Stahlbeton ausgeführt.

Die Deckenkonstruktion des Kirchenraumes besteht aus Leimbindern, drei Gelenkrahmen mit aufgesetztem Sattel und seitlichen Pultdächern, die höhenversetzt eingebunden sind. Die zwischen den Leimbindern eingebaute Tragedecke besteht aus Traghölzern mit Sichtschalung. Das Dach wurde als Pfettendach ausgebildet, mit voller Verbretterung über den Sparren und Verblechung aus Rheinzink.

Materialität und Innenausbau

Das äußere Erscheinungsbild wird durch die weiße Fassadenfarbe und durch die zahlreichen Rundbogenfenster bestimmt. Die Kirchenfenster sind mit farbigen Ornamenten oder Glasmalereien ausgestattet. Die Rheinzink-Verblechung der Kuppeln und der gesamten Dachlandschaft dominieren ebenso das äußere Erscheinungsbild.

Das Kirchenhauptschiff wurde mit keramischen Platten und Natursteinplatten ausgelegt. Der Altarraum ist hingegen mit Spannteppichen ausgestattet. Das Haupt- und die beiden Seitenschiffe wurden mit Kirchenbankreihen aus massiver ägyptischer Buche eingerichtet.

Lichtführung

Das Kirchenhauptschiff wird von drei Seiten natürlich belichtet. Die gesamte Vorhalle ist mit Holz-Glas-Elementen versehen, sodass von den zwei westseitigen Eingangsfenstern Licht in das Hauptschiff eindringt. Weiters sorgen vier gebäudehohe Rundfenster im Bereich der Seitenschiffe für eine gute natürliche Belichtung. Natürliches Licht tritt durch ein großes Rundbogenfenster im Bereich der Westfassade und durch die Rundbogenfenster im Bereich der Galerien im Obergeschoß (Nord- und Südfassade) in das Kirchenhauptschiff ein. Eine weitere dominante Lichtquelle bilden die Rundfenster im Bereich der Vierungskuppel. Einige feinzisellierte, mit ornamentalen Mustern versehene Kandelaber im Bereich der Längsachse des Hauptschiffes und kleinere Deckenlüster im Bereich der Seitenschiffe sorgen für die künstliche Belichtung.

Liturgische Orte

Der Altarraum stellt das sakrale Zentrum der koptischen Kirche dar. Durch die beiden Seitentüren betreten die Gläubigen den Altarraum zum Empfang der Heiligen Kommunion. Der Altarraum ist an die Stelle des alttestamentlichen Allerheiligsten getreten. An das Betreten des Altarraumes sind Auflagen gebunden: es ist ausschließlich Priestern und Diakonen erlaubt, die die Heilige Kommunion im Altarraum austeilen. Stets wird der Altarraum ohne Schuhe betreten. Die Gläubigen müssen die Schuhe auch vor der Teilnahme am Abendmahl ausziehen, und zwar unabhängig davon, ob die Kommunion im Altarraum ausgeteilt wird oder außerhalb. In den Altarraum dürfen nur solche Gegenstände gebracht werden, die für gottesdienstliche Zwecke gebraucht werden. Der Altar (Madbah) steht in der Mitte des Heiligtums, des Haikal. Auf ihm befindet sich der Thron für den Kelch (Kursi al Kas), vergleichbar mit dem Tabernakel in der katholischen Kirche. Darin wird der Kelch mit dem Messwein aufbewahrt. Der Thron ist ein rechteckiger Behälter, der an allen Seiten mit Ikonen geschmückt ist. Davor haben die Patene (Teller) mit den heiligen Hostien (Brotstückchen) und der Asteriskos (Kuppel für die Patene) ihren Platz. Der Priester steht mit Blick nach Osten und mit dem Rücken zur Gemeinde vor dem Altar. Dort befindet sich die Ikonostase, die den Altarraum vom übrigen Kirchenschiff trennt.

Die Ikonostase hat fünf Eingänge, wobei die Seiteneingänge von den Kommunizierenden benutzt werden, hingegen der Mittel-Eingang, welcher den Blick auf den Hauptaltar freigibt, nur vom Priester und den Diakonen betreten werden darf. Den krönenden Abschluss der Ikonostase bildet eine gemalte Darstellung des gekreuzigten Jesus und dieser soll daran erinnern, dass erst durch die Aufopferung des Herrn das Allerheiligste betreten werden darf. Unterhalb der Kreuzesdarstellung befindet sich ein gemaltes Tafelbild mit dem Abendmahlthema und darunter befindet sich ein in Holzlettern verfasster Text: „Ich aber darf in dein Haus gehen, durch deine große Güte und anbeten vor deinen Heiligen Tempel in deiner Furcht."

An der linken Seite der Ikonenwand sehen wir eine Ikone der Hl. Jungfrau und Gottesmutter Maria mit dem Jesuskind auf dem Arm. An der rechten Seite der Ikonenwand befindet sich eine Ikone, welche die Taufe Christi darstellt. Vor der Ikonostase befindet sich mit dem Rücken zur Südwand der Bischofsstuhl, sodass der Bischof – derzeit Bischof Anba Gabriel sie über seine rechte Seite anspricht und segnet. Der in Holz gefertigte Bischofssitz wurde im Kloster St. Damiana gefertigt.
In der vordersten Reihe sitzt der Klerus, der nicht zelebriert und hier steht auch der Chor der Diakone, Lektoren und Sänger. Zur Ausstattung dieses Raumes zwischen Gemeinde und Altarraum gehören die beiden Lese- und Predigtpulte, das linke (nördliche) für koptische, das rechte (südliche) für arabische Lesungen. Die beiden Pulte können zu einem Pult zusammengefasst werden. Das koptische Kreuz hat vier Enden. Drei Zacken an jedem Ende stellen die Dreifaltigkeit dar. Vier Enden mal drei Zacken ergeben die Zahl Zwölf, die Zahl der Apostel. Die vier Enden des Kreuzes symbolisieren sowohl die vier Evangelisten als auch die vier Himmelsrichtungen.

Reflexionen zum Sakralraum
Der koptisch-orthodoxe Kirchenneubau imponiert durch seine markante Zeichensetzung und durch die Verwendung traditioneller Bauformen. Das podestförmig erhöhte Kirchengebäude erinnert an eine Arche. Im Kircheninnenraum herrscht eine würdevolle feierliche Raumatmosphäre. Alles konzentriert sich hin auf den Altarraum mit seiner dominanten mehrgliedrigen Ikonostasenwand. Kennzeichnend für den vorliegenden Kirchenneubau ist die spitzbogig konfigurierte Deckenkonstruktion, die gleichsam als schützender Mantel das Kirchenhauptschiff umhüllt.

Künstlerische Gestaltung
Die Ikonostasenbilder wurden im St. Damiana-Kloster in Damietta, Nordägypten gemalt. Die obere Bildreihe zeigt folgende Heiligendarstellungen: Bartholomäus, Matthias, Phillipus, Jakobus, Andreas, Petrus, Johannes, Matthäus, Daddäus Simon, Jakobus und Thomas. In der unteren Bildreihe wurden folgende Heilige dargestellt (Angabe von links nach rechts): Antonius, Paulus, Johannes, Maria (zur rechten des Altares), Johannes der Täufer (zur linken des Altares), Markus (Gründer der koptischen Kirche) und Georg.

Die drei Altäre wurden im Kloster St. Barsum in Ägypten hergestellt. Der Hauptaltar wurde „der Heiligen Jungfrau von Zeitoun" gewidmet, der Nordaltar Johannes, dem geliebten Jünger und der Südaltar dem hl. Georg.

Im Bereich der drei Apsiden befinden sich Wandmalereien. Die Apsis im Bereich des Hauptaltares stellt den Pantokrator in überlebensgroßer Höhe dar. Jesus thront in der Mitte als König aller Könige, er wird umrahmt von einem rotgoldenen ovalen Rand und um diesen werden die vier Evangelisten dargestellt: der hl. Matthäus als Mensch, der hl. Markus als Löwe, der hl. Lukas als Stier und zu oberst der hl. Johannes als Adler. 24 Priester komplettieren dieses Wandfresko. Da die Wandmalerei der Hauptapsis Jesus als Pantokrator darstellt, wurde die himmelblaue Hintergrundfarbe entsprechend des orthodoxen Farbenkanons ausgemalt. Die beiden Nebenapsiden wurden ebenso mit Christusdarstellungen versehen, diese zeigen golden glänzenden Hintergrund. Die farbigen Glasfenster zu verschiedenen biblischen Themen wurden von Schwester Susanna im Kloster St. Mina in Tanta (Ägypten) gefertigt.

Fresko in der Seitenaltar-Apsis

1

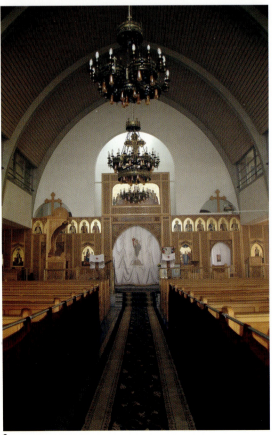

2

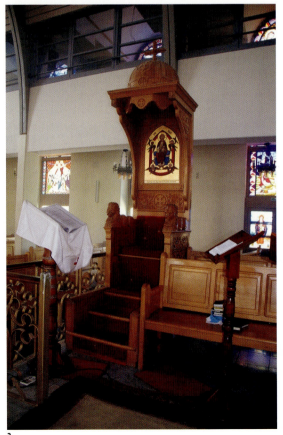

3

1 Kirchenaußenansicht mit Haupteingang und Feststiege
2 Kirchenhauptschiff mit Ikonostase
3 Bischofsstuhl
4 Kirchenaußenansicht mit Apsiden und Türmen
5, 6 Fresken und Seitenaltäre in den Apsiden

4

5

6

1 Kuppel Hauptaltar und Luftraum Seitenaltar

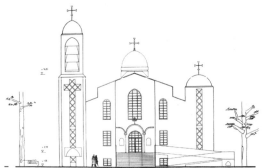

Ansicht West, Haupteingang

Ansicht Nord

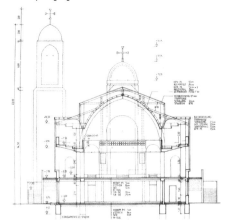

Querschnitt

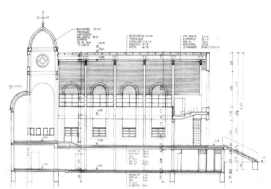

Längsschnitt

82   Wien

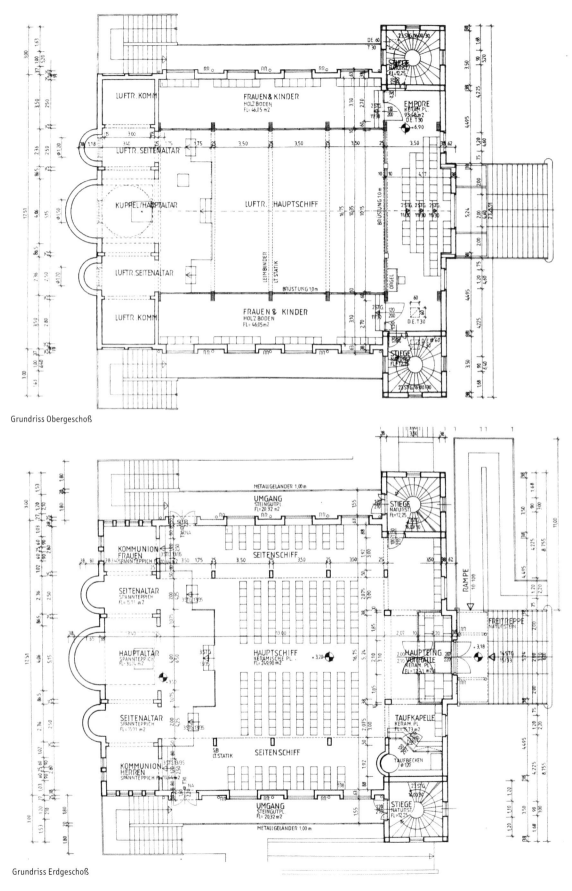

Grundriss Obergeschoß

Grundriss Erdgeschoß

Podersdorf:
Römisch-katholisches Pfarrzentrum
Architekt Andreas Lichtblau und Architektin Susanna Wagner, 1999-2002

7141 Podersdorf am See, Seestraße 67

Entstehungsgeschichte
Podersdorf am See ist eine Marktgemeinde am Ostufer des Neusiedlersees mit circa 2100 Einwohnern. Da in den Sommermonaten durch den Tourismus die alte Pfarrkirche in ihrem Fassungsvermögen zu klein war, wurden bereits in den 90er-Jahren des 20. Jahrhunderts die ersten Überlegungen für einen Kirchenneubau angestellt. Aus dem 1998 ausgeschriebenen Wettbewerb gingen die Architekten Susanna Wagner und Andreas Lichtblau als Sieger hervor. Die alte Volksschule, ein altes Wirtschaftsgebäude und der Pfarrkindergarten wurden abgetragen, und im Herbst 1998 konnte der feierliche Spatenstich für das katholische Pfarrzentrum begagen werden. Die Bauarbeiten dauerten von 1999 bis 2002.

Am 17. März 2002 wurde das Pfarrzentrum durch den Abt des Zisterzienserklosters Heiligenkreuz, Abt Gregor Henckel-Donnersmarck, feierlich gesegnet, denn die Pfarre Podersdorf wird seit 1217 vom Stift Heiligenkreuz betreut. Am 29. Juni 2002 erfolgte die Segnung des Altares durch Diözesanbischof Paul Iby.

Ort
Das neue Pfarrzentrum befindet sich in der Nähe der spätbarocken alten Pfarrkirche auf einem länglichen schmalen Grundstücksstreifen, der an die Seestraße angrenzt. Diese wiederum liegt in unmittelbarer Nähe zur Seezeile des Neusiedlersees.

Architektonische Vision
Lichtblau.Wagner Architekten schreiben hierzu: „städtebaulich bleibt die historische kirche an der seestrasse das zeichenhafte element des gesamten zentrums. mit der erweiterung um sonntagsmessraum, vorraum und freiflächen, pfarrsaal und pfarrheim entsteht nun eine komplexe sequenz von (innen- und aussen)räumen, die nicht mehr nur auf einen blickpunkt ausgerichtet sind, sondern im durchschreiten wahrnehmbar werden. wesentlich dabei sind die im erdgeschoss vielschichtigen blickrelationen zwischen den einzelnen (raum)teilen der gesamtsequenz, teil davon ist ständig der alte kirchturm. [...] die raumfolge der zugänge dient gleichermaßen der einstimmung der liturgischen feiern, wie als kommunikationsbereich für die gemeinde vor und nach den messen, oder den veranstaltungen in pfarrsaal oder pfarrheim. [...] im sinne bildender kunst wird auf der fassade formuliert, was den mitgliedern der pfarrgemeinde zum thema familie – heilige familie von bedeutung ist: diese aspekte werden öffentlich zur diskussion gestellt. die inhaltlichkeit dieses textes stellt die äussere form des gebäudes dar."[89]

Architektonisches Thema
Die spätbarocke Kirche wurde zur Wochentagskapelle umfunktioniert. Lichtblau.Wagner Architekten schufen einen dreiteiligen Baukörper, der am länglich konfigurierten Grundstück quer gelagert wurde. Zwischen der spätbarocken Kirche, dem renovierten Pfarrhaus und dem neu gebauten Pfarrzentrum entstand eine dörfliche Platzsituation. Der zweite Platz im rückwärtigen Teil wird als kirchliche Festwiese genutzt. Dies führt zu einer Dreiteilung der Gesamtanlage, erschlossen durch die längsgerichtete Wegeführung. Die Beziehung der Innen- und Außenräume und die Art der Wegeführung charakterisieren das Projekt.

Die beiden dominierenden Teile des Baukörpers werden durch die gläserne Foyerzwischenzone geteilt. Diese dient zugleich als Durchgangszone. Ein Gebäudeteil beinhaltet den Kirchensaal, der zweite umfasst Pfarrsaal, Jugendräume und Pfarrheim.

Beide Bauvolumina werden durch eine an beiden Längsfronten montierte Glasfassadenkonstruktion verbunden. Dadurch entsteht der Eindruck eines homogenen Gebäudeensembles. Die beiden Baukörperteile wurden hinsichtlich des Volumens und der Form gleichwertig konzipiert. Der Kirchenbesucher gelangt nach Durchschreiten des lichtdurchfluteten Foyers in den 20 x 16 m messenden Kirchensaal, welcher für 450 Personen konzipiert und mit 160 Sitzplätzen ausgestattet worden ist.

Lichtblau.Wagner Architekten entwarfen einen klaren, strukturierten und minimalistisch anmutenden Kirchensaal. Der Kirchenboden wurde im Altarbereich um circa 70 cm abgesenkt. Anders als bei Roland Rainers Kirchenbau in Puchenau in Oberösterreich entsteht hier nicht eine räumliche Mulde, sondern ein deutlich wahrnehmbarer Akzent, der durch seine Gesamtgestaltung als räumlicher Keil erscheint, da die Raumhöhe im Bereich der Eingangszone etwa 3,2 m misst und hin zur Altarwand bis auf 7 m ansteigt. Die räumliche Orientierung richtet sich hin zur dominanten Altarwand.

Die neu geschaffene Sakristei wurde an die spätbarocke Kirche angebaut und bildet das architektonische Scharnier zwischen Kirchenneubau und alter Pfarrkirche.

Gegenüber dem Kirchenbau befindet sich das dreigeschoßige Pfarrzentrum mit großzügig dimensioniertem Pfarrsaal und parallel gestellter Treppenanlage zur Erschließung der Jugend- und Gruppenräume. Durch die großzügige Glasfassadengestaltung werden die Innen- und Außenraumbezüge durchgestaltet, wobei die Dialektik zwischen den weiß gestrichenen Massivbaukörpern und den transparenten Elementen architektonisch ausformuliert ist.

Architekturanalytische Betrachtung

Bei Analyse des gesamten Grundstücks fällt die Dreiteilung auf, wobei im ersten Teil der bereits oben beschriebene Kirchenplatz liegt, der zweite Teil vom quer gelagerten Pfarrzentrum gebildet wird und der dritte Teil auf die im Süden gelegene Festwiese entfällt. Der Grundriss lässt die klare Dreiteilung des Gebäudekomplexes erkennen: auf der einen Seite der Kirchensaal, auf der gegenüberliegenden Seite das Pfarrzentrum und die dazwischengeschaltete Foyerzone, welche wiederum in drei Teile gegliedert ist. Der mittlere Teil stellt das verbindende Foyer dar und die zwei verbleibenden Restflächen bilden eine halböffentliche Zwischenzone. Der längsgerichtete Gehweg verbindet sämtliche Zonen und macht sie somit räumlich erlebbar. Ein besonderer Schwerpunkt dieses Entwurfs ist die klare und präzise Architektursprache.

Konstruktion

Beide Baukörper wurden in Massivbauweise ausgeführt, wobei Beton mit innenliegender Wärmedämmung verwendet wurde. Das Mauerwerk wurde innen und außen verputzt und weiß eingefärbt. Das Dach wurde als Pult- beziehungsweise Flachdach, die Dachkonstruktion des Kirchensaales in Leichtbauweise mit Blechtragprofilen und einer Trapezverblechung ausgeführt.

Technischer Ausbau

Ein großer Planungsschwerpunkt war das Thema des technischen Ausbaus von Heizung, Lüftung und Raumklima.

Hierzu schreibt Architekt Andreas Lichtblau: „wir haben ein lüftungssystem entwickelt, mit dem heizung, eventuell kühlung, jedenfalls aber permanente frischluft während des betriebes gewährleistet ist. durch einen luftbrunnen und die nachgeschalteten lüftungsanlagen wird außenluft (natürlich) vortemperiert, angesaugt, gefiltert, temperiert und rasch wirksam als quellluft in die einzelnen räume eingebracht. die abwärme der anwesenden personen, der beleuchtung und geräte wird dem system zugeführt, verbrauchte aussenluft durch frische ersetzt. die energie der abluft wird über regeneratorwärmetauscher genutzt und dadurch die enthaltene wärme dem system wieder zugeführt."[90]

Innenausbau und Materialität

Der Kircheninnenraum wurde mit grauen Terrazzosteinplatten ausgelegt und ist durch die weiß verputzte Mauerwerksfarbe charakterisiert.

Im äußeren Erscheinungsbild dominiert die nahezu 7 m hohe Glasfassadenkonstruktion, welche auf einer Stahlrahmenkonstruktion montiert wurde. Die Glastafeln sind flächendeckend mit Schrifttexten belegt, deshalb wird das weiße Massivmauerwerk erst bei näherer Betrachtung als die zweite Gebäudeschicht erkenn- und wahrnehmbar. Die großzügige Verglasung ist weiters im Bereich der Kircheneingangsfront und im Eckbereich des Pfarrsaales als dominierendes Material augenscheinlich.

Lichtführung

Die Altarwand wird durch ein schmales, schräg ausgeführtes Oberlichtband erhellt. Weiters dringt Tageslicht durch die großflächigen Glasfronten im Bereich der Kirchensaaleingangszone ein. Durch die Absenkung des Altarbereiches und durch die Anordnung der Kirchenbankreihen entstand bodennahe ein schmales zwickelförmiges Glasfenster, durch das gebrochenes Tageslicht fällt. Zahlreiche Stehlampen mit hoher Lichtintensität sind hinter der letzten Bankreihe im Verlauf aufgestellt.

Liturgische Orte

Der abgesenkte Altarbereich wird durch die innere Berandung der 75-Grad-messenden Kirchenbankreihen gebildet; darin stehen gleichwertig Altar und Ambo. Diese zeigen sich als präzise ausgeführte, skulptural geformte schwarze „Monolithe", gebildet aus afrikanischen Marmorplatten. Altar und Ambo setzen einen intensiven Materialkontrast zum umgebenden lichtdurchfluteten weißen Kirchensaal. Sie erscheinen wie zwei im Dialog stehende Raumfiguren.

An der den Raum dominierenden Altarwand wurde ein aus der Barockzeit stammendes Kruzifix befestigt. Die Darstellung des gekreuzigten Jesus ist der symbolische Brennpunkt des gesamten Kirchenraumes, auf den sich die feiernde Gemeinde und der betende Mensch beziehen. Kruzifix, Altar und Ambo bilden ein räumliches und liturgisches Dreieck. Unter dem Kruzifix wurde an der Altarwand die längs ausgerichtete, podestförmig erhöhte Sessio für Priester und Ministranten positioniert.

Die Kirchenbankreihen wurden wie in einem Amphitheater in zwei ellipsensegmentförmigen Sektoren angeordnet. Sie bestehen aus einer grau gefärbten Rahmenkonstruktion, die Sitz- und die Ablageflächen wurden mit grauen Textilbezügen bespannt.

Reflexion zum Sakralraum
Die Ausbildung der Vor- und Zwischenzonen versetzte mich in eine besondere Erwartungshaltung. Der Kirchensaal ist ein verdichteter Raum, ein Raum per se, erfüllt von „weißem" Licht. Die innere Disposition verändert sich spürbar, die Konzentration hin zum Altarbereich wird durch die zwei schwarzen Monolithe angezogen. Meine Erwartungen an den sakralen Raum wurden bestens erfüllt, es tritt ein inneres Stillwerden ein, das Ausrichten zu Gott wird ermöglicht. Die von mir besuchte Kirchenmusikprobe erwies den Raum auch als akustisch gelungen.

Der sakrale Raum erinnert sowohl an die Kargheit der Zisterzienser-Architektur als auch an zeitgenössische buddhistische Tempelanlagen wie zum Beispiel den weißen Tempel in Kyoto.

Künstlerische Gestaltung
Die künstlerische Gestaltung wurde ebenso von den Architekten Susanna Wagner und Andreas Lichtblau übernommen. Sie schufen die beiden circa 7 m hohen Glastafelfrontflächen.

Hierzu schreibt Isabella Marboe: „Die basisdemokratische Haltung, die ihm zugrunde liegt, ist an der mit Goldlettern beschriebenen Glasfassade ablesbar. Etwa sieben Meter hoch, verbindet sie optisch Pfarrzentrum und Kirche, macht sie gleichwertig, lässt aber in ihrer Transparenz die Volumina der Bauteile spürbar bleiben. Nicht die Kirchenhierarchie, der Mensch ist wichtig. Sätze, die Gemeindemitglieder aller Altersstufen zum Thema Familie formulierten, sind hier vermischt mit Bibelzitaten zu lesen. Verletzung, Trauer, Zuversicht, Schmerz: Das Wort der Schrift trifft hier auf das Wort der Menschen und wird so lebendig. Diese Fassade hängt am Bauwerk, wie der Glaube die Gemeinde hält. Sie zwingt zu Verlangsamung und Auseinandersetzung, zum lesend Innehalten und stimmt so auf die Kirche ein."[91]

Kirchenaußenansicht mit Festwiese

Folgende Seiten
1 Kirchenaußenansicht mit Barockkirche – straßenseitig
2 Glasfrontflächen mit Textgrafik
3 Glasfront – Konstruktionsdetail
4 Kircheninnenraum
5 Ambo und Altar

1

2

3

4

5

Grundriss Ebene 0

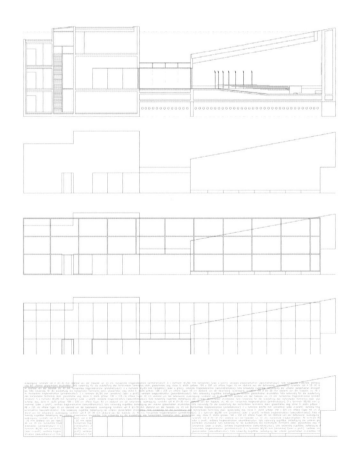

Schnitte und Ansichten

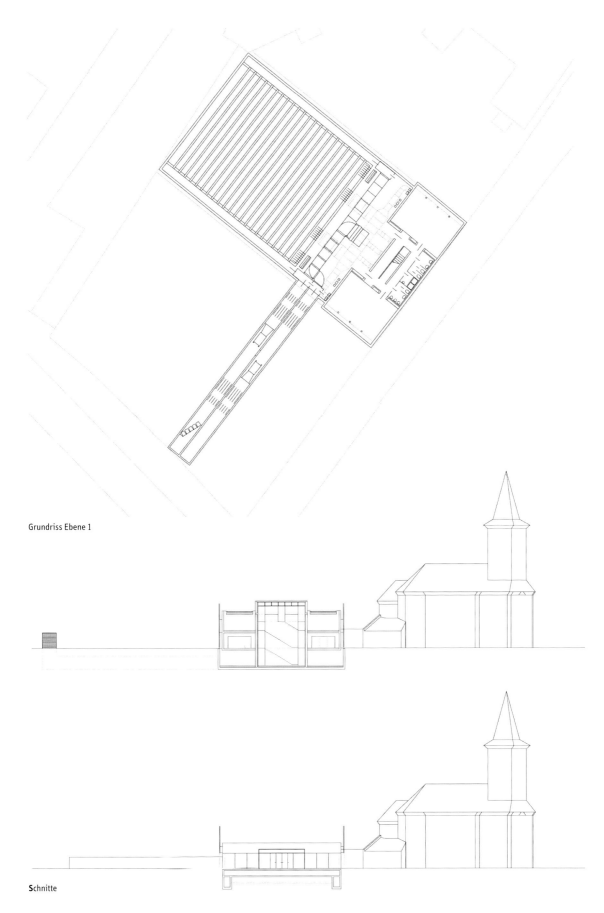

Grundriss Ebene 1

Schnitte

Siegendorf:
Neuapostolische Kirche
Architekt Helmut Hasendorfer, 2005-2006

7011 Siegendorf, Burggasse 4

Entstehungsgeschichte
2005 wurde Helmut Hasendorfer von der Neuapostolischen Kirche Österreich mit der Planung und Bauausführung zum Neubau einer Kirche in Siegendorf beauftragt. Der Spatenstich war im August 2005, Baubeginn im September 2005. Die feierliche Einweihung der Kirche erfolgte am 10. September 2006 durch den Bezirksapostel Armin Studer.

Ort
Siegendorf ist eine Marktgemeinde im Bezirk Eisenstadt-Umgebung. In der Gemeinde leben vor allem Angehörige der deutschsprachigen und der burgenländisch-kroatischen Volksgruppe. Der Kirchenneubau wurde am Eckgrundstück zwischen Eisenstädterstraße und Dammstraße errichtet.

Architektonische Vision
Ausbildung eines streng symmetrischen, dreiteiligen Baukörpers, wobei der mittig gelegene Hauptbaukörper als Kirchensaal dient und die beiden seitlichen, niedriger ausgeführten Baukörperteile für Jugendraum und Amtszimmer auf der einen Seite und Kinderraum und Nebenzone auf der anderen Seite konzipiert wurden.

Architektonisches Thema
Die Kirche wurde mit ihrer Baukörperachse exakt in die Diagonale des Grundstückes positioniert, sodass der Eingang an der Straßenkreuzung zu liegen kommt. Es wurde ein großzügiger, mit Betonsteinen versehener Vorplatz ausgebildet, quer gelagert und überdacht. Nach Durchschreiten des Eingangsportales betritt der Besucher ein groß dimensioniertes Foyer. Der mittig gelegene Baukörper beinhaltet den für 72 Sitzplätze konzipierten Kirchen- und Versammlungssaal. Das rechte, niedriger ausgeführte „Seitenschiff" dient als Amtszimmer und als großer Jugendraum. Das linke, analog ausgeführte „Seitenschiff" beinhaltet den Kinderraum. Beide „Seitenschiffe" sind im altarnahen Bereich mit einer Fixverglasung ausgestattet, die eine Mitfeier der Jugendlichen ermöglicht. Der Kirchensaal wird dominiert von seiner axialen, symmetrischen Ausrichtung und der räumlichen Konzentration in der Blickachse auf das Altarpodest. Der Kirchensaal ist länglich rechteckförmig konfiguriert und gibt den Blick auf den weiß gestrichenen Plafond des Satteldaches frei.

Architekturanalytische Betrachtung
Das vorliegende Projekt erinnert in seiner Konzeption an die Architektur der dreischiffigen Basilika, wobei der Kirchensaal als zentrales Kirchenschiff ausgeführt worden ist, die beiden „Seitenschiffe" wurden zu Nebenzonen. Lediglich die vorderen, altarnahen Bereiche wurden als Kinder- und Jugendräume gestaltet und können somit dem liturgischen Bereich zugeordnet werden.

Materialität und Innenausbau
Im äußeren Erscheinungsbild dominiert der hellgraue Anstrich des Massivmauerwerks. Der Kircheninnenraum wird charakterisiert durch die Verwendung von zwei hellen Farbtönen, wobei die Decke weiß ist, hingegen die Wände in einem cremigen Ecruton gestrichen worden sind. Diese Farbgebung verleiht dem Kirchenraum eine warme und weich anmutende Raumatmosphäre. Im gelb-ocker gestrichenen Altarnischenbereich wurde das metallene Logo der Neuapostolischen Kirche fixiert, und durch den Metallkontrast wird es in seiner Zeichensetzung deutlich wahrnehmbar. Die Eingangswand zum Kirchensaal wurde mit hellen Birkenholzpaneelen verkleidet. Die zwei Kirchenbankblöcke wurden analog in Birkenholz gefertigt. Auch diese Materialwahl verstärkt die helle Kirchenraumatmosphäre. Der Kirchensaal, das Amtszimmer, der Jugendraum und der Kinderraum wurden mit grau-glänzenden Kunststeinplatten ausgelegt.

Lichtführung
Der Kirchensaal wird auf beiden Längsseiten von mehreren Oberlichtfenstern ausreichend mit Tageslicht erhellt. Zur künstlichen Beleuchtung wurden zwei parallele Lichtbalken von der Decke abgehängt.

Künstlerische Gestaltung
Entsprechend den Richtlinien der Neuapostolischen Kirche wird der künstlerischen Gestaltung keine Bedeutung beigemessen.

1 Kirchenaußenansicht mit Portal
2 Altarzone
3 Kirchensaal vom Altar gesehen

1

2

3

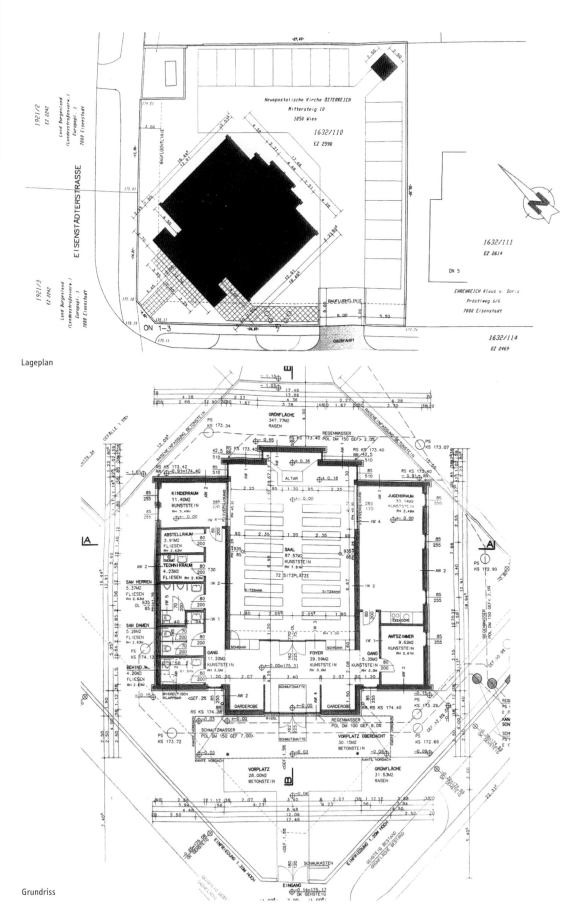

Lageplan

Grundriss

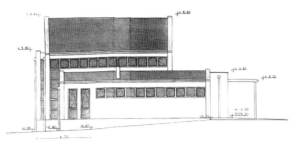

Ansicht Süd

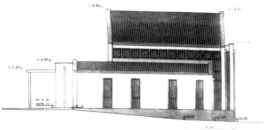

Ansicht Nord

Ansicht West

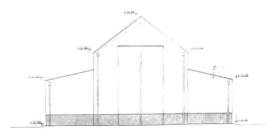

Ansicht Ost

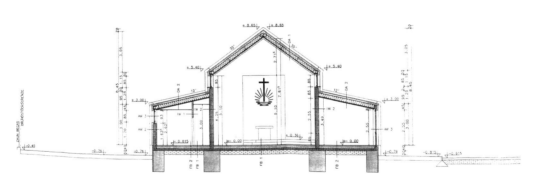

Querschnitt

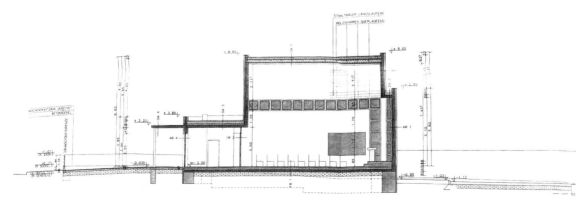

Längsschnitt

Burgenland

Paudorf-Göttweig:
Römisch-katholische Pfarrkirche St. Altmann
Architekt Friedrich Göbl, 1991-1993

3508 Paudorf, Hellerhofweg 7

Entstehungsgeschichte
Die Anfänge der Pfarre Göttweig reichen in das Jahr 1083 zurück. Paudorf wird von den Benediktinerpatres des Stiftes Göttweig betreut. Die Stiftskirche Göttweig war ab 1719 gleichzeitig die Pfarrkirche für Göttweig. Am 8. Dezember 1987 erfolgte das offizielle Ansuchen der Pfarre an die Diözese um Errichtung eines Pfarrzentrums im Hellerhof. Am 8. April 1988 beschloss der Pfarrkirchenrat einstimmig, den in Höbenbach beheimateten Architekten Friedrich Göbl dem Bauamt der Diözese St. Pölten als Kirchenarchitekt vorzuschlagen. Das Bauamt der Diözese akzeptierte dies und am 5. Mai 1991 erfolgte die Spatenstichfeier für die neue Pfarrkirche St. Altmann. Am 16. Juni 1991 wurde die Grundsteinlegung durch Abt Clemens Lashofer und Diözesanbaudirektor Heinrich Fasching gefeiert. Als prominenter Ehrengast war der polnische Minoritenbruder Bruder Hieronymus M. Wierzba, der letzte Sekretär des heiligen Maximilian Kolbe, anwesend. Der Name der Pfarre wurde von „Göttweig" in „Paudorf-Göttweig" geändert.

Nach monatelangem Diskurs zwischen Diözesanbischof Kurt Krenn und dem Solidaritätskreis „Weg der Hoffnung" mit dem Paudorfer Pfarrer Pater Udo Fischer konnte schlussendlich trotzdem die feierliche Kirchweihe am 12. September 1993 mit Diözesanbischof Kurt Krenn stattfinden. Am 20. Oktober 1996 weihte Kardinal Franz König den gesamten Hellerhof als Pfarrzentrum ein und sechs Jahre später, am 20. Oktober 2002 weihte Kardinal Franz König, die vom Orgelbaumeister Gerhard Hradetzky gebaute David-Gregor-Corner-Orgel. Der Gründer des Stiftes Göttweig war der heiliggesprochene Bischof Altmann von Passau, deshalb wählte die Pfarrgemeinde den Heiligen Bischof zum Patron für ihre Kirche.

Ort
Die Pfarrkirche St. Altmann liegt inmitten des historischen Hellerhofes in der Gemeinde Paudorf. Die Marktgemeinde Paudorf umfasst circa 2500 Einwohner und liegt im Bezirk Krems-Land. Der Hellerhof wurde wahrscheinlich vom Salzburger Erzbischof Dietmar I. (873-907) gegründet, verödete aber im 14./15. Jahrhundert. 1477 übergaben die Grafen von Hardegg den Hellerhof dem Stift Göttweig. Abt Gregor Heller ließ den Hof 1650/51 zu einem prunkvollen Rekreationshof für die Göttweiger Mönche umbauen. Erst seither trägt er den Namen Hellerhof. 1678 widmete Abt Johannes Dizent die neu gestaltete Kapelle Johannes dem Täufer. Am 13. Juli 1714 brannte der Hof ab, 1790 wurde das Hauptgebäude von Joseph Schwerdtfeger zu einem Mietshaus umgebaut und der Garten verschwand. 1812 zerstörte ein Brand den Hellerhofstadl.

Am 26. Februar 1985 stürzten 12 m der Hellerhofmauer ein. Daraufhin gründete der Pfarrgemeinderat ein Hellerhofkomitee, welches mit Abt Clemens Lashofer und mit Diözesanbischof Franz Zak Pläne für die Nutzung des Hellerhofes schmiedete und so entstand 1991 bis 1993 die neue Pfarrkirche. Im Hellerhof befindet sich nunmehr eine Bücherei, das Kienzlmuseum und die Lebenshilfe Niederösterreich. Diese betreibt eine Gartengruppe und hat sich zum Ziel gesetzt den etwa 16.000 m² umfassenden Garten zu pflegen und als Naturgarten neu zu gestalten.

Architektonische Vision
Architekt Friedrich Göbl schreibt zu seinem Projekt: „Von der Situierung her betrachtet, sollte die neue Kirche markanter Eckpunkt, Drehscheibe und architektonisches Bindeglied im Hellerhofensemble sein. In seiner Konzeption folgt das Bauwerk der Form eines Zeltes und nimmt darüber hinaus landschaftliche Elemente eines dahinterliegenden Kegelberges [...] auf. Die Bauform ist eine Wiederspiegelung von funktionellen, konstruktiven und räumlichen Abläufen. Der Grundriss selbst, auf zwei Viertelkreisausschnitten aufgebaut, weist mit seiner Mittelachse ins Zentrum des Hellerhofes. Zirkelpunkt des architektonischen Geschehens ist der Altar. In dieser lotrechten Kraftachse wird auch die 12 m höherliegende Dachkonstruktion und das Kirchenkreuz gehalten. Vor der Kirche wurde ein quadratischer Platz der Begegnung angeordnet, dessen Diagonale in der Kirchenachse seine Fortsetzung findet und sonst als Beziehungsvermittler zwischen Gebäuden und Wegen fungiert. Meine planerischen Grundsätze für den Kircheninnenraum waren das Bemühen, mit beschränktem Materialeinsatz einen Ort der Konzentration und Verinnerlichung zu schaffen, wobei der Altar Mittelpunkt des architektonischen Geschehens in jeder Hinsicht sein musste."[92]

Architektonisches Thema
Die neue Pfarrkirche liegt eingebettet inmitten einer barocken Hofanlage. Diese besteht aus einem Wirtschaftstrakt, in welchem seit 2002 das Kienzl-Museum (für den Komponisten Wilhelm Kienzl, 1875-1941) eingerichtet wurde. Das zweigeschoßige ehemalige Herrschaftsgebäude dient nun verschiedenen Pfarrfunktionen und beherbergt die Pfarrwohnung.

Die barocke, dem hl. Johannes dem Täufer geweihte Kapelle dient derzeit als Abt-Johannes-Dizent-Museum. Das neue Kirchengebäude liegt im westlichen Anteil des Hellerhofes, exakt im Schnittpunkt des revitalisierten Pfarrtraktes und des angrenzenden niedrigen Wirtschaftsgebäudes. Ein nahezu quadratischer Kirchenvorplatz verbindet die Johanneskapelle mit dem neuen Pfarrzentrum, und die Diagonale des Pfarrplatzes verlängert die Längsachse der Pfarrkirche. Die Pfarrkirche besteht aus zwei Viertelkreisbögen unterschiedlicher Höhe, wobei der Schnittpunkt beider Viertelkreisbögen exakt im Zentrum des Altares zu liegen kommt.

Der Besucher betritt das in der Kirchenlängsachse gelegene, als Mauerscheibe ausgebildete vorgelagerte Portal. Ein Gang verbindet die Pfarrkanzlei mit dem bogenförmigen Foyer. Über ein vierflügeliges Holzglasportal gelangt der Besucher in den Kirchenraum und blickt auf den circa 30 cm abgesenkten Altarbezirk. Der Kirchenraum wird einerseits durch die räumliche Konzentration auf den Altarbezirk und andererseits durch seine zeltförmige Dachkonstruktion dominiert. Eine großzügig bemessene halbkreisförmig konfigurierte Chornische wurde im Westen des Kirchenraumes errichtet.

Architekturanalytische Betrachtung

Die Pfarrkirche wurde als architektonisches Gelenk und als Schlussstein in der barocken Gesamtanlage entworfen. Die architektonische Intention war es, Alt und Neu zu verbinden. Hierzu verwendete der Architekt die Formen des Viertelkreisbogens, Halbkreises und zusätzlich thematisiert er das in der christlichen Sakralarchitektur oftmals zitierte Thema des Zeltdaches. Die drei verschieden großen Giebelfenster setzen in der Frontansicht ein markantes äußeres Zeichen und verweisen auf die Trinität der christlichen Gottheit. Die großzügige und gelungene Platzgestaltung unterstreicht das Thema der Verknüpfung von Alt und Neu.

Konstruktion

Der planende und ausführende Architekt schreibt hinsichtlich der Konstruktion: „Die den Kirchenraum umgebenden massiven Mauern sind mit Ausnahme einiger Öffnungen (Eingang, Altarfenster und vier weitere Fensterschlitze) geschlossen. Im Bereich der aufliegenden Dachhauptträger werden die Kräfte mittels Stahlbetonsäulen sichtbar abgeleitet. Das Dach selbst steigt zeltartig vom gebogenen (Viertelkreisausschnitt) Mauerkranz zum „Kraftpunkt" über dem Altar hin an. Dieser Punkt wird durch eine Stahlbetonkonstruktion in Form eines gevierteltem Kegels, welcher auf der Apsis lastet, gehalten. Drei Dreiecksgauben mit farbiger Verglasung sind dem Dach über der Mauerkrone aufgesetzt."[93]

Der Wandaufbau des Massivmauerwerks wurde aus Porothermziegeln erstellt. Die Dachkonstruktion besteht aus Holzleimbindern, wobei die Tragekonstruktion mit einer 5 cm starken Pfostenlage (Unterseite gehobelt) abgedeckt und verbunden wurde. Bei der Ausführung handelt es sich um eine hinterlüftete Kaltdachkonstruktion mit Kupferblecheindeckung. Die Pfeiler der Holzleimhauptträger, sowie die Umschließungsroste bestehen aus Stahlbeton.

Materialität und Innenausbau

Im äußeren Erscheinungsbild dominieren der weiße Anstrich des Außenputzes und die gräuliche Verfärbung des Prefa-Daches. Das Rauminnere wird durch die Cremefarbe der Solnhofener Bodenplatten und durch die weiß verputzten Wände bestimmt. Zusätzlich wird die weiße Farbe der Wandgestaltung durch eine Graufärbung im Bereich der Altarwand und im Bereich der tragenden Mauerkonstruktionselemente unterstrichen. Der Kircheninnenraum wird durch die Holztragekonstruktion dominiert, die Holzleimbinder wurden hell gebeizt und die Zwischenfelder bestehen aus weiß lasierten Holzbohlen.

Liturgische Orte

Sämtliche liturgischen Orte wurden vom bildenden Künstler Günter Wolfsberger entworfen. Er schuf Altar, Ambo und Tabernakel in einer analogen Materialsprache. Der im Kreuzungspunkt beider Viertelkreisbögen ruhende Altar besteht aus einer massiven Sandsteinplatte, welche auf einem fünffach gefalteten Gebhartser Granitsockel ruht. In den Altar wurden die Reliquien des hl. Altmann (Bischof von Passau – Gründer des Stiftes Göttweig), hl. Adalbero (Bischof von Würzburg; Weggefährte Altmanns; Gründer des Stiftes Lambach) und hl. Godehard (Bischof von Hildesheim; Patron der alten Göttweiger Pfarrkirche von 1235-1719), integriert. In analoger Bauweise entstand der Ambo aus Granit mit einer Chrom-Nickel-Stahlabdeckung. Der kubische, aus poliertem Chrom-Nickel-Stahl geformte Tabernakel ruht auf einem schwarzen, massiven Granitsockel.

Alle liturgischen Orte befinden sich auf dem zweistufig erhöhten Altarpodest. Auf der ersten Stufe steht der doppelt oktogonale, gotische Taufbrunnen aus rotem Salzburger Adnet-Marmor. Der runde grobe Sockel ist unter Umständen Rest des romanischen Taufbrunnens, der um 1135 erbauten Pfarrkirche St. Gotthard. Der Taufbrunnen befand sich ab 1719 in der Stiftskirche Göttweig, die bis 1993 als Pfarrkirche fungierte. Die Abdeckung des Taufbrunnens stammt vom bildenden Künstler Leo Pfisterer. Er schuf eine Abdeckung aus Aluminiumguss, diese zeigt die Form eines Labyrinthes, wobei die Labyrinthwege im Zentrum bei einem aus Aluminium gefertigten Fisch enden.

Als Besonderheit dieses Kirchenneubaus ist die in der Orgelnische befindliche David-Gregor-Corner-Orgel mit 21 Registern zu nennen. Diese wurde vom Orgelbaumeister Gerhard Hradetzky gebaut und am 20. Oktober 2002 von Kardinal Franz König geweiht. David-Gregor Corner widmete 1631 die zweite Auflage seines Standardwerkes „Gros Catolisch Gesangbuch" dem Hellerhofbesitzer Gabriel Gerhardt und seiner Frau Magdalena. Als Abt erwarb er den Hellerhof für das Stift Göttweig. Das alte Kruzifix wurde im rechtsseitig gelegenen Altarraumbereich positioniert, dieses stammt aus der Filialkirche St. Blasien in Klein-Wien und stammt wahrscheinlich vom Kremser Bildhauer Kilian Fuchs. Seine Entstehungszeit ist mit etwa 1610/1611 anzunehmen.

Künstlerische Gestaltung
Für die grau gefärbte Apsiswand schuf Günter Wolfsberger drei Apsisfenster mit dem Thema der Auferstehung. Hierzu schreibt der Künstler: „Eine klare kristalline Gliederung lässt nur Assoziationen an Gegenständliches zu, symbolisiert das Thema der Auferstehung. Ein Kraftfeld wird hier sichtbar, das an die Struktur von Eisenspänen in einem Magnetfeld erinnert, und doch ist es nicht ein physikalischer, sondern ein metaphysischer Vorgang, der visualisiert worden ist."[94]

Günter Wolfsberger wurde weiters beauftragt, zwei Skulpturen für den Altarbezirk zu gestalten. Für die linksseitig gelegene Altarwand entwarf er eine etwa 160 cm messende Madonna mit Jesuskind. Diese positionierte er auf einem Sockel und betonte den skulpturalen Charakter zusätzlich durch die Anbringung eines kronenförmig abschließenden Wandelements. Es handelt sich um eine Lindenholzskulptur, die außerdem mit Acrylfarben und Wachskreiden bearbeitet wurde. Zum Thema Madonna mit Jesuskind schreibt er: „Ich ging (ohne eigene Schnitztradition) an das Thema heran, stellte die Mutter-Kind-Beziehung in den Mittelpunkt der Überlegungen, ging vom Weiblichen im Kontext der Kirche aus und versuchte, Haltung und Ausdruck unprätentiös, aber mit dem Anspruch auf das Ewige, darzustellen. Das Christus-Kind tritt aus dem Leib der Mutter, sie entlässt ihn, er wendet sich der Welt zu. Seine Hände balancieren den unsicheren ersten Schritt aus, die Mutter hält sich bereit zu helfen. Die Ahnung des Todes am Kreuz wird durch die Andeutung der Wundmale spürbar."[95]

Für die rechtsseitig gelegene Kirchenwand schuf er die Skulptur des hl. Bischofs Altmann. Er schreibt hierzu: „Eine dynamische Bischofsfigur fordert die Gläubigen durch seine Gestik zu tatkräftigem Handeln auf. Sie stellt Bischof Altmann dar, den Gründer des Stiftes Göttweig. Er war offenbar ein Mann der Tat, einer, der mitreißen konnte und Überzeugungskraft ausstrahlte. Seine Bildebene, aus der er hervortritt, hat die Form eines Daches, welche ihn als Baumeister und Gründer aufweist."[96]

Günter Wolfsberger schuf einen mehrteiligen, in Pastelltönen gehaltenen Kreuzwegbildzyklus, welcher an der Kircheneingangswand montiert wurde.

Der Paudorfer Künstler Leo Pfisterer entwarf im Jahr 2000 eine Christusikone, die vor dem mittig gelegenen Altarfenster aufgestellt wurde. Hierzu schreibt er: „Die Ikone ist eine Wiedergabe der berühmten Pantokrator-Ikone aus dem Katharinenkloster auf dem Berg Sinai. Dieses Bild wurde im 5./6. Jh. angefertigt und ist somit die älteste erhaltene Christus-Ikone im Bereich der Tafelmalerei. Das Brustbild zeigt Christus als den Wiederkommenden am Ende der Zeiten. Der asymmetrische Aufbau des Gesichtes und die Verwendung der sog. Umgekehrten Perspektive verleiht der Ikone eine große Lebendigkeit. In der Linken hält Christus ein mit Gold und Edelsteinen verziertes geschlossenes Evangelienbuch. Die farbliche Gestaltung des Gewandes ist auf der Sinai-Ikone nicht mehr eindeutig identifizierbar. Als Grundlage der Farbgebung wurde daher das Fragment einer Übermalung aus dem 14. Jh. gewählt. In der gesamten Ikonenmalerei sind die Farben Rot für das Obergewand und Blau für das Untergewand klassisch. Rot bezieht sich auf die Göttlichkeit Jesu, Blau auf seine Menschwerdung. Beschriftet ist die Ikone mit den griechischen Abkürzungen für ‚Jesus Christus' und im Heiligenschein mit ‚der Seiende', der Gottesoffenbarung im brennenden Dornbusch (Exodus 3, 14)."[97]

2001 erwarb die Pfarrgemeinde ein aus 13 Christusbildern komponiertes Fastenkreuz des Wiener Künstlers Gottfried Hula. Bernhard Rittinger schreibt zum Thema der Christusbilder von Gottfried Hula: „Er malt immer wieder dasselbe: ein Gesicht, eine Vision, das Antlitz Christi [...] Dabei sucht er, ‚scheinbar im Bewusstsein um das unausweichliche Scheitern, den Unfassbaren zu erfassen, immer neue Wege der Annäherung. Jedes Bild ist ein weiterer Anlauf, ein neuer Versuch der Begegnung von Angesicht zu Angesicht' wie er selbst bekennt."[98]

Pfarrkirche St. Altmann
mit barocker Johanneskapelle,
Ansicht vom Naturschaugarten

1

2

1 Pfarrkirche mit Kirchenplatz
2 Pfarrkirche mit Naturschaugarten
3 Kircheninnenraum mit Altarbezirk
4 Chornische mit David-Gregor-Corner-Orgel
5 Altarfenster von Günter Wolfsberger und Ikone von Leo Pfisterer

Folgende Seite
1 Dachkonstruktion mit Chornische und Kraftpunkt über Altarbezirk
2 Madonna mit Kind von Günter Wolfsberger
3 Hl. Altmann von Passau von Günter Wolfsberger

1

2

3

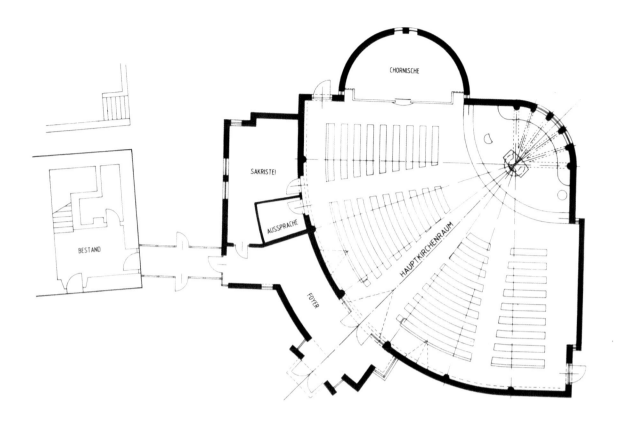

Grundriss

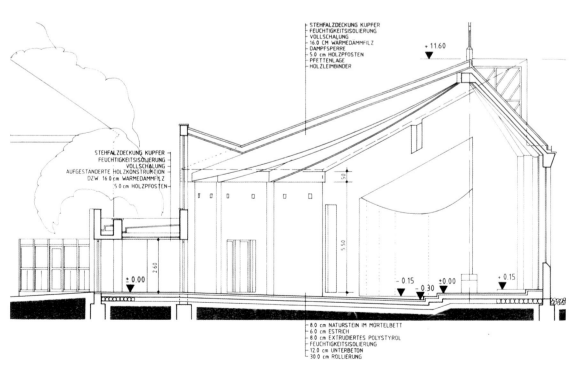

Schnitt

St. Pölten, Stattersdorf-Harland:
Römisch-katholische Pfarrkirche – Milleniumskirche „Auferstehung Christi"
Architekt Wolfgang Pfoser, 1999-2000

3100 St.Pölten, Johann Klapperstraße 7

Entstehungsgeschichte
Die Pfarrgemeinde Stattersdorf, 1953 als selbstständige Pfarre errichtet, betreut die St. Pöltner Stadtteile Harland und Altmannsdorf. Aufgrund des Bevölkerungszuwachses auf eine Kirchengemeinschaft von etwa 2900 Katholiken wurden bereits am 31. März 1995 die ersten Gespräche für einen Kirchenneubau mit dem Diözesanbauamt geführt, und im Dezember 1997 kam es zur Ausschreibung eines Architektenwettbewerbes. Das Projekt von Architekt Wolfgang Pfoser ging als Sieger hervor.

Der Spatenstich fand am 11. April 1999 statt, die Feier zur Grundsteinlegung am 9. Juli 1999. Der konstruktive Rohbau wurde 1999 durchgeführt, der Innenausbau, die Außenanlagen, der Turm und die Fertigstellung folgten im Jahr 2000. Die Kirche konnte am 17. September 2002 durch Diözesanbischof Kurt Krenn feierlich eingeweiht werden.

Ort
Die Pfarrkirche „Auferstehung Christi" befindet sich in einem Stadtteil von St. Pölten, welcher vorwiegend als Wohnbezirk genützt wird. Das weitläufige Grünareal wird von zwei Straßen und einem Bach begrenzt.

Architektonische Vision
Hinsichtlich der architektonischen Vision schreibt der planende und ausführende Architekt Wolfgang Pfoser: „Ein in Form und Materialität von der Umgebung abgesetzter, städtebaulich signifikant auf die umgebenden Straßen orientierter Kirchenbaukörper ragt aus einem aus dem Altbestand entwickelten Sockelbaukörper heraus und stellt mit der bestehenden Pfarrwiese logische, aus der Topographie entwickelte Außen-Innenraumbezüge her. [...] Der elliptische Grundriss des Kirchenraumes bewirkt einen gerichteten Zentralraum, dessen Hauptachse als Winkelsymmetrale der Bezugsachse zur Domkirche und der Achse Stattersdorfer Kapelle – Statterdorfer Friedhof mit der neuen Pfarrkirche gegenüber der Längsachse des Sockelgebäudes verschwenkt wurde."[99]

Architekt Wolfgang Pfosers Hauptidee war die Schaffung einer gegliederten Raumabfolge zwischen Pfarrsaal, Wochentagskapelle und Kirchenraum, um den liturgischen und pfarrgemeindespezifischen Funktionen und Aufgaben gerecht zu werden.

Architektonisches Thema
Das Gebäudeensemble ist durch drei verschieden hohe, skulptural gegliederte Baukörper charakterisiert. Der flache Sockelbaukörper wurde an das bereits bestehende Pfarrhaus angegliedert. Dieser präsentiert sich als flacher längsgerichteter quaderförmiger Baukörper, welcher in seiner Materialsprache gut ablesbar ist. Der zweite Baukörper ist elliptisch und hoch und dient als Kirchenhauptraum. Der schlanke Glockenturm, ein frei stehender Kampanile, ist ein städtebaulich signifikantes Zeichen und verweist als Landmark auf die Bedeutsamkeit des Ortes.

Im Nordwesten der Gesamtanlage befindet sich ein großräumiger Parkplatz mit 31 PKW-Stellplätzen. Von hier aus gelangt der Besucher über eine Rampe zum über zwei lineare Zugangswege erreichbaren Kirchenvorplatz. Das Hauptportal befindet sich im Sockelbaukörper, vom rechteckigen Foyer aus werden der Pfarrsaal, das Pfarrzentrum und die Kirche erschlossen. Bereits im Foyer erkennt man durch die Glasportale den Kirchenhauptraum. Dieser wird aus zwei divergierenden Baukörpern gebildet, nämlich aus dem flachen Sockelbaukörper und aus einem hohen, auf elliptischen Grundriss basierenden Kirchenhauptraum. Diese beiden Baukörper führen zu einer Überlagerung zweier Raumschichten und Volumina. Der elliptische Altarraum wurde abgesenkt und stellt den zentralen Bereich des Kirchenhauptraumes dar. Der elliptische Kirchenhauptraum wurde hinsichtlich seiner Gebäudeachse geschwenkt – und diese Asymmetrie steht im Kontrast zu der sonst gewählten orthogonalen und euklidischen Entwurfskonzeption. An den Kirchenhauptraum schließt sich südwestlich der höhenmäßig niedriger ausgebildete Kirchensockeltrakt an. Hier sind auch die Kreuzwegstationen als hinterleuchtete Glastafelbilder eingebaut worden. Angrenzend an den Kirchenhauptraum wurde nordöstlich eine Wochentagskapelle angegliedert, diese ist durch eine gläserne Trennwand optisch verbunden. An die Wochentagskapelle grenzt der Pfarrsaal an, welcher durch das Verschieben einer mobilen Holztrennwand erweitert werden kann.

Architekturanalytische Betrachtung
Architekt Wolfgang Pfoser kreierte eine klar gegliederte, skulptural ausgeformte Gesamtanlage, wobei die Konzeption primär den euklidischen Gestaltungsprinzipien folgt. Er ordnete die Raumabfolge entsprechend der Funktionen an. Durch

Schaffung von mobilen Trennwandsystemen können sowohl das Pfarrzentrum mit dem Pfarrsaal als auch Pfarrsaal mit Werktagskapelle und Werktagskapelle mit Kirchenhauptraum verbunden werden. Er schuf eine lineare und kontinuierliche Raumabfolge, um so den verschiedenen liturgischen Anforderungen räumlich entsprechen zu können.

Die Kirche zeigt zwei Baukörper, nämlich einen flachen quer gelagerten Kirchenraum und den elliptischen, schräg positionierten Kirchenhauptraum. Der elliptische Kirchenhauptraum wird aus zwei Brennpunkten gebildet, wobei in einem Brennpunkt der vertiefte Altarbereich ausgeformt und im zweiten Brennpunkt die großzügig konzipierte Orgelempore platziert ist. Die fünf sektorenförmigen Kirchenbankblöcke orientieren sich auf den elliptisch konfigurierten Altarraum und liegen teils im niedrigen Kirchenraum, teils im hohen Kirchenhauptraum, dies führt zu einer „Dreischiffigkeit" im Erscheinungsbild. Aus der Überlagerung der beiden Baukörper und der funktionalen Zuweisung der Kirchenbankblöcke entsteht ein Konflikt zwischen formaler Lösung und funktionaler Zuordnung.

Konstruktion
Der rechteckförmige Sockelbaukörper wurde in Massivbauweise mit einem Sichtziegelmauerwerk ausgeführt. Die Deckenkonstruktion des Sockelbaukörpers wurde mit Holzleimbindern gefertigt und das Flachdach mit Zinkblech verkleidet. Der Kirchenhauptraum wurde analog in Massivbauweise, teilweise mit Stahlbetonscheiben und einer zusätzlichen Übermauerung mit Durisolziegeln, errichtet. Die Deckenkonstruktion des Kirchenhauptraumes wurde als Holzleimbinderkonstruktion in Flachdachbauweise gefertigt. Die Außenwandverkleidung des Kirchenhauptbaukörpers besteht aus dunkelgrau patinierten, vertikal verlegten Zinkplatten. Der Glockenturm wurde aus zwei Stahlbetonscheiben gebildet.

Materialität
Das äußere Erscheinungsbild wird vom Sichtziegelmauerwerk des Sockelgeschoßes bestimmt. Hierzu steht die kühle Ästhetik der patinierten Zinkplatten des Kirchenhauptraumes im deutlichen Materialkontrast. Im Kircheninnenraum dominieren die vertikal montierten Akustikholzelemente aus Eschenholz. Die Materialsprache des Kirchenhauptraumes wird weiters durch die in Holz gefertigte und hellgrau lasierte Deckenkonstruktion bestimmt.

Die Kirchenräume im Bereich des Kirchensockelgeschoßes, die Wochentagskapelle und der flache Kirchenhauptraum wurden innenseitig verputzt und weiß gestrichen.

Innenausbau
Der gesamte Boden der Kirchenräume wurde mit Wachauer Marmorplatten ausgelegt. Die mobile Abtrennung zwischen Kirchenhauptraum und Wochentagskapelle erfolgte mit Glaswänden. Die Trennung zwischen Wochentagskapelle und Pfarrsaal wurde aus mobilen Holztafelelementen gefertigt.

Lichtführung
Der Kirchenhauptraum wird durch das umlaufende Oberlichtband mit gebrochenem Tageslicht erhellt. Zusätzlich wird der Altarraum durch das hohe, vertikale Altarfenster illuminiert, dieses beleuchtet das gläserne Altarbild. Weiters wurde je ein schmales Fenster im Schnittpunkt zwischen Ellipse und rechteckigem Kirchenraum ausgebildet, eines im Bereich der Orgelempore und eines im Bereich der Altarzone. Durch die färbigen Glastafeln des Kreuzweges dringt Tageslicht in den Kirchenraum.

Über der Altarzone ist ein zwölfteiliger Deckenluster mit Milchglaszylindern montiert. Zusätzlich wurden zahlreiche Deckenlampen entsprechend dem elliptischen Verlauf des Kirchenhauptraumes umlaufend angeordnet.

Liturgische Orte und künstlerische Gestaltung
Im Bereich des zweistufig erhöhten Altarpodestes befinden sich sämtliche liturgischen Orte. Den Wettbewerb zu ihrer künstlerischen Gestaltung gewann im Jahr 2000 der bildende Künstler Rudolf Gritsch. Er gestaltete Altar, Tabernakel, Ambo und das Auferstehungsfenster aus drei Materialien: geschmolzenes Glas, blauer brasilianischer Azul-Macauba-Marmor und Edelmetall.

Der Altar wurde aus vier senkrecht angeordneten Azul-Macauba Marmorplatten gebildet und mit einer gläsernen Mensaplatte abgeschlossen. In analoger Bauweise wurden Ambo und Tabernakel ausgeführt.

Der Priestersitz wurde ebenso aus drei Marmorplatten erstellt. Die Sitze für die Ministranten wurden aus einfachen Holzplatten mit textilen Bezügen gefertigt.

Ein rares Beispiel für die Auseinandersetzung mit dem „Ort für das Sakrament der Buße" stellt der von Architekt Wolfgang Pfoser installierte Beichtzylinder dar. Unterhalb der Orgelempore befindet sich eine zylindrische „Beichtinsel" und diese dient als Beichtausprachezimmer.

Hinsichtlich der Gestaltung des Auferstehungsfensters schreibt Rudolf Gritsch: „Das große Auferstehungsfenster entstand in Anlehnung an die Idee des Architekten, ein Fenster in den Raum zu stellen, das von einem Kreuz unterbrochen wird. Um den Auferstehungsgedanken zu unterstreichen, will ich das Fenster wie ein Segel in den Raum hängen. Trotz seiner enormen Größe soll es leicht erscheinen und das Motiv der Liebe in sich tragen. Die Liebe, dargestellt durch ein abstrahierendes Herz, als Zeichen der Auferstehung im täglichen Leben und im Tod. Eine deutliche Erinnerung an jeden, der die Kirche betritt, an das, was einzig und allein zählt: wie viel wir geliebt haben. Das Kreuz in der Mitte der farbigen Glasplatten aus zusammengeschmolzenen Farbgläsern ist gefüllt mit einem Vorhang aus Glasperlen. Er soll sich bewegen, glitzern und das Licht einfangen. Aus der dunklen Seite des Kreuzes entsteht somit etwas Helles, etwas Lebendiges."[100]

Der Entwurf für die Kreuzwegfenster stammt von Willi Bernhard, der dazu schreibt: „Er [der Kreuzweg] erzählt das Leiden Jesu aus der Sicht einer kindlichen Seele, aus der Perspektive eines innig fühlenden Menschen. Wenn Jesus fällt, dann soll sein Fallen empfindbar sein, wenn er das Kreuz trägt, dann lastet es auf seinen Schultern, keine Farbe ist zufällig an ihrem Platz, keine Linie zuwenig, keine Linie zuviel. [...] Jedes Bild ist wie ein Klang, miteinander erfüllen sie das rechte Seitenschiff mit einer Melodie."[101]

Der bildende Künstler Leo Pfisterer schuf für die Wochentagskapelle eine Marienikone. Sie zählt zum Typus der „Gottesmutter der Zärtlichkeit" und stellt eine byzantinische Variation der „Gottesmutter von Vladimir" aus dem 12. Jahrhundert dar.

Reflexion zum Sakralraum
Der in der architekturanalytischen Betrachtung angesprochene Konflikt ist im Raum spürbar: das Manieristische der Gestaltung im Altarbereich setzt sich in der räumlichen Lösung fort. Der Versuch, den Zentralraum zu erweitern, ihn in der Horizontalebene durch zwei geometrische Formen zu überlagern und dies noch in die Vertikalebene zu steigern, ist ein Zuviel. Diese räumliche Überlagerung ist nicht eindeutig zuordenbar. Dadurch wird man von dem Wesentlichen und Numinosen eher abgelenkt. Im Zentralraum hingegen ist der Feiercharakter in der Geborgenheit dieser Kirche gut erlebbar und strahlt eine feierliche Würde aus.

Kircheninnenraum mit Altarbezirk

1 Kirchenaußenansicht mit Haupteingang
2 Kirchenaußenansicht von Süden
3 Kircheninnenraum mit Orgelempore und „Beichtinsel"
4 Ambo
5 Tabernakel

Folgende Seite
1 Kircheninnenraum mit Dachkonstruktion

3

4

5

1

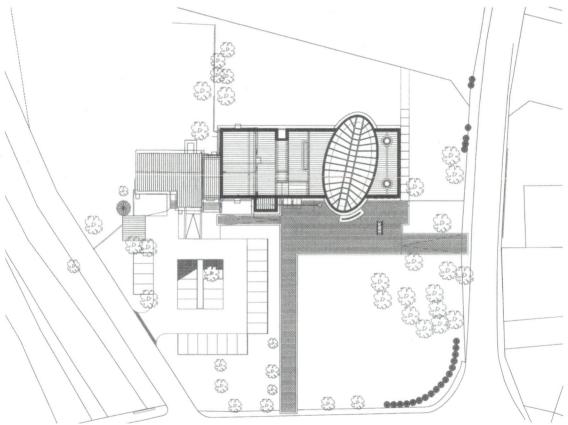

Lageplan

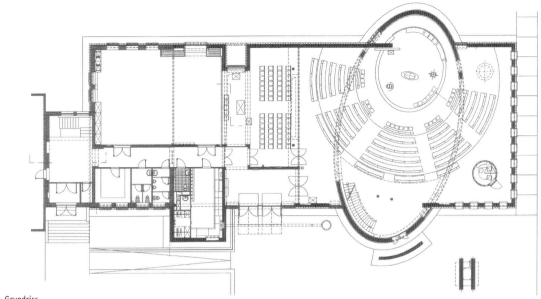

Grundriss

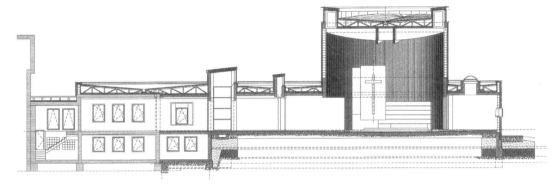

Längsschnitt

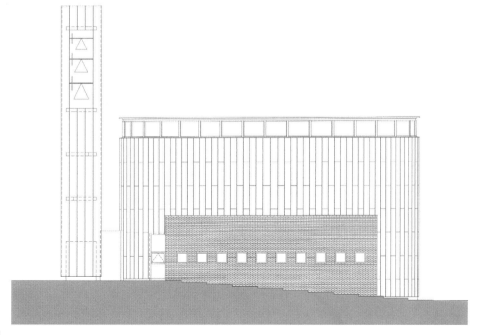

Ansicht West

Oberrohrbach:
Römisch-katholische Filialkirche – Kirche vom Erbarmen Gottes
Architekt Konrad Schermann und Architekt Werner Stolfa, 2007-2008

2105 Oberrohrbach, Kirchenweg 7

Entstehungsgeschichte
Am sogenannten Kirchenberg in Oberrohrbach befindet sich die 1858 errichtete Florianikapelle. Nebenan steht eine Filialkirche, die 1964 als Notkirche geweiht wurde. Da die Gemeinde Oberrohrbach stetig an Bewohnern zunahm, stieg auch der Bedarf nach Errichtung einer neuen Kirche. Im Jahr 2003 wurde die generelle Genehmigung des Wirtschaftsrates der Erzdiözese Wien für den Kirchenneubau erteilt. Nach zahlreichen Diskussionen bezüglich der Platzwahl wurde der Beschluss gefasst, die neue Kirche am Kirchenberg zu errichten. Der Abriss des sehr renovierungsbedürftigen Pfarrhofes schuf hierfür Platz.

2004 wurde ein geladener Architektenwettbewerb ausgeschrieben. Die Architekten Konrad Schermann und Werner Stolfa gingen als Sieger hervor. Am 21. Oktober 2007 erfolgte die feierliche Grundsteinlegung durch Kardinal Christoph Schönborn. Dieser weihte auch die Filialkirche am 28. September 2008 im Beisein von Kanonikus Jaroslav Nesvadba aus Mähren und Dechant Karl Pichelbauer ein.

Der mit drei Glocken bestückte Glockenturm – zwei vom Türmchen der Notkirche, die dritte Glocke von Kardinal Christoph Schönborn gespendet – wurde am 18. Mai 2008, dem Fest der Heiligen Dreifaltigkeit, von Weihbischof Stephan Turnovszky feierlich geweiht.

Ort
Das circa 900 Einwohner zählende Oberrohrbach ist ein bevölkerungsmäßig aufstrebender Ort am Oberlauf des Rohrbaches in der Marktgemeinde Leobendorf, Bezirk Korneuburg. Der Kirchenneubau liegt auf einer Anhöhe in der Ortsmitte und wird als Kirchenberg bezeichnet. Der Bauplatz eröffnet nach Süden ein eindrucksvolles Panorama. Das Blickfeld reicht über die Häuser von Oberrohrbach, den außerhalb liegenden Friedhof, das wellige Umland, die markante Silhouette der Burg Kreuzenstein, die Hügel des Wienerwaldes am Südufer der Donau bis zum Schneeberg. Durch die benachbarte Florianikapelle und die Notkirche ist der Platz bereits sakral bestimmt und im Bewusstsein der Gemeinde verankert.

Architektonische Vision
Die Architekten schreiben hinsichtlich der architektonischen Vision: „Ein erstes Leitthema war die Wegführung im Sinne der Komposition einer Folge von Außen- und Innenräumen. Ausgehend von der Zusammenführung der vom Ort auf dem Kirchberg angelegten Wege auf einem Platz – gedacht als extrovertierter Außenraum mit bemerkenswertem Landschaftsbezug – zum Vorplatz und Eingang. Entlang eines spiralförmigen Weges über einen niedrigen, introvertierten Vorraum, vorbei am Atrium in die Vorhalle und schließlich in den hohen Zentralraum der Kirche mit besonderer Lichtführung zur Steigerung der Wirkung der Mitte und punktuellem Außenbezug.

Der Prozess der Formfindung war begleitet von der Anreicherung dieses Programms mit den wichtigen Elementen wie der stetig gekrümmten Schale als bergendes Element für die Einzelnen und die Gemeinschaft in der Kirche, der Öffnung der Wandschale und des Daches für die spannungsvolle Belichtung, dem Turm als Kontrapunkt zur Kirche und Markierung des Vorplatzes, dem Vitrinenfenster als Ausstülpung der Kirche in den Vorplatz mit Aus- und Einblicksmöglichkeiten."[102]

Architektonisches Thema
Der Kirchenneubau liegt eingebettet in der Mitte zwischen der westlich gelegenen Florianikapelle und der im Osten gelegenen, alten Filialkirche. Der Kirchenweg führt vom Westen durch die „gewundene Gasse am Berg" auf den Kirchenhügel. Die fußläufigen Wege münden alle auf den neu errichteten Kirchenplatz. Der Kirchenneubau bildet den krönenden Abschluss im Spannungsfeld zwischen den beiden historischen Bauten. Ein architektonisches Hauptthema ist die Wegeführung hin zum Kirchenneubau und gipfelt in ihr als deren materielle Manifestation.

Als weithin sichtbares Zeichen dient der frei stehende Glockenturm, welcher auf einer kreuzförmigen Konstruktion ruht. Der Kirchenneubau besteht aus zwei Baukörpern: dem hohen, aus Betonschalen gefertigten ovalär konfigurierten Kirchengebäude und dem flachen, dreieckigen Baukörper für Sakristei, Aussprachezimmer, Sanitärblock und Lagerraum. Der Kirchenbaukörper ist charakterisiert durch seine hohen Sichtbetonscheiben, welche südwestseitig nach außen divergieren. Durch die Ausbildung der zweiten Schale wird ein vertikaler Glasfensterschlitz freigelassen und der Blick öffnet sich zum Kirchenplatz. Das großzügig dimensionierte, horizontal angebrachte Vitrinenfenster macht den Kirchenbesucher neugierig und steigert die Erwartungshaltung. Der Besucher betritt das überdachte Eingangsportal und gelangt in den großzügig dimensionierten

Vorraum. Der Blick fällt auf einen dreieckig konfigurierten, verglasten Hof, der Kirchenbesucher wird in den Kirchenhauptraum weitergeleitet. Dieser besteht aus zwei Betonschalen mit verschiedenen Krümmungsradien, die eine eiförmig anmutende Raumkonfiguration schaffen. Der Kirchenraum ist für 140 Sitzplätze konzipiert. Im Westen des Kirchenraumes befindet sich ein zweistufig erhöhtes Chorpodest und eine kleine Kirchenorgel. Da die zwei verschieden großen Betonschalen versetzt ausgebildet wurden, entsteht ein vertikales Glasfensterband und dieses markiert den Altarbezirk.

Architekturanalytische Betrachtung
Ein Hauptschwerpunkt des Entwurfes liegt in der intensiven Auseinandersetzung mit der Topografie des Ortes.

Die neue Filialkirche kann als konsequente Steigerung der Wegeführung hin zum Kirchenneubau angesehen werden. Die Wegeführung wurde in ihrer architektonischen Zeichensetzung weitergeführt und mündet in zwei gekrümmten Betonschalen, die eine dynamische Interaktion zwischen Außen- und Innenraum vermitteln.

Der frei stehende Glockenturm steht in Beziehung zum Kirchenbaukörper und dem dreieckig konfigurierten Kirchennebengebäude. Daraus entsteht ein imaginärer interner Kirchenvorplatz. Drei Baukörper bestimmen das Gesamtgefüge: Erstens, der Glockenturm, der exakt am Schnittpunkt zweier Linien zu liegen kommt. Der Schnittpunkt wird auf der einen Seite durch die Tangente an die südwestseitige Betonschale und auf der anderen Seite durch die Verlängerungslinie im Bereich des Kirchennebengebäudes erzeugt. Zweitens, der biomorph anmutende Kirchenbaukörper mit seinen zwei Betonschalen stellt das sakrale Zentrum des Ensembles dar. Der dritte Baukörper ist der dreieckig konfigurierte, flache Nebenbaukörper, der an den eiförmigen Kirchenbaukörper angegliedert ist.

Materialität und Innenausbau
Das äußere Erscheinungsbild wird durch mehrere kontrastierende Materialien geprägt. Der Kirchenplatz wurde mit großformatigen Platten aus gefärbtem Beton mit rauer Oberfläche auslegt. Diese verleihen dem Kirchenplatz eine helle und freundliche Grundstimmung. Das zweite dominierende Material ist der in Lössfarbe (Farbton des Weinberglehmes) gefärbte Sichtbeton. Das großzügig dimensionierten Vitrinenfenster und der benachbarte große vertikale Fensterschlitz, stehen in deutlichem Materialkontrast zur Sichtbetonfarbe. Der Kirchennebenraumblock steht durch seinen weißen Verputz optisch im Gegensatz zum Kirchenbaukörper.

Der Kircheninnenraum wird durch die homogene Verkleidung aus Birkensperrholzplatten bestimmt. Diese wurden aus akustischen Gründen im bodennahen Bereich perforiert. Die ovaläre Deckenkonstruktion wurde ebenso homogen mit Birkensperrholzplatten ausgekleidet. Im Kontrast zu den warmen Brauntönen der homogenen Wand- und Deckenverkleidung steht die Bodenoberfläche des geschliffenen Fußbodenestrichs, der im ovalären Altarraumbereich eine dunklere Einfärbung zeigt. Der Boden des Vorraumes und der Vorhalle wurde ebenso aus geschliffenem Betonestrich hergestellt. Die im Westen gelegene massive Mauerscheibe ist sowohl im Inneren wie auch im Äußeren weiß gefärbt.

Konstruktion
Der Kirchenbaukörper besteht aus zwei stetig gekrümmten Stahlbetonschalen. Im Bereich der Vorhalle wurde aus statischen Gründen eine Stahlbetonsäule ausgebildet, um die Unterzüge aufzunehmen. Auf der Wandschale kommen die Holzdachbänder zu liegen. Das hinterlüftete Kaltdach ist mit Kupferblech gedeckt. Die konvex gekrümmte Sperrholzverkleidung der Deckenuntersicht verhindert unerwünschte Schallreflexionen. Der niedrige Gebäudetrakt (Kirchennebenbaukörper) verfügt über ein extensiv begrüntes Flachdach. Die Isolierverglasung im Kirchenhauptraum wurde rahmenlos beziehungsweise mit Wärme gedämmten Metallprofilen ausgeführt. Die Türen und Fenster des Nebentraktes wurden aus Holz gefertigt. Die Kirche ist mit einer Fußbodenheizung und zusätzlich mit einer Bankheizung ausgestattet.

Lichtführung
Im Südosten bringt ein deckennahes Oberlichtfensterband ausreichend Licht in den deckennahen Abschnitt des Kirchenraumes. Zusätzlich fällt farbiges Licht durch die 14 Kreuzwegfenster an der Westwand. Über raumhohe Schiebefenster im Bereich der Vorhalle gelangt natürliches Licht in den rückwärtigen Teil des Kirchenraumes.

Im Bereich der Vorhalle wurde direkt über dem Taufbecken ein rundes Oberlichtfenster angebracht und dieses zusätzlich mit einer künstlichen Deckenlampe ausgestattet. Zahlreiche indirekte Deckenstrahler wurden im Bereich des oberen Drittels der Wandverkleidung angebracht. So können für die liturgischen Feiern verschiedene Lichtstimmungen erzeugt werden. Im Altarbereich wurden zwei zylindrische Deckenlampen abgehängt. Diese Lichtregie führt zu einer harmonischen Raumatmosphäre.

Liturgische Orte und künstlerische Gestaltung
Für die Konzeption der liturgischen Orte wurde primär die Gestaltung im Sinne eines Communioraumes angedacht. Altar und Ambo sollten die zwei Brennpunkte des Sakralraumes darstellen, dementsprechend wäre die Möblierung entlang der Längsachse vorgesehen gewesen. Nach sehr regem Diskurs entschied sich die Diözese gegen den Communioraum. Der Entwurf für die Kirchenbänke stammt vom Architektenteam. Es wurden drei Kirchenbankblöcke mit unterschiedlichen Krümmungsradien ausgebildet. Die Ausführung erfolgte in Buche massiv und Buchensperrholz.

Als Sieger des ausgeschriebenen Wettbewerbes für die künstlerische Ausgestaltung der liturgischen Orte ging der Bildhauer Otto Lorenz hervor. Dieser schuf Altar, Ambo, Tabernakel, Altarwandkreuz, Vortragekreuz und Sessio. Otto Lorenz schreibt hinsichtlich seines Entwurfes: „Der klare, schlichte Raum der Kirche mit seinem geschliffenen Estrich-Boden verlangt nach einer affinen Art des Materials für die Objekte des Altarraums. Deshalb wählte ich als Material für die Stipes des Altares gegossenen Kunststein in einer adäquaten Farbe zum Fußboden. Beim schichtweisen Gießen des Stipes entstehen durch Einfärben des Materials und durch unterschiedliche Körnungen Höhenschichtlinien, welche die Entwicklung der Erde veranschaulichen. Durch den Konus des Stipes wird Fußfreiheit geschaffen und dem Zylinder eine aufstrebende Form verliehen. Das gilt auch für Ambo und Tabernakel. Die Mensa präsentiert sich in einem zarten wolkigen Hellgrau aus Krastaler Marmor. So wird dem Altar die nötige Wertigkeit, Würde, Ausstrahlungskraft und zugleich Ruhe verliehen. Bei Ambo und Tabernakel verhält es sich ähnlich. Der Schrein des Tabernakels ist jedoch aus Aluminium gefertigt, ebenso das an der Wand hinter dem Altar angebrachte Kreuz. Es war schwierig, das passende Material zu der Wand aus Buchensperrholz zu finden; mir schien Aluminium in Anbetracht dieser Situation das geeignetste zu sein. In seiner Leichtigkeit und Helligkeit korrespondiert es gut mit Buchenholz.

Die Kreuzform ist aus Aluminiumplatten ausgespart und eigentlich nicht als Körper vorhanden. Das bedeutet, der Herr ist auferstanden. Der Glanz des gebürsteten Aluminiums soll uns die Freude darüber vermitteln. Das Kreuz soll nicht als Qual oder Bürde angesehen werden, sondern als Zeichen der Erlösung. Die Höhe des Kreuzes vom Boden bis zur Decke symbolisiert den Anfang und die Ewigkeit. Das heißt, es endet in der Unendlichkeit.

Die Kerzenleuchter sind aus Aluminium gegossen und überdreht. Sie erinnern entfernt an eine Fackel und bilden durch ihre Form und Material eine Einheit mit den übrigen Objekten.

Die Sedilien sind aus Buchenholz, zur Wand passend gefertigt. Durch ihre quadratisch-konische Form fügen sie sich harmonisch in die Gesamtgestaltung ein. Der Sitz des Vorstehers unterscheidet sich von den anderen Sitzen durch eine Lederpolsterung."[103]

Ein wesentliches theologisches Motiv für die Altarwand war die Idee der stetig gekrümmten, nach außen divergierenden Betonschale, welche das Motiv des zerrissenen Vorhangs im Tempel Jerusalems materialisiert. Beim Evangelisten Matthäus steht im Kapitel 27, Vers 51: „Und siehe, der Vorhang des Tempels zerriss von oben bis unten in zwei Teile, die Erde erbebte, und die Felsen spalteten sich."

Die künstlerische Gestaltung der Kreuzwegstationen wurde vom bildenden Künstler Tobias Kammerer geschaffen. Die Fenster sind 30 x 45 cm groß. Zu den Kreuzwegstationen schreibt Tobias Kammerer: „Die einzelnen Kreuzwegstationen werden direkt in die Fensteröffnungen eingesetzt. Aquarellhafte Bilder zeichnen den Kreuzweg Jesu anschaulich nach. Die einzelnen Fenster sollen aus mundgeblasenem Echtantikglas bestehen, das zum Teil geätzt und bemalt wird. Die offene, spontane, figurhafte Darstellung lässt noch Raum für eigene Interpretationen. Die Malweise erscheint aquarellartig und leicht. Die Farbgebung folgt der traditionellen christlichen Farbsymbolik. So erscheint die Figur des Christus, als Symbol des Himmlischen, immer Blau. Blau als Farbe des Himmels steht für Gottesfrieden und himmlische Weisheit. Zudem gilt das transzendente Blau als Ausdruck von Geistigkeit und Wissen. Seine Transzendenz macht es auch zum Synonym der Durchlässigkeit der Welten von Diesseits und Jenseits. Blau drückt unbegrenzte Ferne und Tiefe aus und erinnert als Farbe der Ozeane an das Wasser als den Schoß des Lebens. Er versinnbildlicht die Sehnsucht nach dem Wunderbaren. Blau ist zu allen Zeiten das Farbsymbol des Geistigen, Fernen und Erhabenen gewesen, es ist das Sinnbild für Gottesfrieden und ewige Glückseligkeit.

Das Rot in den einzelnen Szenen steht für das Martyrium und das Opfer Christi am Kreuz, aber auch für die Liebe Gottes und seinen Geist. Rot gilt zudem als Farbe der Harmonie, da es im Farbkreis genau in der Mitte der warmen und kalten Farben steht. So stellt Rot den Ausgleich zwischen Licht und Finsternis dar. Das Rot wird zum Sinnbild für Christus, der die Harmonie und die Verbindung von allem Himmlischen mit dem Irdischen darstellt. Besonders wäre hier die Abbildung der sechsten Station zu erwähnen: Veronika reicht Jesus das Schweißtuch. Das Rot als Symbol für die Liebe drückt sich besonders in der vierten Station aus: Jesus begegnet seiner Mutter.

In der Abbildung der sechsten Station leuchtet das Antlitz Jesu in Gelb. Gelb tritt in besonderer Weise bei der 14. Station hervor: Der heilige Leichnam Jesu wird in das Grab gelegt. Hier wird bereits bei der Grabszene auf Ostern und die Auferstehung hingedeutet. Das Gelb erscheint als verbindliches Element zwischen Himmel und Erde. Im leuchtenden Gelb erfahren wir das Erlebnis des Lichtes, es erscheint uns als Farbe der göttlichen Offenbarung und Erkenntnis. Die sonnennahe Farbe gilt als Erleuchtungsfarbe. Sie entwickelt sich wie ein Brennpunkt der großen, strahlenden Energie. Ihre Leuchtkraft erscheint uns als angenehm und freudig. So wie das Licht aus dem dunklen Grab hervorbricht, befreit sich die Figur des Christus durch die Aufwärtsbewegung aus der Szene."[104]

Die bildende Künstlerin Silvia Kropfreiter gestaltete den Taufbrunnen und das Weihwasserbecken. Sie betrachtet den Taufbrunnen als die 15. Station des Kreuzweges. Silvia Kropfreiter schreibt hierzu: „Der Ort der Taufe ist verbunden mit dem Gedanken an die Aufnahme in die christliche Gemeinschaft und dem Bewusstwerden der Sinnhaftigkeit des Lebens im Glauben mit Jesus Christus. Die 15. Station: ein gläserner Taufbrunnen in seiner ‚körperhaften Klarheit' und ‚spürbaren Transzendenz'; zurückhaltend in Material- und Formensprache, um den Blick für das Wesentliche nicht abzulenken; aufgreifend die kreisförmige Lichtöffnung von oben nach unten zu einem Zylinder gezogen und geformt – in dessen konkave Form des Taufbeckens der Täufling entgegengenommen – getaucht oder getauft werden kann. Von außen spürbar und nicht verschwindend. Es gibt 3 austauschbare Becken: 1 tiefes Taufbecken zum Eintauchen, 1 Taufbecken zum Übergießen des Köpfchens und 1 Weihwasserbecken, welches die Hauptzeit des Jahres auf dem Brunnen liegen wird.

Ein schöner Gedanke – dass man das Weihwasser am austauschbaren Taufbrunnen (beim Eintreten in die Kirche zur Messe und beim Hinausgehen) – entnimmt. ALPHA & OMEGA"[105]

Bei der Betrachtung sämtlicher liturgischer Orte wird Folgendes deutlich: Die Anordnung des Taufbrunnens führt linear hin zum Ort der Wortverkündigung – Ambo und geht weiter zum Tabernakel als Ort der Realpräsenz Jesu. Altar und Ambo stehen in einem direkten intensiven Dialog. Die Gestaltung der liturgischen Orte verdichtet den gesamten Kirchenraum und verleiht diesem eine „sakrale Dichte". Die konische Form von Altar, Ambo und Tabernakel verweist in seiner Konzeption und Ausführung nach oben, zu Gott hin. Dies wird durch das Altarwandkreuz verdeutlicht.

Reflexionen zum Sakralraum
Durch das langsame Heranführen zum Kirchenberg verändert sich die innere Stimmung und der Weg schraubt sich spiralförmig zum Kirchenhügel. Das „Eingebettet sein" des Kirchenneubaus zwischen den beiden historischen Bauten wird sofort wahrgenommen und als Gleichklang empfunden. Der frei stehende Glockenturm steht wie ein umgekehrtes Rufzeichen am Kirchenhügel und setzt dadurch einen markanten Akzent. Der Kirchenbaukörper wirkt durch seine biomorphe, an Eischalen erinnernde Hülle beschützend. Der feierliche und würdevolle Kirchenraum besitzt eine intensive sakrale Raumatmosphäre. Die architektonische Hülle geleitet zu den liturgischen Orten, diese sind stimmig und stehen in einem spürbaren Dialog. Die Lichtführung im Altarbereich verweist auf die Einzigartigkeit des Ortes. Das Altarwandkreuz mit seinem leer gelassenen Raum – als Negativform des Kreuzes – verbindet durch seine vertikale Ausrichtung oben und unten, gleichsam Himmel und Erde. Dieser Sakralraum ist ein Ort von großer Feierlichkeit und Frieden.

1 Kirchenaußenansicht von Süden
2 Kirchenaußenansicht mit Vitrinenfenster
3 Kircheninnenraum mit Altarbezirk
4 Kircheninnenraum mit Altarbezirk und Altarwandkreuz

Folgende Seite

1 Kirchenaußenansicht mit Florianikapelle

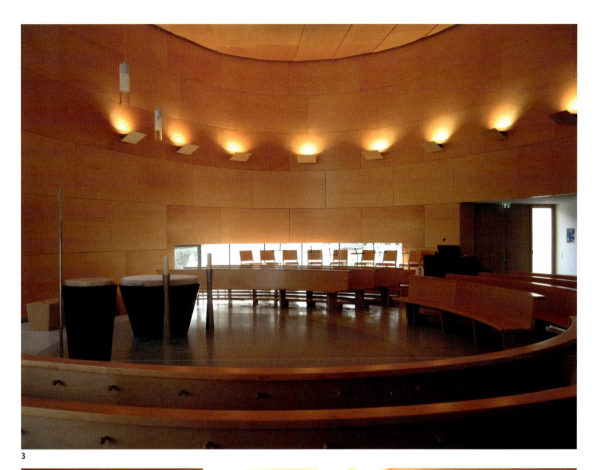

3

4

1

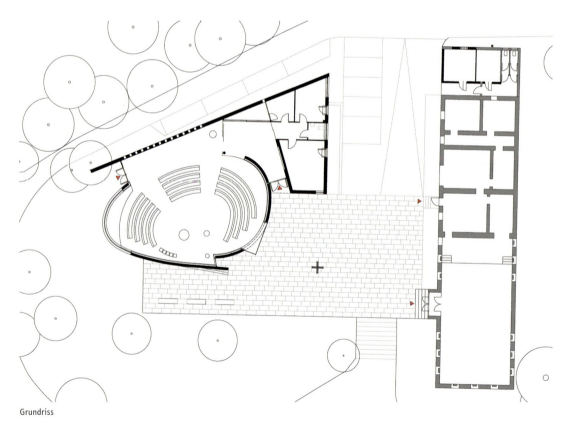

Grundriss

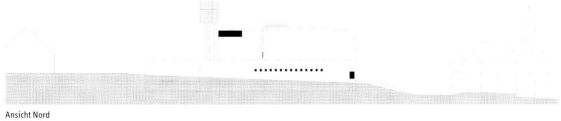

Ansicht Nord

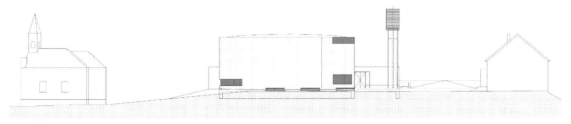

Ansicht Süd

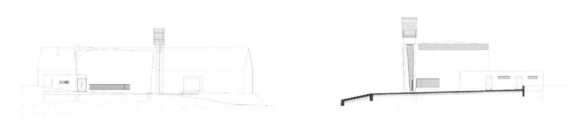

Ansicht West Ansicht Ost

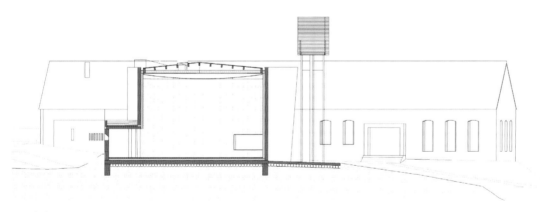

Querschnitt

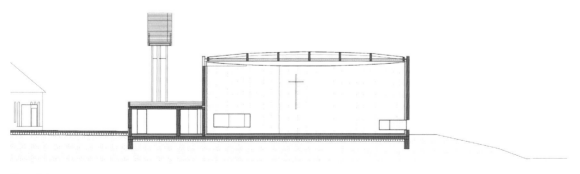

Längsschnitt

Niederösterreich 119

Klosterneuburg:
Evangelische Kirche
Architekt Heinz Tesar, 1994-1995

3400 Klosterneuburg, Franz-Rumpler-Straße 14

Entstehungsgeschichte
Der evangelische Pastor Julius Satorius schreibt hierzu: „Schon mit Gründung der evangelischen Gemeinde von Klosterneuburg vor 90 Jahren, bestand der Wunsch eine eigene Kirche zu bauen. Weihnachten 1903 machte Architekt Plieschke der Pfarrgemeinde ein eindrucksvolles Geschenk: den voll ausgearbeiteten und einreichfähigen Plan einer Kirche im neugotischen Stil. Von diesem Entwurf existiert heute nur noch eine Skizze der Außenansicht. 1907 wurde das Jugendstilpfarrhaus und die Kirche von Architekt E. Kramer neu entworfen. Das Pfarrhaus mit dem provisorisch für Gottesdienste dienenden Gemeindesaal wurde realisiert, der Kirchenbau jedoch aus finanziellen Gründen auf spätere Zeit verschoben. Dieses Provisorium sollte 90 Jahre Bestand haben. Ende 1991 endlich – nach großzügigen Spendenzusagen – konnte das Planungsvorhaben für einen neuen Kirchenbau der Öffentlichkeit vorgestellt werden. Der international renommierte Architekt Heinz Tesar wurde mit der Planung betraut. Die neue evangelische Kirche wurde am 10. September 1995 von Bischof Dieter Knall und Superintendent Werner Horn eingeweiht."[106]

Ort
Der evangelische Kirchenneubau befindet sich in der Franz-Rumpler-Straße, zwischen Göppingerplatz und Sudetendeutscher Platz gelegen. Sie befindet sich inmitten einer Wohnsiedlung mit Villencharakter. Die neue Kirche wurde in direktem Nahbezug zum bestehenden Pfarrhaus von 1907 errichtet, eingebettet in einer für die Jugendstilzeit typischen Gartenanlage.

Architektonische Vision
Die architektonische Vision von Architekt Heinz Tesar war die Schaffung eines harmonischen Ganzen, welches aus dem Pfarrhaus, dem parkähnlichen Garten und dem neuen Versammlungsraum der Kirche besteht. Der Architekt schuf einen lichtdurchfluteten Sakralraum, welcher den architektonischen Dialog zwischen Innen und Außen fördert.

Architektonisches Thema
Ein schlanker Stahlbetonwinkel markiert die Eingangszone zum evangelischen Gemeindezentrum. Der Kirchenneubau wurde inmitten der Parkanlage errichtet. Auf einem leicht s-förmig angelegten Zugangsweg betritt der Besucher den rechteckförmigen Kirchenvorplatz, welcher das alte Pfarrhaus mit dem Kirchenneubau architektonisch verbindet. Im Zentrum des Kirchenvorplatzes steht ein alter Lindenbaum, dieser verbindet den alten und neuen Baukörper auf symbolische Weise. Der Besucher betritt den in seiner Grundrisskonfiguration an eine Fischflosse erinnernden flachen Baukörper, welcher als Foyer- und Sakristeizone dient. Das großräumig gestaltete Foyer beinhaltet eine Garderobe an der Wandseite, einen Abstellraum als Sesseldepot und die Sakristeizone. Beim Betreten des elliptoiden Kirchenraumes durchschreitet man eine höhenmäßig niedrigere Durchgangszone, welche durch die kreisrunde Orgelempore, die von einer solitären Stahlbetonstütze getragen wird, gebildet wird. Anschließend nimmt man den Kirchenraum in seiner Ganzheit wahr.

Heinz Tesar entwarf die Außenmauern nicht in exakter Ellipsenform, sondern konstruierte diese aus mehreren Ellipsenabschnitten. Weiters brach er die elliptoide Umrahmung auf, indem er einen Nebeneingang zwischen Altar-/Kanzelwand und Nordwand setzte. Ein weiteres dominierendes architektonisches Element ist die kreisrund ausgeführte Orgelempore.

Architekturanalytische Betrachtung
Das Projekt setzt sich intensiv mit der architektonischen Thematik der Innen- und Außenräume auseinander und kann als materielle Manifestation des theologischen Dialoges angesehen werden. Deshalb wählte der Architekt die Grundrissform einer Ellipse, die er jedoch abschwächt. Die Ellipsenform des Innenraumes zeigt mehrere Krümmungsradien, und die Nordwand wird verlängert hin zur Foyerzone, welche grundrissmäßig an eine Fischflosse erinnert – das uralte christliche Symbol des Fisches wird zur architektonischen Metapher.

Die Ellipse ist eine geometrische Figur mit zwei Brennpunkten. Diese zwei Brennpunkte verwendet der planende Architekt auf der einen Seite als Zentrum für die Altarkanzel als ersten Brennpunkt, und als zweiten Brennpunkt setzt er die Orgelempore. Zwischen den zwei Brennpunkten liegt der zentrale Ort für die feiernde Kirchengemeinde. Heinz Tesar schuf einen Zentralraum, der jedoch nicht streng kreisförmig, sondern elliptisch ist und den intensiven jahrhundertelangen theologischen Dialog architektonisch umsetzt. Dieser Zentralraum wurde exakt gegen Osten ausgerichtet und nimmt somit die Tradition der Ost-Westausrichtung des Sakralraumes auf. Das verweist auf das christliche Thema „ex oriente lux", und dies ist wiederum ein Symbol für Jesus Christus. Dieses Thema wird zusätzlich durch einen gezielten architektonischen Kunstgriff unterstrichen: ein Altarfenster, welches leicht aus der Symmetrieachse versetzt wurde. Dieses Altarfenster zeigt im äußeren Wandbereich einen Durchmesser von 30 cm und verjüngt sich im Inneren auf circa 6 cm. Zusätzlich wurde in das Altarbild ein Loch mit einem Durchmesser von etwa 1,5 cm geschnitten, durch welches auf subtile Weise das Ostlicht erahnbar wird. Der Planer setzte hier den architektonischen Kunstgriff der Asymmetrie so gezielt ein, dass die Axialität und Zentralität aufgebrochen und abgeschwächt wird, so wie er dies auch bei der Grundrisskonfiguration tat.

Konstruktion
Der elliptische Kirchenbaukörper wurde in Massivbauweise mit einem Durisolziegelmauerwerk ausgeführt. Die Deckenkonstruktion besteht aus einer Stahlbetondecke. Aus räumlicher Sicht stellt sie eine Segmentbogentonne dar, die auf einem Stahlbetonsockelkranz ruht. Das mit Zinkblech verkleidete Dach ist mit 25 Lichtkuppeln bestückt.

Materialität
Im äußeren Erscheinungsbild dominiert das hellgrau gefärbte Massivmauerwerk. Das Sockelfundament wurde in Sichtbeton ausgeführt, die Begrenzungslinien verdeutlichen die sanfte Hanglage des Kirchengebäudes. Im Kircheninnenraum dominiert die weiße Mauerwerksfarbe, welche in einem deutlichen Materialkontrast zur Sichtbetondecke steht.

Innenausbau
Der gesamte Boden des Kirchenraumes inklusive der Orgelempore wurde in Untersberger Marmor verlegt. Die Ausführung erfolgte in leicht gebogener Querverbandsanordnung, hingegen im Foyerzonenbereich linear. Eine Fußbodenheizung wurde installiert.

Lichtführung
Heinz Tesar schuf einen Zentralraum mit ausgeklügelter Lichtführung, welche die Kirche in einen lichtdurchfluteten Sakralbaukörper verwandelt. Er setzte im Bereich der Decke 25 runde Lichtkuppeln ein, welche das Zenitallicht in den Kircheninnenraum eindringen lassen. Das Ergebnis ist ein tageslichtspezifisch unterschiedliches, bei besonderem Sonnenstand fast schwebendes Lichtspiel. Das Thema des geosteten Rundfensters wird beim vorliegenden Projekt aufgegriffen und inhaltlich bis zum Altarbild durchthematisiert. Die Südwand zeigt 87 quadratische Fenster mit einem lebendigen tageslichtspezifischen Lichtmuster. Wandlampen aus Lichtstäben mit einem speziell angefertigten Aluminiumgehäuse, eine Entwicklung von Heinz Tesar, komplettieren das Beleuchtungssystem.

Liturgische Orte
Heinz Tesar entwarf eine zeitgemäße Interpretation des für die evangelische Kirche typischen Kanzelaltares. Der Kanzelaltar befindet sich auf dem einstufigen, sockelförmigen Altarpodest. Mehrere Stufen führen hinauf zur erhöhten, segmentbogenförmig ausgeführten Kanzel aus Birkenholz. Der Altartisch wurde an die Kanzel angefügt, er besteht aus einer in Marmor gefertigten Mensaplatte, welche auf sieben konischen Holzsäulen ruht. Dieser Entwurf nimmt Bezug auf die für die Toleranzbethäuser jahrhundertelang typische Konzeption und Formgebung der Kanzelaltäre. Eine von Gerhard Radezky erbaute moderne Kirchenorgel befindet sich auf der kreisrunden Orgelempore. Sie ist ein rein mechanisches, zweimanualiges Instrument mit 12 Registern und circa 650 Orgelpfeifen aus Holz und Zinn mit einer Bleilegierung. Diese ermöglicht die Aufführung großer Chor- und Orgelmusik.

Reflexion zum Sakralraum
Diese ovaläre, dem Zentralraumtypus zuordenbare Kirche stellt einen kraftvollen Ort mit besonderer sakraler Raumatmosphäre dar. Durch die gezielte Lichtführung wird der Raum als „Lichtkörper" empfunden und verweist somit auf das Besondere des in ihm gefeierten Geschehens. Der Raum strahlt Ruhe, Lebendigkeit und Gelassenheit aus, dies konnte ich bei der Teilnahme an einer sonntäglichen Feier erleben.

Künstlerische Gestaltung
Hubert Scheibl malte für die Altarwand ein 6 m hohes und 2 m breites abstraktes Ölbild, welches direkt über dem Kanzelaltar montiert wurde. Peter Skubic schuf das frei stehende Metallkreuz aus Formstahlprofilen, welches circa 1 m vor der Kirchenaußenmauer, in der Nähe des runden Ostfensters aufgestellt worden ist. Der vertikale Stab ist verjüngt ausgeführt worden, so entsteht ein Eindruck von Leichtigkeit.

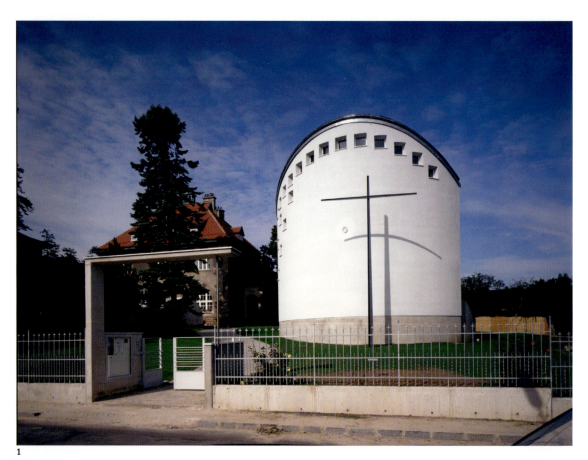
1

2

1 Kirchenaußenansicht mit Jugendstilpfarrhaus
2 Kirchenaußenansicht mit Dachlandschaft
3 Kircheninnenraum mit Deckenuntersicht
4 Kanzelaltar mit Altarbild von Hubert Scheibl
5 Ausschnitt Orgelempore

übernächste Seite
1 Kirchensüdwand außen
2 Kirchensüdwand innen

Niederösterreich

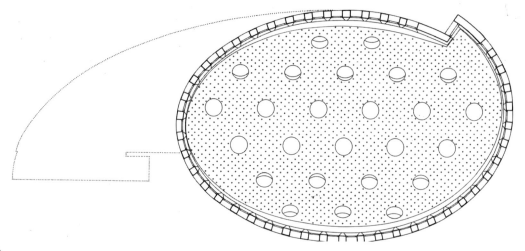

Decke

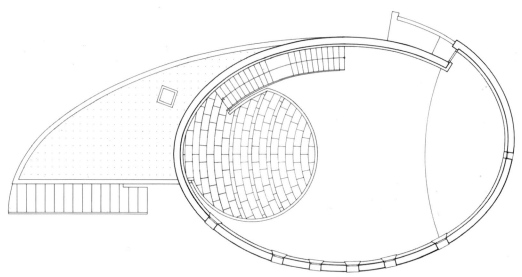

Grundriss mit Orgelempore

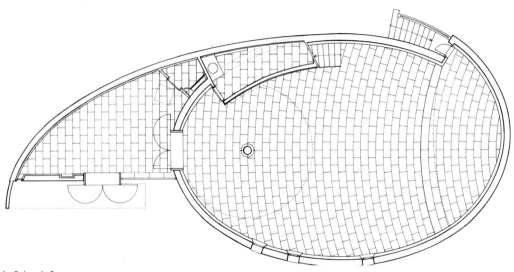

Grundriss Erdgeschoß

1

2

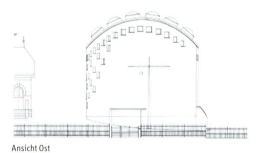
Ansicht Ost

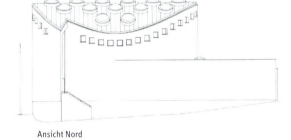
Ansicht Nord

Schnitt mit Kanzelaltar

Schnitt mit Orgelempore

Waidhofen an der Thaya:
Evangelische Kirche der Frohen Botschaft
Architekt Efthymios Warlamis, 2003-2004

3830 Waidhofen an der Thaya, Lindenhofstraße

Entstehungsgeschichte
Als das bislang verwendete Gebäude baufällig wurde, kam es 1996 zu ersten Überlegungen zur Errichtung eines Neubaus. Die evangelische Gemeinde beauftragte den Architekten und Künstler Efthymios Warlamis mit der Planung eines evangelischen Kirchenneubaus. Im Mai 2003 erfolgte der Spatenstich, die Bauphase dauerte von Juli 2003 bis Oktober 2004. Am 30. Oktober 2004 konnte die „Kirche der Frohen Botschaft" feierlich eingeweiht werden.

Ort
Inmitten der Bezirkshauptstadt Waidhofen an der Thaya, im nördlichen Waldviertel in Niederösterreich gelegen, befindet sich in der Lindenhofstraße die neue evangelische Kirche. Sie wurde an der Stelle des früheren Lindenhofes errichtet.

Architektonische Vision
Architekt Efthymios Warlamis schreibt hinsichtlich seiner architektonischen Vision: „Das Gestaltungskonzept ist darauf gerichtet, Räume zu schaffen, die die Gemeinschaft fördern und die Verbindung mit Gott unterstützen. Die Räume sind offen, fließen auseinander und sind erfüllt von Geist und Spiritualität. Alle Elemente sind in Harmonie mit dem gesamten Raumkonzept entwickelt, als Zeichen und Symbole der Hoffnung. Die kreuzförmigen Öffnungen – in den Eingangstüren und in der Mauer zwischen dem Vorraum und dem Hauptraum – begleiten den Besucher vom Außenbereich in das Innere und leiten den Blick und seine Gedanken auf die Auferstehung."[107]

Hauptvision war der Bau einer evangelischen Kirche mit ökumenischem Aspekt. Der Architekt widmet die Kirche besonders den Kindern: „In der Hinwendung an die Kinder sehe ich auch eine Verbindung zwischen allen christlichen Kirchen. Es könnte eine gemeinsame Aufgabe sein, Formen und Lösungen für die gesamte Gesellschaft zu finden. Die schönste Architektur bedeutet nichts, wenn sie das Leben nicht achtet und wenn sie nicht dafür Sorge trägt, dass ein Kind in einer wohlgeformten Umgebung aufwächst. Räume für Kinder dürfen nicht stilistisch zu Ende gedacht sein, man muss sie auch atmen und wachsen lassen. So gestaltete ich den Turm der Kirche, in dem die Kinderkapelle untergebracht ist, als Blütenkelch, um eine organische Form aus dem Reich der Natur zu übernehmen."[108]

Architektonisches Thema
Der Besucher betritt einen mit strahlenförmig verlegtem Granitstein gepflasterten Vorplatz. Die breite, langbogig konvex gekrümmte Hauptfassade spiegelt das architektonische Konzept einer organisch anmutenden anthropomorphen Gestaltungsweise wider. Die Hauptfassade ist in mehreren Ebenen geschwungen und gekrümmt und zeigt in ihrer Grundrisskonzeption ebenso einen bogenförmigen Verlauf. Sie ist Schild für den Innenraum und gleichzeitig symbolische Geste des Empfangens und Umarmens. Das in Holz ausgeführte Eingangsportal, dem ein gläsernes Kreuz eingeschrieben ist, ist außermittig angeordnet und wird von einem Glasrosettenfenster bekrönt, welches das Motiv der „Lutherrose" aufnimmt. Diese Lutherrose wurde mit gelben und rötlichen Gläsern hinterlegt. Nach Durchschreiten der Windfangsituation erreicht man das großzügig gestaltete Foyer. Von hier aus wird man von gekrümmten Wänden in den zentralen kreisrunden Kirchenraum geführt. Dieser zylindrische Raum ist mit zahlreichen Wandnischen versehen. Er wird von einem Kuppeldach mit zentralen runden Oberlichtfenstern „zum Himmel" hin geöffnet. Zur rechten Seite des Foyers gelangt man in den bereits von außen erkennbaren blütenkelchförmig konfigurierten Kinderraum.

Architekturanalytische Betrachtung
Architekt Eftymios Warlamis spricht von zwei Grundquellen seiner Architekturhaltung. Vorrangig wird seine Architektursprache von den Dorfkirchen griechischer Inseln beeinflusst, besonders von den Höhlenkirchen von Santorin. Typisch für die Architektursprache kykladischer Inselkirchen ist die archaisch anmutende Formensprache, die einfache Bauweise von Rundungen und Nischen und der Gebäudeabschluss im Sinne eines einfachen Kuppelgewölbes. Weitere Beeinflussung stammt von seinem geistigen Lehrer Friedrich Kiesler. Das Konzept des endlosen und fließenden Raumes wird im vorliegenden Projekt mit einer Architektursprache verfolgt, die an Florales und organisch Anmutendes erinnert.

Konstruktion
Es handelt sich um eine Massivmauerwerkkonstruktion mit teilweise bis zu 1 m Dicke. An bestimmten Stellen verjüngt sie sich stark und empfindet so organische Formen nach. Die Kuppelkonstruktion ist in Holzbauweise ausgeführt und sekundär bis auf einen konsolenartigen Basiskranz im Inneren weiß verputzt. Das Dach wurde mit Eternitschindeln und Blech verkleidet.

Materialität

Das Massivmauerwerk wurde im Bereich der Eingangsfassade zweifärbig gestrichen, die Fensterleibungen weiß und der Hauptanteil in cremiger Farbe. Im Inneren dominiert der reinweiße Mauerwerksanstrich. Der Konsolenkranz im Bereich der Kuppel wurde in Holz ausgeführt.

Innenausbau

Der Boden des Windfangs, des Foyers und des Kinderturms wurde mit Granitplatten verlegt. Im Gegensatz dazu wurde der kreisrunde Kirchenhauptraum mit Parkett ausgestattet, wobei das Raumzentrum mit einem achteckigen Grundmuster und zusätzlichen Sternenmotiven versehen worden ist.

Lichtführung

Der Kirchenhauptraum wird durch ein zentrales kreisrundes Oberlichtfenster mit Zenitallicht illuminiert. Das Oberlichtfenster wurde mit einer konisch konfigurierten Verglasung abgeschlossen. Vom kreisrunden Holzsockel des Oberlichtfensters wurden fünf zylindrische Lichtquellen abgehängt. Zusätzlich wurden verschieden große und in verschiedener Höhe positionierte Wandnischenfenster im Bereich des Zentralraumes angebracht. Zur künstlichen Beleuchtung wurden einige Wandlampen an der Apsiswand montiert. Durch die punktförmige Anordnung der natürlichen und künstlichen Lichtquellen wurde eine lebendig anmutende Lichtführung erzielt. Bei gedämpftem Licht erstrahlt ein Lichtkreis am Übergang von Wand und Kegeldach.

Liturgische Orte

Die drei liturgischen Orte Kanzel, Altar und Taufstein wurden bogenförmig im Bereich des kirchlichen Zentralraumes, gegenüber der Kircheneingangszone aufgestellt.

Der elliptische, in Holz ausgeführte Altartisch befindet sich in unmittelbarer Nähe unter dem hinterleuchteten Holzkreuz an der Wand. Der Altartisch wurde aus einem massiven, kreuzförmig angeordneten Holzsockel gebaut, bei dem vier Nirosäulen die helle, elliptische Mensaplatte tragen. Diese künstlerische Form der Gestaltung verweist auf die Botschaft des Kreuzes als Sinnbild der christlichen Glaubensgemeinschaft.

Neben dem Altartisch steht die podestförmig ausgeführte Kanzel, die in analoger Form und Materialsprache gefertigt worden ist. Die Kanzel wurde aus drei vertikalen Holzteilen gebildet, darauf ist eine Holzplatte in Form eines aufgeschlagenen Buches fixiert. Neben dem Altartisch, auf der anderen Seite, befindet sich das ebenso in Holz gefertigte Taufbecken, welches analog auf einem kreuzförmig konfigurierten Holzsockel ruht. Das Taufbecken wurde zylindrisch gestaltet, der Taufbeckendeckel wurde in konzentrisch ansteigenden Kreisen gefertigt. Wie sehr die Gestaltung ins Detail geht, zeigt der Griff des Taufbeckens. Hier wiederholen sich Ellipse und Kreuzform des Altares auf kleinstem Raum. Nach dem Prinzip, das Große ist bereits im Kleinen enthalten.

Künstlerische Gestaltung

Der Architekt und Künstler Eftymios Warlamis gestaltete sämtliche bildnerischen Arbeiten. Das farbige runde Glasfenster im Bereich des Kinderturms symbolisiert die Welt, dargestellt als Scheibe, umgeben von einem Sonnenkranz und zirkulär umlaufender Darstellung von Bäumen und Meeresbildern. Bei entsprechender Sonneneinstrahlung reflektiert das Licht an der weißen Wand und erfüllt den Raum mit strahlender Farbigkeit. Unterstützt wird die immaterielle Qualität des Raumes ebenso durch den Deckenabschluss, der etwa die Form der Innenansicht einer Eikappe aufweist, aber wegen seiner Höhe kaum wahrnehmbar ist. Der Blick nach oben bleibt an keiner Konstruktionskante hängen, sondern gleitet ins „Unendliche". Ebenso schuf er das im Bereich des Foyers befindliche Christusbild. Besonders eindrucksvoll ist auch der Blick vom Altarbereich zum Foyer durch die kreuzförmige Öffnung bis zur Außenwand, an der ein Christusporträt des Auferstandenen hängt.

1

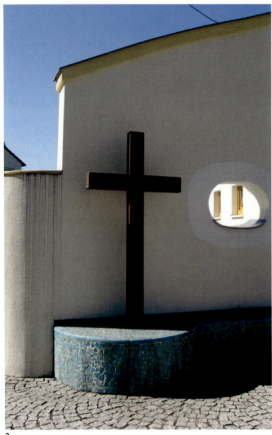

2

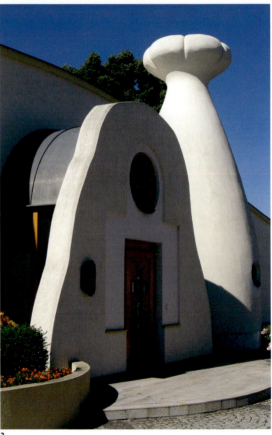

3

1 Kirchenaußenansicht mit Portal und Kinderkapelle
2 Kreuz – Eingangsfassade
3 Portal mit Kinderkapelle
4 Kircheninnenraum mit liturgischen Orten
5 Kircheninnenraum – Ausschnitt
6 Mauerkreuz mit Blick in den Innenraum

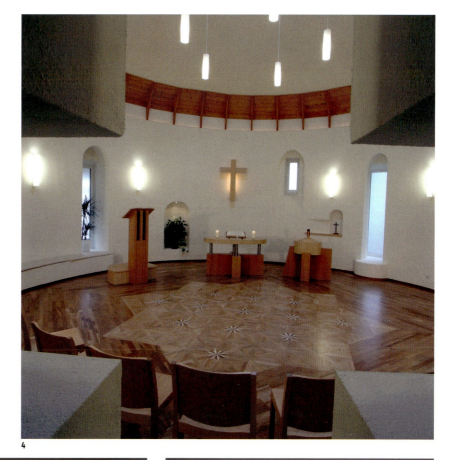

4

5

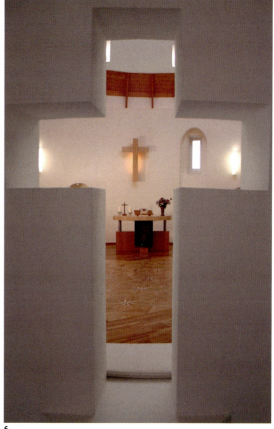

6

1 Kinderkapelle
2 Plan Kinderkapelle – Grundriss und Schnitt
3 Schaubild – Kirchenraum
4 Grundriss
5 Schnitt

1

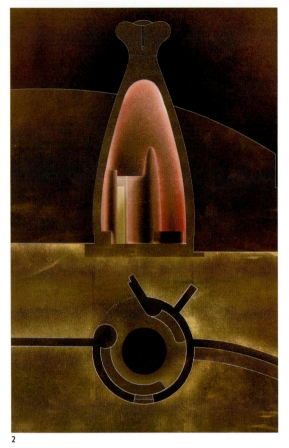

2

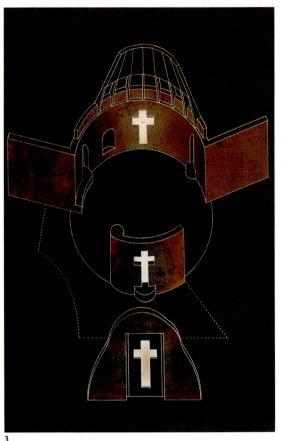

3

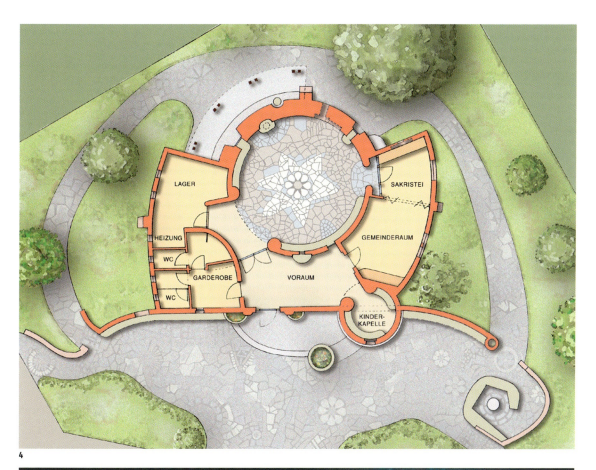

4

5

Hainburg:
Evangelische Kirche – Martin Luther Kirche
COOP HIMMELB(L)AU, Architekt Wolf D. Prix, 2008-2011

2410 Hainburg an der Donau
Ecke Alte Poststraße 28/Leyrergasse 2

Entstehungsgeschichte
1913 schenkte die Industriellenfamilie Harsch eine im Jahr 1898 erbaute Villa der evangelischen Pfarrgemeinde. Diese Villa diente der evangelischen Gemeinde bis zum Jahr 2007 als Pfarrzentrum. Aufgrund der Baufälligkeit wurde sie 2007 gesperrt und es kam zur Abstimmung über einen Neubau. Im selben Jahr wurde der gemeinnützige Verein „Freunde der evangelischen Kirche in Hainburg an der Donau", mit dem Ziel, einen Kirchenneubau zu errichten, gegründet. In der Zwischenzeit stellte die römisch-katholische Kirche die Ulrichskapelle als provisorischen Feierraum zur Verfügung. Initiator für den Neubau war der 2010 verstorbene Pfarrer Uwe Hielscher. Der mit Hainburg sehr verbundene und international renommierte Architekt Wolf D. Prix wurde mit der Planung beauftragt. Dieser legte 2008 seinen Entwurf vor und schenkte ihn der evangelischen Gemeinde. Am 6. Juni 2008 wurde das Grundstück Alte Poststraße/Ecke Leyrergasse angekauft. Im Frühjahr 2010 lag der Finanzierungsplan vor, am 18. Juni 2010 erfolgte der Spatenstich und nach nur neunmonatiger Bauzeit konnte die Kirche am 30. April 2001 mit einem feierlichen Gottesdienst mit Bischof Michael Bünker und dem niederösterreichischen Superintendenten Paul Weiland eingeweiht werden. Das Datum 30. April 2011 wurde bewusst gewählt: Mit dem Datum der Weihe erinnert die evangelische Kirche an ein für das Christentum wichtiges Ereignis. Vor genau 1700 Jahren, am 30. April 311, wurde das erste Mal im Edikt von Nikomedia durch Kaiser Galerius die Duldung der Christen im damaligen römischen Reich verankert. Zur Pfarrgemeinde Bruck an der Leitha gehören circa 1800 Mitglieder, wobei ungefähr 500 in der Region Hainburg an der Donau leben.

Ort
Die Stadt Hainburg zählt etwa 5800 Einwohner. Sie besitzt eine 2,5 km lange Stadtmauer, drei Tore und 15 Türme aus dem 13. Jahrhundert und gilt als eine der ältesten und am besten erhaltenen Stadtbefestigungen Europas. Auf einem trapezförmigen Eckgrundstück wurde an der Stelle der ehemaligen Martinskirche die neue Predigtstelle – Martin Luther Kirche errichtet. Die Martinskirche war ein bedeutendes sakrales Bauwerk im 13. Jahrhundert.

Architektonische Vision
Architekt Wolf D. Prix schreibt zum Entwurf der Martin Luther Kirche: „Der Entwurf ist formal einerseits an die Bauformen der unmittelbaren Umgebung angelehnt, in der Höhenentwicklung und auch mit seiner komplexen Dachlandschaft, die die Formensprache der ortsüblichen Satteldächer und des Kegelturmdaches eines in der Nähe stehenden romanischen Karners variiert. Andererseits bringt die Geometrie eine spirituelle Symbolik ins Spiel, wie beim Gottesdienstraum, dessen Form sich von einem riesigen Tisch herleitet. Drei große Oberlichter sind in die Dachkonstruktion eingebaut, die auf den vier Stahlbetonsäulen, den Beinen des ‚Tisches', ruht.

Auf der Seite der Hauptstrasse wirkt die neue Kirche am offensten; ihre gefaltete, vor- und zurückspringende Glasfassade lädt den Besucher in den hohen Gottesdienstraum ein. Seine Intimität gegenüber der Straße wahrt er dennoch, durch eine symbolische Wand aus Holz, die frei unmittelbar hinter der Glasfassade steht. Ein erleuchtetes Kreuz, als lichtdurchlässige Aussparung in dieser Wand, projiziert die Botschaft der Kirche in den Stadtraum.

Vom Gottesdienstraum gelangt man in die von Tageslicht durchflutete, glasgedeckte Kinderzone in der sich auch das Taufbecken befindet. Dahinter liegt der Gemeindesaal; Falttüren über die gesamte Raumbreite zwischen den beiden Haupträumen erlauben es, diese ganze Abfolge zu einem kontinuierlichen Raumgefüge zu vereinigen.

Ein dritter Bauteil, ein lang gestreckter Riegel an einer kleineren Nebenstraße, flankiert die beiden Haupträume und beinhaltet die Sakristei, das Büro des Pastors, eine kleine Küche und andere Nebenräume. Eine behindertengerechte Rampe führt zwischen den drei Bauteilen in den höher gelegenen Gemeindegarten. Die zarte Skulptur des Glockenturms auf dem Vorplatz bildet das vierte Element des Gebäudeensembles."[109]

Architektonisches Thema
Die 20 m hohe Glockenskulptur setzt ein weithin sichtbares architektonisches Zeichen. Die Gebäudeecke Alte Poststraße/Leyrergasse wurde polygonal ausgespart und dient als einladender Kirchenvorplatz. Beim Betreten des Kirchenvorplatzes werden zwei Baukörper wahrnehmbar, nämlich der niedrige 3,85 m messende Gebäuderiegel an der Leyrergasse und der circa 6 m hohe, von der dominanten metallenen Dachlandschaft geprägte Gebäudekörper an der Alten Poststraße. Der Besucher durchschreitet ein glasumrahmtes, überdachtes

Portal und befindet sich in einer längsgerichteten, lichtdurchfluteten Gangzone, welche die Verbindung zum höher liegenden Gemeindegarten darstellt.

Der dominante, von der Foyerzone rechts gelegene Gebäudeteil ist der auf quadratischem Grundriss errichtete Gottesdienstraum. Dieser ist für 50 Personen konzipiert und wird auf der einen Seite durch die mehrfach gefaltete Glaswand und auf der anderen Seite durch die drei dominanten Lichtöffnungen des Lichtkegeldaches geprägt. Eine keilförmig konfigurierte Zwischenzone dient als Kinderbereich und als Ort für die Taufe. An diese Zwischenzone gliedert sich der 3,85 m hohe, trapezförmige und für 60 Personen konzipierte Gemeindesaal an. Dieser wurde mit mehreren runden Lichtöffnungen ausgestattet und ist durch die Ausbildung von Faltwänden mit dem Gottesdienstraum zu einem großen Feierraum erweiterbar. Der längsgerichtete Gebäuderiegel an der Leyrergasse dient als Sakristei, Sanitärzone, Küche und Pfarrbüro.

Architekturanalytische Betrachtung
Die besondere Topografie mit seiner trapezförmigen Grundstückskonfiguration wurde durch Architekt Wolf D. Prix funktional in mehrere Abschnitte gegliedert. Der Entwurf lebt von der Dialektik der „Negativ- und der Positivräume". Durch die Schaffung eines großzügigen Kirchenvorplatzes wurde ein imaginärer Negativraum als Erwartungsraum geschaffen. Der 20 m hohe Glockenturm ist in seiner Zeichenhaftigkeit und Ausdrucksform in Österreich einzigartig. Wolf D. Prix gliedert den Kirchenraum in drei funktional zugeordnete Gebäudekörper: Gottesdienstraum – Gemeindesaal – Gebäuderiegel mit dienenden Funktionen. Durch die Anordnung des quadratisch konfigurierten Gottesdienstraumes, welcher parallel an den Turnsaal der Volksschule gestellt worden ist, entstand ein 15 Grad messender keilförmiger Raum zwischen Gottesdienstraum und Gemeindesaal. Diese Zwischenzone wird als Kinder- und Taufzone verwendet. Das zentrale Thema des Gottesdienstraumes ist die Ausformung der komplexen Dachlandschaft mit ihren drei dominanten Lichtöffnungen, welche Zenitallicht in den Gottesdienstraum eindringen lassen. Die Konzeption und Ausführung der Dachlandschaft mit der spezifischen Lichtregie ist eine sehr gelungene und innovative Lösung des sakralen Lichtthemas. Ein weiteres Leitthema in der evangelischen Bautradition stellt die Transparenz dar. Diese wurde im Bereich der mehrfach gefalteten Glasfront überzeugend ausformuliert. Dieser transparenten Frontseite setzte der Architekt die mehrfach perforierte Holzwand mit einem imaginären Kreuz vor.

Die räumlich komplexe Dachlandschaft über dem Gottesdienstraum mutet biomorph an und verleiht der gesamten Kirche eine organische Lebendigkeit. Der Kirchenneubau thematisiert die für den evangelischen Kirchenbau typische Haltung zur Transparenz und setzt hiermit entscheidende innovative Maßstäbe für die Zukunft.

Konstruktion
Der planende und ausführende Architekt schreibt zur Konstruktion: „Das Dach wurde aufgrund der komplexen Form als selbsttragende Stahlkonstruktion mit drei Oberlichtern und einer Stuckuntersicht entworfen. Die Außenhaut des selbsttragenden Daches bilden 8 mm starke, 3D-verformte Stahlplatten, die auf eine Spantenkonstruktion aufgeschweißt wurden – diese Technologie kommt aus dem Schiffsbau. Die selbsttragende Konstruktion aus Stahlplatten und Spantenkonstruktion sitzt wiederum auf einem Trägerrost. Dieser Verbund aus Trägerrost, Spanten und Stahlhaut überträgt die Gesamtlast des Daches (23 t) in vier Stahlstützen, die die Kräfte in die Massivwände des Gottesdienstraumes ableiten. An der Unterseite, im Inneren des Gottesdienstraumes, wurde die abgehängte Spantenkonstruktion mit mehreren Lagen Stahlgewebe und Schilfrohrmatten verkleidet. Diese bilden die Trägerschicht für die Stuckverkleidung, die im Innenraum das dreidimensional geformte Dach und die Oberlichter abbilden. Der frei geformte Glockenturm der evangelischen Kirche wurde ebenfalls in dieser Technologie hergestellt. Im Unterschied zum Dach wurde hier eine selbsttragende, vertikale Stahlhaut mit 8-16 mm Wandstärke verwendet, die nur durch Horizontalspanten ausgesteift wird. Der 20 m hohe und 8 Tonnen schwere Turm ist biegesteif mit einem Stahleinbauteil im Fundament verschweißt."[110]

Materialität und Innenausbau
Im äußeren Erscheinungsbild dominieren mehrere kontrastierende Materialien: Die beschichtete Stahlstruktur des Glockenturmes und der Dachlandschaft stehen im deutlichen Kontrast zur weißen Mauerfarbe des flachen Gebäuderiegels an der Leyrergasse. Der Gottesdienstraum wurde außen und innen mit dreidimensionalen CNC-befrästen Faserzement-Fassadenplatten verkleidet. Im Kontrast hierzu steht die zehnteilige, aus dreieckigen Glastafelelementen gefertigte Glasfassadenkons-

truktion. Das Innere des Gottesdienstraumes wird hinsichtlich des Materials von der weißen Wandfarbe und weißen Deckenuntersicht dominiert.

Die aus Kiefer gefertigte „Altarwand" steht im deutlichen Materialkontrast zur gefalteten Glasfassade. Der Boden des gesamten Gebäudekomplexes wurde einheitlich mit einem hellgrauen epoxidharzbeschichteten Spezialestrich versehen.

Lichtführung
Der Gottesdienstraum ist geprägt durch seine innovative Lichtregie. Drei unterschiedlich groß bemessene, dreidimensional konfigurierte Lichtkegel führen Zenitallicht in den Kircheninnenraum. Durch die gefaltete Glaswand wiederum dringt Tageslicht in den Gottesdienstraum, wobei dieses Licht durch die unterschiedlich großen Perforationen der Altarwand geleitet wird. Das Foyer, die Gang- und die Kinderzone wird durch eine spezielle Sonnenschutzverglasung mit Tageslicht versorgt.

Liturgische Orte
Für die evangelische Glaubensgemeinschaft existieren zwei Sakramente, die Taufe und das Abendmahl. Der Abendmahltisch wurde in der evangelischen Bautradition als Kanzelaltar errichtet. Abendmahltisch und Ambo waren historisch gesehen immer eine Einheit, wobei die Kanzel traditionell über dem Altar errichtet wurde.

Wolf D. Prix schuf eine innovative Interpretation dieses Kanzelaltarthemas. Er entwarf den Abendmahltisch und die Kanzel in einer Ebene, sodass Kanzel und Abendmahltisch als gleichwertig anzusehen sind. Der Architekt schuf ein plastisch-dynamisch geformtes Objekt, das in seiner skulpturalen Konzeption und Linienführung die Linien der Dachkonstruktion aufnimmt und somit die Symbolik der Lichtführung in die Gestaltung des „Tisches" weiterführt. Das Objekt wurde aus Polyäthylen hergestellt und die Oberfläche wurde grau gefärbt und zeigt somit eine ähnliche Oberflächenfarbe wie die metallene Dachlandschaft. Der evangelische Superintendent von Niederösterreich Paul Weiland schreibt hierzu: „Altar und Kanzel nehmen Elemente des Kirchenraumes auf. So spiegelt der Altar die trinitarischen Lichteinlassöffnungen. Die große Öffnung im unteren Teil symbolisiert das leere Grab und stellt damit zusammen mit dem dahinterstehenden Kreuz der Holzwand die christlichen Hauptthemen Kreuzigung und Auferstehung dar."[111]

Reflexionen zum Sakralraum
Der Gottesdienstraum ist ein Ort mit hoher sakraler Atmosphäre. Durch die ausgeklügelte und innovative Lichtregie wirkt die Kirche sehr hell und lichtdurchflutet. Die drei dominanten Lichtquellen verweisen auf die Metapher „Gott ist das reine Licht" und „Das Licht von oben erhellt das innere Licht des Menschen". Dieser Sakralraum unterstützt sowohl das Innehalten, als auch die Gottesbeziehung und schafft Raum für die verschiedenen liturgischen Feierlichkeiten – für die gemeinsame Abendmahlfeier. Der Sakralraum führt das „Licht des Himmels in den inneren Gottesraum".

Künstlerische Gestaltung
Die gesamte künstlerische Gestaltung stammt von Architekt Wolf D. Prix. Der Ort für die Taufe befindet sich im Bereich der Kinderzone. Der Entwurf für den Taufstein ist bereits projektiert, jedoch zum Zeitpunkt der Drucklegung noch nicht ausgeführt. Den Abschluss der Kinderzone bildet ein Fensterelement, worauf eine gläserne Lutherrose mehrfarbig erstrahlt. Der Hainburger Glasbaumeister Christopher Otto fertigte die 60 cm messende Lutherrose aus einem Spezialglas im Fusing-Schmelzverfahren her.

Zum Thema der Lutherrose steht nebenbei folgender Text: „Die Lutherrose ist das persönliche Siegel des Reformators Martin Luther. Sie besteht aus einem roten Herz, in dem ein schwarzes Kreuz abgebildet ist. Das Kreuz soll an das Sterben von Jesus Christus erinnern, denn er ist der Mittelpunkt des Glaubens. Das rote Herz steht dafür, dass diese Botschaft nicht nur mit dem Geist, sondern auch vor allem mit dem Herzen verstanden wird. Das Herz ist eingebettet in einer weißen Rose. Sie soll die Menschen daran erinnern, ‚dass der Glaube Freude, Trost und Frieden gibt'. Die weiße Farbe der Rose steht für die Engel und Geister, die die Menschen ihr Leben lang begleiten. All das ist umgeben von Himmelblau, das die Freude, die der Glaube bringt – im Himmel wie auf Erden – darstellen soll. Und weil die Worte und die Güte Gottes ewig sind, wird die Rose von einem goldenen Ring umschlossen. Denn ein Ring hat – ebenso wie die Liebe Gottes – keinen Anfang und kein Ende."[112]

Martin Luther Kirche mit Glockenturm,
Blick Ecke Alte Poststraße/Leyrergasse

1

2

Vorhergehende Seite

Katholische Pfarrkirche, Dachlandschaft und Glockenturm der Martin Luther Kirche – Blick von der Leyrergasse

1 Lichtkegel im Gottesdienstraum
2 Gottesdienstraum mit Altarwand
3 Detail Altarwand
4 Abendmahltisch
5 Foyer mit Sonnenschutzverglasung, Blick zum Glockenturm

Folgende Seite
1 Kirchenaussenansicht von der Leyrergasse

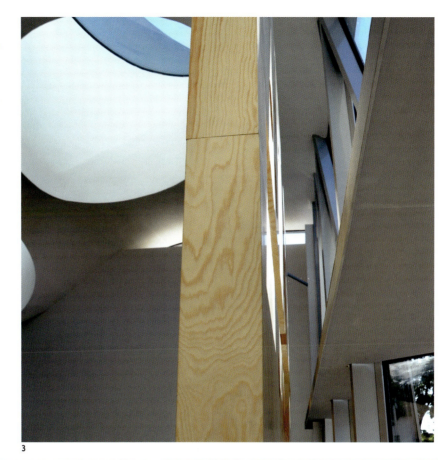

3

4

5

Niederösterreich 139

1

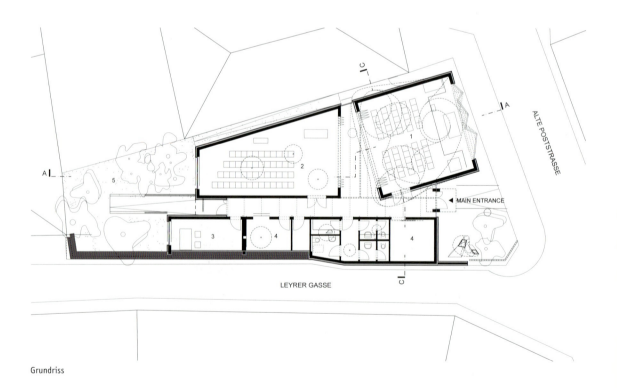

Grundriss

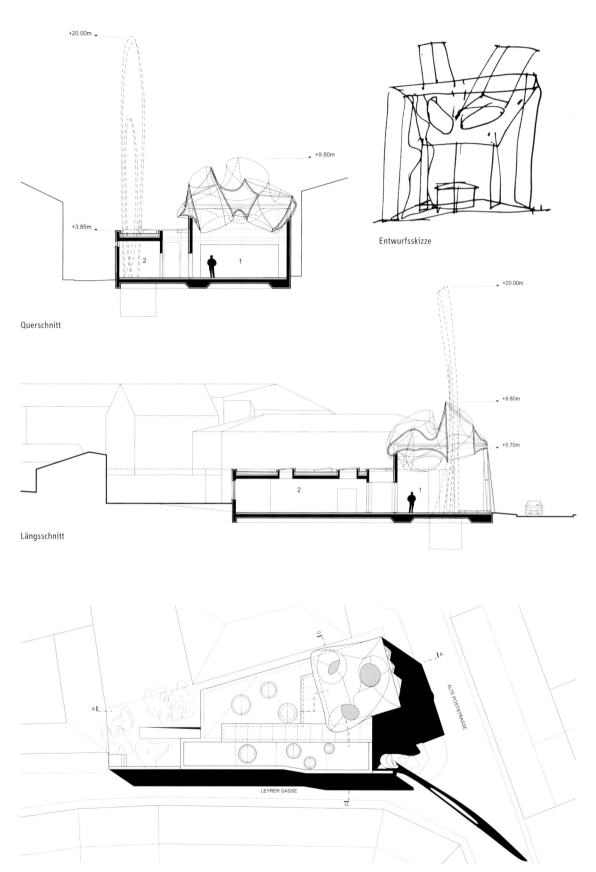

Querschnitt

Entwurfsskizze

Längsschnitt

Dachaufsicht

Niederösterreich 141

St. Pölten:
Neuapostolische Kirche
Architekt Gottfried Haselmeyer und Architekt Heinz Frühwald, 2002-2003

3100 St. Pölten, Wienerstraße 189

Entstehungsgeschichte
Nachdem sich die Neuapostolische Kirche Österreichs für einen Kirchenneubau in St. Pölten entschieden hatte, erfolgte die Vergabe an Architekt Gottfried Haselmeyer und Architekt Heinz Frühwald. Der Spatenstich wurde im April 2002 durchgeführt und mit dem Bau konnte im Juni 2002 begonnen werden. Die Kirche wurde im April 2003 eingeweiht.

Ort
Der Kirchenbau wurde an der stark befahrenen Wienerstraße in einem Wohnbezirk in der Nähe des alten Stadtzentrums errichtet.

Architektonische Vision
Die Architekten planten einen klar gegliederten, plastisch differenzierten Baukörper. Die Vision hinsichtlich des Kirchenraumes war es, einen kontemplativen Raum zur Abhaltung sämtlicher neuapostolischer kirchlicher Feiern zu kreieren.

Architektonisches Thema
Dem Baukörper vorgelagert wurde ein großzügiger Vorplatz mit neun PKW-Abstellplätzen. Der Baukörper zeigt sich als skulptural gegliederter Monolith, der drei verschiedene Baukörperhöhen aufweist. Nach Durchschreiten des überdachten Eingangs gelangt man in das zentrale Foyer. Zur linken Seite wurden das Büro, eine Teeküche und der Sanitärblock angeordnet, dieser Gebäudeabschnitt ist der niedrigste Baukörperanteil. Die Zwischenzone des Foyers beinhaltet die einläufige Stiege zur Galerie, welche als Kinder- und Jugendraum und als Besprechungsraum dient. Vom Foyer aus betritt man zur rechten Seite den circa 7 m hohen Kapellenraum, der mit einem dreiseitigen, senkrecht gestellten Oberlichtband versehen und vom Kircheninnenraum nur indirekt wahrnehmbar ist. Es wurde eine 90 cm von der Dachoberkante messende, abgehängte Deckenkonstruktion eingezogen. Der Kirchenhauptraum wirkt schlicht und kontemplativ. Die Hauptkonzentration der architektonischen Ausrichtung erfolgt auf den Altarraum.

Architekturanalytische Betrachtung
Das Architektenduo Gottfried Haselmeyer und Heinz Frühwald konzipierte einen Kirchenneubau, der in seiner architektonischen Grundhaltung ein klares funktionales Raumkonzept verfolgt. Der Baukörper ist dreistufig differenziert und höhenmäßig entsprechend den funktionalen Wertigkeiten gegliedert.

Konstruktion
Die Architekten wählten hinsichtlich der Konstruktion die Massivbauweise mit Stahlbetonscheiben und führten einen 12 cm außenseitigen Vollwärmeschutz aus. Der Innenausbau erfolgte mit Zwischenwandmauerwerk und zwischen Foyer und Kirchenraum in Form eines Holzplattensystems. Das Flachdach über der Kapelle wurde mit Stahlträgern ausgeführt, im Inneren wurde eine Akustikdecke abgehängt.

Materialität und Innenausbau
Die Kirche weist außen einen hellgrau gestrichenen Verputz auf. An der Kirchenhauptwand wurde das metallene Zeichen der neuapostolischen Kirche platziert.

Im Kircheninneren dominiert die mit Holzpaneelen gefertigte Holztrennwand, die im oberen Bereich der Galerie mit drei großformatigen Glastafeln versehen wurde. Die anderen drei Seiten des Kirchenraumes wurden mit weißer Farbe gestrichen, ebenso die Akustikdecke. Der Fußboden besteht aus hellen Kunststeinplatten.

Lichtführung
Der Kirchenraum verfügt über kein Fenster, sämtliches Tageslicht dringt indirekt über das dreiseitig umlaufende, senkrecht ausgeführte Oberlichtband in den Kirchenraum ein. Die Architekten schufen ein 90 cm hohes vertikal verlaufendes Oberlichtfensterband. Die indirekte Lichtführung verleiht dem Kirchenhauptraum einen kontemplativen Raumcharakter. Im Bereich der Akustikdecke wurden einige künstliche Lichtquellen integriert.

Liturgische Orte
Im Zentrum des Kirchenraumes steht in der Symmetrieachse der rot gefärbte Holzaltar. Entsprechend der Bautradition der neuapostolischen Kirchen wurde die Kirchenorgel unmittelbar neben dem Altar aufgestellt. An der anderen Seite des Altarraumes befinden sich Kirchenbänke für die Priester. Zwei Kirchenbankblöcke wurden in Massivholzbauweise gefertigt.

Künstlerische Ausgestaltung
Wie in den anderen neuapostolischen Kirchen gibt es auch in dieser – gemäß den Richtlinien der Neuapostolischen Kirche – keine künstlerische Ausgestaltung, da diese vom Wesentlichen ablenken würde.

1 Kirchenaußenansicht mit Eingangsbereich
2 Kircheninnenraum mit Altarzone

Folgende Seite
1 Kircheninnenraum mit Empore

Niederösterreich

1

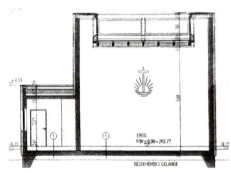

Schnitt Kirchenraum

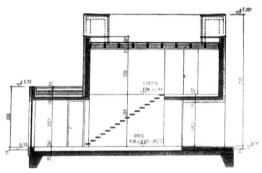

Schnitt Foyer

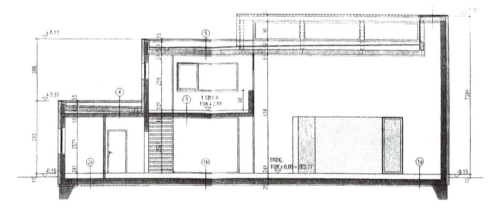

Längsschnitt

144 Niederösterreich

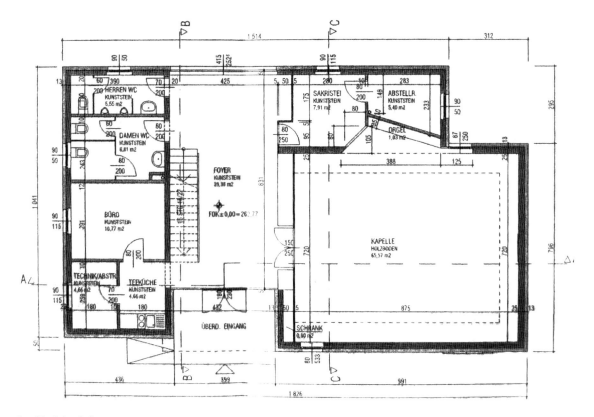

Grundriss Erdgeschoß

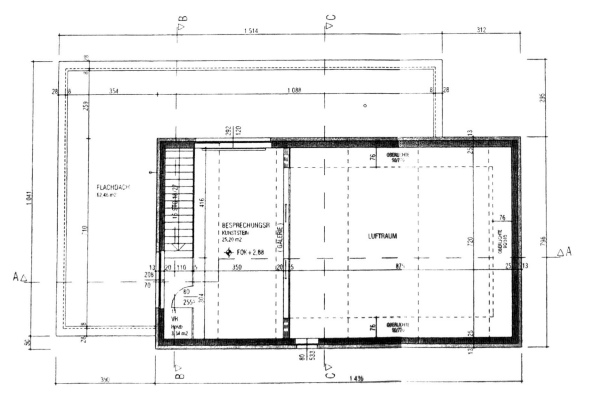

Grundriss Obergeschoß

Treffling:
Römisch-katholisches Seelsorgezentrum „Christus, dem Auferstandenen"
Architekt Josef Schütz und Architekt Katsuhito Mitani, 1994-1995

4209 Engerwitzdorf, Kirchenplatz 1

Entstehungsgeschichte
Treffling befindet sich im Bezirk Urfahr, in der Nähe der Landeshauptstadt Linz. 1979 wurde von der Diözese Linz ein Grundstück erworben und dort 1991 bis 1992 ein Kindergarten errichtet. Hinsichtlich der weiteren Entstehungsgeschichte schreibt Pastoralassistent Franz Küllinger: „In zweiter Etappe wurde für die Seelsorgestelle ein Architektenwettbewerb abgehalten, aus dem das Haslacher Architekturbüro ‚Projektgruppe Arkade' um Architekt Josef Schütz als Sieger hervorgegangen ist. Gemeinsam mit dem federführenden Architekten Katsuhito Mitani wurde dieses Team mit der Detailplanung und Bauausführung beauftragt. [...] Im April 1994 wurde mit dem Bau begonnen. Am 12. November 1995 wurde der Saal- und Heimtrakt mit einem festlichen Konzert eröffnet. Am Christkönigsonntag, 25. November 1995, wurde schließlich die Kirche von Bischof Maximilian Aichern feierlich ‚Christus, dem Auferstandenen' geweiht."[113] Am 1. Jänner 2005 wurde die Seelsorgestelle Treffling, die bis dahin der katholischen Pfarrgemeinde Gallneukirchen zugeordnet war, zur eigenständigen Pfarre erhoben.

Ort
Inmitten der Marktgemeinde Treffling, von Wohnbauten umgeben, liegt die Pfarrkirche Treffling. Das Seelsorgezentrum ist einerseits vom großen Ortsplatz erschlossen, andererseits vom gegenüber dem Ortsplatz erhöhten Kirchenvorplatz – eine behindertengerechte Rampe verbindet die beiden Zugangsbereiche.

Architektonische Vision
Die Vision des Architekturbüros Arkade war die Gestaltung eines zeitgemäßen, multifunktionalen Seelsorgezentrums. Schütz und Mitani schufen einen schiffsbugartig anmutenden, skulptural differenzierten, dreiteiligen Kirchenbaukörper, einen zweiten Baukörper für Kirchensaal und Bühne, welcher dem Kirchensaal direkt angegliedert ist, und einen weiteren dritten Baukörper, welcher als dem Pfarrzentrum angegliederter Jugendclub dient. Sämtliche Baukörper sind architektonisch eigenständig gestaltet, durch autonome Erschließungstrakte erreichbar und untereinander verbunden. Schwerpunkt des Projektes war die Schaffung eines weihevollen Kirchensaales, welcher durch den angegliederten Pfarrsaal multifunktional erweiterbar ist.

Architektonisches Thema
Der Kirchenbesucher erblickt auf dem Kirchenvorplatz das im Eingangsbereich schiffsbugartige Kirchengebäude. Diese Bugform wird durch die im Süden gelegene aluminiumverkleidete Mauerwandscheibe und die mit Holzschindeln verkleidete konvex-gekrümmte Wand gebildet.

Das zweigeschoßige gläserne Eingangsportal befindet sich zwischen dem Kirchenbaukörper und dem nördlich gelegenen weißen Gebäudequader, der als Verwaltungsbau dient und auch Pfarrsaal sowie Bühnen-/Seminarraum aufnimmt. Nach Durchschreiten des schleusenartigen Foyers betritt der Besucher den ostwest-längsgerichteten Kirchenraum, der durch die intensive Gestaltung der liturgischen Orte geprägt und gekennzeichnet ist. Dieser Kirchenraum schließt an den nördlich gelegenen, nahezu quadratischen Pfarrsaal an, der durch eine Holzschiebewand abgetrennt werden kann.

Der Kirchenraum wird in seinem architektonischen Erscheinungsbild von der podestförmigen Altarinsel geprägt und ist durch eine differenzierte künstlerische und liturgische Gestaltung gekennzeichnet. Die südlich gelegene dominierende Stahlbetonmauerwandscheibe wird von drei vertikalen Nischen durchbrochen, sie dienen als vertikale „Lichtpfeiler", wobei in der mittleren der Tabernakel integriert ist.

Architekturanalytische Betrachtung
Das Architektenteam war mit der schwierigen Aufgabe der Schaffung eines multifunktionalen Kirchenraumes konfrontiert. Im Gegensatz zu den Multifunktionsräumen der 1960er- und 1970er-Jahre, deren Credo die maximale Flexibilität und Variabilität war, setzten die Architekten einen anders gearteten Entwurfsschwerpunkt. Sie errichteten als Herzstück des Seelsorgezentrums den voll konsekrierten Kirchensaal, welcher in seiner architektonischen, innenarchitektonischen und künstlerischen Gestaltung intensiv die liturgischen Orte thematisiert und konsequent ausformuliert.

Die schwierige Aufgabe der zweifachen Ausrichtung von liturgischen Feiern lösten die Architekten durch Schaffung einer Altarinsel, wobei der Ambo mobil und schwenkbar ausgeführt ist. Somit wird die Wochentagsliturgie in Ostwest-Ausrichtung gefeiert, bei größeren kirchlichen Feiern hingegen erfolgt die Ausrichtung hin zum Pfarrsaal in Nordsüd-Ausrichtung. Diese Form der Konzeption ist im untersuchten Zeitraum in Österreich einzigartig.

Konstruktion

Das Seelsorgezentrum wurde in Massivbauweise ausgeführt, teilweise als Mauerwerkskonstruktion und teilweise als Stahlbetonscheibenkonstruktion. Die Dachkonstruktion wurde als flach geneigtes Grabendach ausgebildet und verblecht, im Bereich des Kirchensaales ist ein quadratisches Oberlichtfenster eingesetzt.

Materialität

Die verschiedenen architektonischen Funktionen sind im Äußeren durch ihre charakteristische Materialsprache gut ablesbar. Neben der bereits beschriebenen charakteristischen Kirchenbaukörperform wird die äußere Ablesbarkeit durch die Verwendung zweier kontrastierender Materialien – Lärchenholz und Aluminiumwellprofile – hervorgehoben und in der Bedeutung gegenüber den anderen Baukörpern unterstrichen. Der gesamte restliche Gebäudekomplex wurde als weiß gestrichenes Massivmauerwerk ausgeführt.

Innenausbau

Der gesamte Boden des Kirchen- und Pfarrsaales wurde in Riemchenparkett verlegt. Im Materialkontrast hierzu stehen die Bodenplatten aus Mühlviertler Granit im Taufbereich. Die Südwand wurde mit einer Wandheizung versehen, und aus akustischen Gründen wurde nahezu die gesamte Altarwand mit Gipskartonplatten weiß vertäfelt. Der Plafond des Kirchensaales und des Pfarrsaales wurde als Akustikdecke ausgeführt.

Lichtführung

Der gesamte Kirchenraum wird durch vier natürliche Lichtquellen illuminiert. Zum einen durch ein über der Altarinsel gelegenes, großes quadratisches Oberlichtfenster, welches aus akustischen und lichttechnischen Gründen zusätzlich mit einem baldachinförmigen Plexiglasschirm versehen ist. Die zweite natürliche Lichtquelle ist das große, die gesamte Höhe der Südfassade einnehmende Fenster, das den Taufbereich erhellt. Weiters dringt indirektes Licht über das schmale, die gesamte südlich gelegene Altarwand einnehmende Oberlichtfensterband ein. Dieses Licht wird zusätzlich durch die drei fassadenhohen Wandnischen aufgenommen und in den Kirchenraum geleitet. Als vierte natürliche Lichtquelle dient ein exakt im Osten ausgeführtes, schmales vertikales Fensterelement, welches morgendliches Ostlicht an die Altarmauerwandscheibe leitet.

Liturgische Orte

Ein Hauptschwerpunkt in der Gestaltung des Seelsorgezentrums war die intensive Auseinandersetzung mit den liturgischen Orten. Die Gestaltung erfolgte im stetigen Dialog zwischen dem Architektenteam und dem Künstler Herbert Friedl.

Die Schaffung einer einstufigen, dreiteiligen Altarpodestinsel in der Raumdiagonale des Kirchensaales war die Schlüsselidee, um die liturgischen Anforderungen zu erfüllen und die Ausrichtung der liturgischen Feiern in zwei verschiedene Richtungen zu ermöglichen. Die „schwebende" Altarinsel wurde aus einer quadratischen und zwei kreisförmigen Scheiben gebildet, wobei die kleinere Kreisscheibe für Priester und Ministrantensitze vorbehalten ist. Im Bereich des flächenmäßig größeren quadratischen Altarpodestelements wurde außermittig der schwenkbare, mobile Ambo gesetzt, im vorderen Kreisscheibenelement der grazile Altartisch. Somit wurden die drei liturgischen Elemente Mensa, Ambo und Sedes in der Raumdiagonale angeordnet. Ein wesentliches theologisch-liturgisches Anliegen war es, die Altarpodestmitte freizulassen: So entsteht Raum für das Numinose. Der Mittelpunkt des quadratischen Altarpodests wird durch das Vortragekreuz, welches ebenfalls von Herbert Friedl gestaltet wurde, als Mitte definiert.

Altar, Ambo und Sedes wurden vom japanischen Architekten Katsuhito Mitani gestaltet. Dazu schreibt Franz Küllinger: „Der Altar [...] erinnert in seiner Form an den Nomadentisch: Vier Rohre, die schräg in den Sand gesteckt sind, spannen das Tuch zur Tischplatte. Die schräg gesteckten Rohre des Unterbaus und das Glas des Altartisches unterstreichen die Dynamik dieses Ortes. Die Leichtigkeit und Transparenz der Konstruktion dient ganz seiner Funktion: Wichtig ist zuerst nicht der Tisch an sich, vielmehr die Gaben, die bei der gottesdienstlichen Feier auf ihn gestellt werden. Der Ambo [...] ist in Material und Form dem Altar angepasst. Einer verschwenkbaren Stele aus foliertem Glas ist die transparente Buchauflage aufgesetzt. Hier soll dem Buch, aus dem gelesen wird, alle Aufmerksamkeit zukommen. Die Sedes – Stuhl des Leiters der gottesdienstlichen Feier und seiner Assistenz – ist in der Holzwahl der übrigen Bestuhlung angeglichen und nimmt im Unterbau Elemente des Altars auf. Die Mitte der Altarinsel ist lediglich als eingelegter Metallring am Boden markiert und ansonsten freigehalten. Das Vortragekreuz, das Karfreitagskreuz, aber auch das Osterlicht finden hier ihre Aufstellung."[114]

Der kubische metallene Tabernakel hängt an zwei Stahlseilen im mittleren „Lichtpfeiler". Der Tabernakel besteht aus Nirosta, wobei in der Mitte des Frontelements ein quadratisches gebrochenes Holzstück als Verweis auf den Gekreuzigten integriert wurde, das in Gold gefasst ist.

Die Taufkapelle wurde ebenfalls von Herbert Friedl gestaltet. Franz Küllinger weiters: „In der räumlichen Spitze, geschützt von einer frei stehenden Wand, befindet sich die Taufkapelle. Wer diesen Raum betritt, steigt eine Stufe hinunter und tritt vom hellen Holz auf dunklen Stein. Das Eintauchen bzw. Untertauchen der Taufe wird symbolisch angedeutet. Im Zentrum des Raumes steht der Taufstein aus Mühlviertler Granit. In der gestockten Außenfläche des Steins ist eine polierte Vertiefung eingearbeitet, die das Taufwasser aufnimmt. Über dem Taufstein schwebt ein Leuchtkörper wie ein Meteor und betont diesen Ort. Vier weiße Steinscheiben – in Kreuzform angeordnet – unterstreichen dies zusätzlich: der Taufstein als Hinweis auf Christus selbst, den Eckstein!"[115]

Als innenarchitektonisches Trennelement zwischen Kirchensaal und Taufkapelle wurde eine leicht bogenförmig konfigurierte frei stehende Mauerwandscheibe paraventartig eingesetzt. In einem Ausschnitt dieser Mauerwandscheibe „schwebt" der aus rotem Acrylglas gefertigte Lichtkubus von Herbert Friedl als Ewiges Licht.

Reflexion zum Sakralraum
Der Kirchensaal ist durch seine Erweiterbarkeit und durch Integration des Pfarrsaales ein intensiv reflektierter Multifunktionsraum. Das Charakteristikum des Kirchensaales ist die intensive Wahrnehmung der liturgischen Orte, die dem Kirchensaal eine dichte sakrale Raumatmosphäre verleihen. Sämtliche liturgischen Orte stehen in Bezug zueinander und nehmen einen intensiven Dialog untereinander auf. So ist der Kirchensaal in seiner Längsausrichtung ebenso gut erlebbar wie bei Erweiterung des Pfarrsaales zu einem großen Sakralraum.

Künstlerische Gestaltung
Durch den Kirchenraum führt ein Weg, der die liturgischen Orte verbindet. Als erstes Signal erkennt der Besucher den roten Lichtkubus, dieser geleitet zum Taufstein und von dort führt der Weg über die Kreuzwegstationen hin zum Tabernakel und dann zur Altarinsel. Auch der Kreuzweg wurde von Herbert Friedl gestaltet. Der Wiener Theologie-Professor Wolfgang Langer schreibt zum Kreuzweg: „Die Stationen ziehen sich an einer Kirchenwand entlang über zwanzig Meter in immer größer werdenden Abständen von der Taufkapelle bis zum Altarraum. Es sind jeweils 40 x 40 cm starke, farblose durchsichtige Acryltafeln, die, in 5 cm Abstand von der Wand montiert, gleichsam schwebend die einzelnen Holzskulpturen tragen. Ein einziges Motiv: Der Balken, den Jesus nach Golgotha hinausgetragen hat, wird auf einfachste Weise, da und dort mit wenigen anderen Materialien verbunden, variiert. Gerade das macht die Aussage jedes Einzelbildes so eindrücklich und bindet das ganze zu einer ruhigen Einheit zusammen. [...] ‚Gekreuzigt, gestorben und begraben': Wie ein hartes Stakkato klingen diese drei Wörter im Glaubensbekenntnis. Die drei Stationen (11, 12 und 13), die den Höhepunkt der Passion Jesu ausmachen, sind im Trefflinger Kreuzweg hervorgehoben. Sie hängen an dünnen, gespannten Stahlseilen, in drei Nischen der Wand, in die von oben Licht fällt. In der mittleren ist unter dem Bild vom Kreuzestod Jesu der Tabernakel angebracht: mit einer Edelstahltür in der Größe der Stationen, die als einzigen Schmuck einen ganz zart in Gold gefasstes Stück gebrochenen Holzes trägt. ‚Geheimnis des Glaubens: Im Tod ist das Leben.' Diese paradoxe Glaubensgewissheit kennzeichnet schließlich auch das ‚Altarbild', das, wieder mit Abstand, an der vorderen Wand der Kirche angebracht ist. Es ist ein 2 x 2 Meter großes Acrylglasrelief, unregelmäßig gebrochen und wieder zusammengesetzt, wobei die Bruchlinien teilweise vergoldet sind: Der Tod ist überwunden und bleibt doch gegenwärtig. Das kommt auch dadurch zum Ausdruck, dass es von vier Holzwürfeln mit der Flächengröße der Kreuzwegtafeln gehalten wird, die als aufgespanntes Kreuz gesehen werden können. So wird das Auferstehungsbild als ‚fünfzehnte Station' in den Kreuzweg einbezogen und überbietet ihn als Verkündigung des neuen, ‚größeren' Lebens, zu dem der Gekreuzigte von Gott erweckt wird. ‚Musste nicht der Messias all das erleiden und (so) in seine Herrlichkeit eingehen?' (Lk 24,26). Das Glas, das vierzehn Stationen lang als Träger der Holzskulpturen des Leidens gedient hat, wird jetzt selbst zum Ausdruck des ‚anderen Lebens', das aus Leid und Tod erwächst – aber immer auch ‚gehalten' vom Kreuz!"[116]

Kircheninnenraum mit Kreuzwegstationen und Paravent für das „Ewige Licht"

1 Kirchenaußenansicht mit Eingangsbereich
2 Kirchenaußenansicht mit Pfarrzentrum
3 Kircheninnenraum mit Altarinsel
4 Kircheninnenraum mit Pfarrsaal

Folgende Seite
1 Altarbild von Herbert Friedl
2 Kreuzweg von Herbert Friedl
3 Taufstein von Herbert Friedl
4 Ewiges Licht – Lichtkubus von Herbert Friedl, Aufhängesystem Katsuhito Mitani

3

4

1

2

3

4

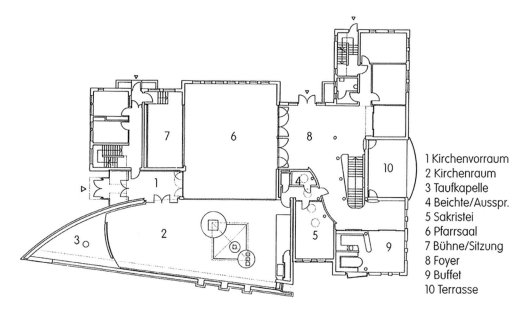

Grundriss Erdgeschoß

1 Kirchenvorraum
2 Kirchenraum
3 Taufkapelle
4 Beichte/Ausspr.
5 Sakristei
6 Pfarrsaal
7 Bühne/Sitzung
8 Foyer
9 Buffet
10 Terrasse

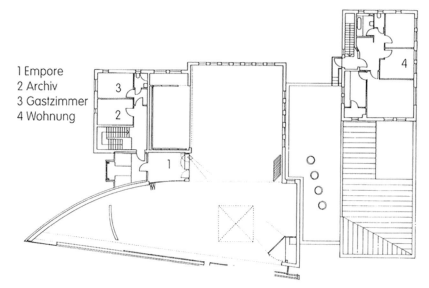

Grundriss Obergeschoß

1 Empore
2 Archiv
3 Gastzimmer
4 Wohnung

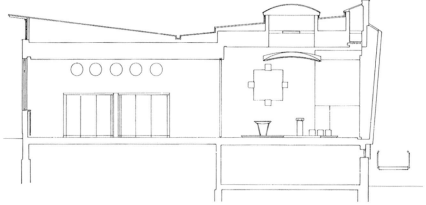

Längsschnitt durch Pfarrsaal und Kirchenraum

Schlüßlberg:
Römisch-katholische Seelsorgestelle „Zur heiligen Familie"
Architekt Josef Königsmaier, 1996-1997

4707 Schlüßlberg, Marktplatz

Entstehungsgeschichte
Am 13. Mai 1986 wurde der Ankauf des Grundstückes vom Pfarrgemeinderat beschlossen. Auf Grund der großen Zuwanderung entschied man sich 1993 für die Errichtung einer Seelsorgestelle in Schlüßlberg. Im Frühjahr 1994 fand ein Architektenwettbewerb statt. Am 17. Juni 1994 stimmte die Jury einstimmig für das Projekt von Josef Königsmaier. Am 25. August 1995 war die Bauverhandlung, am 9. März 1996 der Spatenstich, der von Bischof Maximilian Aichern, Bürgermeister Weinberger und Pfarrer Gmeiner vorgenommen wurde. Am 6. Oktober 1996 erfolgten Grundsteinlegung und Turmkreuzsteckung durch Dechant Johann Kalteis. Die Kirchen- und Glockenweihe wurde am 8. und 9. November 1997 vollzogen. Die Kirche ist der Hl. Familie und die vier Glocken sind der Hl. Familie, dem Hl. Geist, dem hl. Martin sowie der seligen Edith Stein geweiht.

Ort
Schlüßlberg ist eine Marktgemeinde in Oberösterreich im Bezirk Grieskirchen im Hausruckviertel mit circa 3000 Einwohnern.

Architektonische Vision
Architekt Josef Königsmaier schreibt hinsichtlich seines Entwurfskonzeptes: „Das Entwurfskonzept für Kirche und Pfarrhaus basiert auf städtebaulichen Überlegungen in Bezug auf die gegebene Platzsituation und die bestehende und geplante Bebauung. Die bauliche Ausformung des Ortsplatzes durch Weiterführung vorhandener und künftiger Baufluchten sowie die Orientierung der Eingangs- und Vorbereiche zum Ortsplatz waren wesentliche Entwurfsansätze.

Die halbkreisförmige Kirche akzentuiert das Ensemble und wirkt bestimmend für die Gesamtsituation. [...] Der halbkreisförmige Kirchenraum mit spannender Höhenentwicklung wird durch die aufgefaltete Holzkonstruktion und die differenzierte Lichtführung geprägt."[117]

Architektonisches Thema
Der Besucher betritt über den neu geschaffenen Dorfplatz das Seelsorgezentrum. Dieses ist als zweiteiliger, winkelförmig ausgebildeter Gebäudekomplex ausgeführt, wobei das Pfarrzentrum rechteckig konfiguriert ist, mit dem nahezu halbkreisförmigen Kirchenbaukörper abschließt und das Gebäudeensemble durch seine plastische Baukörperform dominiert. Über einen längsgerichteten, überdeckten Zugang erreicht der Besucher das zweigeschoßige Foyer, welches als Verteiler zwischen Pfarrzentrum und Kirche dient.

Im Erdgeschoß des Pfarrzentrums sind der zum Vorplatz hin orientierte Pfarrsaal, eine Küche, Sanitärräume und eine Pfarrkanzlei angeordnet. Zwei Wohnungen im Obergeschoß werden durch einen südseitigen Nebeneingang erschlossen. Das Kellergeschoß enthält neben den Räumen für die Haustechnik und Lagerräumen auch einen großen, multifunktionalen Jugendraum.

Durch drei Holz-Glas-Portale betritt der Besucher den symmetrisch ausgerichteten, nahezu halbkreisförmigen Zentralraum, der sich hin zum linsenförmig konfigurierten Altarraum orientiert. Dem Kirchenraum angeschlossen befinden sich, zum Dorfplatz hin zugewandt, die Sakristei, ein Beichtzimmer und die Nebenraumzonen.

Der Kirchenraum ist als Zentralraum konzipiert, hält 190 Sitzplätze bereit und ist zum in der Symmetrieachse gelegenen Altarbereich ausgerichtet. Der Sakralraum wird von der markanten Holzfachwerkkonstruktion dominiert.

Architekturanalytische Betrachtung
Der Campanile ragt über die überdeckte Zugangszone und dominiert durch seine markante Höhe das Seelsorgezentrum. Dieses besteht aus fünf Baukörpern, wobei exakt in der Symmetrieachse der muschelförmig konfigurierte Kirchenzentralraum liegt. Das rechteckige Foyer dient als Zwischenbaukörper zwischen Kirchenzentralraum und dem ebenso exakt in der Symmetrieachse gelegenen, nahezu quadratisch konfigurierten Pfarrzentrum. Durch Ausbildung eines flachen, rechteckig konfigurierten Kirchennebenraumblocks, entsteht zum Dorfplatz hin ein winkelförmiges Gebäudeensemble.

Der Kirchenzentralraum ist durch zwei Charakteristika bestimmt: auf der einen Seite durch die Zentrierung auf das linsenförmig ausgebildete Altarpodest, zu dem sich drei sektorenförmige Kirchenbankblöcke hin orientieren, und auf der anderen Seite durch seine strahlenkranzförmig angeordnete, zur Altarwand höhenmäßig hin gerichtete Holzfachwerkkonstruktion. Der Altarraum wird gleichsam von einem fächerförmig aufgebauten „Strahlenkranz" bekrönt.

Konstruktion

Das Seelsorgezentrum wurde in Massivbauweise ausgeführt, der Kirchenbaukörper in Stahlbeton gefertigt, wobei die äußerste tragende Konturlinie drei Stahlbetonpfeiler aufweist. Die komplexe Holzfachwerkskonstruktion ruht einerseits auf der äußeren Stahlbetonschale, andererseits auf der halbzylindrischen Stahlbetonkonsole im Eingangsbereich, und wird im Inneren von acht Stahlbetonsäulen getragen.

Hinsichtlich des Schnittbildes der Fachwerkskonstruktion zeigt sich ein dreieckförmiger Verlauf mit der maximalen Höhe im Bereich der Altarwand. Der Campanile wurde aus mehreren Stahlbetonscheiben gebildet und von einem Holzlattenrost abgeschlossen.

Materialität und Innenausbau

Im äußeren Erscheinungsbild dominieren das weiß verputzte Massivmauerwerk und das mit Kupferblechbahnen verkleidete Dach. Für die Untersicht des Zugangsbereiches wurde Holz verwendet. Der gesamte Boden des Kirchenraumes wurde mit verschieden großen Natursteinplatten gepflastert. Im Kircheninnenraum dominieren das weiß gestrichene Massivmauerwerk und der Holzton der Fachwerkkonstruktion.

Lichtführung

Natürliches Licht tritt im Bereich der Altarwand in mehreren Bereichen ein. Auf der einen Seite wird das Altarpodest von zwei seitlichen, schmalen vertikalen Fensterstreifen illuminiert, ein weiterer Fensterstreifen befindet sich im Bereich der Orgelnische. Ein weiteres Charakteristikum der Lichtführung sind die zwei Lichtbänder im Bereich der Altarwand. In der Mittelzone der Altarwand befindet sich ein in regelmäßigen Abständen ausgeführtes Lichtband mit quadratischen Fenstern. Darüber umspannt ein Oberlichtband die gesamte Altarwand. Im Dachsegment nahe des Kircheneingangs sind fünf trapezförmige Oberlichtfenster eingelassen. Zusätzlich wurden zahlreiche künstliche Lichtquellen im Bereich der Dachträger montiert.

Liturgische Orte

In der Nähe der Eingangszone befindet sich der Taufstein. Dieser besteht aus einem Granitsockel, auf welchem ein oktogonaler, ebenso in Granit gefertigter Taufstein ruht. Sämtliche anderen liturgischen Prinzipalstücke befinden sich auf dem einstufig erhöhten Altarpodest. Im Zentrum, exakt in der Symmetrieachse, steht der Altar, welcher aus einem quaderförmigen, aus Gebhartser Granit gefertigten Sockelblock besteht, auf welchem die rechteckige, ebenso aus Granit gefertigte Mensaplatte ruht. Diese wird von vier zwickelförmig ausgebildeten Edelstahlplatten getragen. In analoger Weise wurde der Ambo aus mehreren Granitplatten gefertigt.

Der Tabernakel, der in der Nähe des seitlichen Altarwandfensters aufgestellt wurde, besteht aus einem aus Granit gefertigten Pfeiler, auf dem der Tabernakelkorpus ruht. Der Tabernakelkorpus zeigt eine kreuzförmige Front- und Seitenfläche und wurde mit kreuzförmig angeordneten Griffleisten versehen. Die Sessio ist schlicht gestaltet und besteht aus u-förmigen Holzelementen, wobei der Sitz für den Priester leicht akzentuiert ausgeführt wurde.

Besonders bemerkenswert ist die Aufstellung einer großen modernen Kirchenorgel in einer Mauernische im Kircheneingangsbereich.

Reflexionen zum Sakralraum

Die Schlichtheit und Klarheit der Raum- und Formensprache unterstützt das persönliche Gebet, und durch die Raumkonzeption und Anordnung der liturgischen Orte wird das gemeinsame Moment im Erleben der Eucharistiefeier betont. Die Dominanz der Dachkonstruktion lenkt hin zum räumlich höher Gelegenen und unterstützt dadurch die Grunddisposition zum Denken an das Höhere, an das Numinose.

1

2

3

1 Seelsorgestelle – Außenansicht mit Kirchenplatz
2 Kirchenaußenansicht mit Campanile
3 Arkade mit Kirchenportal
4 Kircheninnenraum – Eingangsbereich
5 Kircheninnenraum – Altarbereich

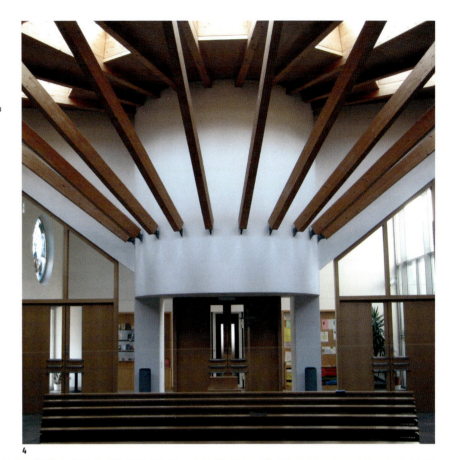

1 Kircheninnenraum mit Orgel
2 Altar
3 Taufbecken

Längsschnitt

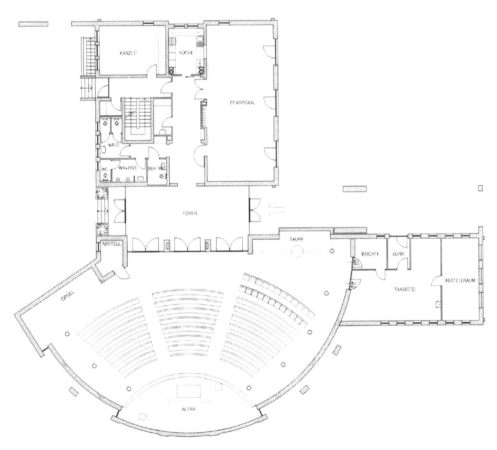

Grundriss

Kirchham:
Römisch-katholische Pfarrkirche St. Laurentius
Architekt Friedrich Kurrent, 1997-1998

4656 Kirchham, Kirchham 46

Entstehungsgeschichte
Die alte einschiffige Pfarrkirche – um circa 1500 erbaut – wurde im Lauf der letzten Jahrzehnte für die katholische Kirchengemeinde zu klein. Deshalb beschloss der Pfarrgemeinderat 1991, Architekt Friedrich Kurrent mit den Planungen für ein neues Kirchengebäude zu beauftragen. 1997 erfolgte die feierliche Grundsteinlegung und am 29. November 1998 konnte die neue Pfarrkirche durch Diözesanbischof Maximilian Aichern feierlich eingeweiht werden.

Ort
Kirchham ist eine Gemeinde im Bezirk Gmunden im Traunviertel und hat etwa 1900 Einwohner. Sie liegt am Fuße der letzten Ausläufer des Alpenvorlandes, am Tor zum Salzkammergut. Die neue Pfarrkirche St. Laurentius befindet sich neben der spätgotischen Pfarrkirche, die durch ihren hohen, an der Stirnseite gelegenen Kirchturm den gesamten Ort in seinem Erscheinungsbild prägt.

Architektonische Vision
Architekt Friedrich Kurrent setzte zum spätgotischen schmalen Längsschiff, durch eine Zwischenzone entkoppelt, ein auf die alte Pfarrkirche orthogonal gestelltes, quer gelagertes Breithaus. Die Vision war die Versammlung der gesamten Kirchengemeinde um den Altar, der das liturgische und architektonische Zentrum der Pfarrkirche St. Laurentius darstellt.

Architektonisches Thema
Die neue Pfarrkirche ist in ihrer Gebäudefluchtlinie von der Frontseite der alten Pfarrkirche abgesetzt. Der Besucher betritt sie über einen gepflasterten Vorplatz und gelangt in ein glasgedecktes Foyer zwischen Alt- und Neubau. Vom Foyer aus gelangt man an der rechten Seite durch drei raumhohe Türöffnungen in den quer gelagerten neuen Kirchensaal mit dem Seitenverhältnis 4:3. Der gesamte Kirchensaal ist streng symmetrisch konzipiert, und die primäre räumliche Erscheinung konzentriert sich auf den zentralen Altarbereich mit seiner muldenförmigen Absenkung. Im Bereich der Apsiswand, gegenüber der Orgelempore, ist eine viertelkreisförmige Konche raumbildend integriert.

Architekturanalytische Betrachtung
Bei der primären Betrachtung imponiert die neue Pfarrkirche als Weiterentwicklung des Geistes der „Arbeitsgruppe 4", welche der sakralen Architektur der letzten Jahrzehnte in Österreich immer wieder Impulse gab.

Nach genauer Analyse der Raumkonzeption zeigt sich eine Überlagerung der Grundrisskonzeption mit einer mehrschichtigen vertikalen Ausrichtung, welche mehrere sakrale Metaphern zitiert. Im Vordergrund der Grundrisskonzeption steht eindeutig die Konzentration auf den Altarraum.

Das Altarraumniveau ist im Vergleich zum Eingangsniveau scheinbar abgesenkt, es entsteht eine halbkreisförmig vertiefte Vorzone zum Altarpodestbereich – dieses architektonische Mittel wandte Roland Rainer schon zuvor bei der Kirche St. Andreas in der Gartenstadt Puchenau an. Durch Ausbildung des zweistufigen Altarpodests steht jedoch der Altar auf dem Niveau der Eingangsebene.

Betrachtet man die Ausbildung der vertikalen raumbildenden Strukturen, so findet man – ausgehend von dieser Vorzone – den Altar ausgeformt als einen Laib, als der symbolische Tisch des Brotes. Dieser laibförmige Altar wird zentrisch von einem zwölfteiligen metallenen Leuchter bekrönt, ebenfalls ein Verweis auf die biblische Zahl Zwölf. Als raumabschließendes Element wird ein Zeltdach ausgeführt, welches sich auf das „Bundeszelt" bezieht. Das Bild einer Taube im Bereich der Dachlaterne ist ein Symbol für den Hl. Geist.

Die neue Pfarrkirche St. Laurentius zeigt eine reichhaltige christliche Symbolik, die in Verbindung mit den architektonischen und künstlerischen Elementen zu einer konzentrierten sakralen Raumatmosphäre führt.

Konstruktion
Architekt Friedrich Kurrent schreibt hierzu: „Der Kirchenbau erforderte des Untergrundes wegen Pfahlgründungen. Stahlbetonpfeiler im Querschnitt 30 x 40 cm bilden ein konstruktives ‚Korsett', das in der 75 cm starken Ziegelmauer steckt; die Pfeiler im Abstand von 3 Metern sind also ummauert. Die Dicke der Mauer erforderte sonst keine sonstige Wärmedämmung."[118]

Auf diese Ziegelmauerkonstruktion wurde eine zeltförmige naturbelassene Dachkonstruktion aus Fichtenholz gesetzt. Im Bereich der Firstkante wurde eine spezielle schwalbenschwanzförmige Dachlaterne installiert.

Materialität

Im äußeren Erscheinungsbild dominiert der schlicht wirkende Sakralbau mit weiß verputztem Mauerwerk und dem mit Schiefertafeln belegten Zeltdach. Im Inneren dominiert der warme Ziegelton des Sichtmauerwerks. Diese warme Raumatmosphäre wird durch die auch im Inneren naturbelassene Fichtenholzdachkonstruktion verstärkt.

Innenausbau

Die klare Kennzeichnung der Übergangszonen durch eine andere Material- und Farbwahl unterstreicht das gesamte architektonische Konzept.

Der Boden des Kirchensaales wurde mit dunklen Schieferplatten ausgelegt, hingegen sind die Altarpodeststufen mit weißen Marmor-, das Altarpodest wiederum mit schwarzen Schieferplatten versehen.

Die halbkreisförmigen Kirchenbänke wurden in Fichtenholz gefertigt, die Bänke wurden auf einer Metallrohrkonstruktion montiert.

Auch die Türleibungen im Bereich der Eingangszone wurden mit weißen Marmorplatten verkleidet und stehen in deutlichem Materialkontrast zu dem sonstigen Sichtziegelmauerwerk.

Lichtführung

Im Auflagerbereich der Wandkonsole zwischen Wandabschluss und Deckenkonstruktion entsteht ein schmaler, kranzförmig alle vier Seiten umlaufender „Lichtschlitz", der gebrochenes, gedämpftes Tageslicht in den Kirchenraum eindringen lässt. Die Hauptlichtquelle stellen die zwölf quadratischen Oberlichtfenster dar. Sie umrahmen den gesamten Kirchenraum bis auf die Apsiswand. Die Oberlichtfenster wurden wiederum dreiseitig mit weißen Marmorplatten verkleidet. Die einzige künstliche Lichtquelle ist der zwölfteilige Kirchenluster über dem Altar, der aus einem Flacheisenring mit zwölf Lichtquellen gebildet ist.

Liturgische Orte

Sämtliche liturgischen Orte, ausgenommen der Tabernakel, welcher in der alten Pfarrkirche belassen worden ist, befinden sich auf dem zweistufig erhöhten Altarpodest. Im Zentrum des Altarpodestes steht der Altar, welcher vom Bildhauer Franz Xaver Ölzant gestaltet wurde. Er besteht aus nahezu schwarzem Diorit aus dem Waldviertel und zeigt eine Konfiguration wie ein Laib Brot, der auf einem konvex gebogenen Sockel ruht. Auf der zweiten Altarpodeststufe steht das von Bildhauer Sepp Auer entworfene, winkelförmige Lesepult aus Metall.

Entsprechend der viertelkreisförmigen Konche wurden der Priestersitz und die aus Holz mit weichem Geflecht gefertigten Ministrantensitze ebenso viertelkreisförmig angeordnet.

Reflexion zum Sakralraum

Der alte Kirchturm setzt ein markantes christliches Zeichen. Bei Betreten der gläsernen Zwischenzone entsteht Neugier auf den neuen sakralen Raum. Die Wahrnehmung orientiert sich hin zum Altarpodestbereich. Der laibförmige Altar wirkt als ein Ort der Konzentration und zieht die Aufmerksamkeit auf sich. Der gesamte Kirchenraum strahlt Ruhe und Frieden aus.

Künstlerische Gestaltung

Drei österreichische Künstler wurden mit der Ausgestaltung der Pfarrkirche St. Laurentius beauftragt. Der Bildhauer Franz Xaver Ölzant schuf den oben beschriebenen Altar, welcher das Herzstück des liturgischen Raumes darstellt.

Der Metallbildhauer Sepp Auer gestaltete das Laurentiusfenster. Er schuf ein schlichtes Metallgitter, welches die Alabasterfensterscheibe trägt und fixiert. Das Laurentiusfenster befindet sich an der südlichen Kirchenwand, in der Nähe des Altarpodests. Weiters entwarf er ein aus Metallrohren gebildetes, schlichtes Vortragekreuz und einen Ambo, der aus fünf winkelförmig angeordneten Metallplatten besteht.

Die Künstlerin Maria Biljan-Bilger malte ein dreieckförmiges Bild, das an der Unterseite des Laternendachs fixiert wurde. Es symbolisiert eine Taube und verweist so auf den Hl. Geist.

1 Alte Pfarrkirche und Kirchenneubau
2 Kirchenaußenansicht mit Eingangszone
3 Deckenkonstruktion mit Dachlaterne
4 Kircheninnenraum mit Altarzone
5 Kircheninnenraum
6 Altar von Franz Xaver Ölzant

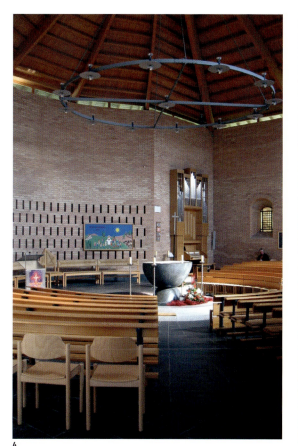

4

5

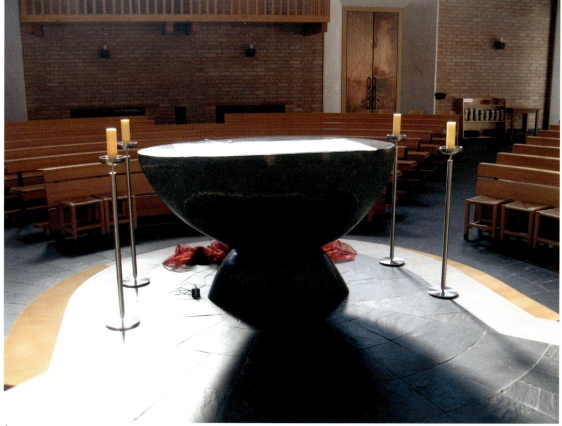

6

1 Ambo von Sepp Auer
2 Vortragekreuz von Sepp Auer
3 Sessio

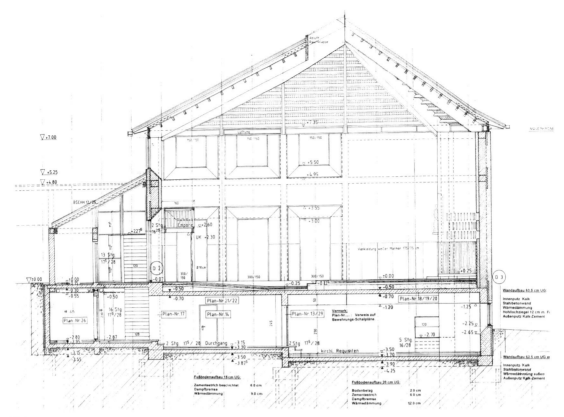

Schnitt

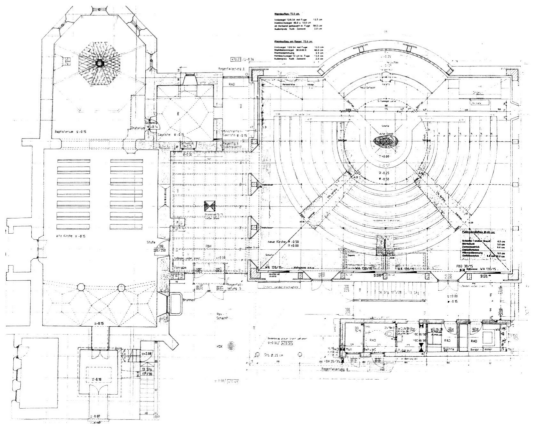

Grundriss

Steyr-Resthof:
Römisch-katholische Kirche St. Franziskus
Architektin Gabriele Riepl und Architekt Peter Riepl, 2000-2001

4400 Steyr, Werner-von-Siemens-Straße 15

Entstehungsgeschichte
1977 wurde von der Pfarre Gleink ein Grundstück von 5000 m² erworben, und im Juni 1979 wurde vom Diözesanbaukomitee das Bauprogramm für das neue Seelsorgezentrum genehmigt. Anschließend wurde im Februar 1981 die intensive Planungsphase für die erste Bauetappe eingeleitet. Vorgesehen waren eine Werktagskapelle, ein Pfarrsaal, mehrere Gruppenräume und ein Buffet. Die erste Bauetappe begann im September 1982. Nach 15-monatiger Bauzeit wurde der erste Teil des Seelsorgezentrums Steyr-Resthof im Dezember 1983 von Diözesanbischof Maximilian Aichern gesegnet.

Die zweite Ausbaustufe wurde von der Diözese Linz bereits mit Kirchenneubau und anschließendem Pfarrhof angedacht, jedoch erst nach Konsolidierung der Pfarrgemeinde. 1991 wurde eine Abstimmung der Gottesdienstgemeinde abgehalten, diese votierte mit einem überwältigenden „Ja" für den Kirchenbau. Im folgenden Jahr wurde das Kirchenbaukomitee gegründet. 1992 erfolgte nochmals eine Befragung zum Thema „Kirchenbau", die ebenso mehrheitlich für den Kirchenbau ausfiel. 1994 wurde im Baureferat der Diözesanfinanzkammer ein geladener Architektenwettbewerb mit vier Teilnehmern ausgeschrieben. 1995 wurde das Modell von Architektin Gabriele Riepl und Architekt Peter Riepl prämiert. Nach erfolgter Überarbeitung wurde 1996 das Siegermodell einstimmig angenommen, 1998 wurden die Einreichpläne fertig gestellt, im März 2000 erfolgte der Spatenstich und im Mai 2001 die feierliche Einweihung der Kirche durch Diözesanbischof Maximilian Aichern.

Ort
Das Wohngebiet Resthof wurde in den 60er-Jahren des 20. Jahrhunderts errichtet. Die Wohnbauten wurden in einer 6- bis 7-geschoßigen Plattenbauweise ausgeführt. Der Kirchenneubau St. Franziskus ist an einer Haupterschließungsstraße positioniert, an der sich einige Geschäfte und eine Apotheke befinden.

Architektonische Vision
Architekt Peter Riepl schreibt dazu: „Die Kirche ist gedacht als poröser Körper, in dem die Fülle des Lebens Platz und Nischen findet. [...] Das Haus selbst dient dazu in fester und bestimmter Weise, verzichtet aber auf beherrschende Symbolik und bedrängende Botschaften. [...] Der Bau sucht nach Balance. [...] Dementsprechend wird eine fließende Raumfolge entwickelt, die am öffentlichen Kirchenplatz beginnt, über die Loggia und die transparente Vorhalle sukzessiv ins Innere führt. Hier angelangt ist man drinnen wie draußen gleichermaßen. Der gedeckte Umgang, der zwischen Hauptraum, Taufkapelle und Wochentagskirche vermittelt, wird begleitet von differenzierten Naturräumen. [...] Über gezielte Ausblicke bleibt der Kontakt hier aufrecht."[119]

Architektonisches Thema
Mehrere quaderförmige Baukörper ergeben in ihrem Gesamterscheinungsbild einen skulptural gegliederten Monolithen. Dieser wird durch großzügige Glasfronten aufgebrochen, was Ein- und Ausblicke ermöglicht. Der Besucher betritt unter einem von mehreren schlanken Stahlbetonsäulen getragenen, auskragenden Dach das großzügig konzipierte, in der Frontfläche komplett verglaste Foyer. An der rechten Seite befindet sich die Nebenraumzone mit Sakristei, Ministrantenzimmer und Sanitärblock. Vom Foyer wird der Blick in den rechteckigen, verglasten Meditationsgarten freigegeben.

Der linke Gebäudeanteil nimmt den rechteckförmigen Kirchenhauptraum auf, welcher auf der einen Seite winkelförmig abgeschlossen ist, sich hingegen ostseitig zu dem Wasserbecken und südseitig zum Meditationsgarten hin öffnet.

Am Ende der Erschließungszone steht der markante Taufstein. Im südöstlichen Gebäudeanteil befindet sich die quer gelagerte Wochentagskapelle, die vom in der Raumecke gelegenen Glasquader mit einer Lichtskulptur abgeschlossen wird.

Architekturanalytische Betrachtung
Das Architektenteam Riepl schuf einen klar gegliederten, plastisch differenzierten Sakralbau, der in der Architektursprache der klassischen Moderne verwurzelt ist. Der Betonquader wurde in mehrere Teilquader zerlegt und in mehrere Funktionszonen gegliedert. Betrachtet man die Aufteilung des Grundrisses, so wird eine Viererteilung erkennbar, sowohl in Nord-Südausrichtung als auch in Ost-Westausrichtung. Durch Überlagerung der zweifachen Viererteilung entstehen wiederum entsprechende rechteckige Grundrissanteile, die räumlich verschiedenen Quaderformen entsprechen. Diese differenzierten Quaderkörper nehmen einen inneren und äußeren architektonischen Dialog auf. Das bedeutet, dass die relationale Beziehung der verschiedenen Quader untereinander das

Raumgefüge bestimmen. Dieser Sakralbau wird durch die relationale Raumphilosophie geprägt. Durch die Einbeziehung der Natur entsteht eine Verbindung zwischen dem Sakralbereich und der Umwelt, einerseits durch die Öffnung des Kirchenhauptraumes zum Wasserbecken, andererseits durch die Sichtverbindung zum Meditationsgarten.

Konstruktion

Die Stahlbetonkonstruktion ist in Sichtbetonbauweise ausgeführt worden. Diese klassische Stahlbetonkonstruktion wurde in Scheibenbauweise ausgeführt. Im Bereich des Kirchenhauptraumes wurden die statisch tragenden Scheiben annähernd c-förmig konfiguriert, im Bereich des Innenhofes wurden l-förmige Winkelscheiben verwendet. Die statisch tragenden Stahlbetonscheiben machen die großflächige Verglasung im Bereich des Foyers und der Nord-Ostseite technisch möglich. Das weit auskragende Vordach ruht auf sieben schlanken Stahlbetonsäulen.

Materialität und Innenausbau

Der Sakralbau ist gekennzeichnet durch den olivgrün eingefärbten Sichtbeton. Außen dominieren der Sichtbeton und die großflächigen Glasfronten, im Innenraum der warme helle Holzton durch die großflächige Vertäfelung mit Birkenholzpaneelen. Der Boden wurde mit dunkelgrauen Natursteinschieferplatten verlegt. Dieser dunkelgraue Natursteincharakter steht im Kontrast zum hellen Birkenholzton. Sowohl Sichtbeton und Glas stehen in einem Materialkontrast, ebenso der Natursteinboden und das Birkenholz. Da die beiden Materialpaarungen kontrastieren, kommt es in der Gesamtwirkung zu einer harmonischen Ausgewogenheit der Materialsprache.

Lichtführung

Entscheidend für die Raumwirkung ist die subtile und konsequente Lichtführung. Der Kirchenhauptraum wird von mehreren Seiten natürlich belichtet. Erstens durch die südseitige Verglasung, die Tageslicht vom Meditationsgarten in das Innere eindringen lässt, zweitens durch die lange Glasfront beim Wasserbecken im Osten. Die direkte Lichtführung verleiht dem Kircheninneren eine großzügige Offenheit im raumatmosphärischen Erscheinungsbild.

Der Kirchenhauptraum ist durch zwei weitere wichtige Lichtführungsaspekte gekennzeichnet. Auf der einen Seite wird durch ein schmales Oberlichtband die Altarhauptwand mit natürlichem Licht beschienen, auf der anderen Seite führt ein kniehohes Lichtband am Boden der Nord- und Westseite des Kirchenhauptraumes natürliches Licht zum Boden. Ein weiteres markantes, zeichensetzendes Element der Lichtführung ist der Glasquader, der die Wochentagskapelle abschließt. Dieser Quader hat eine Ausdehnung von 6 x 6 x 2 m und leitet viel Zenitallicht in die Wochentagskapelle. Die Lichtinstallation verwandelt den Glasquader in eine innovative Lichtskulptur.

Die konsequente Lichtführung sowohl im Bereich des natürlichen Lichtes, als auch im Bereich der künstlichen Lichtquellen, setzt die liturgischen Orte ins „richtige Licht".

Liturgische Orte

An der Nordseite des Kirchenhauptraumes befindet sich das einstufige, schieferverkleidete Altarpodest. Dieses Podest bildet mit dem Holzaltar, der ebenso wie das Gesamtgebäude als Monolith ausgebildet ist, das „liturgische Zentrum". Die ziegelrote Farbgebung des Altares kontrastiert mit dem hellen Birkenholz.

Rechts vom Altar steht der schlicht ausgeformte Ambo aus Metall. Die Kirchenbänke sind u-förmig um den Altar konfiguriert und in Birkenholz gefertigt. Altar, Ambo und der umschließende Kirchenbankkörper stellen ein harmonisches Ganzes dar.

In der Nordostecke des Kirchenhauptraumes befindet sich eine mit Schieferplatten verkleidete u-förmige Nische, die in ihrem Inneren ein Marienbild aufnimmt. Diese architektonische Ausformulierung ist eine moderne Interpretation des für katholische Kirchen typischen Heiligenverehrungsorts.

Der aus der alten Kirche stammende Tabernakel wurde in der Wochentagskapelle platziert. Der Taufstein befindet sich am Ende der ost-westgerichteten Erschließungszone und wird schon beim Betreten des Foyers wahrgenommen. Der quaderförmige, ebenso mit Schieferplatten verkleidete Taufstein stellt eine Kombination zwischen dem traditionellen Taufbecken und der ab dem 18. Jahrhundert verwendeten Taufschale dar. Keith Sonnier gestaltete die Neonlichtinstallation an der Decke und setzt ein gewichtiges Zeichen über dem liturgischen Ort der Taufe.

Bei Betrachtung der Situierung der liturgischen Orte fällt deren lineares Beziehungsgeflecht untereinander auf.

Reflexionen zum Sakralraum

Der Gang durch mehrere Zwischenzonen ermöglicht die gute Einstimmung auf den besonderen Ort. Die intensiven Naturbezüge – Meditationsgarten, Wasserbecken – führen zum Bewusstwerden der Natur, weisen hin auf den Schöpfer der Natur. Der Kirchenhauptraum lädt ein zur gemeinsamen Eucharistiefeier und ebenso zum Innehalten und zum Ausrichten hin zu Gott. Die Wochentagskapelle ist in direkter Nahebeziehung zum Kirchenhauptraum und eignet sich besonders zur Besinnung und Andacht.

Künstlerische Gestaltung

Der Glaskubus, der an der Süd-Ostseite des Kirchengebäudes die Wochentagskapelle abschließt, stellt einen „illuminierten" Kirchturm dar. Dieser Glasquader wurde von Keith Sonnier geschaffen. „Das Lichtsymbol besteht aus Neonröhren, die in verschiedenfarbigen Lichtschleifen den Kubus ausfüllen. Jede einzelne Lichtschleife stellt einen Fisch dar. Der Fisch galt schon in der Frühzeit des Christentums als ein Glaubenssymbol und war einerseits ein Geheimzeichen der ersten Christen in der Zeit der römischen Verfolgung und andererseits eine Kurzformel des Glaubens. Die Buchstaben des griechischen Wortes für Fisch (ichthys) bedeuten Jesus Christus, Sohn Gottes und Erlöser (griech.: Iesus Christos Theou Uios Soter)."[120]

Über dem Taufstein platzierte Keith Sonnier mehrere weiße und bläuliche, leicht gebogene Neonröhren, die eine „Flammenzunge" symbolisieren.

Ein weiteres wichtiges künstlerisches Gestaltungselement bildet die Gartenarchitektur von Cordula Loidl-Reisch im Innenhof und im Bereich der Außenanlagen. Sie schreibt zum Kircheninnenhof: „Als grünes Inselchen im Kircheninneren [...] breitet sich ein ‚Stück Landschaft' still und meditativ wie ein kleiner Kosmos vor dem Kirchenbesucher aus. Tiefe, innere Anteilnahme, Gedanken über Sein und Sinn mögen sich einstellen."[121]

Glaskubus mit Lichtinstallation von Keith Sonnier, Nachtaufnahme

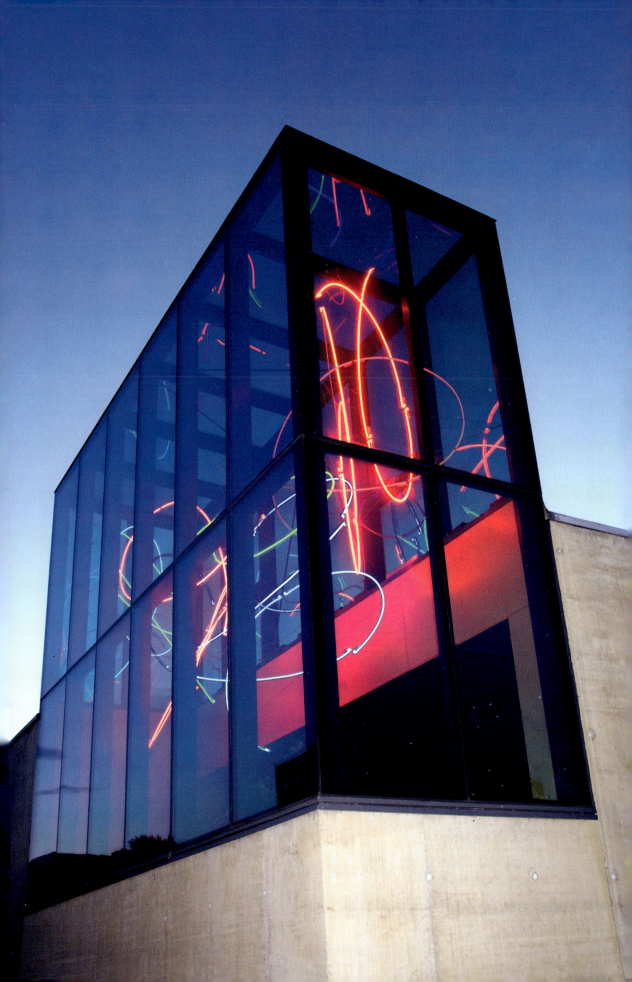

1

2

3

4

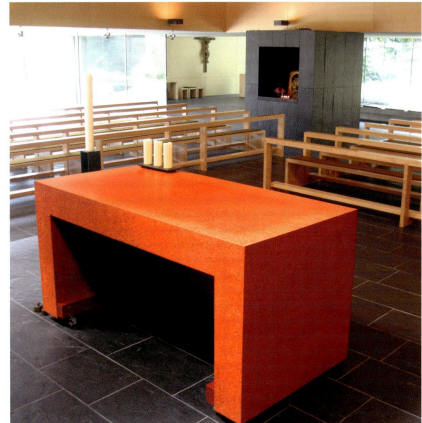

1 Kirchenaußenansicht von Werner-von-Siemens-Straße
2 Wasserbecken
3 Meditationsgarten von Cordula Loidl-Reisch
4 Altarraum mit Ambo, Altar, Kreuz und Osterkerze
5 Kircheninnenraum mit Altar und Marien-Nische

5

Oberösterreich 171

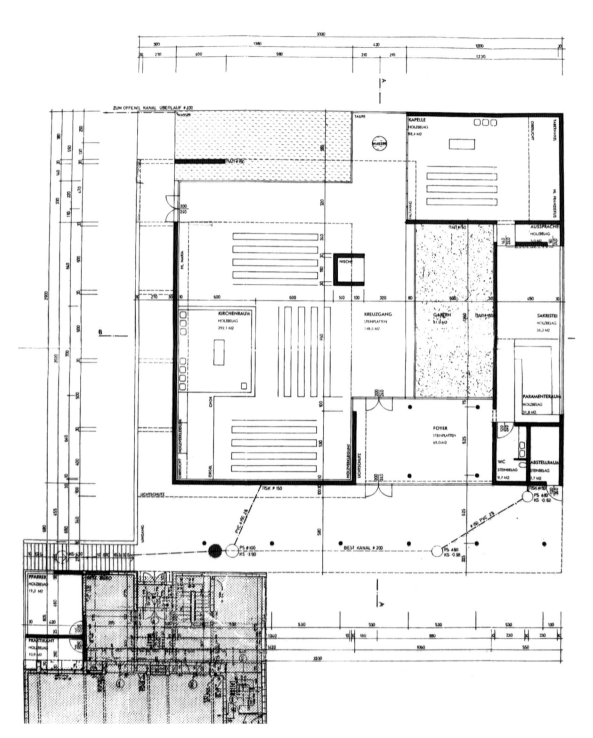

Grundriss

Ansicht Süd

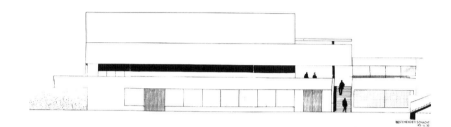

Ansicht Nord

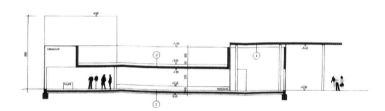

Schnitt

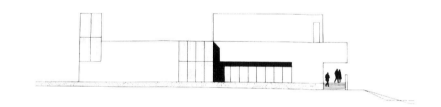

Ansicht Ost

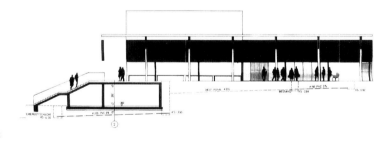

Ansicht West

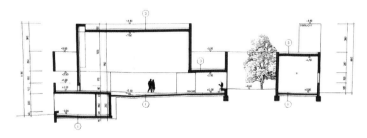

Schnitt

Oberösterreich

Wels:
Römisch-katholisches Pfarrzentrum St. Franziskus
Architekt Maximilian Luger und Architekt Franz Maul, 2003-2004

4600 Wels, St.-Franziskus-Straße 1

Entstehungsgeschichte
Ab 1993 gab es Überlegungen zur Errichtung einer Seelsorgestelle innerhalb der Pfarre Wels-Hl. Familie. Nach dem eindeutigen Votum des Pfarrgemeinderates wurde mit Wirkung vom 1. Jänner 1997 die neue Seelsorgestelle von Diözesanbischof Maximilian Aichern zugesagt. Am 21. Juni 1997 erfolgte der feierliche Spatenstich. Die Bauarbeiten mit erstem Bauabschnitt dauerten von August 1997 bis Juni 1998, die Pläne stammen von Architekt Georg Kirchweger. Am 14. Juni 1998 wurde das neue Seelsorgezentrum durch Diözesanbischof Maximilian Aichern gesegnet. Aufgrund der regen Bautätigkeit in der Wohnsiedlung Wels-Laahen wurde das Seelsorgezentrum räumlich zu eng, so schrieb der Pfarrgemeinderat 2001 einen geladenen Architektenwettbewerb für einen Erweiterungsbau aus. Das Architektenteam Maximilian Luger und Franz Maul ging als Sieger hervor.

Am 14. Mai 2003 beschloss der Pfarrgemeinderat „den Sonnengesang mit seinen sieben Themen" als das tragende Kunstkonzept von St. Franziskus ausführen zu lassen. Am 31. August 2003 wurde die Grundsteinlegung gefeiert und am 24. Dezember 2004 die erste Messfeier abgehalten. Das Seelsorgezentrum und die Kirche wurden am 29. Mai 2005 durch Diözesanbischof Maximilian Aichern feierlich geweiht.

Ort
Im rasch wachsenden Wohnsiedlungsareal von Wels-Laahen wurde das neue Pfarrzentrum St. Franziskus errichtet. Es liegt inmitten eines Wohnareals, derzeit umgeben von großen Wiesenflächen.

Architektonische Vision
Im Vordergrund steht die Vision des Namenspatrons der Kirche, des hl. Franz von Assisi. Die Naturverbundenheit des Heiligen ist das Motto, und so steht die Einbeziehung der Natur und der intensive Dialog zwischen Innen und Außen im Mittelpunkt der architektonischen Vision. Der planerische Schwerpunkt war die ökologische, energietechnische und baubiologische Ausarbeitung. Die gesamte Kirchenanlage samt Nebengebäude wurde nach den technologischen Kriterien von Passivhäusern entwickelt. Die planenden Architekten schrieben hierzu: „Umweltbewusstheit, Ressourcenschonung und Nachhaltigkeit als Botschaft des heiligen Franziskus prägten die Entstehung dieses Objektes."[122]

Architektonisches Thema
Im Nordosten des großräumigen, ebenen Bauareals liegt die winkelförmig konfigurierte Kirchenanlage inklusive Pfarrzentrum. In der ersten Bauetappe wurde das Seelsorgezentrum von Architekt Georg Kirchweger geplant und von der Pfarrgemeinde in Eigenregie errichtet. In der zweiten Bauetappe erfolgte die Erweiterung des Pfarrzentrums und als Zwischen- und Eingangszone wurde ein glasüberdeckter Bereich geschaffen, an den der neue Kirchenkomplex anschließt.

Der Kirchenbesucher tritt durch einen verglasten Windfang in das großzügig konzipierte, wandhoch verglaste Foyer. Von hier gelangt er in den multifunktionalen Kirchensaal. Für größere kirchliche und außerkirchliche Veranstaltungen können die an der Stirnseite gelegenen Holztrennwände geöffnet und der Raum zum Foyer hin erweitert werden. Der rechteckförmige, streng symmetrisch konzipierte Kirchenhauptraum wird einerseits durch die rote Paneelvertäfelung und andererseits durch den in der Symmetrieachse gelegenen Oberlichtglaswinkel bestimmt. Der Oberlichtglaswinkel ist zum vorgelagerten Wasserbecken hin ausgebildet und zieht gleichsam die Natur direkt in den Kirchensaal. Der Kirchensaal thematisiert die Verbindung zwischen Innen und Außen und zwischen Himmel und Erde. Ein ausgeklügeltes und technisch ausgefeiltes Sonnenschutzsystem lässt entsprechend der Tages- und Jahreszeit Licht in den Kircheninnenraum eindringen und macht ihn zu einem lebendigen und stimmungsvollen Lichtraum.

An diesen Kirchensaal wurde die ebenfalls rechteckige Wochentagskapelle (als „Andachts-Wasserraum" bezeichnet) angegliedert. Sie ist mit dem Kirchenhauptraum durch Glasschiebeelemente verbunden. Der Taufstein wurde in den Boden eingelassen und wird von Brunnenwasser gespeist, welches wiederum in das außen vorgelagerte Wasserbecken übertritt. So entsteht ein weiterer deutlicher Naturbezug. Über die verglaste Zwischenraumsituation betritt der Besucher das mit einem vorgelagerten Arkadengang versehene, längsgerichtete Pfarrgebäude, in welchem sich im Erdgeschoß die Pfarrkanzleien, Pfarrbüro, mehrere Räume („Wind" und „Erde"), anschließend eine Buffetzone und als Gebäudeabschluss der Saal „Schöpfung" befinden. Dieser wurde in den Entstehungsjahren als Kirchenraum genutzt, zwei Türflügel sind stirnseitig raumhoch zur Natur hin zu öffnen („Saal Sonne"). Im Obergeschoß befinden sich die Jungscharräume und eine Galerie zum

Saal „Schöpfung". Im linken Gebäudetrakt befinden sich zwei Wohneinheiten.

Architekturanalytische Betrachtung

Das Seelsorgezentrum wurde nach den Regeln der Passivhaus-Technologie entworfen. Die sakralen Bauten liegen als „Black Box" in der Naturlandschaft. Passivhaus-Technologie und Natur treten entsprechend der architektonischen und liturgischen Vision in intensive Kommunikation. Durch die Auseinandersetzung und Einbeziehung der Natur entspricht das Seelsorgezentrum dem Geist des hl. Franziskus. Die Passivhaus-Box wird durch den symmetrisch angeordneten Glaswinkel gleichsam aufgerissen und im Inneren natürlich belichtet. Der Kirchenquader liegt wie ein moderner „Gebetsschrein" in der Natur. Durch die konsequente technische Planung ist dieser Kirchenbau baubiologisch und ökologisch konsequent durchdacht und stellt somit einen Prototyp für eine Passivhaus-Sakralarchitektur dar.

St. Franziskus ist hinsichtlich der Raumkonzeption eine aktuelle Interpretation des multifunktionalen Kirchenraumes, der durch die gezielte Materialwahl und Lichtführung eine verdichtete sakrale Atmosphäre schafft, die weit von der Beliebigkeit der Multifunktionsräume der 70er- und 80er-Jahre entfernt ist.

Konstruktion

Die planenden und ausführenden Architekten schreiben hinsichtlich der Konstruktion: „Die gesamte Anlage ist in Holzriegelbauweise errichtet. Die Fassade des Verwaltungstraktes und die Nebenraumspange der Kirche sind außen mit einer liegenden, vorgegrauten Lärchenholzschalung belegt, im Innenraum mit Gipskarton beplankt bzw. mit grau gebeizten Birkensperrholzvertäfelungen ausgekleidet. Eine schwarze glänzende Glashaut mit integrierten Photovoltaikelementen umhüllt den Kubus des Kirchenraumes."[123]

Im Bereich der Eingangszone befindet sich ein filigraner Campanile. Diese schlanke, 15 m hohe Holzstahlfachwerkkonstruktion nimmt mehrere 6 bis 9 m lange abgehängte Aluminiumrohre auf. Das Geläut konzipierte der Komponist Christoph Herndler.

Materialität und Innenausbau

Die schwarz glänzende Glasaußenfassade mit integrierten Photovoltaik-Elementen steht im deutlichen Kontrast zur dunkelroten Farbe der Holzpaneele und der des Bodens im Kirchensaal. Die rote Raumkomposition im Inneren wird vom längsgerichteten, circa 13 x 4 m messenden Glaswinkel illuminiert. Je nach Lichteinfall entstehen verschiedene Rot-Töne.

Die dem Kirchensaal angegliederte Wochentagskapelle wurde im Bereich der Decke und der Wand mit grau gestrichenen Holzpaneelen verkleidet, der Boden analog als graueingefärbter Estrich ausgeführt. Im Kontrast zur Materialsprache des Bodens und der Wände steht die wandhohe, die gesamte Stirnseite einnehmende Glasfront.

Lichtführung

Der Kirchensaal wird von einem in der Symmetrieachse liegenden Oberlichtfensterband illuminiert, das als Sichtglaskonstruktion mit statisch wirksamen Glasschwertern ausgeführt wurde. Entsprechend den beschattungstechnischen Anforderungen wurden textile Schiebesysteme zur künstlichen Beschattung eingesetzt, die sowohl in der horizontalen als auch in der vertikalen Fensterebene montiert sind. Filigrane Hängelampen wurden zur künstlichen Beleuchtung angebracht.

Die natürliche Belichtung der Wochentagskapelle erfolgt durch die raumhohe Glasfront und durch einen bodennahen horizontalen Lichtschlitz, welcher zusätzlich Tageslicht in die Taufkapelle eindringen lässt.

Liturgische Orte

Der Kirchensaal wurde als multifunktionaler Kirchenfeierraum konzipiert. Durch die bifokale Aufstellung von Mensa und Ambo entspricht die liturgische Konzeption dem Communio–Raumkonzept. Der Altar und der Ambo stehen exakt in der Symmetrieachse des Kirchensaales. Der Altar wurde als erster Brennpunkt in Eingangsnähe positioniert und als filigraner Nussholzgittertisch ausgeführt, auf welchem eine rechteckförmige Glastafel liegt. Im zweiten Brennpunkt befindet sich der in analoger Bauweise ausgeführte Ambo. Ambo und Altar wurden vom Architektenteam entworfen. Als Kreuz dient ein Olivenast, ein Geschenk der Kirchengemeinde vom Franziskanerkloster San Damiano in Asissi. Dieser Ast wurde in einer Edelstahlhalterung fixiert.

Altar und Ambo stehen in einem intensiven liturgischen Dialog, welcher durch die klare architektonische Ausformulierung ablesbar und raumatmosphärisch spürbar ist. Elegante, aus Nussholz gefertigte Stühle werden zur Bestuhlung des Kirchensaales verwendet. Dies ermöglicht eine flexible Gestaltung des Kirchensaales für sämtliche liturgische und außerliturgische Feiern.

In der Wochentagskapelle, dem Herzstück der Seelsorgestation, ist der Taufstein das dominierende liturgische Element, gestaltet von der Bildhauerin Gabi Berger.

Das Architektenteam entwarf den quaderförmigen horizontal angeordneten Tabernakel, welcher an der ostseitigen Wand der Wochentagskapelle montiert wurde. Dieser besteht aus einem kurzzeitnitrierten und oxidierten Stahlkorpus, in den ein vertikal verlaufender Fusingglasstreifen integriert wurde, der das Ewige Licht symbolisiert. Das rot leuchtende Glas wurde in der Schlierbacher Glaswerkstätte erzeugt.

Im Bereich der eingangsseitig gelegenen Stirnwand wurde die Osterkerze als Symbol für die Auferstehung Jesu Christi aufgestellt. Taufstein, Tabernakel und die Osterkerze bilden im rechteckförmigen Raum ein liturgisches Dreieck.

Reflexionen zum Sakralraum
Der Kirchensaal ist durch seinen starken Naturbezug gekennzeichnet. Auf der einen Seite durch sein Wasserbecken und auf der anderen Seite durch den in der Symmetrieachse gelegenen Lichtschlitz als Öffnung hin zum Himmel – dies ist sehr wesentlich bei der Raumwahrnehmung. Die rote Vertäfelung macht den Kirchensaal zum kraftvollen Ort, die faszinierende Lichtstimmung erinnert an Bildkompositionen von Mark Rothko. Die architektonische und künstlerische Gestaltung verleiht dem Kirchensaal eine starke sakrale Ausstrahlung. Die Wochentagskapelle wirkt ruhig und kontemplativ und ist ein Ort der Besinnung und des Gebetes.

Künstlerische Gestaltung
Drei bildende Künstler wurden beauftragt, für das Seelsorgezentrum Werke auszuführen. Die Bildhauerin Gabi Berger schuf den Taufstein, bestehend aus mehreren grob behauenen, bogig konfigurierten Steinelementen aus Mühlviertler Granit. Die circa 30 cm hohe Bodenskulptur bildet den Taufbrunnen und wird im Zentrum mit frischem Quellwasser gespeist, das aus 16 m Tiefe emporsteigt.

Der Architektenentwurf des Tabernakels wurde vom Metallkünstler Alois Bauer ausgeführt. Der Glaskünstler Herbert Schmid schuf Gefäße für die liturgischen Öle, die in einem metallenen Wandbord in der Wochentagskapelle aufgestellt sind.

Kircheninnenraum mit Altar, Ambo, Altarkreuz und Beschattungssystem

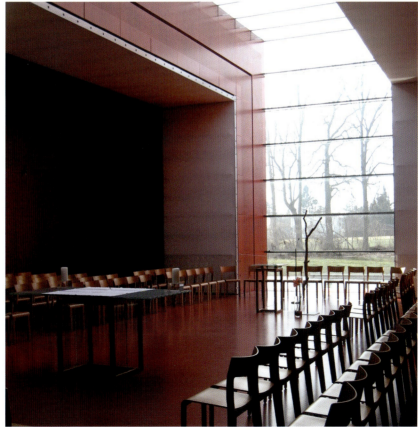

1 Kirchenaußenansicht mit Eingangszone und Campanile
2 Kirchenaußenansicht und Pfarrzentrum
3 Beschattungssystem
4 Kirchensaal mit „Lichtband"

1 Altar

2 Kapelle mit Tabernakel von Alois Bauer und Taufbrunnen von Gabi Berger

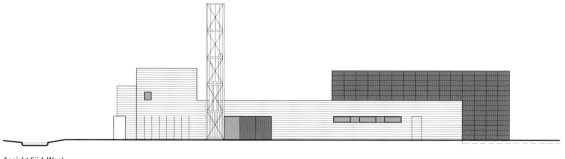

Ansicht Süd-West

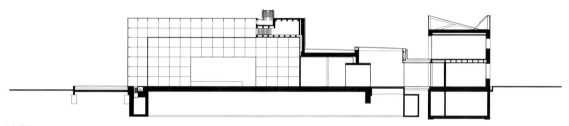

Schnitt

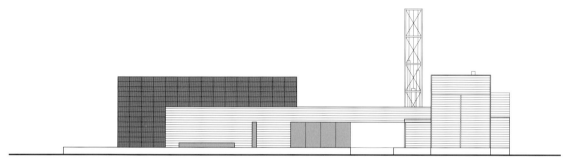

Ansicht Nord-Ost

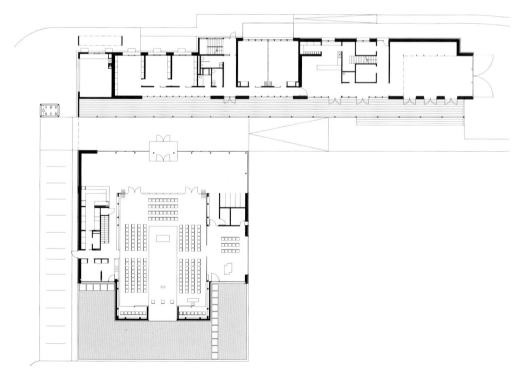

Grundriss

Oberösterreich

Gallspach:
Römisch-katholische Pfarrkirche Hl. Katharina
Architekt Ernst Beneder und Architektin Anja Fischer, 2005

4713 Gallspach, Kirchengasse 6

Entstehungsgeschichte
Schon seit den 1960er-Jahren wurden konzeptionelle und architektonische Überlegungen hinsichtlich eines Kirchenneubaus angestellt, doch erst 2003 kam es zu einem Architektenwettbewerb, aus dem das Architektenteam Anja Fischer und Ernst Beneder als Sieger hervorging.

Am 27. Februar 2005 erfolgte der Spatenstich, am 20. Juli 2005 die Gleichenfeier, am 7. August die Grundsteinlegung und am selben Tag die erste Messfeier im Rohbau der Kirche. Schon am 11. Dezember 2005 konnte diese durch Diözesanbischof Ludwig Schwarz feierlich eingeweiht werden.

Ort
Im Zentrum des Kurortes Gallspach in einer städtebaulich exponierten Hanglage, steht die neue Pfarrkirche zur Hl. Katharina. Gallspach ist eine Marktgemeinde im Bezirk Grieskirchen im Hausruck mit circa 2800 Einwohnern.

Architektonische Vision
Architekt Ernst Beneder schreibt hierzu: „Alt und neu prägt hier den Eindruck der Kirche. Dem ansteigenden Hang folgend, schließt ein ringförmiger Baukörper alle Elemente zu einem Ganzen und zeichnet so einen Ort der Einkehr und Ruhe als spirituelle Mitte aus."[129]

Die alte Pfarrkirche wurde bis auf den Kirchturm und die Apsis, die nun als Aufbahrungshalle dient, abgetragen. Das Architektenteam schuf einen neuen ovalär konfigurierten Baukörper, welcher sich entlang der Höhenlinie und der Hangneigung aufbaut. Dieses sakrale Bauwerk schafft durch seine dominante Lage und architektonische Beschaffenheit ein neues Ortszentrum, sowohl städtebaulich als auch spirituell.

Architektonisches Thema
Die Voraussetzung für die Entwicklung des Kirchenneubaus war die Entscheidung des Denkmalamtes, die alte Kirche, die an einer Anhöhe gelegen war, bis auf den Kirchturm und die Apsis abzutragen. Diese Entscheidung war einmalig in der Sakralbaugeschichte des 20. Jahrhunderts in Österreich. Die ovaläre Ringarchitektur in Hanglage streckt sich über das gesamte Areal von der Hauptdurchfahrtsstraße bis hinauf zur Kirchturmebene. Das Architektenteam entwickelte einen Flachbau, der sich um das zylindrische Zentrum anordnet. Im Zentrum der Kirchenanlage befindet sich die der hl. Katharina geweihte Wochentagskapelle. Der zylindrische Baukörper ragt mit seiner Oberkante bis 14,6 m hoch und wird von einem pultförmig nach Osten geneigten Dach abgeschlossen. Um ihn ordnen sich nun sämtliche liturgische Räume an.

Der Haupteingang der Kirche wird über einen überdachten Vorplatz von der Hauptstraße aus betreten. Dieser Vorplatz ist eine halböffentliche Zwischenzone, die linksseitig zum Kirchenhauptraum und rechtsseitig durch einen Stiegenaufgang zum oben gelegenen Kirchenareal führt. Die untere Eingangsebene nimmt den Kirchenhauptraum, die Wochentagskapelle, das Aussprachezimmer, zwei Beichtzellen und die Sakristei samt sakralen Nebenräumen auf. Im Bereich der oberen Ebene befinden sich die bereits erwähnte Aufbahrungshalle und der ebenfalls ovalär konfigurierte Kircheninnenhof. Das schräg geneigte Kirchenoval verbindet somit die zwei kirchlichen Ebenen und kreiert dadurch eine bislang einzigartige Lösung in der sakralen Architekturgeschichte Österreichs.

Der Besucher tritt durch ein lichtdurchflutetes Foyer ein und gelangt linksseitig in den Kirchenhauptraum. Dieser ist hinsichtlich seiner Form ein Teil der ringförmigen Raumellipse. Er ist gekennzeichnet durch die Orientierung auf das Raumzentrum, nämlich das halbkreisförmig ausgebildete Altarpodest. Die andere Hälfte des Kreises ist für die zentral gelegene Wochentagskapelle bestimmt. Da der zentrale Raum durch eine satinierte Glasschiebewand optisch abgetrennt ist, kann der Besucher erst bei genauerer Betrachtung den inneren zentralen zylindrischen Baukörper räumlich wahrnehmen.

Der Hauptort des gesamten Kirchenkomplexes ist der zylindrische Zentralraum, der auf der einen Seite das Altarpodest bildet und auf der anderen Seite zur Feier der Wochentagsliturgie dient. Wenn die mobile Glaswand bei großen Feierlichkeiten geöffnet wird, wird dieser zylindrische Zentralraum sofort als solcher räumlich erlebbar. Der Kirchenhauptraum wird in seiner räumlichen Wahrnehmung durch seine dynamisch wirkenden Raumellipsensegmente geprägt. Im hinteren Bereich führt die zweiläufige Treppenanlage zur oberen Kirchenebene. Sie dient auch zur Aufstellung des Kirchenchors. Bei Betrachtung des Grundrisses fallen vier raumbildende Linien auf. Von innen nach außen: der zentrale Kreis; zweitens die innere Ellipsenkontur, die den zentralen konstruktiven

Abschluss bildet, da an ihr die Holzkonstruktion verankert ist; weiters die zweite elliptoide Konturlinie und schließlich die äußere raumbildende Ellipsenlinie. Diese raumbildenden Konturlinien sind für den Betrachter im Innenraum als dynamisches Oval erkenn- und erlebbar.

Vom Foyer aus gelangt der Besucher über einen Gang zur zentral gelegenen, halbzylindrischen St. Katharinen-Kapelle. Der Kapelle vorgelagert befinden sich das Aussprachezimmer und zwei Beichtzellen.

Der zweite raumbildende Teil der Gesamtanlage ist die großzügig gestaltete Treppe mit verschiedenen Podestebenen, welche zur oberen Kirchenebene hinaufführen, wo sich die Aufbahrungshalle und der alte Kirchturm befinden. Das Architektenteam schuf eine durch den Teilabriss notwendig gewordene Fassade als Stahl-Glasfassaden-Konstruktion mit Ausbildung von Holzportalen. Von der Treppenanlage wie auch von der oberen Kirchenebene aus gelangt man zum zentralen begrünten, meditativ gestalteten Innenhof. Dieser dient als Ort für Messfeiern im Freien als auch für Veranstaltungen, Konzerte und andere Feiern.

Dieser zentrale Ruheort im Kirchenbau wurde von der Bevölkerung als meditativer Außenraum gut angenommen. Um den Rundgang abzuschließen, kann der Besucher von der oberen Kirchenebene wieder in den zentralen Kirchenhauptraum eintreten.

Architekturanalytische Betrachtung
Die architekturgeschichtlich einzigartigen topografischen Bedingungen führen zur Ausbildung einer räumlich eindrucksvollen Architektursprache. Ein weiterer zentraler Entwurfsschwerpunkt war die Ausbildung des Kreuzweges, der sich von der unteren Ebene hinauf in den Innenhof entwickelt. Diese inszenierte Kreuzwegtreppenanlage stellt eine moderne Interpretation des Kalvarienberges dar, welcher durch eine präzis ausgeführte architektonische Ummantelung „eingefasst" wurde.

Konstruktion
Ernst Beneder und Anja Fischer schreiben in der Baubeschreibung hinsichtlich der Statik Folgendes: „Der massive Sockel besteht aus dem Plattenfundament, der Hangstützmauer, dem zylindrischen Baukörper der Werktagskapelle und der über der Stützmauer zum Kirchenraum hin auskragenden Deckenplatte. Diese bis zu 8 m reichende Auslandung wird mit Stahlbetonüberzügen bewältigt. Der Balken im Bereich der größten Spannweite ist paarweise ausgebildet. Über den Zwischenraum dieses Trägerpaares gelangt Licht in den Kirchenraum. Bereits in der Vorbemessung wurde das Tragwerk räumlich modelliert und nach der Finite Elemente-Methode gerechnet."[130]

Die gesamte fächerförmig konstruierte Leimbinderrahmenkonstruktion wurde an der massiven, statisch wirksamen Mauerwerksscheibe verankert. Diese massive Stahlbetonmauerscheibe ist die innere Begrenzung des Kirchenhauptraumes, inklusive der halbzylindrisch ausgeführten Schale im Bereich des zentralen Innenraumes. An dieser Mauerscheibe ist das gesamte Holztragwerk des Kirchenraumes befestigt. Die Holz-Leimbindertragwerkskonstruktion ist als Überdachung der Kreuzwegtreppenanlage in analoger Weise selbsttragend ausgeführt. Das Holztragwerk besteht aus einer Rahmenkonstruktion, welche die innere und äußere Hülle bildet, sekundär wurde der Kirchenhauptraum mit einer Pfostenriegelkonstruktion mit Glasfassadenelementen ausgeführt. Das elliptische Pultdach wurde mit Zinkplatten verkleidet.

Materialität und Innenausbau
Der Kirchenbau ist außen bis auf Sockelhöhe mit Gollinger Konglomeratstein verkleidet. Der Stiegenaufgang im Bereich der Kreuzwegtreppenanlage ist aus identischem Material gebildet. Das gesamte Kirchengebäude ist mit großformatigen Pressglastafeln, die an der Pfostenriegelkonstruktion montiert sind, ausgestattet. Die gesamte Tragkonstruktion ist aus Lärchenholzleimbindern gefertigt, die das äußere Erscheinungsbild prägen. Im Kircheninnenraum dominieren die großen Glastafelelemente, das weiß verputzte Stahlbetonmauerwerk und die mit Konglomeratsteinplatten verkleidete Sockelzone. Der gesamte Fußboden wurde mit polierten, bänderförmig verlegten Porfirico-Noce-Platten aus dem Trentino ausgelegt. Die halbkreisförmige Wochentagskapelle wurde bis auf eine Höhe von etwa 2,5 m mit Lärchenholz verkleidet. Die Deckenuntersicht zeigt blaues Glas, punktgehalten montiert.

Lichtführung
Die Lichtführung im Kirchensaal ist durch die natürliche Belichtung in Form der großformatigen Glasfronten, die ausreichend natürliches Tageslicht in den Kirchensaal eindringen lassen,

gekennzeichnet. Im Altarraumbereich wurden indirekte Lichtquellen zur Illumination integriert.

Der zentrale zylindrische Stahlbetonkörper ist mit einer schräg ausgeführten Pultdachebene aus ultramarinblauen Glastafeln abgeschlossen. In der Deckenverglasung wurde ein schmaler Streifen angehoben, der zusätzliches Licht in die Wochentagskapelle bringt. Die Fixierungselemente der Glastafeln bilden ein geometrisches Muster, das an einen Sternenhimmel erinnert.

Liturgische Orte

Der Altar steht auf einem einstufigen, rechteckigen Altarpodest und wurde in Massivbauweise ausgeführt, wobei der Sockel aus geschichteten Gollinger Konglomeratsteinplatten gefertigt worden ist. Auf dem Konglomeratsteinsockel ruht jene Sandsteinplatte, die bei der alten Pfarrkirche als Mensaplatte diente. Die Sandsteinplatte trägt wiederum eine Bronzeplatte als Hinweis auf den Kreuzweg, der in Bronze gefertigt worden ist. Auf die Bronzeplatte wurden zwölf circa 10 cm hohe Steinquader aufgesetzt, als Verweis auf die zwölf Apostel. Die gleichen Steinquader wurden im Bereich der Kircheneingangswand als Weihestellen in Form eines Wandreliefs angebracht. In jener Altartischzone, wo die Steinquader angeordnet sind, wurde eine kreuzförmige Aussparung ausgeführt, welche als Negativraum ein Kreuz darstellt. Der Pfarradministrator von Gallspach Johann Gmeiner schreibt hierzu: „Diese Natursteine kommen aus aller Welt […] Wer will, kann darin einen Verweis auf die Katholizität unserer Kirche sehen: Wir sind Weltkirche. Auf diese Steinquader wurde ein dickes blaues Glas gelegt, wie wir es beim Tabernakel, beim Ambo, als Deckenuntersicht der Katharinenkapelle, als Einlage beim Vortragekreuz und beim Aufbewahrungsort der hl. Öle (beim Taufstein) auch finden. Blau ist die Farbe der Transzendenz, des Himmlischen, des Göttlichen. Die Mensa des Altares besteht aus demselben Material wie der Fußboden – Porfirico Noce – ein Marmor aus dem Trentino, allerdings poliert. Auch das Altartuch wurde vom Architekten konzipiert: 13 zusammengenähte Naturleinenstreifen, Christus mit den 12 Aposteln."[131]

Neben dem Altar wurde in analoger Bauweise der Ambo ausgeführt. Die Altarrückwand besteht aus Glastafelschiebeelementen. An der Glaswand wurden in linearer Reihe die Sessio und die Ministrantensitze aus Lärchenholz angeordnet. Der Tabernakel wurde als ultramarinblauer Glasquader

konzipiert und ist sowohl vom Kirchenhauptraum, als auch von der an der gegenüberliegenden Seite befindlichen Wochentagskapelle zugänglich. Der alte, aus Untersberger Marmor gefertigte Taufstein befindet sich im Bereich der Eingangszone, der Marienstatue benachbart. Der Innenausbau wird dominiert durch die Ausführung von vier sektorenförmig konfigurierten Kirchenbankblöcken, welche sich um den zentralen Altarraum gruppieren. Die Kirchenbänke wurden in massivem Lärchenholz ausgeführt und zeigen unterschiedliche Krümmungsradien. Die Positionierung der Beichtzellen ist hinsichtlich der Praktikabilität für den beichtenden Christen als nicht ideal zu bewerten und dies gilt auch für die Positionierung der Sakristei im rückwärtigen Teils des Kirchenhauptraumes.

Reflexionen zum Sakralraum

Der gesamte Kirchenbaukörper besticht durch seine elegante Raumdynamik. Die Wochentagskapelle strahlt eine ruhige und meditative Atmosphäre aus, was die Hinwendung zu Gott ermöglicht. Der Kirchenhauptraum und die Wochentagskapelle sind aufgrund der trennenden Glaswand im Altarraumbereich nicht als räumliches Ganzes wahrnehmbar. Das Altarpodest bietet bei Hochfesten zu wenig Raum und die Integration der halbzylindrischen Wochentagskapelle ist nur selten gegeben.

Künstlerische Gestaltung

Erwin Burgstaller schuf die 14 Kreuzwegstationen. Dazu schreibt Johann Gmeiner: „Vom Kirchenvorplatz ausgehend, der Stufenanlage folgend, die Turmhalle durchdringend, die vordere Hälfte der alten Kirche umschließend, in das neue Gotteshaus hinab- und hineinführend – der Kreuzweg unseres Herrn Jesu Christus. Der Kreuzweg Jesu – er gehört zu seinem und unserem Leben: Wir können uns bei der Betrachtung jedes dieser vierzehn modernen Kunstwerke vielfach inspirieren lassen, den Bezug zu unserem alltäglichen Leben herstellen und so Kraft für den Weg unseres Lebens schöpfen. Von besonderer Bedeutung dafür ist […] der Zusammenhang zum neuen Altar als ‚nullte' und 15. Station."[132]

Wochentagskapelle St. Katharina mit Deckenoberlicht

1

2

3

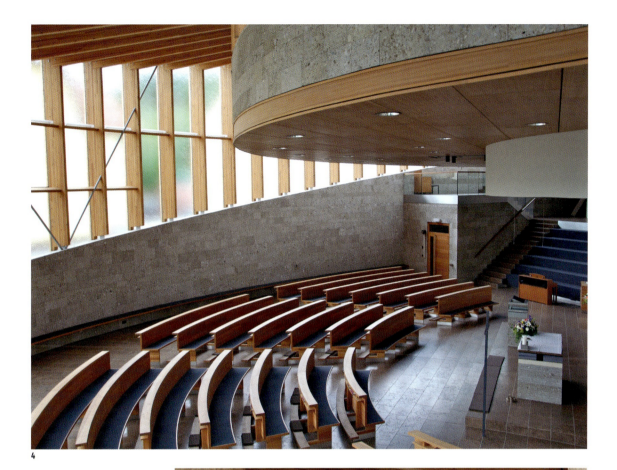

4

1, 2 Kirchenaußenansichten mit Kirchturm
3 Kirchenaußenansicht mit Sakristeieingang
4 Kircheninnenraum mit Altarzone
5 Kircheninnenraum mit Deckenkonstruktion

Folgende Seite
1 Kirchturmebene mit Wochentagskapelle

5

1

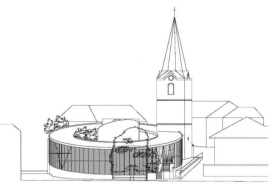
Ansicht Nord

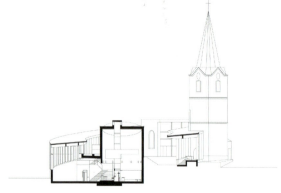
Querschnitt

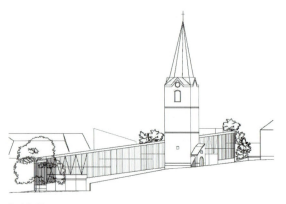
Ansicht West

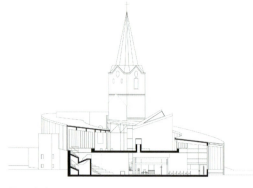
Längsschnitt

188 Oberösterreich

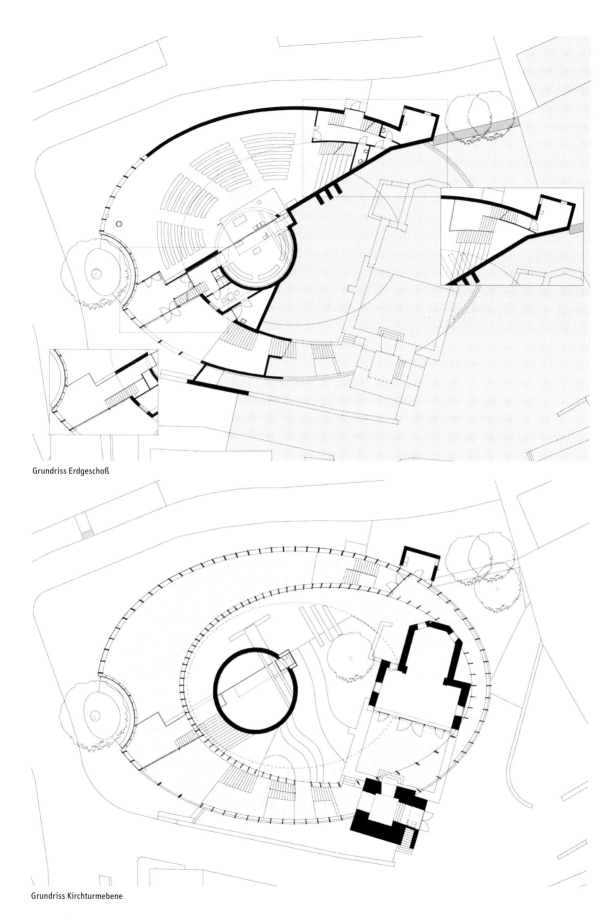

Grundriss Erdgeschoß

Grundriss Kirchturmebene

Linz-Solarcity:
Römisch-katholisches Seelsorgezentrum Elia
Architekt Herbert Pointner und Architekt Helmut Pointner, 2004-2006

4030 Linz-Pichling, Pegasusweg 1-3

Entstehungsgeschichte
Im April 2002 fiel der Beschluss zum Bau einer Seelsorgestelle für die Linzer Solarcity. Aus dem 2004 ausgeschriebenen Architektenwettbewerb mit 15 Architektenteams ging im August 2004 das Architektenteam Pointner und Pointner als Sieger hervor. Nach der ersten Sitzung des Bauausschusses und Leitungskreises im Mai 2005, fand bereits im Juli 2005 die Grundsteinlegung für das Seelsorgezentrum Elia statt. Am 1. Juli 2006 konnte das Seelsorgezentrum Elia von Diözesanbischof Ludwig Schwarz feierlich eingeweiht werden.

Ort
„1995 entschied sich der Magistrat der Landeshauptstadt Linz in Oberösterreich zu einem ehrgeizigen Projekt. Ein neuer Stadtteil für 25.000 Einwohner sollte als Modellvorhaben unter ökologischen Aspekten realisiert werden. Ein internationales Planerteam mit Thomas Herzog, Norman Foster, Richard Rogers und Latz & Partner entwarf eine Stadt, die allein durch ihre städtebauliche Ausprägung den Flächenverbrauch minimiert und die Ausschöpfung passiver Sonnenenergie maximiert. Durch verdichtetes Bauen konnten die Wege zum eigens geschaffenen Zentrum mit Einkaufsmöglichkeiten, Bürgerhaus, Schule und Kindergarten auf fußläufige Distanzen reduziert werden. Das Regenwasser wird zu einhundert Prozent dem Boden wieder zugeführt, die Anbindung an die Altstadt von Linz wurde mit einer eigenen Straßenbahnlinie bewerkstelligt."[124] Es handelt sich um die Konzeption eines Siedlungsprototyps im Niedrigenergiebereich, welcher europäischen Modellcharakter aufweist.

Architektonische Vision
Das Architektenteam Pointner und Pointner entwarf einen Prototyp für ein zeitgemäßes katholisches Seelsorgezentrum. Die Kommunikation auf mehreren Ebenen war dabei das vorrangige Ziel. Das Anforderungsprofil umfasste besonders die Dreiteilung in Jugendeinrichtungen, Verwaltungsbereich und einen Multifunktionsraum mit konsekrierter Wochentagskapelle. Diese drei Bauaufgaben wurden durch Ausbildung dreier differenzierter Baukörper, die miteinander in einen intensiven Dialog treten, architektonisch gelöst. Die drei Baukörper sind mit verschiedenen Gebäudehüllen versehen und durch architektonische Maßnahmen zu einem Ganzen zusammengefügt. Die Zwischenräume ergeben wiederum drei Höfe. Diese Höfe, als Vorzonen und Zwischenzonen gedacht, verstärken den Dialogcharakter zwischen Innen und Außen und erzeugen eine räumliche Kommunikation.

Architektonisches Thema
Das Architektenteam Pointner und Pointner schreibt hinsichtlich des architektonischen Themas: „Auf die heterogene vielgestaltige Umgebung wird mit einem Hofhaus-Konzept mit mehrschichtigen Bezügen zur Innen- und Außenwelt – zur öffentlichen Fläche sowie zu den internen Raumgruppen reagiert. Den unterschiedlichsten Raum- und Funktionsbereichen wird dahingehend Rechnung getragen, dass sie jeweils darauf abgestimmten Hof- bzw. Freiflächen zugeordnet sind. Das Nebeneinander von Flexibilität, Öffnen des Seelsorgezentrums nach Außen und der Intimität liturgischer Feiern wird durch differenzierte Bezüge zu unterschiedlich bearbeiteten Holzflächen möglich gemacht.

Drei Hoftypen prägen den Übergang zum öffentlichen Raum/Vorplatz (1. Hof), zum halböffentlichen Garten (2. Hof), zum von außen nicht einsehbaren sakralen Meditationshof (3. Hof). Baukörper und Hofstrukturen werden von ruhigen verputzten Mauerflächen gerahmt und gefasst. Das einfache und fast bescheidene Material verputzter Wände verschafft sich in der unübersichtlichen Materialvielfalt der umgebenden Baustrukturen seine Stärke und Aussagekraft. Lediglich das Zentrum der Anlage wird durch die Materialität rotbraun schimmernder Kupfer-Metallplatten in Kontrast zu den ruhigen verputzten Mauerflächen hervorgehoben. [...]

Solarportal: Die räumliche Fassung des Vorplatzes – das Portal zwischen öffentlichem Raum und Vorplatz – wird als sogenanntes Solarportal konzipiert. Eine leichte durchscheinende Stahl-Glaskonstruktion mit integrierten Solarpaneelen transportiert den Standort Solar City nach außen. Abends oder bei Veranstaltungen kann das Solarportal von Innen durch leichtes Schimmern zum Glühen gebracht werden. Die Energienutzung und -Bereitstellung wird sicht- und spürbar gemacht."[125]

Der dreieckig konfigurierte Vorplatz als erster Hof ist als Kontakt- und Zwischenzone dem öffentlichen Raum zugewandt. Die von der Straße her Eintretenden werden durch die architektonische Geste des Solarportals aus dem Straßenraum hineingeleitet. Die spezielle Struktur der umgebenden Siedlung brachte die Architekten dazu, den zweiten Baukörper in seiner Funktion nicht genau zu definieren, sondern ihm eine multifunktionale Nutzung einzuschreiben, von denen die sakrale nur eine ist. Die Wochentagskapelle ist klar als rein liturgischer Raum definiert. Dieser mit Kupfermetallplatten umhüllte Baukörper fügt sich mit dem dritten Baukörper, in dem sich das Jugendzentrum befindet, zu einem „L" zusammen. Diese beiden umschließen mit dem administrativen Baukörper den halböffentlichen Garten (2. Hof) auf drei Seiten. So entsteht die erweiterte interne Hofzone im Sinne des Atriumhofes. Der Meditationshof hingegen ist als abgeschlossene Vorzone dem Multifunktionsraum und der Kapelle zugeordnet. Dies bedeutet, dass der Sakralbereich in einen Dialog mit dem Meditationshof tritt. Die Kapelle ist im Nordosten des Gebäudekomplexes situiert und gut erreichbar, da sie von der Straße nur durch einen kleinen Windfang getrennt ist.

Architekturanalytische Betrachtung

Das Seelsorgezentrum Solarcity hat als architektonisches Leitmotiv die Dialektik zwischen positiv architektonisch geformtem Raum und dem negativen Umgebungsraum als Leerraum zum Thema. Es entsteht ein Dialog zwischen drei klar gegliederten Baukörpern, die durch eine differenzierte Umrahmung in der Materialsprache zu einem Gesamten zusammengefügt sind, und den von ihnen gebildeten drei Höfen. Das bedeutet, die relationale Raumphilosophie wird hier konsequent ausformuliert und dies vom ersten Entwurfsgedanken bis hin zur Materialisierung. Das „Dialogische" wird weiters durch die Verwendung von zwei verschiedenen Konstruktionsweisen unterstrichen, nämlich durch die Ausführung eines Stahlbetonmauerwerks und einer Stahlfachwerkskonstruktion, die sich wiederum in einer differenzierten farblichen Oberflächenbeschaffenheit ausdrückt. Im Bereich des Stahlbetonmauerwerks wird weißer Verputz verwendet, im Bereich der Fachwerkskonstruktion kommen vorpatinierte Kupferfassadenelemente zum Einsatz. Der Feierraum ist das Resultat der Auseinandersetzung mit dem Thema des Multifunktionsraumes der 70er- und 80er-Jahre des 20. Jahrhunderts und stellt eine Weiterentwicklung dar.

Konstruktion

Hinsichtlich der Konstruktion handelt es sich um eine Kombination aus Massiv- und Stahlskelettbauweise. Jugend- und Verwaltungsbereich wurden in einer Stahlbetonmauerwerktechnik ausgeführt, hingegen der zweite Baukörper (Multifunktionsraum und Wochentagskapelle) als Stahlfachwerkskonstruktion. Das Foyer wurde als Glasquader ausgebildet, technisch im Sinne einer Pfostenriegelkonstruktion. Die Umrahmung der Baukörper erfolgt konstruktiv an der südseitigen Haupterschließungsstraße mit dem vorgelagerten Solarportal, ostseitig mit der Kupferplatten verkleideten Massivwandkonstruktion.

Materialität

Das Seelsorgezentrum wird im Eingangsbereich von der mit Solarpaneelen bestückten Metallkonstruktion dominiert. Der klare Charakter dieser Konstruktion wird durch die weiße Farbe wesentlich unterstrichen. Nachts leuchtet das Solarportal von innen. Der dem Sakralen zugeordnete Baukörper wurde mit vorpatinierten Kupfermetallplatten verkleidet. Die Assoziation an die Kupferturmhelme der katholischen Zwiebeltürme drängt sich auf. Deshalb kann der kupferfassadenverkleidete Sakralbau als architektonisches Zitat eines horizontal gelegten Kirchenturms angesehen werden. Im Kontrast dazu steht der weiß verputzte Mauerwerkskörper des Verwaltungsbaus. Die verglaste Zwischenzone dient allen Bereichen als Foyer und stellt den direkten Zugang zum Gartenhof dar.

Beim Betreten des Feierraumes wird eine weitere kontrastierende Materialsprache wahrnehmbar. Die gesamte Ostfassade des Multifunktionsraumes und der anschließenden Kapelle ist etwa 2 m hoch vom Boden weg verglast, sodass der Blick auf den Meditationshof mit den Rebstöcken freigegeben ist. Der Meditationshof bringt die Natur in ihrem Wandel zur Darstellung und macht sie zu einem Element des Feierraumes. Kontrastierend zur Glasfront ist die Materialsprache der Wände und der Decke durch die Verwendung eines erdfarbigen Lehmputzes gekennzeichnet. Der warme Innenraumton umhüllt den Menschen wie eine „erdige Hülle". Die Wochentagskapelle wurde materialtechnisch analog ausgeführt. Im äußeren Erscheinungsbild kontrastiert die weiße Mauerwerkfassade mit der Kupferfassade.

Innenausbau

Die Bedingung für den Innenausbau des multifunktionalen Feierraumes war Leichtigkeit und Mobilität der Konstruktion und der Materialität. Ein Ergebnis dieses Flexibilitätsgedankens ist die Falt- und Schiebewand des Feierraumes, die zum gläsernen Foyer hin zu öffnen ist. Zudem kann der Feierraum zum Foyer und zum Gartenhof hin vergrößert werden. Dementsprechend wurden für die Bestuhlung stapelbare Eames-Stühle verwendet – ebenso wie für die Kapelle. Der Bodenbelag von Foyer, Feierraum und Kapelle ist als geschliffener Estrich ausgeführt.

Lichtführung
Die Lichtführung im Feierraum ist durch eine natürliche Belichtung gekennzeichnet: im Bereich der Ostfassade durch das Bodenlichtband, in der Deckenlichtführung durch das umlaufende schmale Oberlichtband. Das Tageslicht umrahmt die Deckenkonstruktion und bringt sie gleichsam „zum Schweben". Durch künstliche Lichtquellen kann das gesamte Oberlichtband zusätzlich illuminiert werden.

Liturgische Orte
Der Feierraum ist multifunktional konzipiert. Hier finden sowohl Messfeiern als auch außerkirchliche Veranstaltungen statt. Deshalb wurden sämtliche liturgischen Prinzipalstücke mobil konzipiert und ausgeführt. Die liturgischen Möbel wurden aus mehrfach verleimten, phenolharzbeschichteten Birkensperrholzplatten gefertigt. Der Entwurf und die Ausführung ist gekennzeichnet durch eine klare, geometrische Linienführung. Das künstlerische Konzept hierzu schuf Herbert Friedl: „Der Altartisch wurde in der Achse Raummitte-Rebenkreuz platziert [...] Wichtig war mir aber, dass der Altartisch im Feierraum ein kraftvolles Zeichen setzt. Dasselbe gilt auch für den Ambo, den Ort des Wortes. Um die gewünschte Mobilität der liturgischen Elemente zu ermöglichen, wurden diese in Lamellenbauweise ausgeführt [...] Alle weiteren liturgischen Elemente wurden in gleicher Weise hergestellt [...] Priestersitz, Hocker und Bänke für die Messdiener, Pult für den Zelebranten, Tisch für die Gabenbereitung, er ist zugleich Altartisch für die Wochentagskapelle, und Tabernakel."[126]

In der Wochentagskapelle befindet sich unmittelbar im Eingangsbereich der Tabernakel, ausgeführt als schlichte, quaderförmige Nirostabox. Ein großer, natürlich belassener Donaukiesel fungiert als Taufstein. Hierzu schreibt der Künstler Herbert Friedl: „Wasser und Stein: Ort der Taufe. Es war nahe liegend, den Taufort entsprechend seiner Bedeutung ebenfalls mit einem Großkiesel aus der Donau zu gestalten. Wichtig war mir, dass die Naturform des Kiesels weitgehend erhalten bleibt. Ein Schnitt, der zur Standfestigkeit des Kiesels beiträgt, war an der unteren Seite notwendig, ebenso das Vergrößern der natürlichen schalenförmigen Vertiefung zwecks Wasserentnahme."[127]

Reflexionen zum Sakralraum
Der multifunktionale Kirchenraum wird sowohl für liturgische Feiern als auch für außerkirchliche Veranstaltungen genützt. Ein wesentliches Charakteristikum des Multifunktionsraumes ist die Betonung des vorgelagerten Naturareals mit Rebstöcken als direkter Verweis auf den Weingarten in der Bibel. Der Kirchensaal wirkt hinsichtlich der sakralen Raumintention unverbindlich. Die konsekrierte Wochentagskapelle hingegen lädt zum Gespräch und zur Eucharistiefeier im kleinen Kreis ein.

Künstlerische Gestaltung
Ingeborg Kumpfmüller führte die Textarbeiten an den Decken des Feierraumes der Kapelle und im Foyer aus. Sie schreibt hierzu: „Alle Wörter ergeben sich aus den Handlungen, den Abläufen aus der ihnen aus dem Ort des Geschehens innewohnenden Bedeutung und werden zu einem Sprachgebilde, Sprachnetz gefügt. So veranschaulichen sie den Ort, das gemeinsame Geschehen der Handelnden, der Gemeinde, der an der Messe Teilnehmenden und der die Messe Vollziehenden, aller jener, die die Handlungen gestalten. Meine Gedanken und Überlegungen zur Arbeit: Menschen bilden Räume, Verschränkungen von Andacht und Leben, Grat zwischen Feierlichkeit, Besonderheit des Zusammentreffens und Brüche und Realitäten, Übergang/Schnittstellen zwischen existenziellen Erfahrungen. Fassadentext: das Schriftbild des Inneren wird außen sichtbar gemacht, das Haus teilt sich seiner Umgebung mit."[128]

Weiters ist sie verantwortlich für die künstlerische Gestaltung im Bereich einer Wandnische in der Kapelle, diese besteht aus einer Ikone und einer malerischen Arbeit aus einer Behindertenwerkstatt. Sie schuf auch eine moderne Interpretation des Kreuzweges mit farbig hinterlegten großformatigen Acrylplatten mit klarem Schrift- und Textbild. Die Intention der Künstlerin war die Verwendung der Kreuzwegtafeln im Bereich der Südwand des Feierraumes oder zum Auflegen im Bereich auf dem Boden. Dies hat sich aber als unrealistisch erwiesen, sodass die Tafeln hauptsächlich in dem präzis gearbeiteten, minimalistisch anmutenden Holzkorpus in der Südwestecke des Feierraumes aufbewahrt werden.

Solarportal - Nachtaufnahme

1

2

3

1 Kirchenaußenansicht mit Solarportal und Eingangszone
2 Solarportal mit Elia-Stein
3 Foyer
4 Feierraum – Deckenuntersicht mit Textinstallation von Ingeborg Kumpfmüller
5 Feierraum mit Altarzone und Meditationshof

1 Kreuzwegtafeln von Ingeborg Kumpfmüller

2 Wochentagskapelle mit Wandnische – Ingeborg Kumpfmüller und Behindertenwerkstatt

3D-Grafik Gesamtanlage

3D-Grafik Solarportal

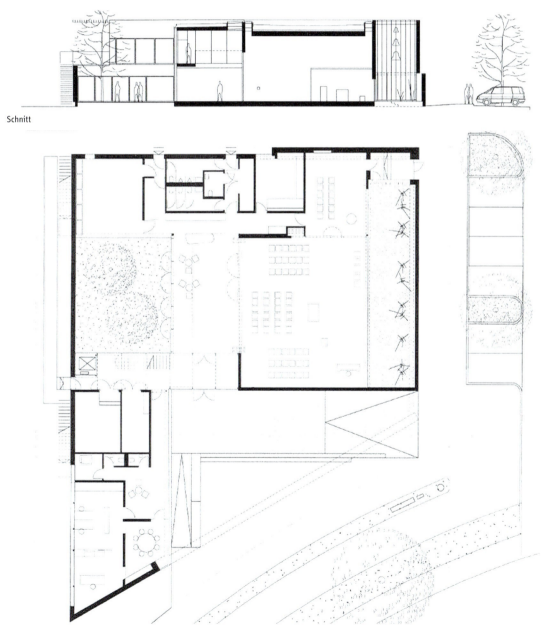

Schnitt

Grundriss

Oberösterreich 197

Linz:
Römisch-katholische Seelsorgestelle „Treffpunkt Mensch und Arbeit", Standort voestalpine
x architekten Linz, 2008-2011

4030 Linz, Wahringerstraße 30

Entstehungsgeschichte
Bereits 1938 wurde eine Seelsorgestelle in den Barackenlagern des Werkgeländes errichtet. 1953 wurde Josef Holzmann im Lager 50/53 Werkskaplan und damit war der Grundstein für die Betriebsseelsorge Voest gelegt. Aus der „Katholischen Werksgemeinschaft" wurde gut ökumenisch die „christliche betriebsgemeinde voest". Am 2. Februar 1969 übersiedelte diese von der Barackenkirche in das neue Zentrum an der Wahringerstraße, das zu einem lebendigen Zentrum für die gesamte Voestbelegschaft wurde.

Kaplan Rupert Granegger initiierte 2003 den Neubau der Seelsorgestelle. Das alte Seelsorgegebäude, ein Stahlfertigteilbau wies massive Baumängel auf und war nicht mehr sanierbar. Der Neubauantrag wurde im Jahr 2004 vom Baukomitee der Diözese Linz genehmigt. 2006 wurde ein Wettbewerb mit Machbarkeitsstudien für ein neues Gebäude eingeleitet, dabei wurden Architekt Heidl (Linz), Architekt Nötzberger (Mistelbach), Architekt Schütz (Haslach) und Architekt Schaffer (Linz) eingeladen. Architekt Andreas Heidl ging als Sieger hervor, das Projekt wurde jedoch aufgrund von Kostenproblemen gestoppt. Am 24. Jänner 2008 präsentierten die Architekten Frohring, Shamiyeh, Spittelwiese Architekten und x architekten ihre Projekte. Die Gruppe x architekten ging als Sieger hervor. Am 26. Juni 2008 wurde das Projekt beschlossen. Der verantwortliche Projektarchitekt der Gruppe x architekten war Architekt David Birgmann. Am 27. Oktober 2009 wurde offiziell mit dem Bauvorhaben begonnen, am 12. Februar 2011 wurde die Betriebsseelsorge durch Diözesanbischof Ludwig Schwarz feierlich eingeweiht.

Ort
Die neue Seelsorgestelle befindet sich im westlichen Anteil des voestalpine Betriebsgeländes. Sie liegt vom Straßenniveau abgesenkt am Seelsorgeweg/Ecke Wahringerstraße zwischen Bahngleisen und der Umfahrungsstraße Ebelsberg. Sie ist dem Maschinebauwerk MCE direkt benachbart.

Architektonische Vision
Architekt David Birgmann schreibt zum Konzept der neuen Seelsorgestelle: „Am Beginn unserer Auseinandersetzung mit der Bauaufgabe stand die Untersuchung der Dualität von Mensch & Arbeit bzw. Seelsorge & voestalpine und deren architektonische Übersetzung. Da die Arbeitswelt der voestalpine ganz klar durch alle nur erdenklichen Hochbauformen, in den verschiedensten Größen in unmittelbarer Nachbarschaft, besetzt ist, war die logische Schlussfolgerung für das Seelsorgezentrum keinen weiteren klassischen Hochbau hinzuzufügen. Viel mehr erschien uns erstrebenswert die vorgefundene, kleine „Bastion der Natur" aufzugreifen und als Kontrapunkt zur tektonischen Arbeitswelt zu einer „Oase für die Menschen" weiter zu kultivieren. Der Bauplatz als grüner, aufgeschütteter Hügel bildet den Ausgangspunkt des Projektes, welcher in weiterer Folge durch Einschnitte und Aushöhlungen das geforderte Raumprogramm aufnimmt."[138]

Architektonisches Thema
Die Seelsorgestelle präsentiert sich als dynamischer, rampenförmig konfigurierter, polygonaler Baukörper, welcher etwa 3 m vom Straßenniveau abgesenkt, implantiert wurde. Architekt David Birgmann schreibt zur Absenkung Folgendes: „Diese Absenkung erfüllt drei essenzielle Anforderungen an das Projekt:

1. Einen möglichst hohen Grad an Intimität bzw. Schutz vor Einblicken für die im Zentrum Verweilenden bei maximaler Öffnung des Innenraumes zur Natur,
2. das Hinwegstreichen des teilweise sehr intensiven Lärms vor allem des angrenzenden Schienenverkehrs über das abgesenkte Zentrum und
3. das Umgehen der Mehrkosten für den erhöhten Gründungsaufwand aufgrund der schlechten Bodenbeschaffenheit."[139]

Der Besucher betritt über eine einläufige, geräumige Treppe die abgesenkte Seelsorgestelle. Ein großzügig dimensioniertes gläsernes Foyer empfängt den Besucher. Das Erdgeschoß ist ungleichschenkelig fünfeckig konfiguriert und wird im Eingangsbereich von einer sich nach hinten verjüngenden „Erschließungsschlucht" dominiert. Diese leitet vom Foyer zu einer einläufigen Treppe und weiter zum erhöhten Gartenbereich. Die „Erschließungsschlucht" trennt den nördlich gelegenen Funktionsbereich mit Büros, Sozialraum, Technik, Werkstätte, Sanitärblock und Nebenräumen vom südlich orientierten gesellschaftlichen-sakralen Baukörper.

Der gesellschaftlich-sakrale Bereich besteht aus mehreren Zonen: Die erste Zone stellt Garderobe, Bar mit Theke und Barraum dar, die zweite Zone entfällt auf den Veranstaltungsraum und die dritte Zone ist dem sakralen Bereich mit Kapelle und Sakristei gewidmet. Durch die Anordnung von zwei Schiebewänden werden mehrere Feierraumbespielungen möglich:

Variante 1: Liturgische Feier im kleinen Kreis, Veranstaltung und Barbetrieb in den drei verschiedenen Zonen.
Variante 2: Liturgische Feier durch Benützung der Kapelle, des Veranstaltungsraumes und der Bar.
Variante 3: Große Veranstaltung über alle drei Raumzonen oder Verwendung als großer Messfeierraum.

Der große Messfierraum bietet etwa 250 Personen Platz. Die dienenden Funktionen – Büro, Sozialraum, Werkstätte und Nebenraumzone orientieren sich um den quer gelagerten rechteckigen Innenhof an. Im Obergeschoß befinden sich weitere Besprechungsräume, Jugendraum, Wohnung mit eigener Gartenanbindung und das Gästezimmer.

Architekturanalytische Betrachtung

Die Betriebsseelsorge voestalpine stellt einen in die Tiefe versenkten, polygonalen und rampenförmigen Baukörper dar, welcher an eine kristalline Struktur – „Kristall im Bergwerk" – erinnert. Die kristalline Baukörperstruktur zeigt präzise schräge Flächen und Ausschnitte, die wie mit dem Messer herausgeschnitten scheinen. Diese Architektursprache steht im diametralen Gegensatz zum umgebenden Betriebsgelände und wird durch die Gartenarchitektur zusätzlich betont. Die Dialektik zwischen schräg geneigten Flächen mit Hochofenschlacke und den anderen begrünten Arealen führt zum architektonischen Bild der „grünen Oase". Dieses architektonische Leitmotiv wurde konsequent thematisiert und ausformuliert. Die Gestaltung der Außenräume und der Gebäudehüllen steht im deutlichen Kontrast zur weißen, hellen Architektur der Innenräume. Bei der Analyse des Erdgeschoßgrundrisses fällt die Dreiteilung in zweifacher Hinsicht auf: Das gesamte Gebäude ist dreigeteilt. Der links gelegene Gebäudeblock ist wiederum dreigeteilt und im vorderen Teil befinden sich die administrativen Räume, im mittleren der quer gelagerte Innenhof und im flächenmäßig größten Bereich befinden sich der Besprechungsraum, Gästezimmer, Sanitärblock und Technikräume. Die mittig gelegene „Erschließungsschlucht" teilt die administrativ-dienende Zone vom rechtsseitig gelegenen, gesellschaftlich-sakralen Bereich. Dieser rechte Gebäudeteil ist wiederum dreigeteilt und im vorderen Bereich befinden sich Foyer, Garderobe, Theke und Barraum. Der zweite, mittig gelegene und flächenmäßig größte Anteil fällt auf den Veranstaltungsraum. Den dritten, flächenmäßig kleinsten Teil nimmt die Kapelle mit Sakristei als sakrale Raumzone ein.

Die Seelsorgestelle voestalpine stellt eine sehr engagierte und dynamisch imponierende Architektur dar. Die in der Diözese Linz oftmals thematisierte Mehrzweckraumphilosophie wurde hier sehr innovativ interpretiert und weitergeführt.

Konstruktion

Die primär statisch tragende Konstruktion besteht in ihrer Gesamtheit aus Stahlbeton. Die Sekundärkonstruktion besteht aus einer hinterlüfteten Plattenkonstruktion mit Betonfertigteil-Fassadenplattenelementen aus ausgewaschenen Schlackenstoffen. Die Verkleidung im Innenhof ist durch quadratische Stahllochblechtafeln charakterisiert.

Materialität

Im äußeren Erscheinungsbild der Seelsorgestelle wurden drei kontrastierende Materialien verwendet: die aus Hochofenschlacke gegossenen Fassadenplatten, die großzügig eingeschnittenen Glasfronten und die weiß lasierte Holzlattung zwischen Glaselementen und Betonfertigteilen. Im Inneren zeigt sich im Bereich der „Erschließungsschlucht" der hellgraue Anstrich der Stahlbetonscheiben. Die polygonale Raumstruktur des gesellschaftlich-sakralen Bereichs wurde in verschieden große, dreieckige Elemente zerlegt und mit weiß lasierten Holzlattenelementen vertäfelt. Dadurch wird die gesellschaftlich-sakrale Zone zu einem lichtdurchfluteten, weißen, grafisch linear gezeichneten Innenraum. Der gesamte Boden der Seelsorgestelle wurde aus weißem Terrazzo gefertigt.

Lichtführung

Im Bereich der „Erschließungsschlucht" wurden mehrere kreisrunde Oberlichtkuppeln angebracht und zahlreiche, in verschiedener Höhe abgehängte, punktuelle Lichtquellen sorgen für die künstliche Belichtung. Der administrative Gebäudebereich wird durch den Nord/Süd quer gelagerten Innenhof reichlich natürlich belichtet. Der gesellschaftlich-sakrale Mehrzweckraum ist durch seine raumhohe Verglasung im Südwesten großzügig mit Tageslicht versorgt. Eine quer gelagerte Oberlichtkappe bringt Zenitallicht in die Kapelle und unterstützt die sakrale Raumwirkung. Die dreieckigen weiß lasierten Holztafelelemente wurden mit zahlreichen Lichtbalken versehen und dadurch wird der gesamte gesellschaftlich-sakrale Bereich großzügig künstlich belichtet. Die Lichtbalken unterstreichen und verstärken die grafische Raumwirkung. Im Bereich des Obergeschoßes – Jugend- und Besprechungsraum – wurden zwei quer gelagerte längliche Lichtschlitze in die Fassade eingeschnitten.

Liturgische Orte
Der Linzer Künstler Gerhard Brandl wurde mit der Gestaltung der liturgischen Orte beauftragt. Gerhard Brandl schreibt hierzu: „Altar und Ambo sind temporär veränderbar und sind in der Kapellensituation nebeneinander auf der Schmalseite positioniert, auf den Eingang der Kapelle ausgerichtet. Wird die Schiebewand für die große Feiersituation geöffnet, wird der Altar, der auf einer in den Boden eingelassenen drehbaren Stahlsäule ruht, um neunzig Grad, Richtung großem Saal gedreht. Zusätzlich wird noch ein Teil der Altarplatte, der in der Kapelle nach unten geklappt war, hochgeklappt und fixiert. So verwandelt sich der Altar in seinen Größenverhältnissen und passt sich den jeweiligen Anforderungen an. In der Kapellensituation mit heruntergeklapptem Teil hat die Altarplatte einen vierseitigen und hochgeklappt in der großen Situation einen fünfseitigen Grundriss. Der Ambo kann händisch aus seiner Verankerung gehoben werden und wandert bei der großen Feiersituation rechts neben den Altar, wo im Boden eingelassen eine zweite Positionierungsmöglichkeit vorgesehen ist. So wandelt sich die Altar/Ambo-Stellung in eine Ost/West-Achse. Das Holz der Altarplatte und die des Ambos ist Ahorn, das aus den Bäumen stammt, die vor dem Bau des Zentrums dort gewachsen waren und gerodet werden mussten."[140]

Altar und Ambo wurden in der Lehrwerkstätte der Voest gefertigt. Die Konstruktion mit seiner zentralen Säule und den vier aus Edelstahl gefertigten Schwenkarmen erinnern an die Form einer menschlichen Hand. An der stirnseitig gelegenen dreieckigen Wandfläche wurde jene Christusfigur montiert, die bereits in der alten Seelsorgestelle das Zentrum des christlichen Glaubens darstellte. Die Christusfigur wurde in den 1960er-Jahren von der Schnitzerdynastie Fischnaller gefertigt. Gerhard Brandl restaurierte das Kruzifix und fertigte ein neues Kreuz aus Ahorn an. Der Tabernakel ist als solcher im Kapellenraum nur als Wandverschalungsvorsprung indirekt erkennbar. In einer Erkernische befindet das spitzdreieckförmig konfigurierte Ewige Licht und verweist auf den Ort des Ta-

bernakels. Der Tabernakel wurde im Bereich der Sakristei eingebaut und dieser stammt von Josef Priemetshofer und wurde 1969 als Grau-Silumin-Guss hergestellt. Da die Kapelle der hl. Barbara als Schutzpatronin der Bergleute und Schmiede geweiht ist, schuf Gerhard Brandl eine kleine, aber gut sichtbare Wandnische in einer Raumecke. Hierin positionierte er die von Wilhelm Lughofer im Jahr 2006 gefertigte Stahl-Guss-Statue. Kruzifix, Ambo, Altar, Tabernakel und Barbara-Nische bilden ein lebendiges liturgisches Gefüge.

Reflexionen zum Sakralraum
Die lichtdurchflutete weiße Kapelle ist ein würdevoller Ort mit hoher sakraler Atmosphäre. Die klare Gestaltung und die spezifische Lichtführung veranlassen zum Innehalten und unterstützen den Dialog mit Gott. Die Variabilität und Flexibilität der verschiedenen Raumbespielungen, von der liturgischen Feier im kleinen Kreis bis hin zur großen Messfeier ist überzeugend gelungen und die Erweiterung vom kleinen bis hin zum großen verdeutlicht auf architektonische Weise die Beziehung vom Ich zum Du und zum Wir.

Künstlerische Gestaltung
Gerhard Brandl schuf im Außenbereich ein weithin sichtbares christliches Zeichen. Eine schräg gestellte Stahlsäule wird von einem fast 2 m hohen Kreuz aus Coraldur-Stahl in Gold-Metallisé gekrönt.

Gerhard Brandl schreibt über die Gestaltung des Kreuzes: „Das Gebäude wurde 3 m vom Straßenniveau abgesenkt, in eine Schürfung gebaut und ist von außen nicht auffällig sichtbar. Daher auch das nach oben strebende weithin sichtbare Zeichen. Die Säule ist schräg gestellt und verjüngt sich stark bis zur Spitze, wo ein klein gehaltenes, senkrecht stehendes Kreuz positioniert ist. Kommt man auf der Straße von Süden auf das Gebäude zu, so sieht man die Säule mit Kreuz in einer sehr dynamischen Position. Geht man von Westen über die Stiege zum Haupteingang der Kirche, sieht man die Säule als eine Senkrechte vor sich stehen. Bewegt man sich von dort auf die Säule zu, so beginnt sich das Kreuz langsam über einen zu schieben, und befindet man sich dann unten im Vorgarten der Kirche, schwebt es 15 m über einem."[141]

Im Bereich der „Erschließungsschlucht" der Seelsorgestelle malte Gerhard Brandl an den Sichtbetonwänden in großen altrosafarbenen Lettern ein Zitat des belgischen Kardinals Joseph Leon Cardijn: „Jeder Arbeiter, jede Arbeiterin, ist mehr Wert als alles Gold der Erde."

Ein weiteres Objekt wurde von Gerhard Brandl initiiert und gestaltet. Hierzu schreibt er: „Bei Baubeginn war keine Glocke für das Zentrum vorgesehen. Es wurde erst entschieden, als die Entwürfe des Hauses schon fertig waren. Daher war architektonisch nichts für die Installierung einer Glocke vorgesehen. Die Pfarrgemeinde Kollerschlag bekam neue Bronzeglocken und gab ihre alten Stahlglocken daher ab. Es gab vier Glocken von groß bis klein zur Auswahl. Beim Besichtigen der Glocken entstand die Idee, dass man die große Glocke, mit einem Durchmesser von 1,4 m, einfach wie ein Objekt in den Innenhof des Seelsorgezentrums stellt und die kleinste der Glocken in die große hängt, die so als Schutz und symbolisch als Glockenturm dient. Die große Glocke steht asymmetrisch auf einer Stahlkonstruktion im Schacht, der als Resonanzkörper dient. Der Rest des Schachtes, der einen Halbmond beschreibt, ist mit einem Holzrost abgedeckt. Durch das ebenerdige Aufstellen der großen Glocke in den Innenhof bekommt sie einen starken Objektcharakter. In der großen Glocke hängt die kleine Glocke, die über einen unterirdisch verlaufenden Seilzug, der an der Seitenwand des Innenhofes nach außen tritt, von dort per Hand geläutet werden kann. Material: Betonschacht Durchmesser 2 m, Tiefe 1,5 m, Stahlkonstruktion, Holzrost Eiche, zwei Stahlglocken 1200 kg und 250 kg, mechanischer Glockenzug."[142]

Die Entstehungsgeschichte zum „Glockenturm" veranlasste Gerhard Brandl zu einer äußerst innovativen Modifikation und Interpretation dieses klassischen katholischen Gestaltungsthemas. Die Seelsorgestelle wurde in die Erde implantiert und Gerhard Brandl versetzte den Glockenturm ebenso in die Erde.

Eine weitere künstlerische Arbeit ist erwähnenswert: Über der verspiegelten Trennwand zwischen Bar- und Veranstaltungsraum befindet sich eine großformatige farbige Glasfensterarbeit aus den 1970er-Jahren. Das Thema der Arbeit ist das in Linz entwickelte Linz-Donawitz-Verfahren. Dieses weltberühmte und innovative Stahlerzeugungsverfahren wurde in expressiver Weise dargestellt. Das spezifische des Sauerstoffblasverfahrens wurde in Blau-, Orange- und Rottönen als Symbol für das Schmelzverfahren als bandförmige Streifen dargestellt. Dieses Glasfenster war das dominierende künstlerische Element im alten Seelsorgezentrum und deshalb wurde es bewusst im Veranstaltungsraum installiert, der als Ort für Feiern der Voestbelegschaft dient.

1

2

3

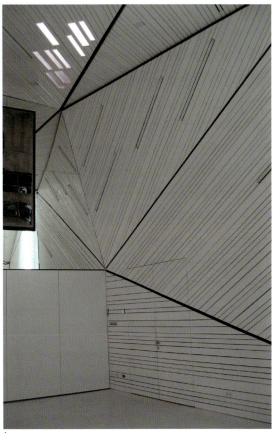

4

5

6

Oberösterreich 203

1

1 Glastafelbild „LD-Verfahren" im Veranstaltungsraum

Vorhergehende Seiten

1 Seelsorgestelle – Außenansicht
2 Kapelle
3 Oberlichtstreifen für Kapelle
4 Veranstaltungsraum
5 „Erschließungsschlucht"
6 Innenhof mit Glocke

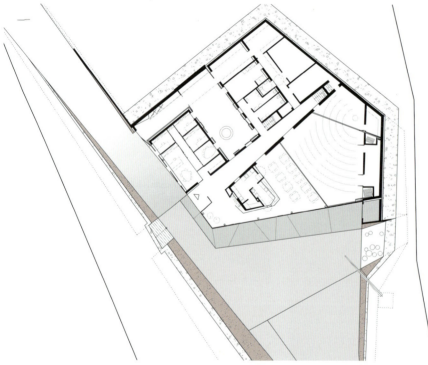

Grundriss Ergeschoß

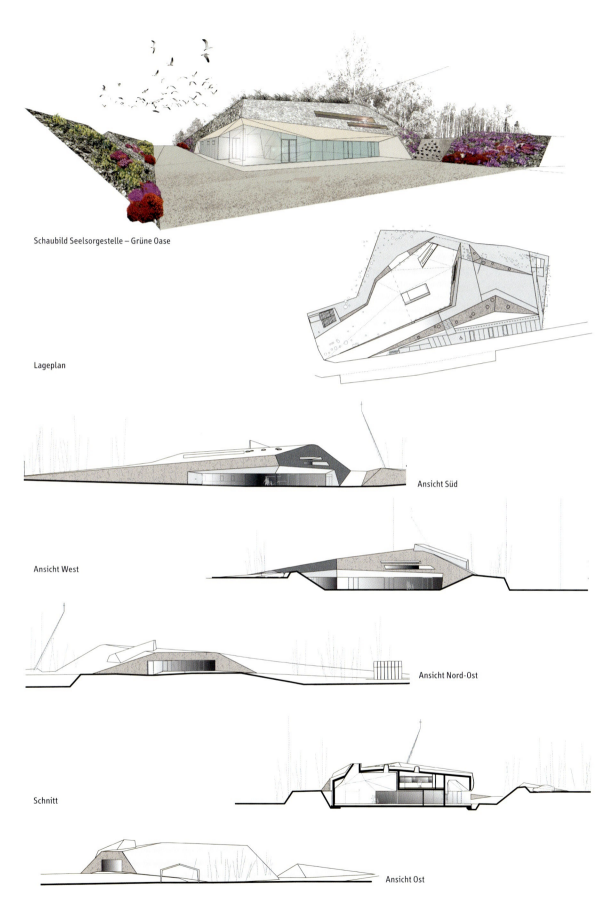

Schaubild Seelsorgestelle – Grüne Oase

Lageplan

Ansicht Süd

Ansicht West

Ansicht Nord-Ost

Schnitt

Ansicht Ost

Lichtenberg:
Römisch-katholisches Seelsorgezentrum
Architekt Wolfgang Schaffer und Architekt Alfred Sturm, 2009-2011

4040 Lichtenberg, Derflerstraße 8

Entstehungsgeschichte
In der zur Pfarre Linz-Pöstlingberg gehörenden Gemeinde Lichtenberg wurde im Jahr 1967 ein Pfarrheim errichtet. Aufgrund der seelsorglich aktiven Gemeindeentwicklung wurde das Pfarrheim zu klein und wegen massiver bautechnischer Mängel ein Sanierungsfall. Der Pfarrgemeinderat beschloss am 6. Oktober 2006 ein Pastoralkonzept und dieses bildete die Leitstruktur für die Planung und die Errichtung des neuen Seelsorgezentrums. Der Linzer Dombaumeister Architekt Wolfgang Schaffer erstellte als verantwortlicher Baureferent der Diözese Linz einen Entwurf und Architekt Alfred Sturm zeichnet verantwortlich für die Ausführungsplanung.

Das Architektenteam Two in a Box – Architekt Christian Stummer und Architekt Andreas Fiereder fertigten einen Masterplan für das neu zu schaffende Ortszentrum an. Der Masterplan sieht die Errichtung eines großzügig dimensionierten Platzes vor, das neu zu bauende Gemeindezentrum und das Seelsorgezentrum orientieren sich zu diesem hin. Im August 2009 erfolgte der Spatenstich und am 12. Dezember 2010 wurde das Seelsorgezentrum durch Diözesanbischof Ludwig Schwarz feierlich eingeweiht.

Ort
Lichtenberg ist eine Gemeinde im Bezirk Urfahr-Umgebung und beheimatet circa 2600 Einwohner. Sie ist eine typische Einzugsgemeinde im Ballungsraum Linz mit steigenden Einwohnerzahlen. Das Seelsorgezentrum befindet sich direkt an der Hauptstraße und liegt exponiert als dominanter Baukörper an einer Hangkante.

Architektonische Vision
Der planende Architekt Wolfgang Schaffer äußert sich folgendermaßen: „Ab 2000 wurde kein neuer reiner Kirchenbau mehr in Oberösterreich errichtet. Vielmehr wurde nach architektonischen Lösungen gesucht, die Pfarrsaal und Kirchenraum funktional in einem Raum vereinen und damit auch ökonomisch vertretbar sind. [...] Es rechtfertigte auch den Schritt der Diözese ein Pfarrzentrum in Kombination mit einem liturgischen Feierraum zu bauen [...] Der Entwurf für das Pfarrzentrum verbindet einen liturgischen Feierraum mit einem Veranstaltungssaal. Durch mobile Trennwände können Saalteile je nach Erfordernis zur Kirche oder zum Saal zugeschaltet werden. Dadurch entsteht eine kompakte Seelsorgeanlage, bei der der liturgische Raum mit dem profanem Veranstaltungssaal jedoch räumlich und funktionell nicht vermengt wird. Gestalterisch muss er aber beide Raumatmosphären verbinden.

Die Hanglage ermöglicht die Funktionsteilung mit ebenerdigen Zugängen. Im Erdgeschoß ist der Versammlungsbereich mit Kirchen-, Saalraum und Sakristei, im Untergeschoß die Pfarrkanzlei mit den Gruppenräumen und den Infrastrukturräumen situiert. Der zylinderförmige Feierraum wird durch eine natürliche Lichtschlitzgestaltung von Siegrun Appelt und Andrea Konzett mit zwölf Fenstern in verschiedenen Grundrissdrehungen ausgeführt. Durch die Ost/West-Ausrichtung werden die Jahreszeiten mit den verschiedenen Sonnenständen im Kirchenraum in der Licht- Schattenwirkung spürbar erlebt werden."[133]

Architektonisches Thema
Das Seelsorgezentrum besteht aus zwei Baukörpern, einerseits dem zylindrischen mit leicht schräg geneigter Dachfläche und andererseits, dem auf quadratischem Grundriss ruhenden, im Westen gelegenen Gebäude, das sich wiederum in drei Baukörperteile gliedert. Der Besucher betritt vom Dorfplatz den keilförmig konfigurierten Baukörper und gelangt durch eine großzügig dimensionierte überdachte Vorzone in die ebenso großräumige Foyerhalle. Im Foyer befinden sich an der rechten Eingangsseite das Buffet und anschließend der Sanitärblock. Über ein nahezu raumhohes, zweiflügeliges Holzportal wird der zylindrische Kirchenraum betreten. Dieser wird durch eine spezifische Lichtgestaltung mit seinen zwölf verschieden gewinkelten Lichtschlitzen geprägt und stellt das sakrale Zentrum der Gesamtanlage dar. Dem Kirchenraum sind eine Anbetungskapelle und die Sakristei angegliedert. Ein kreissektorenförmiges Schiebeelement trennt den zylindrischen Kirchenraum vom rechteckig konfigurierten Pfarrsaal und dieser kann für große liturgische Feiern erweitert werden. Das Untergeschoß mit seinen administrativen Zonen, Gruppenräumen, Meditationsraum, Technikraum und Nebenraumzonen ist einerseits straßenniveauseitig und andererseits durch ein großzügiges Treppenhaus erschlossen.

Architekturanalytische Betrachtung
Das Seelsorgezentrum stellt baukörpermäßig die Verknüpfung eines zylindrischen Zentralbaus und eines auf quadratischem Grundriss ruhenden keilförmig konfigurierten Baukörpers dar.

Bei der Analyse des Grundrisses fällt die Dreigliederung des quadratischen Anteils des Seelsorgezentrums auf. Das Quadrat gliedert sich in zwei flächenmäßig idente rechteckige Flächen. Die erste rechteckige Fläche fällt auf Sakristei, überdachte Vorhalle, Foyer, Buffet und Sanitärblock und die zweite auf den rechteckigen Pfarrsaal, wobei die Längsachse des Pfarrsaales exakt durch den Mittelpunkt des kreisförmigen Kirchenzentralraumes führt. Der schmale, mittig gelegene Anteil des Quadrates entfällt auf die Erschließungszone zwischen Foyer und Pfarrsaal und inkludiert das im Westen gelegene Treppenhaus. Das in der österreichischen sakralen Architektur der 1950er- bis 1970er-Jahre oft zitierte Thema „Quadrat und Kreis" ist somit um eine weitere Modifikation erweitert worden. Beim Seelsorgezentrum Lichtenberg handelt es sich um das Thema Quadrat mit exzentrischer Verlagerung eines flächenmäßig kleineren Kreises.

Konstruktion
Das gesamte Untergeschoß wurde aus Stahlbeton gefertigt, wobei der Stahlbetonrahmen das Fundament für den Glockenstuhl darstellt. Das Obergeschoß wurde zur Gänze in Holzgroßrahmen-Bauweise gefertigt, der Innenausbau erfolgte in Trockenbauweise und wurde weiß gestrichen. Bei der Fassade handelt es sich um eine vorgehängte Fassade mit weißem Putzträgerplattensystem.

Materialität und Innenausbau
Das gesamte äußere Erscheinungsbild wird durch die weiße Fassadenfarbe gekennzeichnet. Die Böden im Foyer sind als geschliffener Betonboden ausgeführt, die Böden im Kirchenraum und im Bereich des Pfarrsaales wurden in sägerauer, aus Vorarlberg stammender Weißtanne gefertigt. Der Holzboden verleiht dem Kirchenzentralraum und dem Pfarrsaal eine warm anmutende Raumatmosphäre, die mit der weißen Wand- und Deckenfarbe bestens harmoniert.

Lichtführung
Der zylindrische Kirchenraum ist durch seine ausgeklügelte Lichtregie charakterisiert. Das Lichtkonzept stammt von der Künstlerin Siegrun Appelt und der Architektin Andrea Konzett.

Die Universitätsprofessorin und Vorständin des Fachbereiches für Kunstwissenschaften am Institut für Kunst und Philosophie an der katholisch-theologischen Privatuniversität in Linz, Monika Leisch-Kiesl schreibt zum Lichtraum: „Vor allem aber ist es das Licht, das diesem Raum seine Kraft gibt. Durchgeschnittene Wandschlitze lassen das Tageslicht nach innen dringen und verändern den Raum je nach Jahres- und Tageszeit. Das natürliche Licht wird durch die architektonischen Elemente gebrochen und taucht den Raum in eine geheimnisvolle, mitunter mystische Stimmung. Ein Strahl in den Morgenstunden; ein Lichtkegel, der sich gegebenenfalls über den Altar breitet; Lichtbündel, die Einzelne während der Gottesdienstfeier erfassen; Licht, das in den Nachmittagsstunden wärmer wird und sich gegen Abend zurückzieht. Die durch die Wandschlitze gebildeten Stützen operieren mit der Zahl Zwölf. Man kann darin die zwölf Apostel sehen, die als Säulen die Gemeinde tragen. Massive Säulen einerseits, ein schwer fassbares, doch nicht minder kraftvolles Licht andererseits bilden einen besonderen Ort, der Menschen auch außerhalb der liturgischen Feier zur Kontemplation einlädt. Nachts wird die Lichtwirkung durch künstliche Beleuchtung erzeugt, die nun – im Unterschied zur Situation bei Tag – das Licht nach außen dringen lässt. Von außen erscheint die Kirche von Lichtenberg nun als Bau aus Licht, als ein Licht am Berg."[134]

Zur künstlichen Illumination wurden spezielle Messingleuchten entwickelt. Hierzu schreiben die Künstlerinnen: „Die Messingleuchten sind mit Platten bestückt, die unregelmäßig gewinkelt zueinander stehen. Durch die Spiegelungen verändern die Leuchtkörper in unserer Wahrnehmung ihre Form."[135]

Liturgische Orte
Zur Konzeption der liturgischen Orte wurde ein Wettbewerb ausgeschrieben und im August 2008 gingen Siegrun Appelt und Andrea Konzett als Siegerinnen hervor. Den beiden Künstlerinnen ging es um die Schaffung eines Lichtraumes im zylindrischen Zentralraum: Sie entwarfen sämtliche liturgischen Orte. Der Linzer Theologe Christoph Freilinger wurde für deren Planung beigezogen. Die liturgischen Orte wurden aus Weißtanne aus dem Bregenzer Wald gefertigt. Der Altar besteht als schräg zugeschnittener Monolith aus vier massiven Tannenblöcken, welche zimmermannsmäßig verzapft sind. Der Altar ist im geometrischen Zentrum des zylindrischen Kirchenraumes positioniert. Christoph Freilinger schreibt hierzu: „Auf diese Mitte hin sind alle anderen liturgischen Orte ausgerichtet, die ‚aus dem selben Holz geschnitzt' sind und so zu Ankerpunkten im Raum werden – für die vielgestaltige Gegenwart des Auferstandenen im gottesdienstlichen Feiern."[136]

Der Taufbrunnen ist analog als Holzmonolith gefertigt. Auf diesem wurde eine polierte Messingschale platziert. Der kubisch geformte Tabernakel ist aus poliertem Messing gearbeitet und ruht auf einem quaderförmigen Holzblock. Das Ewige Licht wurde aus einer biomorph anmutenden, in rötlichem Glas gefertigten Schale ausgeführt und weist auf diesen besonderen Ort hin. Das Vortragekreuz und die Kerzenständer bestehen aus polierten Messingprofilen.

Eine bereits im alten Pfarrheim aufgestellte Christusfigur wurde frei stehend an einem Messingformrohr montiert. Die im Kirchenraum als schwebend wahrgenommene Christusfigur wurde exakt in der Längsachse des erweiterten liturgischen Feierraums positioniert. Die hölzerne Christusfigur stammt etwa aus dem Jahr 1700, der Künstler ist unbekannt. Die Christusfigur umarmt symbolisch den gesamten liturgischen Raum und alle liturgischen Orte konzentrieren sich auf sie. Die liturgischen Orte selbst wurden in ihrer Platzierung exakt aufeinander abgestimmt, wodurch ein intensiver Dialog zwischen Altar, Ambo, Tabernakel, Taufbecken, Osterkerze und Sedes entsteht.

Die im Jahr 1983 von der oberösterreichischen Orgelbauanstalt St. Florian gefertigte Orgel, welche bereits im alten Pfarrheim aufgestellt war, besitzt vier Register und wurde im nordöstlichen Teil des Kirchenraums positioniert. Der Ort für die Gemeinde besteht aus drei sektorenförmig angeordnete Sesselreihen und diese konzentrieren sich hin zum liturgischen Zentrum.

Reflexionen zum Sakralraum
Der zylindrische Sakralraum beeindruckt durch seine feierliche und würdevolle Raumatmosphäre. Diese wird im zylindrischen Lichtraum durch die intensive Auseineinandersetzung mit den liturgischen Orten, durch die gezielte Lichtregie und durch die harmonische Materialwahl geschaffen. Der Kirchenzentralraum versinnbildlicht das intensive Bemühen den Dreiklang Architektur, Liturgie und Kunst aufeinander abzustimmen. Das ist gelungen und gut wahrnehmbar. Der Kirchenzentralraum ist ein Ort für die Kontemplation, die Gottesbeziehung und die verschiedenen Formen des katholisch liturgischen Lebens.

Künstlerische Gestaltung
Die künstlerische Gestaltung des zylindrischen Kirchenraumes mit seinen ausgeklügelten Lichtschlitzen und die Gestaltung der liturgischen Orte durch Siegrun Appelt und Andrea Konzett wurden bereits ausführlich dargestellt.

Eine weitere Besonderheit ist die künstlerische Gestaltung für die drei Glocken durch die Bildhauerin Judith P. Fischer. Sie schreibt zur Gestaltung: „Friede, soziale Gerechtigkeit und Bewahrung der Schöpfung waren die Themen für die drei Glocken. Dieser übergeordneten, thematischen Widmung werden drei Heilige als Patrone für Friede, Gerechtigkeit und Schöpfung zugeordnet [...] Die Schöpfungsglocke, als größte der drei, soll den Gedanken ‚Bewahrung der Schöpfung' aufnehmen und darüber hinaus dem heiligen Franz von Assisi zugeordnet werden [...] Die Gerechtigkeitsglocke bildet die Mitte der drei Glocken und ist Elisabeth von Thüringen zugeordnet. Es wird überliefert, dass Elisabeth von Thüringen anstelle von Brot Rosen in ihrem Korb vorgefunden habe [...] So bildet die Mitte der Glocke das Zitat: ‚Das Brot, das wir teilen, wird als Rose erblühen.' Die Friedensglocke, als kleinste der drei Glocken, wird Benedikt von Nursia gewidmet [...] Um der Verwendung des recht vielseitig strapazierten Symbols zu entgehen, soll hier auf Ölzweig, Blatt, Frucht und Kern des Olivenbaumes als Friedenssymbol zurückgegriffen werden. So entsteht eine fein strukturierte Oberfläche aus den Bestandteilen des Ölbaumes; einander kreuzende Zweige, Blätter die konkav und invers in verschieden großer Ausprägung die einzelnen Inseln dieser Glocke strukturieren. Wie schon bei den beiden anderen Glocken mündet dieser Inselfries dann in den einseitig angebrachten Schriftzug, der als Brücke zwischen den beiden Enden fungiert, [...] suche den Frieden und jage Ihm nach!' (Regel d. hl. Benedikt, 17)"[137]

Kircheninnenraum,
Blick vom Pfarrsaal

Folgende Seite

1 Kircheninnenraum mit Altarzone, Blick vom Eingangsbereich
2 Lichtstudien am Arbeitsmodell – Kirchenzentralraum mit Lichtkonzept von Siegrun Appelt und Andrea Konzett

1

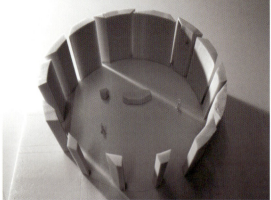

2 – Lichteinfall am Morgen

2 – Lichteinfall am Vormittag

2 – Lichteinfall am Nachmittag

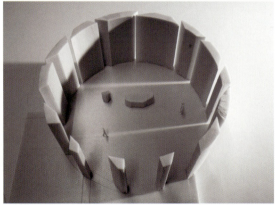

2 – Lichteinfall am späten Nachmittag

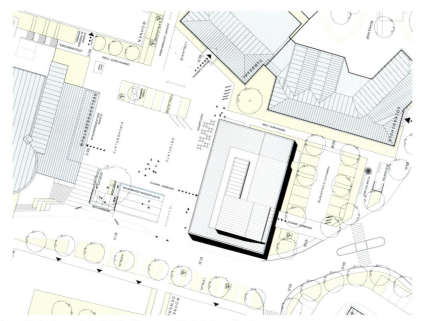

Lageplan Ortszentrum – Masterplan von Arch. Christian Stummer und Arch. Andreas Fiereder

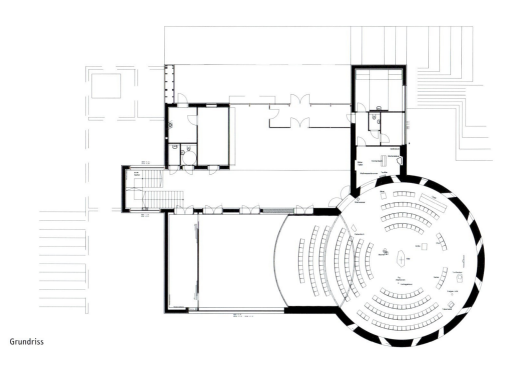

Grundriss

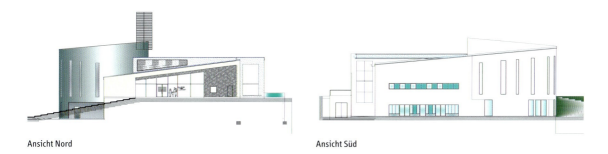

Ansicht Nord

Ansicht Süd

Salzburg:
Römisch-katholische Konzilspfarre St. Paul
Architekt Erio Hofmann und Architekt Adalbert Rothenthal, 1993-1996

5020 Salzburg, Eduard-Herget-Straße 5

Entstehungsgeschichte
Der Gemeindesaal diente der Pfarrgemeinde im Zeitraum 1972 bis 1993 als Kirche. Als dieser baufällig wurde, entschied man sich, ein neues Pfarrzentrum zu planen. Es erfolgte ein Gutachterverfahren gemeinsam mit Architekt Erio Hofmann und Architekt Adalbert Rothenthal. Der Spatenstich für das neue Pfarrzentrum erfolgte am 24. Jänner 1993, die Grundsteinlegung am 2. Oktober 1993. Das Pfarrzentrum der neuen Kirche wurde 1994 fertiggestellt. Der Auftrag für die Altarraumgestaltung erging an den bildenden Künstler Hubert Schmalix. Am 30. Juni 1996 wurde die Kirche durch Auxiliarbischof Andreas Laun feierlich geweiht.

Ort
Die Pfarrkirche St. Paul befindet sich in Salzburg, im Stadtteil Riedenburg zwischen Nonntal, Leopoldskron, Maxglan und der Altstadt gelegen. In Salzburg-Riedenburg leben circa 7000 Einwohner.

Architektonische Vision
Ziel war die Schaffung eines gegliederten, architektonisch gut ablesbaren Baukörpers mit Kirchenneubau inklusive markantem Glockenturm, der ein sichtbares Zeichen setzen sollte. Deshalb wurde ein pyramidenförmiger gläserner Turmhelm gewählt, der in der Nacht illuminiert ist. Weiterer Schwerpunkt war die Errichtung eines geräumigen Pfarrzentrums mit Pfarrsaal, Kanzlei, Meditationsraum und Gruppenräumen. Zwischen diesen beiden Baukörpern entstand in der Mitte eine von drei Seiten begrenzte öffentliche Innenhofzone. Die Konzilskirche wird mit dem Pfarrzentrum durch einen Laubengang verbunden. Angrenzend an den Kirchenneubau wurde ein bestehender Bau als Kindergarten adaptiert.

Die Vision war die Planung eines gut strukturierten Pfarrzentrums, beseelt von den Erneuerungen, die durch das Zweite Vatikanische Konzil eingeleitet worden sind.

Architektonisches Thema
Der Baukörper ist dreigeteilt und längsgerichtet angeordnet. Von der Hauptdurchzugsstraße kommend, befindet sich an der Straßenkreuzung das Pfarrzentrum mit vorgelagertem Arkadengang. Dieses Pfarrzentrum beinhaltet die Pfarrkanzlei, Gruppenräume und den großen Pfarrsaal. Zwischen Pfarrzentrum und Kirchenbau befindet sich ein Atrium, wobei straßenseitig ein Laubengang Pfarrzentrum und Pfarrkirche verbindet. Die Konzilspfarrkirche St. Paul wird einerseits über ein vom Laubengang überdachtes Portal betreten. Das Hauptportal liegt in der Symmetrieachse der Westfassade des Kirchenbaus und wird durch drei Holztore mit Glasfenstern gebildet. Nach Durchschreiten der Orgelempore gelangt man in den Kirchenhauptraum, der nahezu quadratisch erscheint. Dominiert wird der architektonische Gesamteindruck durch die Deckenkonstruktion und durch den Altarraum, welcher von dem 115 m² großen Fresko der Altarwand geprägt ist.

Das Kirchendach ist ein über rechteckigem Grundriss ausgebildetes zweifach geneigtes Walmdach, das jedoch durch die konstruktive Ausbildung der sternförmig angeordneten Leimbinder den Eindruck einer Zeltdachkonstruktion erweckt. Die Wochentagskapelle wurde durch eine gläserne Faltwand direkt an den Kirchenhauptraum angeschlossen und ist so auch einsehbar.

Die Architekten errichteten an der Westwand, vis-à-vis vom Altarbereich, eine großräumige Orgelempore. Diese Architektursprache knüpft an die traditionelle christliche sakrale Architektur an.

Architekturanalytische Betrachtung
Das Pfarrzentrum St. Paul ist in seiner architektonischen und künstlerischen Konzeption sehr symbolhaft und enthält mannigfaltige architektonische und künstlerische Metaphern. Die architektonische Konzeption beruht auf der Verwendung von drei geometrischen Grundformen. Das Dreieck wurde sowohl im Bereich der Pyramidenform des gläsernen Kirchturmes verwendet, als auch als flaches Dreieck in der Konstruktion des Leimbinderfachwerks. Der Kirchenhauptraum stellt im Grundriss (bei Abzug der Orgelempore) ein Quadrat dar.

Als dritte geometrische Figur tritt der Kreis sowohl im Bereich der Altargestaltung, als auch im Bereich der Konzeption der Glasportale zum Vorschein. Diese nehmen sämtliche drei geometrischen Grundformen als gestalterisches Motiv auf. Das Quadrat wurde weiters beim doppelreihigen Fensterband im Bereich der Wochentagskapelle eingesetzt.

Die Dachkonstruktion suggeriert bei der ersten Betrachtung das Bild eines Zeltes. Da jedoch die Konstruktion massiv ausgeführt worden ist, verliert sich bei genauerer Betrachtung der primäre Eindruck, da die Konstruktion die Leichtigkeit der architektonischen Metapher nicht unterstreicht.

Der Kirchturm mit seinem pyramidenförmigen Turmhelm ist ein markantes christliches Zeichen und hat für den Salzburger Wohnbezirk Riedenburg hohen Identifikationsgehalt.

Konstruktion
Die gesamte Pfarranlage wurde in Massivbauweise ausgeführt, der Verputz weiß gestrichen. Das Kirchendach wurde in Holzbauweise errichtet. Die Architekten wählten eine Leimbinder-Fachwerkskonstruktion. Das rechteckige Kirchendach zeigt eine doppelte Walmdachneigung. Durch Schrägstellung der Leimbinder entsteht ein konstruktives Muster wie das eines Fachwerks, wobei die steiler geneigten Leimbinder auf einer vertikal ausgeformten Mauerkonsole ruhen. Der Laubengang wurde analog in Holzbauweise errichtet.

Der architektonisch dominante, quaderförmige Glockenturm wurde in Massivbauweise ausgeführt. Gekrönt wird er durch eine pyramidenförmige Metallfachwerkkonstruktion. Alle Pyramidenflächen sind mit Glastafeln ausgekleidet.

Materialität
Zwei Materialien bestimmen das äußere Erscheinungsbild des Pfarrzentrums: zum einen das reinweiß gestrichene Massivmauerwerk, zum anderen die dunkel lasierte Fichtenholzkonstruktion im Bereich sämtlicher Dachebenen. Im Inneren dominiert ebenso das weiße Massivmauerwerk und weiters die helle Holzleimbinderfachwerkskonstruktion. Die Orgelempore wurde in Fichtenholz ausgeführt.

Lichtführung
Die Lichtführung des Kirchenhauptraumes ist gekennzeichnet durch gute Tageslichtquellen: zum einen das dreiseitig umlaufende schmale Oberlichtband, das den gesamten Kirchenhauptraum tageslichtspezifisch beleuchtet. Dieses Band entsteht durch die konstruktive Ausbildung des Leimbinder-Fachwerks im Auflagerbereich. Zum andern beleuchten zwei große Giebelfenster, das dreieckige Altar- und das Orgelemporenfenster, den Innenraum. Mehrere Deckenlampen befinden sich in jener Ebene, in die Hubert Schmalix im Altarfresko eine Lichtquelle gemalt hat. Diese Lichtregie führt zu einer warm anmutenden, lichtdurchfluteten Kirchenatmosphäre.

Liturgische Orte
Für die Gestaltung des Altarraumes wurde ein Wettbewerb ausgeschrieben, den der Maler Hubert Schmalix gewann. Altar, Ambo und Tabernakel stehen auf einem zweistufig erhöhten, halbkreisförmigen Podest. Hubert Schmalix konzipierte die Anordnung der drei liturgischen Prinzipalstücke dermaßen, dass Altar, Ambo und Tabernakel ausgewogen in der Schwerkraftlinie zu liegen kommen. Deshalb ist der quaderförmige Altarblock aus der geometrischen Symmetrieachse gerückt. Hinsichtlich der Gestaltung des Altars schreibt der zuständige Pfarrer Peter Hausberger: „Der Altar selbst ist ein rot gefärbter Betonblock, der etwas aus der Mitte gerückt ist. In Nischen sind zwölf Köpfe aus Bronze eingelassen. Zwölf ist die Zahl der Stämme Israels und der Apostel des Neuen Bundes. In ihrer Verschiedenheit weisen sie darüber hinaus auf die ganze Menschheit. Die Köpfe sind außerordentlich eindrucksvoll, aber völlig verschieden: Junge und Alte, Männer und Frauen, Menschen vieler Völker und Rassen."[143]

Der Ambo wurde in analoger Bauweise ausgeführt und ist durch fünf vertikal angeordnete Bronzeköpfe an der Stirnwand gekennzeichnet. Der oberste stellt den hl. Paulus dar, darunter folgen die vier Evangelisten. Dazu Pfarrer Peter Hausberger: „Die an die Rückwand angesetzte Tabernakelstele [...] trägt einen tiefschwarz gefärbten patinierten Tabernakel aus Bronze. Das göttliche Geheimnis ist bildlos, unzugänglich. [...] Wenn man aber den Tabernakel öffnet, so strahlen die Wände in purem Gold. [...] Durch einen Kristall unter dem Tabernakel leuchtet das ewige Licht, das die Gegenwart Christi andeutet."[144]

Hubert Schmalix schuf weiters die in massivem Fichtenholz gefertigte Sessio und den Gabentisch. Sämtliche Prinzipalstücke beziehen sich aufeinander, schaffen ein innenarchitektonisches Miteinander und bestimmen den Gesamteindruck des Kirchenraumes. Der Taufstein wurde in der Nähe der Freskenwand mit direktem Bezug zur Osterkerze aufgestellt. Der Kirchenraum wurde mit Bugholzsesseln ausgestattet, welche im täglichen Gebrauch meistens in drei Blöcken aufgestellt werden.

Reflexionen zum Sakralraum
Im Kirchenhauptraum konzentriert sich die gesamte Aufmerksamkeit auf den zentralen Altarbereich, welcher vom mehrteiligen Altarfresko dominiert wird. Diese Bibelgeschichte führt

hin zu Besinnung und Reflexion. Das sternenförmige Dachkonstrukt verstärkt das Gefühl, unter dem Himmelszelt zu verweilen. Hauptaspekt bei diesem Sakralbau ist vor allem die gemeinschaftliche Eucharistiefeier.

Die Wochentagskapelle ist der ideale Ort zur Anbetung, zum Innehalten und für kleine eucharistische Messfeiern.

Künstlerische Gestaltung
Mit der künstlerischen Gestaltung wurden zwei bildende Künstler beauftragt. Der gesamte Kirchenraum wird von Hubert Schmalix' Altarwandfresko, welches die gesamte Altarwand einnimmt, dominiert. Der Aufbau des Altarwandfreskos zeigt fünf Segmente. Das Thema des Freskos ist „Der Weg des Paulus". Die Leserichtung ist für den europäisch geschulten Betrachter ungewöhnlich, da sie von rechts nach links verläuft. Das erste, rechts positionierte Segment zeigt eine in Kieferrot gehaltene abstrakte Wandfläche, das zweite Segment stellt Paulus vor seiner Bekehrung dar. Paulus erscheint marionettenhaft eingezwängt und eingesperrt. Das dritte, flächenmäßig größte Segment, ist in Gelb gehalten und zeigt von der Sonne ausgehende Strahlen, die das gesamte Wandelement ausfüllen. In die Sonne wurde eine gemalte weiße Glühbirne eingeschrieben, diese Metapher unterstreicht den Licht- beziehungsweise den Bekehrungsgedanken des hl. Paulus, den er auf seiner Damaskusreise erlebte. (Diese gemalte Glühbirne markiert die „Lichtebene" für die künstliche Beleuchtung.) Hierzu schreibt Peter Hausberger: „Dieser farbliche Höhepunkt des Freskos weist auf das Bekehrungserlebnis von Saulus hin: ‚Auf der Reise aber geschah es – er kam Damaskus nahe, da umstrahlte ihn plötzlich ein Licht vom Himmel. Er stürzte zu Boden und hörte eine Stimme, die sagte: Saulus, Saulus, warum verfolgst du mich? Er aber sprach: Wer bist du Herr! Darauf er: Ich bin Jesus, den du verfolgst. Doch steh auf und geh in die Stadt hinein. Und dir wird gesagt werden, was du tun musst.'"[145]

Im vierten Wandsegment wird Paulus als bekehrter Mensch dargestellt. Paulus erscheint leuchtend klar und in Bewegung. Als fünftes Segment malte Hubert Schmalix eine abstrahierte Küstenlandschaft, in Anspielung an die von Paulus durchgeführten kleinasiatischen Missionsreisen. Im obersten Bereich des fünften Segments tritt ein leicht keulenförmiger weißer Teil auf, welcher aus dem vierten Segment, nämlich aus den Augen Paulus heraustritt. Dieser Strahl verdeutlicht den Wirkungsstrahl des hl. Paulus.

Der Künstler Richard Hirschbäck gestaltete die drei Eingangsportale. Er schuf drei in Glas ausgeführte Tore, welche die primären geometrischen Formen Kreis, Quadrat und Dreieck thematisieren. Weiters schuf er das dreieckig konfigurierte Orgelemporenfenster, welches in den warmen Farben Gold, Rot und Gelb gehalten ist. Im Gegensatz dazu führte er das dreieckförmige Altarfenster jedoch in kühlen Farben aus. Das geostete Altarwandfenster lässt Morgensonne strahlend in den Kirchenraum eindringen. Die künstlerischen Sprachen von Hubert Schmalix und Richard Hirschbäck sind divergierender Art und in keiner Weise aufeinander abgestimmt.

Hartwig Rainer Mülleitner gestaltete den Altar in der Wochentagskapelle. Dieser besteht aus einem roh belassenen Fichtenwurzelstock mit mehreren Steineinschlüssen, wobei er im oberen Teil des Wurzelstocks eine kreisrunde Holzscheibe entnahm, ein aus Serpentinit gefertigtes Steinkreuz hineinlegte und mit einer kreisrunden Glasplatte gut einsehbar abschloss.

Altarwandfresko „Der Weg des Paulus" von Hubert Schmalix

1 Glockenturm
2 Kircheninnenansicht mit Orgelempore
3 Kircheninnenraum mit Leimbinder-Fachwerkkonstruktion
4 Leimbinder-Fachtwerkkonstruktion Detail
5 Altarraum mit Altarwandfresko von Hubert Schmalix

4

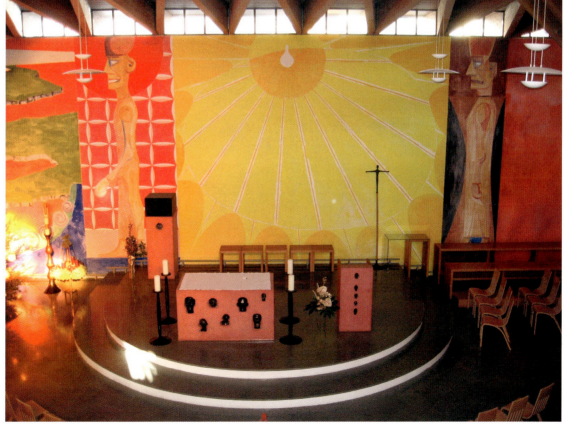

5

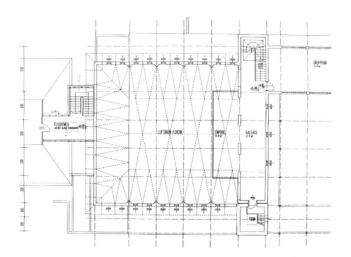

Grundriss Kirche Obergeschoß

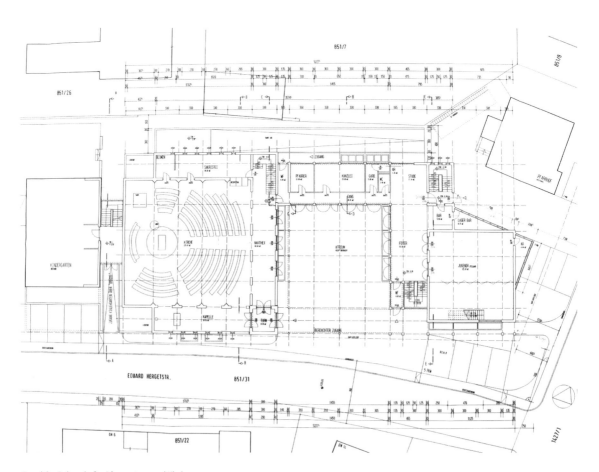

Grundriss Erdgeschoß – Pfarrzentrum und Kirche

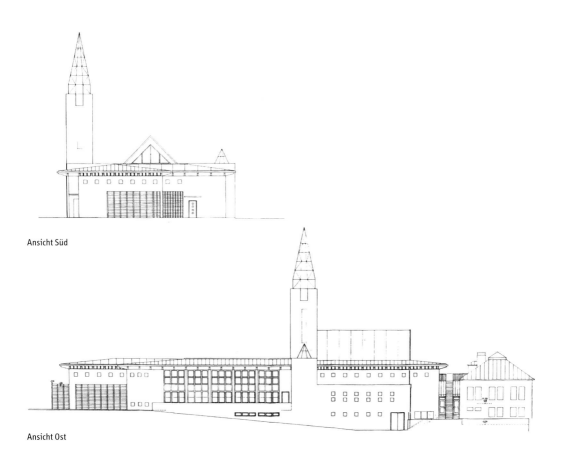

Ansicht Süd

Ansicht Ost

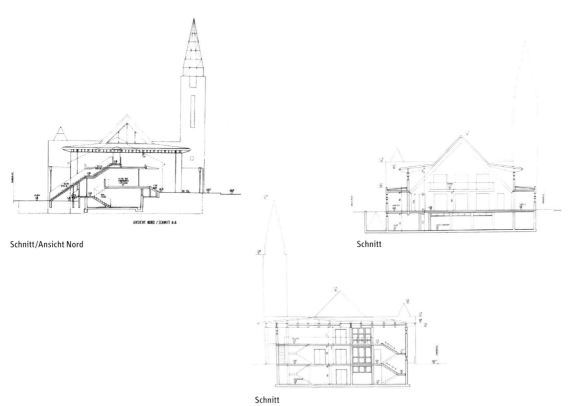

Schnitt/Ansicht Nord

Schnitt

Schnitt

St. Veit im Pongau:
Römisch-katholisches Kloster Maria im Paradies Kinderalm
Architekt Matthias Mulitzer, 2000-2008

5621 St.Veit im Pongau, Pichl 23

Entstehungsgeschichte
1984 kamen auf Anregung von Erzbischof Karl Berg und Weihbischof Jakob Mayr die ersten, aus Frankreich stammenden Schwestern vom 1950 gegründeten Orden „Familie von Bethlehem, der Aufnahme der Jungfrau in den Himmel und des Heiligen Bruno" auf die Kinderalm in der Nähe von St. Veit im Pongau. Der Orden der Schwestern von Bethlehem ist ein streng kontemplativer Orden, der in seiner Lebensform und Spiritualität auf das Modell des hl. Bruno, der im 11. Jahrhundert den Kartäuserorden gegründet hatte, zurückgeht.

Die ehemaligen Almhütten, die früher als Dependance der Sommerheilstätte für lungenkranke Kinder gedient hatten, wurden winterfest gemacht und für die Schwestern umgebaut. Im Zeitraum von 1985 bis 1994 wurden sämtliche Häuser zum ersten kleinen Kloster ausgebaut, diese werden als das „Untere Haus" bezeichnet.

In diesen Zeitraum fielen die Vorbereitungen, der Grundstückserwerb und die Planungsarbeiten für das „Obere Haus". Architekt Matthias Mulitzer entwickelte dieses Projekt schrittweise aus seiner Diplomarbeit von 1986 an der Akademie der bildenden Künste bei Architekturprofessor Gustav Peichl.

Am 17. September 1995 erfolgte die feierliche Grundsteinlegung für das „Obere Haus". Hierauf wurde die „Kapelle der Einsamkeit" errichtet, die am ersten Adventsonntag 1995 von Erzbischof Eder feierlich eingeweiht wurde. Anschließend begannen die Rodung des Grundstücks und die umfangreichen Aufschließungsarbeiten für den Zellentrakt rund um den Kreuzganghof und die Erbauung von 17 Eremitagen. Nach der feierlichen Grundsteinlegung am 12. September 1999 durch Erzbischof Georg Eder wurde im Jahr 2000 der massive Unterbau für den Kirchenneubau errichtet. 2001 wurden die Bauabschnitte um den Kreuzganghof und im September 2002 der Rohbau abgeschlossen. In den folgenden Jahren wurde der Innenausbau durchgeführt. Die feierliche Einweihung der Kirche erfolgte am 20. September 2008 durch Erzbischof Alois Kothgasser.

Ort
Die Klosteranlage befindet sich auf einem Almboden in circa 1300 m Höhe, der über einen Güterweg von St. Veit im Pongau erreichbar ist. Die Ordensschwestern wählten bewusst diesen Ort der Abgeschiedenheit, um entsprechend ihren Regeln ein kontemplatives Klosterleben führen zu können. Hinsichtlich des Bauplatzes schreibt Architekt Matthias Mulitzer: „Auf dem ostseitig des Teiches verbleibenden Flachgelände der Mulde liegt der Bauplatz für die Klosterkirche, die sich hier in einem idealen Lagebezug zum übrigen Baukomplex befindet. Der streng nach Osten hin ausgerichtete Kirchenbau bildet gewissermaßen den Fokus der Gesamtanlage und liegt auf einer Achse mit der kleinen Kapelle. Alle Verbindungskreuzgänge münden an dieser Stelle sinnfällig zusammen und vor der Kirche wird ein abgeschlossener kleiner Kreuzganghof mit einen Brunnen angelegt. Nach Außen hin bildet die Kirche zusammen mit der Klosterpforte durch die Ausrichtung zum Zufahrtsweg das einzige visuell sichtbare Zeichen des Klosters."[150]

Architektonische Vision
Matthias Mulitzer dazu: „Das Charakteristikum eines Klosters von Bethlehem war nämlich nicht der gewohnte festgefügte klösterliche Baublock, sondern eine Anzahl voneinander unabhängiger, kleiner Einzelzellen um eine Kirche und einiger anderer Gemeinschaftsräume. Mein Diplom-Entwurf sah deshalb auf Grundlage des konkreten Raumprogramms der Schwestern ein organisch an den Berghang angepasstes Klosterdorf mit kleinen Holzgebäuden vor. [...] Ein solches Kloster, das in der Endausbaustufe circa 40 Schwestern aufnimmt, gliedert sich in zwei räumlich klar getrennte Bereiche: Ein sogenanntes ‚Unteres Haus', das mit einer Kapelle, Besucher- und Gästebereichen auch für Außenstehende zugänglich ist, und in einiger Entfernung davon ein ‚Oberes Haus', das völlig abgeschlossen den Schwestern in Einsamkeit vorbehalten ist. In strenger Klausur leben sie hier in Einzel-‚Eremitagen'. Diese Eremitagen sind durch einen Kreuzgang mit den erforderlichen Gemeinschaftsräumen (Kirche, Refektorium, Kapitelsaal, Bibliothek) verbunden. Das Grundkonzept entspricht der überlieferten Beschreibung der ersten Kartause in den französischen Alpen."[151] Das Ziel war die Errichtung eines Kirchenneubaus mit klarer und schlichter Formensprache.

Architektonisches Thema
Entsprechend den Regeln des Ordens wurde der Kirchenneubau im Rahmen des „Oberen Hauses" errichtet und stellt neben dem Kreuzweggang das Zentrum der oberen Klosteranlage dar. Die Kirche dient den Ordensschwestern als gemeinsamer Versammlungsort zur Abhaltung der Chorgebete und zur Eucharistiefeier.

Der 17 m lange, 7 m breite und 10 m hohe geostete Kirchenlängsraum ist streng symmetrisch konzipiert. Eine mittig gelegene Betonstiege führt zum erhöhten Presbyterium. Der Raumabschluss erfolgt durch eine halbzylindrische Apsis mit Kuppelgewölbe. Auf der Ebene des Presbyteriums befindet sich südseitig eine kleine Seitenkapelle, nordseitig die Sakristei. Da die Klosterkirche entsprechend den Klosterregeln von Laien nicht direkt betreten werden darf, wurden zwei kleine Emporen ausgeführt, welche über ein externes Stiegenhaus erschlossen werden.

Der holzgetäfelte Kirchenraum wird von einem ebenso mit Holz verkleideten Tonnengewölbe abgeschlossen. Zum Thema der Klosterkirche schreibt Matthias Mulitzer: „Die Klosterkirche ist mit den anderen Gemeinschaftsräumen nahe dem Klostereingang in dem streng geosteten Hauptgebäude zusammengefasst. Vorgelagert ist ein kleiner Kreuzganghof mit Brunnen, südseitig der Kirche ist der Klosterfriedhof situiert. [...] Unter dem Altarraum befindet sich eine geräumige Krypta. Die Innenausstattung ist ganz auf die liturgischen Erfordernisse einer reinen Klosterkirche abgestimmt. Das Refektorium befindet sich – einer ostkirchlichen Klosterbautradition folgend – auf gleicher Ebene direkt gegenüber dem Kirchenraum im Westteil des Gebäudes. Darüber liegt der Kapitelsaal mit Bibliothek als zweigeschoßiger Galerieraum. Über der Mitte des Daches ist der Glockenturm aufgesetzt. In dieser Gestalt bildet dieses ‚Cönobium' mit der Vereinigung aller für das Klosterleben erforderlichen Gemeinschaftsräume in jeder Weise den Fokus der gesamten Anlage."[152]

Architekturanalytische Betrachtung
Im vorliegenden Projekt ist in höchstem Maße die Liturgie bestimmend für die architektonische Formgebung, die Konstruktion und die Wahl der Materialien.

„Die Architektur und Ausgestaltung der Kirche ist bis in die Einzelheiten nach der sich in ihm [im Kircheninnenraum] vollziehenden Liturgie ausgerichtet. Der Innenraum ist in drei abgegrenzte Bereiche gegliedert: ostseitig das erhöhte Presbyterium mit dem Altar und der halbrunden Apsis, mittig der Chorraum der Monialen mit den beidseitig an den Wänden aufgereihten Chorstallen und westseitig der Emporenbereich."[153] Hier wird die konsequente Vorgabe durch die monastischen Erfordernisse, geprägt von jahrhundertelanger Tradition und Entwicklung, verdeutlicht. Die Anforderungen an die liturgischen Räume werden bei Klosterbauten strenger vorgegeben als dies bei sonstigen zeitgenössischen Sakralbauten üblich ist.

Konstruktion
Zur Überlegung der Konstruktion führt Architekt Matthias Mulitzer Folgendes aus: „Für die tragende Konstruktion wurde eine zeitgemäße Fichte-Massivholz-Plattenbauweise gewählt, die eine weitgehende Vorfertigung und kurze Montagezeiten erlaubt. Die Außenseite der Tragkonstruktion wird gedämmt und mit einer Lärchenholzfassade versehen."[154]

Materialität und Innenausbau
Der Kirchenraum wird von zwei Materialien geprägt. Das dominierende Material sind die in Längsrichtung verlegten Zirbenholzbretter, welche die beiden Längswände und das Tonnengewölbe auskleiden. Das Schwesternchorgestühl wurde analog in Zirbenholz gefertigt. Das zweite raumbildende Material ist Lehmputz, der im Bereich der Apsis verwendet worden ist.

Die Verwendung von Holz und Verputz prägt die Raumatmosphäre der Klosterkirche. Der Boden des Kirchenraumes wurde mit Sandsteinplatten ausgelegt. Vor dem circa 1,5 m erhöhten Presbyterium wurden in östlicher Kirchenbautradition lebensgroße Ikonen aufgestellt.

Lichtführung
Die natürliche Belichtung erfolgt auf beiden Längsseiten durch fünf hoch gelegene Fenster mit halbrundem Abschluss. Sie stellen die einzigen natürlichen Lichtquellen dar. Diese Form der Lichtführung erzielt einen reduzierten Lichteinfall und verstärkt somit den kontemplativen Charakter der Klosterkirche.

Liturgische Orte
Hinsichtlich der Gestaltung der liturgischen Orte schreibt Architekt Matthias Mulitzer: „Mensa (Altar) 100/100/100cm, Priesterambo, Tabernakel und Vorsitz sind streng nach den Ordensvorgaben ausgeführt. Der Altar ist aus demselben Sandsteinmaterial wie der Boden gefertigt und besteht aus Altarplatte, vier quadratischen Füßen und unterer Ausführung. Der Ambo ist ein einfaches Holzpult mit schrägen Füßen, das Tabernakel ist ein kleiner gestrichener Metallkubus auf der rechten Altarwand, der Vorsitzstuhl befindet sich im Scheitel

der Apsis, flankiert von der halbrunden Priesterbank (für mögliche Konzelebranten). Daneben gibt es noch einen Stuhl hinter der Ikonostase für den Aufenthalt des Priesters während der Matutin und Vesper, sowie ein Kredenzpult."[155]

Reflexionen zum Sakralraum

Erst nach längerer Anmarschzeit wird die Klosteranlage erreicht, wobei vorerst das „Untere Haus" betreten wird. Dort findet sich für die Gäste eine Anbetungskapelle, die im diametralen Kontrast zu den sonst üblichen Sakralbauten Österreichs steht. Es herrscht eine dunkle, mystisch anmutende, stark kontemplative Raumwirkung vor. Nur einzelne Bildelemente, die Darstellungen aus der ostkirchlichen Liturgie zeigen, werden sparsam illuminiert. Die Hinwendung zum Gebet und zu Gott hin fällt an diesem Ort leicht und wird durch das Raumgebilde gut unterstützt.

Die neue Klosterkirche befindet sich im Areal des „Oberen Hauses". Das Durchschreiten hin zum oberen Klosterkomplex ermöglicht ein Innehalten und ein Ausschauhalten. Nach Durchschreiten der Klosterpforte gelangt man über einen verwinkelten Klostergang über ein separates Stiegenhaus zur Empore der neuen Klosterkirche. Die Raumatmosphäre ist von einer tiefen Sakralität geprägt und richtet sich zum Presbyterium hin aus. Die klare und strenge Raumkonzeption veranlasst zum Innehalten und zur Teilnahme am Chorgebet. Laut Gespräch des Autors mit der Gastschwester der Ordensgemeinschaft wird die Eucharistiefeier nach dem römisch-westlichen Ritus gefeiert, jedoch sind in der Liturgie und im Offizium ostkirchliche Elemente enthalten.

Innerhalb des Klosterkomplexes des „Oberen Hauses" befindet sich eine weitere schlicht konzipierte Kapelle. Dieser Kapellenraum ist zweiteilig, im vorderen Anteil befindet sich das Chorgestühl und in einem eigenen Abschnitt das Presbyterium mit zentralem Altarbild (Motiv aus der orthodoxen Liturgie). Der Kapellenraum ist dunkel gehalten und mutet mystisch an, um so die Aufmerksamkeit auf das Numinose zu verstärken.

Künstlerische Gestaltung

Hinsichtlich der Gestaltung schreibt Architekt Matthias Mulitzer: „Prinzipiell liegt allen neu gebauten Betlehem-Klosterkirchen das vom Orden vorgegebene Schema mit erhöhtem Presbyterium und Rundapsis zugrunde. Dieses Schema entwickelte sich schrittweise seit den Achtziger Jahren in den Niederlassungen in Frankreich, Italien und Israel und ist vom Mutterhaus für alle Neubbauten mit genauen Vorgaben hinsichtlich Ausgestaltung vorgeschrieben. [...] Das runde Dreifaltigkeitsbild stellt ein Provisorium dar und soll später durch die insitu-Bemalung der Apsis (Eigenausführung der Schwestern) ersetzt werden. Optional ist auch der spätere Aufbau eines Baldachins mit kleiner Kuppel über der Mensa möglich. Ganz wesentlich für die Klosterkirche ist die Gestaltung des Chorraums der Schwestern mit Chorgestühl, vorderer Ikonostase (zwei seitliche lebensgroße Ikonenbilder und ein Ikonenpult mit wechselnder Ikone), Kreuz und Schwesternlesepult im hinteren Chorteil."[156]

Kircheninnenraum mit Presbyterium

Folgende Seiten
1 Klosterkirche Außenansicht
2 Klostergang
3 Klostergarten
4 Klosterkirche – Innenansicht mit Chorgestühl und Presbyterium
5 Klosteranlage: Oberes Haus – Eremitagen

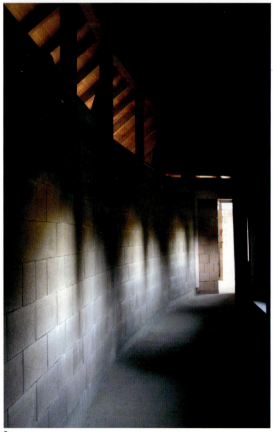

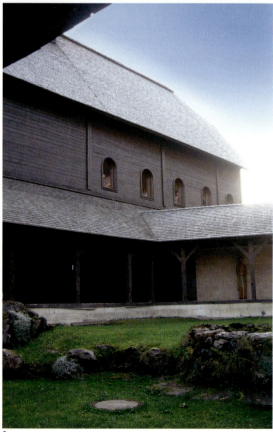

4

5

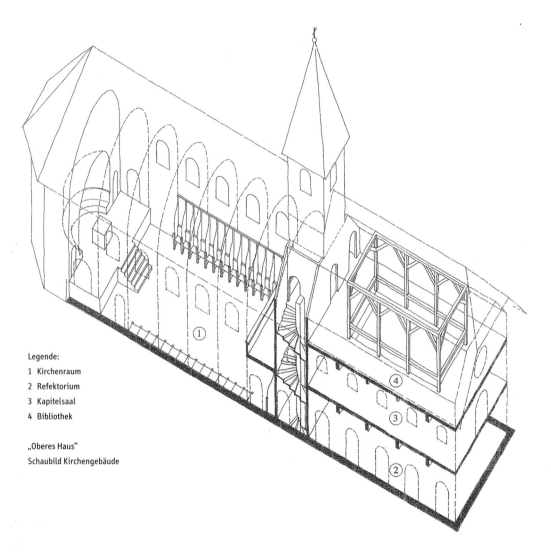

Legende:
1 Kirchenraum
2 Refektorium
3 Kapitelsaal
4 Bibliothek

„Oberes Haus"
Schaubild Kirchengebäude

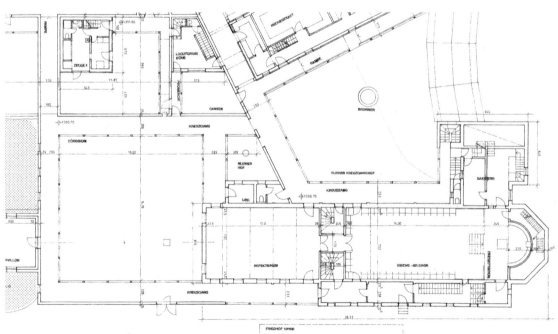

Grundriss Klosterkirche Erdgeschoß

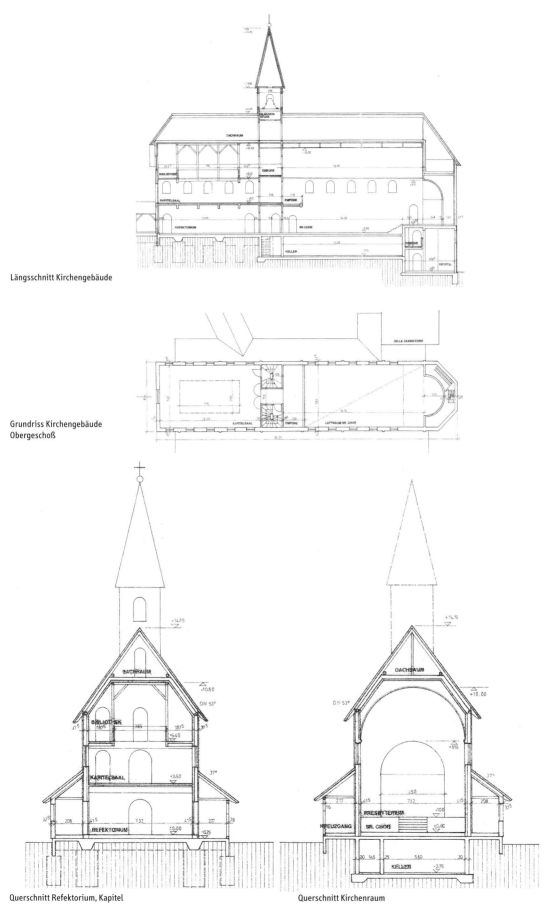

Längsschnitt Kirchengebäude

Grundriss Kirchengebäude Obergeschoß

Querschnitt Refektorium, Kapitel

Querschnitt Kirchenraum

Salzburg:
Evangelische Kirche – Auferstehungskirche und Evangelisches Gemeindezentrum Salzburg Süd
Architekt Günther Marschall, 1998-1999

5020 Salzburg, Dr.-A.-Altmannstraße 10

Entstehungsgeschichte
Zur Jahresmitte 1997 wurde die Pfarrgemeinde Salzburg West in zwei etwa gleich große Gemeindebereiche von rund 3000 Gemeindemitgliedern geteilt und per 1. Juli die neue Pfarrgemeinde Salzburg Süd gebildet. Sie umfasst neben den südlichen Stadtteilen Salzburgs die Gemeinden Anif und Grödig. Ein Architektenwettbewerb wurde initiiert und der Entwurf von Architekt Günther Marschall prämiert. Er wurde beauftragt, die Auferstehungskirche und das Gemeindezentrum zu errichten. Nach langen Vorbereitungen konnte am 4. Juli 1998 der Grundstein gelegt werden und am 25. September 1999 wurde die evangelische Kirche im Beisein von Bischof Herwig Sturm feierlich eröffnet.

Ort
Das evangelische Pfarrzentrum liegt in Salzburg Grödig. Grödig ist eine Marktgemeinde im Bezirk Salzburg-Umgebung mit etwa 6900 Einwohnern. Das Gemeindezentrum liegt an einem stark befahrenen Eckgrundstück – Landstraße 104/Grödigerstraße (Berchtesgadnerstraße) und der Dr.-Adolf-Altmannstraße. Der Gebäudekomplex ist auf der einen Seite umgeben von mehrgeschoßigen Wohnbauten, auf der anderen Seite befindet sich noch unbebautes Grünland.

Architektonische Vision
Architekt Günther Marschall schreibt zu seinem Entwurf: „Die Grundrissentwicklung der baulichen Anlage orientiert sich an dem orthogonalen System früher kleinasiatischer Stadtanlagen. Dort die zentrale Agora – Ort früher Verkündigungen – hier der quadratische Kirchenraum, flankiert von zum Teil glasüberdachten Gassen und Gebäuden. Der spirituelle Raum im Zentrum, ausstrahlend, alle Bereiche des täglichen Lebens mitbestimmend – das gesellige Beisammensein von Alt und Jung im nördlichen Gemeindesaal, die Arbeit und Bildung im östlichen Studententrakt, das Wohnen und die Arbeit im südlich gelegenen Gebäudeteil – als auch auf den pulsierenden Verkehrs- und Naturraum im Westen.

Die Höhenentwicklung der Gesamtanlage erfolgt – beginnend mit dem eingeschoßigen, im natürlichen Blickwinkel erfassbaren Eingangsbereich (Vertrautheit) – leicht ansteigend bis zur Dreigeschoßigkeit im südlichen Gebäudeteil – den Weg nach oben charakterisierend.

In einer Gegenbewegung dazu der transparente Glockenturm in einer Stahl-Glaskonstruktion, siebenteilig mit nach oben ansteigenden Diagonalen – Symbol der Klarheit."[146]

Architektonisches Thema
Das evangelische Pfarrzentrum Salzburg Süd liegt an einem stark befahrenen Eckgrundstück und präsentiert sich als leicht keilförmig ansteigender Gebäudekomplex. Der gegenläufig positionierte, keilförmig konfigurierte gläserne Glockenturm tritt imposant als weithin sichtbares Zeichen in Erscheinung.

Im Bereich der nördlichen Gebäudeecke befindet sich das Eingangsportal für die Auferstehungskirche. Nach Durchschreiten eines glasüberdeckten Windfangs und des großzügig dimensionierten, quer gelagerten Foyers wird der Blick auf den quadratischen Gottesdienstraum freigegeben. Dieser ist durch ein leicht ansteigendes, schwebendes Flächentragwerk geprägt. Das Hauptaugenmerk konzentriert sich auf die symmetrisch konzipierte Altarzone mit seiner künstlerisch reich durchgestalteten Altarwand. Der Gemeindesaal kann mit dem quadratischen Kirchenraum verbunden und erweitert werden.

Der zweite Teil des Gebäudekomplexes fällt auf die Pfarrkanzlei, Pfarrwohnung und Wohnung für den Küster. Der dritte und rückwärtige Anteil ist ein längsgerichteter, zweigeschoßiger Gebäuderiegel. Dieser dient als Studentenwohnheim und zusätzlich wurde eine Kinderkrippe eingerichtet. Im südwestlichen Anteil des Gebäudekomplexes erhebt sich der vierte Teil mit einem dreigeschoßigen Wohntrakt.

Architekturanalytische Betrachtung
Das evangelische Pfarrzentrum ist vom architektonischen Leitgedanken der Klarheit, Helligkeit und exakten strukturellen Gliederung der Baufunktionen und -formen geprägt. Das gesamte Pfarrzentrum mit seinen zahlreichen Funktionen – Gemeindesaal, pfarradministrative Bereiche, Kinderbetreuungseinrichtung, Studentenwohnung und Appartements sind allesamt um die Auferstehungskirche gruppiert. Diese architektonische Leitstruktur wird inhaltlich, formal, konstruktiv und künstlerisch konsequent durchgearbeitet und ausformuliert.

Konstruktion
Die Primärkonstruktion der Auferstehungskirche und des Gemeindezentrums ist eine Stahlbetonkonstruktion. Architekt

Günther Marschall schreibt hinsichtlich der Konstruktion: „Das Kirchendach wurde als schräg liegende Stahlbetonplatte mit beidseitigen Oberlichtbändern (Kreisabschnitte) zu den Wänden ausgeführt."[147]

Der keilförmige Glockenturm besteht aus einer siebenteiligen Stahlrahmen-Fachwerkskonstruktion mit Punktverglasung.

Materialität und Innenausbau
Das äußere Erscheinungsbild ist charakterisiert durch das cremeweiß gefärbte Massivmauerwerk und durch die Glasstahlkonstruktion des Kirchturmes. Der Kircheninnenraum wird ebenso durch die weiße Wand- und Deckenfarbe dominiert. Die Bodengestaltung spiegelt die konstruktive Architektursprache wider, wobei der Pfeilerraster der Kircheneingangswand am Boden weiter geführt wurde und dieser aus verschieden großen und verschiedenfarbigen grauen Keramikfliesen besteht.

Lichtführung
Der Kircheninnenraum ist hell und lichtdurchflutet. Einerseits dringt großzügig Zenitallicht tageslichtspezifisch in die glasüberdeckte Foyerzone ein und andererseits wird das Licht durch die komplett verglaste Kircheneingangswand in den Gottesdienstraum geleitet. Architekt Günther Marschall schreibt hierzu: „Das Kirchendach beinhaltet drei Lichtkappen, über dem Taufbecken, der Kanzel und über der Christussskulptur. Die Lichtkappe über der Christussskulptur bewirkt mit dem Lichteinfall die Führung des ‚vertikalen Kreuzbalkens' – gebildet mit der Anordnung der Kirchenfenster – in das Transzendente = Symbol der Auferstehung. Am Abend können die gewünschten Lichteffekte mit – in den Lichtkappen angeordneten – vom Kirchendach aus nicht ersichtlichen – Strahlern simuliert werden."[148]

Im Bereich der Nordwestfassade des Gottesdienstraumes wurden drei prismenförmige, vertikale Lichtbänder – „Lichtohren" – eingebaut, um den Gottesdienstraum zusätzlich natürlich zu belichten. Die Lichtohren setzen im Außenbereich ein markantes architektonisches Zeichen.

Liturgische Orte
Architekt Günther Marschall entwarf sämtliche liturgischen Orte: Abendmahltisch, Kanzel und Taufbereich. Exakt in der Symmetrieachse des Gottesdienstraumes positionierte er den aus Buchenholz gefertigten Abendmahltisch. Auf einem zweistufigen Podest ruht der ellipsenförmig konfigurierte Abendmahltisch auf drei Holzsäulen.

Im Bereich der südlichen Raumecke befindet sich die schiffsbugartig geformte, mehrteilige, in Buche gefertigte Kanzel. Diese besteht aus einem zweistufigen Podest mit parabelförmigem Hauptkörper und in diesem wurde ein aus Metall gefertigtes Kreuz integriert. Zusätzlich weist die Kanzel zwei Seitenwangen auf und diese legen die Assoziation von zwei „in Holz gefertigten Segelflächen" nahe.

Der dritte liturgische Ort ist der neben dem Abendmahltisch aufgestellte, nahezu raumhohe Taufparavent. Das Taufbecken wurde in Klarglas gefertigt, welches auf einem zarten Metallgestänge ruht. In diesen Paravent wurde in vertikaler Richtung ein gebürsteter Edelstahlstreifen integriert und dieser stellt den Verlauf des Jordan, als Ort der Taufe Jesu, dar.

Als ein für den evangelischen Kirchenbau typisches Element wurde im Bereich des östlichen Anteils des Kirchenraumes, in der Nähe der gläsernen Kircheneingangswand, die Orgel aufgestellt. Der oberitalienische Orgelbaumeister Francesco Zanin stellte 2001 die 15 Register zählende Kirchenorgel her. Es handelt sich um eine Schleifladenorgel mit einer „durchschobenen" Lade für die beiden Manuale und „Wechselschleifen" für neun Register. Das Gehäuse wurde aus massivem Buchenholz gefertigt. Aus architektonischen Gründen entschied man sich für den asymmetrischen Aufbau in der linken hinteren Ecke. Die Pfeifen sind daher größtenteils halbtonweise (chromatisch) aufgereiht. Durch Verlegen der Pedallade in die Ecke konnte nicht nur Platz gespart, sondern auch das Gehäuse für die Manualregister schlank gestaltet werden.

Reflexionen zum Sakralraum
Die Auferstehungskirche atmet inhaltlich, formal und ästhetisch den Geist des evangelischen Glaubens. Der Gottesdienstraum versinnbildlicht die Prinzipien der Transparenz, der Helligkeit und der Klarheit. Der Kirchenraum ist durch seine architektonische und künstlerische Konzeption ein lebendiger Ort für den evangelischen Glauben.

Künstlerische Gestaltung

Ein Hauptanliegen des Architekten war es, die verschiedenen bildenden Künste harmonisch aufeinander abzustimmen und so einen Dreiklang aus Architektur, Bildhauerei und Malerei zu erschaffen. In seinem architektonischen Konzept hat Architekt Günther Marschall die Glasfenster an der Altarwand in Form von zwei symmetrisch angeordneten Kreuzbalken gruppiert und in deren Mitte die steinerne Christusfigur platziert. Der Kärntner Bildhauer Hans-Peter Profunser schuf die Christusfigur aus Carraramarmor. Die überlebensgroße Christusfigur wurde durch Montagebügel von der Altarwand distanziert montiert und scheint zu schweben. Dieser „schwebende Charakter" wird insbesondere durch die Lichtkappen oberhalb der Altarwand zusätzlich unterstrichen. Das Gesicht der Christusfigur ist verhüllt und nicht erkennbar, so wie Christus für uns als Mensch unsichtbar und im engsten Sinn des Wortes nicht darstellbar ist.

Die zehnfarbigen Glasfenster der Altarwand entwarf der renommierte Künstler Rudolf Hradil. Er schreibt: „Meine Idee für die Glasfenster folgt insofern der Idee des Architekten, als die farbigen Gläser in den zehn Fenstern so verteilt sind, dass im unteren Teil die warmen Farben vorherrschen (z. B. Rot, Rotbraun, Orange, Violett). Emporstrebend sollen die Gläser in kühleren und helleren Farben erstrahlen und zwar von Grün über Hellviolett bis zu Hellblau. Symbolisch gesehen also ein Aufstieg von der Erde in die spirituellen Gefilde des Himmels und von der Erdenschwere in die Sphäre des Geistes. Die Struktur der Bleiruten, die die farbigen Gläser zusammenfassen, soll einer abstrakten Baumstruktur ähneln, also wie das Geäst eines Baumes wirken."[149]

Die einzelnen Fenster wurden nach kleinen Aquarellen und den maßstabgetreuen 1:1-Entwürfen von Rudolf Hradil hergestellt. Die Anfertigung der Glasfenster erfolgte im Atelier von Krista Pliem in Neumarkt am Wallersee.

Christusfigur von Hans-Peter Profunser und Glasfenster von Rudolf Hradil und Krista Pliem

1 Kirchenaußenansicht Eingangsbereich Landstraße – Dr.-A.-Altmannstraße
2 Gesamtanlage
3 Gemeindezentrum mit Glockenturm
4 Gottesdienstraum mit Altarbereich
5 Kanzel, Abendmahltisch und Taufparavent

4

5

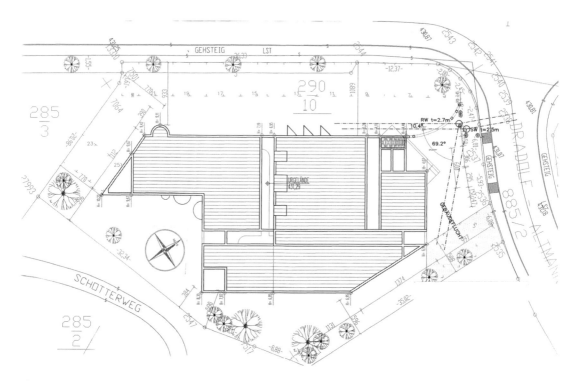

Lageplan

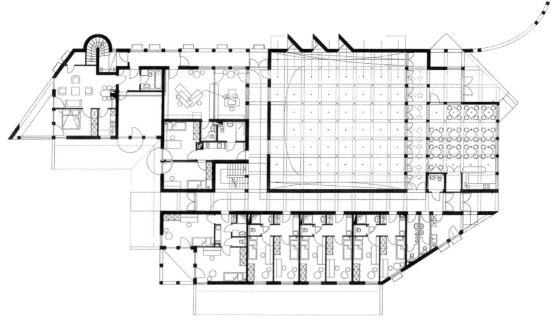

Grundriss Gesamtanlage

Ansicht Nord-Ost   Ansicht Süd-West

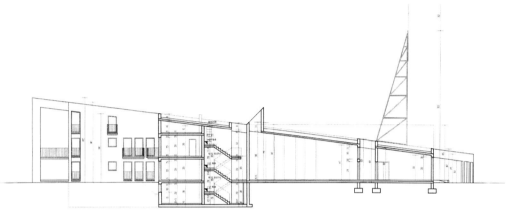

Schnitt

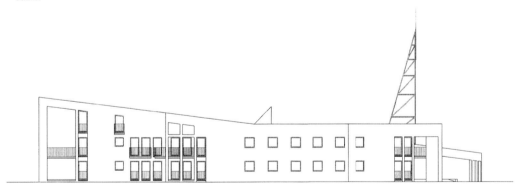

Ansicht Nord-West

Ansicht Süd-Ost

Salzburg-Schallmoos:
Rumänisch-orthodoxe Kirche
Architekt Eugen Dumitru, 2007

5020 Salzburg, Robinigstraße 48

Entstehungsgeschichte
Die rumänisch-orthodoxe Gemeinde feierte jahrelang in angemieteten Kirchen in der Stadt Salzburg. Auf Initiative des rumänisch-orthodoxen Erzpriesters Dumitru Viezuianu wurde die Kirche errichtet. Die feierliche Grundsteinlegung erfolgte am 1. Juli 2007, der Bau startete zu Jahresbeginn 2007, und die vorgefertigte Holzkirche konnte in nur 70 Tagen fertig gestellt werden. Am 11. November wurde die heilige Liturgie mit Metropolit IPS Serafim Joanta gefeiert.

Monika Bamberger schreibt: „Das Erzstift hat das Grundstück in der Robinigstraße in Schallmoos für den Kirchenbau zur Verfügung gestellt. Mit Unterstützung der Erzdiözese Salzburg, des Erzstiftes St. Peter, der Stiftung ‚Propter Homines' und dank vieler privater Spender konnte die rumänisch-orthodoxe Gemeinde dieses Projekt verwirklichen."[157]

Der weitere Ausbau zu einem ökumenischen Zentrum mit Agaperaum, Pfarrbüro, Gästehäusern und Aufenthaltsorten für Künstler ist geplant.

Ort
Im Salzburger Ortsteil Schallmoos steht in direkter Nachbarschaft zum Verschubbahnhof die neue rumänisch-orthodoxe Kirche.

Architektonische Vision
Die architektonische Vision des in Salzburg lebenden rumänischen Architekten Eugen Dumitru war es, nach dem Vorbild verschiedener Holzkirchen aus unterschiedlichen Regionen Rumäniens eine Kirche zu errichten, welche der rumänisch-orthodoxen Gemeinde eine neue Heimat beziehungsweise Identität in Österreich gibt.

Für das Kirchenlängsschiff wählte er Holzkirchen aus Transsylvanien als Vorbild, für die vorgelagerte Arkade orientierte er sich an Beispielen aus Nordmoldawien, innen nahm er Anleihe bei Kirchenräumen aus der Walachei. Diese mannigfaltigen Vorbilder führte der Architekt zu einem eigenständigen Baukörper zusammen und schuf so eine architektonische Symbiose verschiedener Bauformen zu einem neuen Ganzen.

Architektonisches Thema
Die komplett aus Holz gefertigte Kirche befindet sich inmitten eines großen Grünareals und ist exakt geostet. Die streng symmetrisch konzipierte Kirche wird über ein vierstufiges, sockelförmiges Stiegenpodest betreten. Die Eingangszone wird von einer u-förmigen Arkade (rumänisch: Prispa) umgeben. Nach Durchschreiten des zweiflügeligen Holzportales betritt der Besucher den niedrigen Vorraum (rumänisch: Pronaus), darüber liegt die Orgelempore, zu der eine einläufige Holztreppe führt. Darüber wurde der circa 20 m hohe Holzturm aufgesetzt. Nach Durchschreiten des Vorraumes betritt man den einschiffigen, mit einem holzgefertigten Tonnengewölbe abgeschlossenen Kirchenraum (rumänisch: Naos). Die gesamte Raumwirkung konzentriert sich hin zur raumbildenden mehrteiligen Ikonostase. Die Ikonostasenwand trennt den Kirchenraum vom Altarraum.

Architekturanalytische Betrachtung
Das vorliegende Projekt stellt einen Kontrapunkt zu den sonst dargestellten sakralen Neubauten dar. Durch die Verschmelzung verschiedener rumänischer Holzkirchen zu einem eigenständigen Entwurf entstand ein Kirchenneubau im traditionellen Stil, der sich intensiv mit der rumänisch-orthodoxen Liturgie auseinandersetzt.

Konstruktion
Aufgrund der schlechten Bodenbeschaffenheit wurde die Holzkirche auf 20 Pfählen mit je 20 cm Durchmesser gegründet, welche 20 m in die Tiefe reichen. Auf diese Pfahlgründungen wurde eine 30 cm dicke Fundamentplatte gelegt. Darauf steht die 20 m lange und 8 m breite Holzkirche. Entscheidend für die Stabilität der Kirche ist eine spezielle technische Innovation, die Ausführung der Eckversteifung durch eine spezielle Holzverbindungskonstruktion. Diese beruht auf dem „Konvex-Konkav-Prinzip" und wird als Doppelklingschrot bezeichnet. Die Ausbildung einer speziellen Giebelkonstruktion des ebenfalls in Holz gefertigten Dachstuhls ermöglichte die sonst bei rumänischen Kirchen nicht übliche Aufstellung des Turmes direkt über der Chorempore. Der Turmaufbau ist dreiteilig, und besteht aus quadratischem Turmsockel, aufgesetztem Glockenstuhl und spitz zulaufendem Turmhelm.

Materialität und Innenausbau
Der Kirchenbaukörper wurde in Fichtenholz und die Arkade in Lärchenholz gefertigt. Das steil geneigte Dach wurde mit Holzschindeln eingedeckt. Die Konzeption des gesamten Innenausbaus entspricht der walachischen Bautradition. Das

halbzylindrische Tonnengewölbe ruht auf einer von Holzsäulen getragenen Konsolenkonstruktion. Es ist mit Fichtenholzbrettern in Längsrichtung ausgekleidet und mit mehreren halbkreisförmigen Holzgurten ausgesteift.

Lichtführung

Im Bereich des Vorraumes wurden zwei kleine Holzfenster eingesetzt. Vier weitere auf Augenhöhe angebrachte Fenster an beiden Kirchenlängsseiten dienen der natürlichen Belichtung. Im Altarraum wurde an der Ostwand nur ein kleines Fenster eingesetzt. Diese Art der Lichtführung entspricht der Bautradition rumänischer Kirchen. Zur künstlichen Illumination wurde im Kirchenschiff ein zwölfteiliger Messingluster montiert.

Liturgische Orte

Die Ikonostase und der Altarraum stellen die wichtigsten liturgischen Orte in den orthodoxen Kirchenbauten dar. Die gesamte Raumkonzeption orientiert sich hin zu diesen beiden Raumelementen.

Das Herzstück des orthodoxen Kirchenraumes ist der für den Laien nicht zugängliche Altarbereich mit einer halbkreisförmigen Apsis. Im Zentrum des Altarraumes steht der quaderförmige Altar. Unter diesem wurde in circa 2 m Tiefe ein Betonwürfel mit Reliquien der beiden rumänischen hll. Epictet und Astion eingesenkt.

Entsprechend der rumänisch-orthodoxen Tradition ist der Altartisch fix mit einem Altartuch bespannt, dessen Schnüre nur bei der Auflösung des heiligen Ortes entfernt werden dürfen.

Reflexionen zum Sakralraum

Die erste signifikante Auffälligkeit dieses Kirchenbaus ist der hohe Kirchturm als markantes Zeichen, er ragt wie ein Rufzeichen gegen den Himmel. Das Durchschreiten der verschiedenen Raumzonen (Arkade, Vorraum, Kirchenschiff, Ikonostase und Priesterraum) führt zu einem schrittweisen Hinführen zum essenziellen Geschehen der Verehrung. Dieses Durchschreiten der verschiedenen Raumzonen ist für den orthodoxen Kirchenbau typisch, hilfreich bei der räumlichen Wahrnehmung und unterstützt die Hinwendung zum Sakralen. Die helle und freundliche Raumatmosphäre erzeugt eine feierliche Heiterkeit. Der Kirchenraum strahlt eine Sakralität aus, die zu den anderen beschriebenen Sakralbauten wesentlich differiert. Das große Kirchenschiff ist der festliche Versammlungsort für die orthodoxe Liturgie. Dies konnte ich durch Teilnahme bei einer Taufe mit anschließender Myronsalbung und Eucharistiefeier miterleben. Die Tiefe und Strahlkraft der Liturgie ist trotz der Sprachbarriere eindrucksvoll und ergreifend.

Künstlerische Gestaltung

Vor der in Holz gefertigten Ikonostase befindet sich linksseitig eine Ikone, welche die hl. Maria darstellt, und an der rechten Seite jene wechselnde Ikone, die entsprechend der orthodoxen Liturgie ausgetauscht werden kann.

Das in Holz geschnitzte Königstor besteht aus zwei Flügeln und beinhaltet die Ikone der hll. Michael und Gabriel. Neben dem Königstor befindet sich an der linken Seite die Ikone mit der hl. Maria und an der rechten Seite die Ikone, die Jesus Christus zeigt. Neben Jesus Christus wurde eine Ikone integriert, die zwei rumänische Heilige, Epictet und Astion, darstellt.

Im Bereich des zweiten horizontal gegliederten Ikonostasenaufbaus befinden sich 13 Darstellungen von biblischen Geschehnissen, wobei die Ikone des heiligen Abendmahles mittig positioniert ist. In der nächsten horizontalen Reihe sind die zwölf hl. Apostel auf runden Ikonen abgebildet. Bekrönt wird die Ikonostase von einer Darstellung des gekreuzigten Jesus Christus, linksseitig flankiert von einer Ikone der hl. Maria und rechtsseitig einer des hl. Johannes. Die Ikonen sind zum Besuchszeitpunkt teilweise malerisch ausgeführt, teilweise durch Imitate provisorisch ersetzt. Sämtliche Ikonen stammen von den Schwestern des Klosters Horez in der Walachei.

An den Längswänden sind je 20 Ikonen geplant, aber erst teilweise realisiert. Diese Heiligendarstellungen stammen vom rumänischen Künstler Gabriel Bobaru.

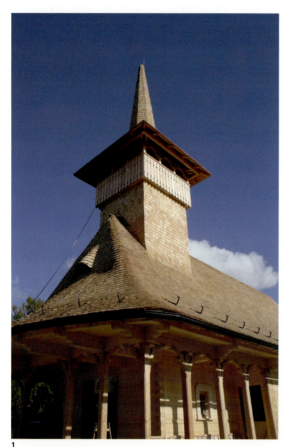

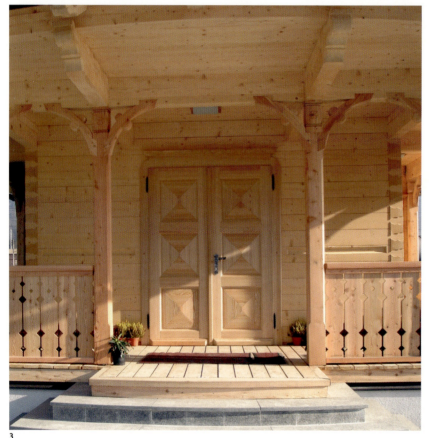

1, 2 Kirchenaußenansichten mit Kirchturm
3 Portal mit Arkade
4 Kircheninnenraum mit Ikonostase
5 Ikonostase – Rückwandansicht
6 Altar mit Kreuz und liturgischen Geräten

Folgende Seite

1 Ikonostase, Altar und Taufbrunnen

4

5

6

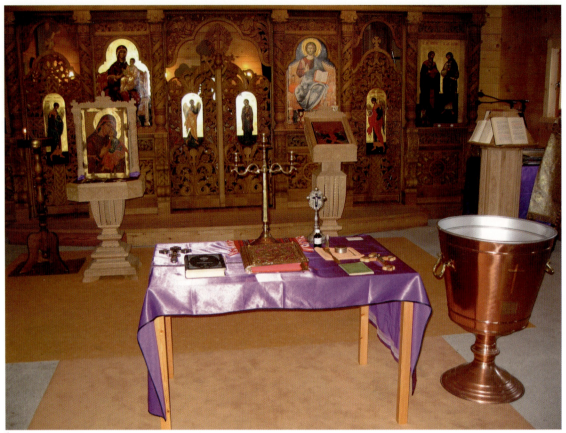

1

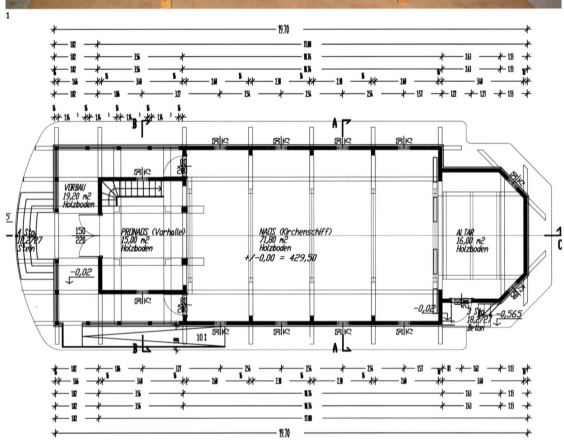

Grundriss

240 Salzburg

Ansicht Ost

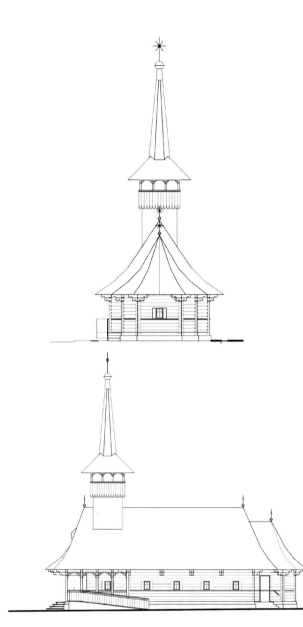

Ansicht Süd

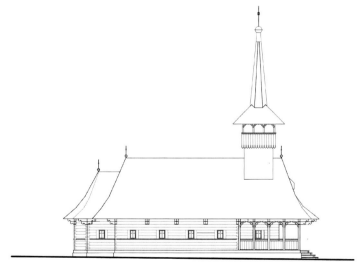

Ansicht Nord

Innsbruck-Kranebitten:
Römisch-katholische Kirche Mariä Heimsuchung
Architekt Markus Illmer und Architekt Günther Tautschnig, 2000-2002

6020 Innsbruck, Klammstraße 5a

Entstehungsgeschichte
Der Innsbrucker Stadtteil Kranebitten erfuhr in den letzten Jahren einen massiven Anstieg der Einwohnerzahl. Zum Zeitpunkt des Baubeginns lebten in diesem westlichen Stadtteil von Innsbruck circa 3000 Einwohner. Eine 1989 in einer ehemaligen Kasernenbaracke eingerichtete Notkirche diente elf Jahre lang als provisorisches Pfarrzentrum. Am 1. September 2000 wurde die Seelsorgestelle der Pfarre Allerheiligen zum Pfarrvikariat „Mariä Heimsuchung" erhoben. Die Seelsorgestelle, die bis zu diesem Zeitpunkt der Pfarre Allerheiligen zugeordnet war, wurde am 1. September 2002 eine eigenständige Pfarre.

Die Pfarrgemeinde entwickelte sich sehr lebendig, und aufgrund des engagierten Gemeinde- und Pfarrlebens wurde der Entschluss zu einem Kirchenneubau mit Pfarrzentrum gefasst. Im Jahr 2000 wurde das Architekturbüro Markus Illmer und Günther Tautschnig mit der Errichtung beauftragt. Ziel war die Schaffung eines Pfarrzentrums mit Kirchenneubau, Gemeindesaal, Errichtung eines Nebengebäudes für die Kinderspielgruppe und eine Seelsorgerwohnung. Die feierliche Grundsteinlegung wurde im März 2002 gefeiert. Der Kirchenneubau konnte am 24. November 2002 von Diözesanbischof Alois Kothgasser geweiht werden.

Ort
Das Pfarrzentrum befindet sich im vorwiegend als Wohngebiet genützten westlichen Stadtteil der Landeshauptstadt Innsbruck. Es liegt eingebettet zwischen Wohnbauten, einem alten Bauernhaus und der an der Durchfahrtstraße gelegenen Kapelle aus dem 17. Jahrhundert. Das Pfarrzentrum wurde im nördlichen Teil des Bauareals errichtet, und durch Ausbildung eines neuen Nebengebäudes und Einbeziehung der alten Kapelle wurde eine mittig gelegene Grünzone geschaffen, die einen natürlichen Pfarrplatz bildet.

Architektonische Vision
Architekt Markus Illmer und Günther Tautschnig schreiben hierzu: „Die beiden Grundthemen ‚Kirche in ihren liturgischen Vollzügen' einerseits und ‚Geborgenheit gebendes Haus der Gemeinde' andererseits, wurden von uns jedoch nicht separat behandelt, sondern zusammengefügt zu einem Thema ‚Hauskirche', das in der Verbindung beider Bereiche deren letzte Einheit darstellen soll."[158]

Die beiden Architekten erläutern ihr Konzept folgendermaßen: „Die drei Motive: Versammlung, Überschreitung und Darbringung kennzeichnen die Konzeption der neuen Kirche."[159]

Das bedeutet für den architektonischen Entwurf die Ausarbeitung von drei architekturrelevanten Themen, die sich allesamt auf die liturgischen Vorgaben beziehen. Erstens Schaffung eines adäquaten Raumes für die Versammlung der Kirchengemeinde, zweitens das Thema der Überschreitung vom Ego hin zu Gott und drittens das Thema der Darbringung, welches Bewegung hin zur Mitte, also zum Altar bedeutet.

Markus Illmer und Günther Tautschnig schreiben weiters hinsichtlich der architektonischen Vision: „Das Pfarrzentrum versteht sich als Hauskirche und besitzt deshalb familiären Charakter. Die Pfarrkirche als solche ist die Familie des Herrn. In der Mitte ihres Wohnens ist der Kirchenraum. Der Weg in diese Mitte ist als Weg nach Innen – in die Innerlichkeit – gestaltet. Aus dieser Mitte entfaltet sich das Leben der Gemeinde nach außen. Der Grundriss dieser sich nach außen hin entfaltenden Mitte ist im Ganzen sowie in allen Teilen des Gebäudes abgebildet und erfahrbar. Das Pfarrleben kommt so in seiner ganzen Vielfalt letztlich von einem einzigen Zentrum her."[160]

Architektonisches Thema
Primär galt es, den etwa 3 m messenden Höhenunterschied im Gelände zu überwinden, dies wurde durch die Verlegung der Eingangssituation in den Norden möglich. Der Besucher gelangt über einen gepflasterten Weg entlang einer Mauerwandscheibe zum, in Holz ausgeführten Eingangsportal, das gläsern umrahmt ist. Diese Mauerscheibe führt zum Kreis hin, dies wird beim Betreten des Kirchenraumes deutlich, denn die Brücke zum Kirchenzentralraum stellt die tangentiale Verlängerung der Mauerwandscheibe dar. Durch die im Bereich der Eingangszone analog gebildete Tangente zum Bereich der Kirchennebenzone entsteht im Eingangsbereich eine Eckquaderkonfiguration. Die Architekten konzipierten das gesamte Pfarrzentrum als Zylinderbau, der lediglich in den Bereichen von Eingang und Kirchenchor eine Abweichung von der Zylinderform zeigt. Im Foyerbereich wird die sonst dominierende massive Ummantelung der Außenhülle mit Glaselementen „aufgebrochen".

Der Kirchenraum ist als zylindrischer Zentralraum ausgebildet, und im Raummittelpunkt wurde der Altar als liturgisches und architektonisches Zentrum positioniert. Eine annähernd halbkreisförmige Apsiswand aus Stahlbeton gibt dem Kircheninnenraum „geometrischen" Halt.

Der gesamte Grundrissentwurf beruht auf einer Ausformung von vier konzentrischen Kreisen. Der innerste zentrale Bereich bietet Raum zur gemeinsamen Mahlfeier. Das zweite Raumsegment nimmt den Zugangsbereich mit der brückenartigen Ausbildung als Weg zum Kirchenzentralraum ein, wobei die äußere Begrenzung des zweiten Kreisbogensegmentes die Kirchenaußenwand markiert und im inneren Anteil die Stiege ins Untergeschoß und den zwickelförmigen Luftraum zwischen Zugangsbrücke und Foyerzone aufnimmt. Der dritte Kreisbogenabschnitt beinhaltet den Gang zur sakralen Nebenraumzone und inkludiert den Windfang. Die vierte, annähernd halbkreisförmige Raumzone beinhaltet den Chorbereich, die Sakristei, Pfarrkanzlei und Pfarrbüro, sowie den Sanitärblock.

Analog zu den vier Kreissegmenten im Erdgeschoß erfolgt die Ausführung im Untergeschoß. Die erste kreisförmige zentrale Zone nimmt den Pfarrsaal auf, der zur Hälfte verglast ist und den Blick zur Pfarrwiese freigibt. Die zweite Raumzone nimmt Stiegenaufgang und zwickelförmigen Luftraum auf. Die dritte Raumzone führt zu den Gruppenräumen hin. Die vierte Raumzone schließlich ist den Gruppenräumen und dem Sanitärblock zugeordnet.

Zum Thema der Grundrissentwicklung schreiben die planenden und ausführenden Architekten: „Indem sich der Raum von der Mitte weg in konzentrischen Schalen von immer weiterem Umfang aufbaut, erschließt er sich in einer ringförmigen Bewegung, die ihn erst allmählich im Durchschreiten seiner Hüllen entbirgt. Der Weg nach innen wird daher als ein solcher erfahren und zum existenziellen Bild. Auf der Ebene des Kirchengeschoßes gestaltet er sich zum festlichen Einzug: Geführt vom Glasband des Oberlichtes tritt man ein wie unter freiem Himmel, begleitet von einem warmen hölzernen Mantel, der sich in leichter Bewegung um den Kirchenraum wirft. Der Raum wird zur Lichtung, in deren Mitte sich über den zentralen gottesdienstlichen Orten ein von Säulen getragener weißer Plafond wie ein Zelt erhebt. Hier ist heilige Stelle, in deren Zentrum sich der Altar befindet. Der Raum entwickelt sich so aus den beiden Motiven von Weg und Versammlung."[161]

Architekturanalytische Betrachtung

Das Pfarrzentrum Kranebitten nimmt als der einzige zylindrische Zentralbau im untersuchten Zeitraum in Österreich eine Sonderstellung ein. Die architektonische Grundidee des Zentralbaus, die Wegeführung und die Hinführung zum Inneren durch Schaffung mehrerer konzentrischer Kreise, geben dem Projekt seine charakteristische „Nautilus"-Form.

Konstruktion

Die primär statisch tragende Konstruktion besteht aus Stahlbeton, wobei die Bodenplatte in der Kirchengeschoßebene 2 m auskragt. Die acht schlanken Stahlbetonsäulen tragen die Dachkonstruktion. Im Bereich des Obergeschoßes – Kirchengeschoß, wurde die Außenwandschale als selbsttragende Holztafelkonstruktion mit gekrümmten Einzelelementen gefertigt.

Die Dachträgerkonstruktion ist in Richtung Stahlmittelring mit ausgreifenden Holzzangen ausgeführt. Die Außenwand wurde vertikal mit Lärchenbrettern verschalt; das Dach wurde mit Rhein-Zinkblech verkleidet.

Materialität

Der östliche Anteil der Außenwand – rund um den Kirchenraum – ist komplett mit Lärchenholz verkleidet, hingegen sind im Bereich des südwestlichen Gebäudeanteils – Pfarrkanzleibereich – raumhohe Fensterelemente eingebaut. Neben dem Werkstoff Holz dominiert bei den tragenden Elementen Stahlbeton, dadurch ist das statische System materialtechnisch gut ablesbar.

Im Inneren überwiegt analog der Werkstoff Stahlbeton für das tragende Stützensystem. Die Apsiswand wurde ebenso in Sichtbeton ausgeführt. Der Kircheninnenraum wurde bis auf die Apsiswand mit Lärchenholz ausgekleidet. Dadurch entsteht eine warm anmutende Raumatmosphäre.

Innenausbau

Der Boden des Kirchenraumes wurde mit konzentrisch angeordneten Schieferplatten verlegt. Der Innenausbau wird von den drei kreissektorenförmigen Kirchenbankreihen dominiert. Die Fertigung der Kirchenbänke erfolgte mit dem Holzwerkstoff Oregon, dieser wurde gebogen und schichtverleimt und dies betont und unterstreicht die architektonische Konzeption der konzentrischen Kreise.

Lichtführung

Der Kirchenneubau wird durch eine konsequente Lichtführung und Lichtregie gekennzeichnet. Im Bereich des Windfangs führt die raumhohe Verglasung zu einer guten Tageslichtqualität. Der gesamte zentrale Kirchenraum wird durch ein kreisförmig umlaufendes, schräg geneigtes Oberlichtband ringförmig erhellt und dementsprechend dringt Zenitallicht ein. Die direkte Lichtführung betont die konzentrische Entwurfssprache. Im Besonderen wird der Altarbereich durch das zentrale Oberlichtfenster mit Zenitallicht erhellt. Weiters wird durch den im Süden gelegenen, raumhoch verglasten Chorbereich Tageslicht in den Kirchenraum geleitet.

Zur künstlichen Illumination wurden im Bereich des kreisrunden, weiß gestrichenen Kirchenplafonds Lichtquellen integriert. Das gesamte Untergeschoß ist durch die nahezu halbkreisförmige Verglasung im Bereich des Pfarrsaales ausreichend mit natürlichem Licht versorgt, alle Gruppen- und Nebenräume haben raumhohe Fensterelemente.

Liturgische Orte

Sämtliche liturgischen Prinzipalstücke – Altar, Ambo, Tabernakel und Taufstein – befinden sich in jenem Kreissektor des Kirchenzentralraumes, welcher durch die Apsiswand architektonisch markiert worden ist.

Der im Raummittelpunkt positionierte Altar stellt das liturgische Zentrum dar. Er besteht aus einer schlanken, in Sichtbeton gefertigten Betonsäule, auf welcher die mit mehreren Distanzhaltern versehene konisch geformte Mensaplatte ruht. Die Holzumrahmung der Mensaplatte wurde aus Oregon gefertigt. In unmittelbarer Nähe zum Altar befindet sich der Ambo. Dieser besteht aus einer Stahlbetonsockelplatte, aus der eine Stahlbetonsäule ragt, „die dann in die Bewegung eines aufgeschlagenen Buches übergeht". [162]

Neben dem Ambo befindet sich die in Niro gefertigte Bodenhalterung für das Vortragekreuz, bestehend aus Holzstange und Plexiglaskreuz. In unmittelbarer Nähe zum Ambo wurde an der Altarwand in einen Mauerwandschlitz der quaderförmige Tabernakel integriert und das Ewige Licht positioniert. In der Nähe der Apsiswand befinden sich zwei kreissektorenförmige, in Oregon ausgeführte Bänke, die als Sessio dienen. Zwischen Sessio und den Kirchenbänken befindet sich der Taufstein. Die aus Marmor gefertigte Taufschale ruht auf einem zylinderförmigen Betonsockel.

Reflexionen zum Sakralraum

Die Wegeführung hin zum als Hauskirche geplanten Sakralbaukörper hilft zur Veränderung der Grunddisposition; die Neugierde wird dadurch angeregt. Die Brücken- beziehungsweise Schleusensituation verstärkt diese Erwartungshaltung. Anschließend gelangt man in den zentralen Sakralraum. Die gesamte Konzeption verstärkt den Gedanken der gemeinsamen Versammlung um den Tisch des Herrn, deshalb steht der Gemeinschaftscharakter bei diesem Sakralbau deutlich im Vordergrund.

Künstlerische Gestaltung

Drei künstlerische Arbeiten aus verschiedenen Zeitepochen bereichern den Kirchenraum. Betrachtet man die grundrissliche Positionierung dieser Arbeiten, so stellt deren Verbindung ein gleichseitiges Dreieck dar, das in den kreisförmigen Zentralraum eingeschrieben ist. Beim Betreten des Kirchenraumes wird man der barocken Madonna an der Holzverkleidung der Kirchenwand gewahr.

Die zweite künstlerische Arbeit ist eine spätromanische Kreuzigungsgruppe, die an der Altarwand angebracht wurde. „Sie zeigt den vom Kreuz aus herrschenden Christus, der gemäß schon wirksamen gotischen Einflüssen deutlich ausgeprägte Leidenszüge trägt. Diese spiegeln sich auch in der Ergriffenheit der Darstellungen von Maria und Johannes wider." [163]

Der dritte künstlerische Beitrag stammt von der Tiroler Künstlerin Hilde Chistè, die einen mehrteiligen Bilderzyklus schuf: „Eine Meditation zum Titel ‚Der Geist des Herrn erfüllt das All'. Die abstrakten Bilder versuchen den Vorgang des Schöpferischen zu erspüren, und steigern sich hierin über die Sequenz der einzelnen Tafeln zum Ausdruck einer zunehmenden Musikalität der Farben." [164]

Kircheninnenraum mit Altar und Orgel

1 Kirchenaußenansicht, Blick Richtung Nordkette
2 Holzkreuz an der Eingangswand
3 Oberlichtband
4 Altarraum
5 Ambo

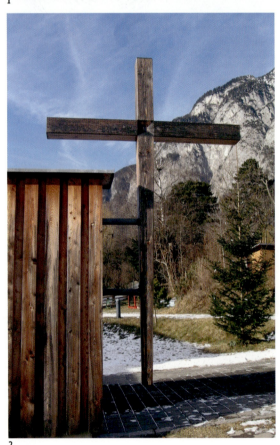

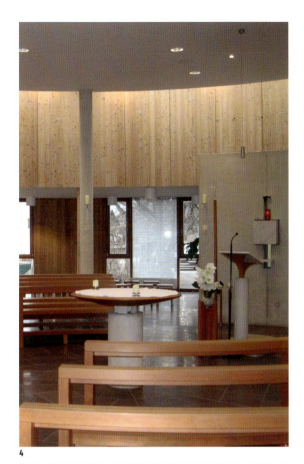

4

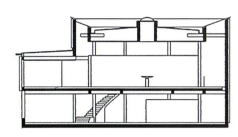

Schnitt

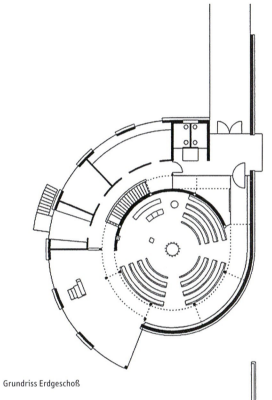

Grundriss Erdgeschoß

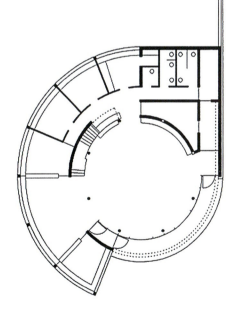

Grundriss Untergeschoß

5

Telfs-Schlichtling:
Römisch-katholische Heilig-Geist-Kirche
Architekt Peter Thurner und Architekt Paul Senfter, 2000-2002

6410 Telfs, Kirchstraße 20

Entstehungsgeschichte
Am 24. August 1998 erfolgte der Besuch von Diözesanbischof Alois Kothgasser in Telfs, der Bau der Jubiläumskirche im Jahr 2000 wurde besiegelt. Der Architekt Peter Thurner wurde mit dem Bau beauftragt. Architekt Paul Senfter war der Planungs- und Projektleiter. Am 10. Juni 2000 erfolgte die Grundsteinlegung für das pastorale Zentrum und die Heilig-Geist-Kirche. Nach nur 18-monatiger Bauzeit wurde am 26. Oktober 2002 die Heilig-Geist-Kirche durch Diözesanbischof Alois Kothgasser feierlich eingeweiht.

Ort
Inmitten der neugeplanten Wohnanlage Telfs-Schlichtling wurde das Kirchengebäude samt Pfarrzentrum positioniert. Es entstand eine Sozialwohnbauanlage mit circa 2000 Wohneinheiten. Im Nordostteil der Wohnanlage befindet sich das Pflegeheim mit 54 Pflegebetten, 15 Einheiten für betreutes Wohnen, sowie 18 Eigentumswohnungen. Schwerpunkt der architektonischen Planung war das Thema des generationenverbindenden Wohnens. Die gesamte Wohnanlage ist autofrei.

Architektonische Vision
Das Pfarrzentrum stellt die krönende spirituelle Mitte der Gesamtanlage dar. Die Architekten errichteten das Pfarrzentrum in Form eines dominierenden elliptischen Monolithen, der als christliche Landmark weithin sichtbar ist.

Die Vision war die Schaffung eines christlichen Zentrums mit Räumen für vielschichtige soziale Nutzungen. Deshalb wurden in den Untergeschoßen Einrichtungen für Kinder und Jugendliche, ein Hauptschulhort, pfarrspezifische Kinder- und Jugendräume mit Bastelräumen, Jungscharräume und ein Pfarrsaal vorgesehen. Als architektonischen Abschluss des Zentrums positionierten die Architekten den fensterlosen Kirchenzentralraum auf Wohnsiedlungsniveau.

Architektonisches Thema
Durchschreitet der Besucher die Wohnanlage, so gelangt er im Südosten des Wohnareals zum Pfarrzentrum mit seinem weithin sichtbaren frei stehenden Glockenturm. Der Besucher tritt durch ein lichtdurchflutetes großräumiges Foyer in den elliptischen Kirchenraum. Dieser großzügig dimensionierte Zentralraum wird von einer filigranen Holzdeckenkonstruktion abgeschlossen und dominiert. Der bifokale Zentralraum zeigt im ersten Fokus den podestförmigen Altarbereich, welcher durch eine zusätzliche paraventartige Altarwand markiert wird. Als zweiter Fokus wurde die Orgelempore über der Eingangszone ausgebildet. Das Zentrum des Kirchenraumes bilden die zwei Kirchenbankblöcke für die feiernde Gemeinde.

Architekturanalytische Betrachtung
Die Architekten setzten sich intensiv mit der Tradition des christlichen Zentralraumes auseinander und schufen im vorliegenden Projekt eine zeitgemäße Interpretation des elliptischen Zentralraumes. Die Ellipse kommt als geometrische Kirchenraumform im untersuchten Zeitraum in Österreich bei der Millenniumskirche in St. Pölten-Stattersdorf und bei der evangelischen Kirche in Klosterneuburg vor, wenn auch mit divergierender Schwerpunktsetzung. Beim vorliegenden Projekt wurde die Dachkonstruktion in Form eines „umgekehrten Bootsrumpfes" ausgebildet und verweist dadurch auf die christliche Metapher der Rettung, die Arche Noah oder Jesus und die Apostel als Menschenfischer: „Kommt her, folgt mir nach! Ich werde euch zu Menschenfischern machen. Sogleich ließen sie ihre Netze liegen und folgten ihm." (Mk 1,17f.)

Konstruktion
Das Kirchengebäude wurde in Massivbauweise mit Mauerziegelwerk ausgeführt. Hauptschwerpunkt in der Ausarbeitung war die Konstruktion eines leichten, filigran wirkenden Holztragwerks, wobei der untere Anteil des y-förmigen Holzträgers in das Massivmauerwerk eingespannt beziehungsweise verankert wurde. Der frei stehende Campanile wurde als Stahlrohrfachwerkkonstruktion ausgebildet.

Materialität und Innenausbau
Im Außenbereich setzt der frei stehende Glockenturm mit den horizontal angeordneten, schräg geneigten Glastafelelementen im mittleren Bereich ein markantes Zeichen. Im äußeren Erscheinungsbild dominiert der Kirchenbau als weißer elliptoider Monolith, welcher im Bereich des Dachrandabschlusses von kranzförmig angeordneten Glastafeln bekrönt wird. Im Kircheninneren dominiert das weiß gestrichene Massivmauerwerk, welches nur durch das im Osten gelegene kreuzförmige Solitärfenster durchbrochen wird. Der Boden des Kirchenhauptraumes wurde mit Natursteinplatten ausgelegt.

Lichtführung

Als natürliche Lichtquelle dient das elliptische Oberlichtfensterband entlang der gesamten Kirchenwand. Dieses Oberlichtband verleiht der Deckenkonstruktion eine Leichtigkeit im Erscheinungsbild. Das kreuzförmige Fenster im Osten bildet eine punktuelle natürliche Lichtquelle. Zwölf nahezu quadratische bodennahe Kirchenfenster im Bereich der Apsiswand lassen durch die Verwendung von Transparentpapier und Folien nur ein seidenmattes Licht in den Kircheninnenraum. Zur künstlichen Illumination wurden im Bereich der Deckenkonstruktion künstliche Lichtquellen integriert.

Liturgische Orte

Außer dem Taufbecken befinden sich sämtliche liturgischen Orte auf dem zweistufig erhöhten, linsenförmig gestalteten Altarpodest. Ambo, Mensa und Tabernakel sind linear aneinandergereiht und stehen in einem architektonischen und liturgischen Dialog. Das Altarpodest ist frei stehend und durch eine mehr als 2 m hohe, gemauerte paraventartige Presbyteriumwandscheibe von der Kirchenwand abgesetzt.

Das Taufbecken ist in der eingangsnahen Taufkapelle untergebracht und besteht aus einem kugelkalottenförmigen Sandsteinbecken, fixiert auf einem Steinpfeiler. Es wird mit einer metallenen Taufbeckenschale halbkugelförmig abgeschlossen. Der Kirchenraum wurde streng symmetrisch konzipiert, die zwei leicht gekrümmten Kirchenbankblöcke nehmen die äußere Kontur der Ellipse auf und orientieren sich zum Altarpodest hin.

Der rechteckige, in Holz gefertigte Altartisch wurde exakt in der Symmetrieachse des Altarpodests positioniert. Er erinnert an die Abendmahlfeier und wurde hinsichtlich der Ausführung schlicht gestaltet. In den Altar wurden Reliquien von Pater Jakob Gapp, Pfarrer Otto Neururer und Schwester Edith Stein integriert.

Der Ambo wurde in schlichter Formgebung aus Holz gefertigt. Der metallene kubische Tabernakel ist eine künstlerische Arbeit des Kunstschmieds Josef Kölbinger. Er ist mit Bergkristall auf Silber besetzt und ruht auf einer schlanken, in Holz ausgeführten Stele. Durch die kunstvolle Ausarbeitung dominiert der Tabernakel als markanter liturgischer Ort.

Reflexionen zum Sakralraum

Nach Durchschreiten der Wohnanlage erlebt man das Seelsorgezentrum gleichsam als Schlussstein der gesamten Anlage. Durch die exponierte topografische Lage des Sakralbaukörpers wird der Ort in seiner Bedeutsamkeit hervorgehoben. Der Campanile dient hierfür als Zeichensetzung. Nach Durchschreiten der Übergangszone befindet man sich rasch im elliptischen Zentralraum und das Augenmerk richtet sich einerseits auf die einzige natürliche Lichtquelle des Kreuzes im Osten. Auf der anderen Seite dominiert die Dachkonstruktion als „Bootsrumpf" die primäre Raumwahrnehmung. Der Zentralraum ist ein kraftvoller sakraler Ort, welcher Ruhe ausstrahlt und Konzentration fördert. Das Hauptaugenmerk liegt in der Orientierung hin zur Altarrauminsel und unterstützt den eucharistischen Feiergedanken.

Künstlerische Gestaltung

Maurizio Bonato schuf für die Heilig-Geist-Kirche zwölf bodennahe Kirchenfenster im Bereich der Apsiswand und gestaltete ein 112-teiliges Bodenfries entlang der Kirchenwand.

Für die zwölf bodennahen Kirchenfenster schuf er zwölf transparente Kunstwerke mit biblischem Thema, die sich mit dem Hl. Geist auseinandersetzen. Zusätzlich wurden in diese Kunstwerke die zwölf Apostelkreuze eingefügt. Maurizio Bonato schreibt hierzu: „Die in den zwölf Fensteröffnungen eingefügten Bilder auf gespanntem Transparentpapier sind als Sinnbild für Tücher zu verstehen. Tücher sind wiederum materielle Gegenstände, an denen sich Elemente wie Licht, Luft und Wind zeigen."[165]

Das 112-teilige Bodenfries entlang der Kirchenwand ist in den Boden eingelassen und mit trittfesten Glastafeln gesichert. „Grundlage meiner Arbeit bildet ein Videofilm, in dem ein weiblicher Körper mit zwölf in Öl getränkten Tüchern stufenweise bedeckt wird. Aus dem Video wählte ich 61 Standbilder, die im Digitaldruck auf Plexiglas einen Teil der Arbeit bilden. 51 davon habe ich mit verschiedenen graphischen Verfahren (auf Transparentpapier, Papier und Malfläche) übertragen und schließlich gemalt."[166]

Weiters gestaltete Bonato zwölf menschengroße Bildtafeln für die Presbyteriumwandscheibe. „An der Altarwand sind zwölf Tafeln angebracht, in denen die progressive Auflösung einer Menschengestalt mit graphischen Mitteln und Maltechniken thematisiert wird. Ein gemalter Körper verschwindet immer mehr von Bild zu Bild hinter den Malschichten bis nur Farbe d.h. Erde bleibt. Vergeistigung ist hier mit Auflösung oder Zu-Erde-Werden gleichgesetzt."[167]

Zusätzlich ergänzen zwei weitere Bildtafeln die Wandscheibe. „Einmal die grafische Darstellung auf weißem, transparentem Papier, der Heilige Geist in Form einer Taube. Eine zweite Tafel, die je nach liturgischem Schwerpunkt in den Farben rot, violett, grün und weiß ausgetauscht werden."[168]

Alle 3 künstlerischen Arbeiten setzen sich mit dem Thema des Hl. Geistes intensiv auseinander.

Die Tiroler Künstlerin Chryseldis Hofer-Mitterer wurde mit der Gestaltung des Kirchenfensters in der Taufkapelle betraut. Das mehrteilige polychrome Glasfenster setzt sich erwartungsgemäß mit dem Thema der Taufe auseinander.

Als einziges historisches Kunstwerk wurde linksseitig vom Eingang eine circa 120 cm messende Madonnenfigur aufgestellt. Sie wurde aus Lindenholz geschnitzt und stammt aus Mannswörth in Niederösterreich. Diese aus dem Jahr 1500/10 datierte Madonnenfigur war wahrscheinlich die Zentralfigur eines gotischen Flügelaltars. Jesus ist als Weltenherrscher (Pantok rator) dargestellt. Er hält die Weltkugel als Fruchtbarkeitssymbol in der Hand.

Kircheninnenraum mit Presbyterium und Bildtafeln von Maurizio Bonato

Folgende Seiten
1 Kirchenaußenansicht mit Glockenturm
2 Kircheninnenraum mit Orgelempore
3 Bodenfries von Maurizio Bonato
4 Halbtransparente Kirchenfenster von Maurizio Bonato
5 Taufstein
6 Presbyterium mit Bildtafeln von Maurizio Bonato und Tabernakel von Josef Kölbinger

1

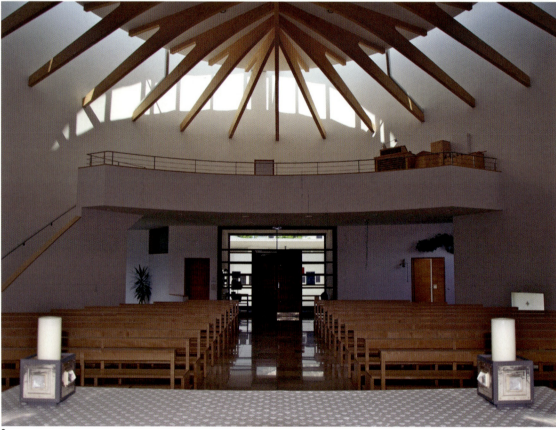

2

3

4

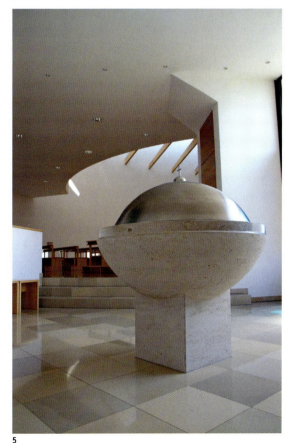

5

6

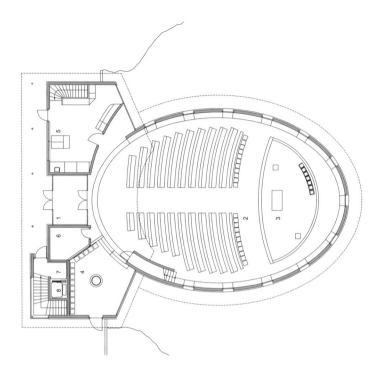

Erdgeschoß

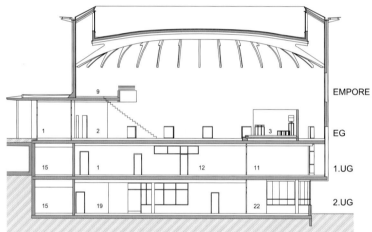

Längsschnitt

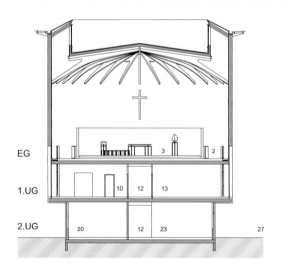

Querschnitt

Ansicht Nord

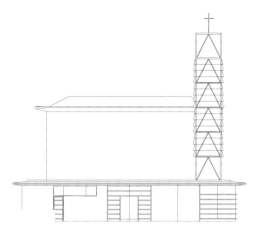

Ansicht Süd

Ansicht West

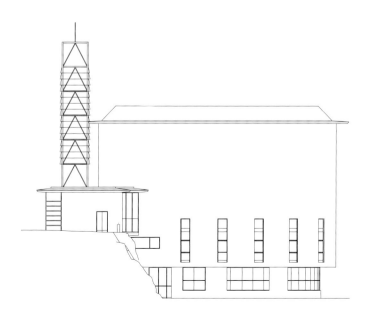

Innsbruck:
Römisch-katholisches Karmelkloster St. Josef
Architektin Margarethe Heubacher-Sentobe, 2001-2003

6020 Innsbruck-Mühlau, Karmelweg 1

Entstehungsgeschichte
Seit 1846 sind kontemplative Schwestern des Karmelordens in Innsbruck ansässig. Bis zum Jahr 2003 lebten sie im Karmelkloster im Stadtteil Wilten. Aufgrund massiver Bautätigkeit in diesem Stadtteil wurde nach jahrelangen Diskussionen der Entschluss für die Errichtung eines Klosterneubaus gefasst, da ein kontemplatives Leben nicht mehr gewährleistet werden konnte. 1999 wurde ein geladener Wettbewerb für sieben Architekten ausgeschrieben, aus dem die Tiroler Architektin Margarethe Heubacher-Sentobe ex aequo mit Architekt Hanno Schlögl siegreich hervorging. Margarethe Heubacher-Sentobe wurde mit dem Klosterneubau im nordöstlichen Stadtteil oberhalb von Innsbruck-Mühlau beauftragt. Der damalige Bürgermeister von Innsbruck Herwig van Staa setzte sich intensiv für den Klosterneubau ein. Die Innsbrucker Immobiliengesellschaft Neue Heimat Tirol übernahm kostenlos das gesamte Projektmanagement, Bauleitung, Ausschreibung und Baukoordination. Baubeginn war im Jahr 2001, und nach einer Bauzeit von nur 17 Monaten konnten das neue Karmelkloster und die Kirche am 27. Juni 2003 durch Diözesanbischof Alois Kothgasser feierlich eingeweiht werden.

Ort
Der Klosterneubau befindet sich unterhalb der dominanten Gebirgskette (Nordkette), im Nordosten der Landeshauptstadt Innsbruck, oberhalb des Stadtteils Innsbruck-Mühlau. Der Gebäudekomplex liegt in einer Mulde innerhalb eines Steilhangareals. Er wurde in großer Distanz zu den unterhalb gelegenen Wohnparzellen und im östlichen Teil eines großen Grünbereichs erbaut. Da das gesamte Klosterareal im bergnahen Abschnitt von Nadelhölzern umgrenzt ist, war die Voraussetzung gegeben, dieses in Abgeschiedenheit und mit starkem Naturbezug zu errichten.

Architektonische Vision
Margarethe Heubacher-Sentobe zur architektonischen Aufgabe: „Die Faszination, ein Kloster bauen zu dürfen ist ungebrochen, verkörpern die heiligen Orte doch einen anderen Bereich von Zeit und Raum, das Erhabene wird zum Thema der Architektur und die Form, die sich aus der Funktion heraus entwickeln sollte, wird zu einer höheren Bestimmung geführt. [...] Die Anlage, zur Hälfte in den Hang eingegraben, mit unmittelbarem Anschluss an die umgebende Natur, baut sich windradartig um den quadratischen Klausurhof auf und bietet gerahmte Ausblicke auf Bergwelt und Stadt, also in die Welt außerhalb der Klostermauern. Die maskenhaften Frontflächen sind stark genug, um Funktionsveränderungen auszuhalten, und die geforderte Einfachheit und Strenge steht nicht im Widerspruch zu der gewünschten Zeichenhaftigkeit des Objekts, die allein schon durch die exponierte Lage gegeben ist."[169]

Entscheidend für die architektonische Vision waren die karmelspezifischen Ordensregeln. Die Architektin erläutert einige davon: „Unsere Lebensweise soll nicht bloß die von Nonnen, sondern von Einsiedlerinnen sein. Jede soll eine von den anderen getrennte Zelle haben und den Charakter von Armut bewahren. Das Kloster sei, mit Ausnahme der Kirche, einfach gebaut und eingerichtet, alles soll seinen Zweck erfüllen, jedoch sei es solide ausgeführt und für die ‚Ewigkeit' gedacht. Es soll Zeugnis für die Anspruchslosigkeit und Zurückgezogenheit geben. In der ganzen Bauweise und Innengestaltung des Klosters soll ein Klima des Friedens und Gebetes zum Ausdruck kommen."[170]

Durch intensive Auseinandersetzung der Architektin mit den Bestimmungen der Klosterregeln entstand ein Ort der Stille, zum gemeinsamen Chorgebet und für die Mahlfeier.

Architektonisches Thema
Für den Karmelorden ist die strenge Klausur maßgeblich. Der Provinzial der Karmeliter in Österreich, Pater Paul Weingartner schreibt hierzu: „[...] das Leben einer Karmelitin, weil sie als betende und um Frieden im Herzen und in der ganzen Welt ringende Schwester mit uns und allen Menschen solidarisch ist. Die Karmelitin möchte ihre ganze Existenz einsetzen, zu Gunsten einer Lebenspraxis, welche frei macht für die bewusst gelebte Gottesbeziehung. [...] Die Karmelitin strebt danach, das zu wollen, was Gott will, sich über das zu freuen, worüber sich Gott freut und zu lieben, was Gott liebt. Zur Erfüllung einer solchen selig-erlösten Sehnsucht wird der Karmelweg immer wieder gesucht und gegangen. Jeder weiß, dass der Karmel kein Laufsteg für Vollkommene ist; er ist aber ein Weg für jene, die inmitten der Kirche, nach dem Vorbild Mariens mit allen Gottsuchern den dreifaltigen Gott verherrlichen wollen. Als lebendige Zeichen dafür, dass unser Schöpfer schenkt, was alle im tiefsten Herzen ersehnen, dabei verbunden und solidarisch mit allen Menschen,

erbitten die Karmelitinnen Gnade und Segen auch für die ganze, noch unheile Welt."[171]

Entsprechend dieser Leitlinien, fußend auf den Klosterregeln, wurde die Kirche in der Nähe der Klausur errichtet, doch es gibt auch einen externen Zugang für Gläubige. Die Klosterkirche befindet sich im Osten des Klostergebäudekomplexes. Die Kirche wurde als nord/süd-ausgerichtetes einschiffiges Kirchenlängsschiff errichtet.

Der Besucher betritt nach Durchschreiten der in Metall gefertigten Klosterpforte einen gepflasterten Weg, wobei alsbald der Blick auf das hohe und schmal ausgeführte Kirchengebäude fällt.

Der schlanke Glockenturm an der Ostfassade setzt ein markantes christliches Zeichen. An der Nordfassade des Kirchengebäudes markiert ein zweiflügeliges, hohes Fensterportal, welches mit satiniertem Glas ausgestattet worden ist, den Eingangsbereich. Neben diesem hohen Portal wurde ein seitlicher Nebeneingang errichtet, der Kirchenbesucher betritt über einen kleinen Windfang das Kirchenlängsschiff. Entsprechend den Ordensregeln ist es schlicht und nüchtern konzipiert, weiß gestrichen und mit einem einfachen, mit Lärchenholzbrettern verkleideten Satteldach abgeschlossen.

An der Ostfassade wurde der Glockenturm in das Kirchenlängsschiff integriert und es entstand eine Raumnische für die Orgel. Das Kirchenlängsschiff ist durch ein metallenes Chorgitter in zwei Raumbereiche geteilt: ein Laienraum mit Altarbereich und der große Kirchenbereich für die Klosterschwestern. Das Chorgitter ist zusätzlich mit einem Vorhang ausgestattet, sodass die Karmelschwestern ohne Blickkontakt zur Außenwelt ihre täglichen Chorgebete und die gemeinsame Eucharistiefeier abhalten können.

Hinsichtlich des Chorgitters schreibt Pater Paul Weingartner: „Das Gitter ist Zeichen, nicht der Trennung und Isolierung, sondern des herausgerufen seins und da zu sein für alle, um zu bezeugen: es gibt Gott, er ist da."[172]

Architekturanalytische Betrachtung
Die strenge und klare Entwurfskonzeption spiegelt den Geist des kontemplativen Karmelordens wieder. Für das rechteckförmige Kirchenlängsschiff ist die symmetrische Konzeption maßgebend. Dies wird einerseits ablesbar durch die Positionierung des Glockenturms, der exakt in der Mitte der Ostfassade in das Kirchenlängsschiff integriert ist und vis-à-vis der Klosterklausurtür liegt. Andererseits wird die Symmetrie durch das in der Mittelachse positionierte, südlich gelegene große Schwesternchorfenster und das vis-à-vis gelegene doppelflügelige Kirchenhauptportal deutlich. Die klare Sprache wird durch die konstruktive Ausführung und durch das verwendete Material unterstrichen.

Der Kirchenraum wird als Raum erlebt, der auf das Höhere, das Erhabene verweist und lenkt somit die Aufmerksamkeit hin zu Gott.

Bei der Analyse des Grundrisses zeigt sich die streng symmetrische Konzeption sowohl in der Längs-, als auch in der Querachse. Der Schnittpunkt derselben wird zum Raum für den nicht lokalisierbaren und nicht bestimmbaren Gott. Der Kreuzungspunkt beider Symmetrieachsen ist deshalb leer und architektonisch nicht bestimmt.

Konstruktion
Die Klosterkirche wurde als frei stehender Baukörper innerhalb des Gebäudekomplexes errichtet und als Stahlbetonkonstruktion ausgeführt. Der Glockenturm wurde analog als Stahlbetonkonstruktion gefertigt. Das Satteldach wurde innen mit Lärchenholzbrettern und außen mit Kupferblechbahnen verkleidet.

Materialität und Innenausbau
Die Klosterkirche wird im äußeren Erscheinungsbild durch die weiße Mauerwerksfarbe charakterisiert. Die Nordfassade ist durch das große, aus Stahl gefertigte Fensterportal mit der satinierten Glasfläche gekennzeichnet, die Südfassade hingegen durch das großflächige Schwesternchorfenster. Die Kombination von weißem Mauerwerk und großen Glasflächen betont den schlichten und strengen Materialcharakter.

Im Kircheninneren dominieren auf der einen Seite das weiß gestrichene Mauerwerk der Wände und auf der anderen Seite der Lärchenholzboden und der komplett in Lärchenholz verkleidete Deckenabschluss.

Lichtführung

Als natürliche Lichtquellen dienen sieben schmale, vertikal angebrachte Oberlichtfenster im Bereich der Ostfassade. Ein groß dimensioniertes, fünfteiliges, nahezu quadratisches Fenster an der Südfassade erhellt den Schwesternchor ausreichend mit Tageslicht. Weiters tritt zusätzlich gefiltertes Tageslicht durch das an der Nordseite gelegene Fensterportal.

Zur künstlichen Illumination wurden mehrere, in zwei Reihen angeordnete Deckenlampen angebracht. Diese Einzellichtquellen wurden mit konischen Metallgehäusen ausgestattet.

Liturgische Orte

2002 wurde der Künstler Leo Zogmayer beauftragt, die gesamte künstlerische Gestaltung des Klosters zu übernehmen. Er gestaltete auch den Kircheninnenraum und die liturgischen Orte. Hierzu schreibt er: „Die Kapelle folgt dem Leitbild eines ‚Communio-Raumes': Die Stuhlreihen sind in Bögen angeordnet, sodass sich als Grundfigur eine Art Ellipse ergibt, in deren Brennpunkten Tisch und Ambo angeordnet sind. Die Mitte des Raumes bleibt unbesetzt, leer, bildlos – schweigendes Zeichen für das Unsagbare."[173]

Leo Zogmayer, der in der ersten Realisierungsstufe beauftragt war, bildete sämtliche Prinzipalstücke entsprechend dem Communio-Raumgedanken aus. Er schuf den Altar als ersten Brennpunkt im Laienraum und den Ambo als zweiten Brennpunkt im Schwesternchorbereich. Den Tabernakel positionierte er vor dem südseitigen Chorfenster, die schlicht gestalteten Stühle ordnete er linsenförmig an. Weiters konzipierte er ein einfaches Chorgitter, welches im Jahr 2005 entfernt wurde. Im Bereich der Glockenturmnische platzierte er die in Ahorn gefertigte Kirchenorgel.

Da die Konzeption der liturgischen Orte und ihre Aufstellung im alltäglichen Leben für die Karmelschwestern nicht praktikabel waren, wurde 2005 eine Umgestaltung des Kircheninnenraumes durchgeführt. Architekt Peter Schuh ersetzte die Kirchenstühle durch ein in Lärchenholz gefertigtes Chorgestühl. Dieses wurde an beiden Kirchenlängsseiten in traditioneller Weise angeordnet. Die Sitzplätze des Chorgestühls wurden zweiteilig ausgeführt, was sich in der täglichen Praxis als sehr günstig erweist. Die Schwestern können stehend, kniend und in ihrer Blickachse von 90° gedreht die Eucharistiefeier mit Blick auf den im Laienraum befindlichen Altar mitfeiern. Der in der primären Fassung von Leo Zogmayer frei stehende Tabernakel wurde von Architekt Peter Schuh in das Chorgitter integriert und nun auf drei circa 1,5 m hohe Ahornstützen gestellt. Zur Gestaltung des Tabernakels schreibt Leo Zogmayer: „Die 7 Streifen des vor dem Südfenster platzierten Tabernakels in Email und Blattgold zitieren ein bekanntes Karmel-Motiv: das alte Gewand der Karmeliten, das auf die Legende der Himmelfahrt des Propheten Elija zurückgeht, wonach die Falten seines Mantels vom Feuer versengt wurden."[174]

Der quaderförmige, aus Olivenholz gefertigte Tabernakelkorpus wurde an beiden Frontseiten mit vertikalen Email- und Blattgoldstreifen gestaltet und ist von beiden Seiten bedienbar. Architekt Peter Schuh gestaltete das vierteilige in Metall ausgeführte Chorgitter und umrahmte es aus künstlerischen und statischen Gründen mit einem Ahornholzrahmen. Das Chorgitter wurde mit zwei zu öffnenden Teilen ausgeführt, um den Empfang der Hostie bei der Eucharistiefeier für die Karmelschwestern zu gewährleisten, da die Eucharistiefeier im Laienraum gefeiert wird. Das Chorgitter wurde aus vertikal gestellten und teilweise um 90° gedrehten Metallstäben gefertigt, die im oberen und mittleren Feld ein ornamentales Muster aus vergoldeten kreisförmigen Scheiben aufweisen. Auf Initiative von Architekt Peter Schuh wurde ein in Lindenholz gefertigtes Kruzifix im Bereich des Chorgitters, oberhalb des Tabernakels, integriert. Das Kruzifix stammt von einer Südtiroler Bildhauerwerkstatt. Der massive Rahmen ist weiß bemalt und das Holzkreuz blattvergoldet. Das Kruzifix stellt den krönenden Abschluss im Bereich der Chorgitterwand dar.

Der schlichte Altar steht im Zentrum des Laienraumes und wurde aus drei in Gerung geschnittenen Ahornplatten gefertigt. Direkt benachbart steht der in analoger Bauweise gefertigte Ambo.

Das von Leo Zogmayer konzipierte Mobiliar im Bereich des Laienraumes wurde ebenso entfernt und durch zwei in Lärchenholz ausgeführte fixe Kirchenbankreihen an beiden Längsseiten ersetzt. Die Kirchenorgel in der Glockenturmnische wurde belassen.

Reflexionen zum Sakralraum

Der lange Anfahrtsweg zum exponiert gelegenen Klosterareal verändert die innere Disposition und die damit implizierte Erwartungshaltung. Nach Durchschreiten der Klosterpforte wird man Schritt für Schritt dem Sakralraum näher geführt. Durch einen kleinen Vorraum betritt man die schlichte Klosterkirche, und als erstes nimmt man das dominierende Chorgitter wahr. Anschließend erahnt man die Ausdehnung des gesamten Kirchenlängsschiffes. Die schlichte und karge Raumkomposition verstärkt den inneren Wunsch, das Laute der äußeren Welt abgleiten zu lassen, um im Gebet still zu werden. Dies wird durch die sakrale Raumatmosphäre maßgeblich unterstützt. Das Chorgitter trennt auf den ersten Blick den Kirchenraum in zwei Teile, bei längerem Verweilen wird jedoch die Ausdehnung des gesamten Kirchenraumes imaginiert und somit vor dem geistigen Auge vervollständigt. Die schlichte Dachausformung wird als verbindendes, schützendes Raumelement wahrgenommen.

Die „Communio-Raum"-Konzeption von Leo Zogmayer widersprach den traditionellen Regeln des Karmelklosters. Die zweite, nun bestehende Konzeption von Architekt Peter Schuh hingegen entspricht diesen in Bezug auf die Trennung des Schwesternchorraumes durch ein fixes Chorgitter und die Ausbildung eines kleiner dimensionierten Feierraumes für die Laien. Durch die Integration des Tabernakels in das Chorgitter wird das eucharistische Zentrum für beide Gruppen gut erlebbar.

Die Klosterkirche stellt eine zeitgemäße Interpretation einer kontemplativen Karmel-Klosterkirche dar, ermöglicht die gemeinsame Abhaltung des Chorgebets und schafft Raum für die verschiedenen liturgischen Feiern.

Künstlerische Gestaltung

Leo Zogmayer gestaltete die bereits oben beschriebenen liturgischen Orte und setzte künstlerische Akzente, die bereits bei Betreten der Klosterkirche erlebbar werden.

Im Fensterportal trifft der Besucher zuerst auf den elementaren Satz in transparenter Schrift „Ich bin da!" (Ex 3,14). Nach dieser fundamentalen Jahwe-Deutung des Alten Bundes präsentiert der Nebeneingang die Inschrift (Ex 3,5) „Leg deine Schuhe ab; denn der Ort, wo du stehst, ist heiliger Boden". Im Bereich der kleinen, für die Laien vorgesehenen Eingangszone schuf er ein rotes Glastafelbild, in das eine weiße Spirale eingearbeitet ist.

1 Klosterkirche mit Klostergarten, Blick Richtung Innsbruck
2 Klosterkirche-Hauptportal mit Blick in den Kirchenraum
3 Kirchenraum mit Chorgitter
4 Kirchenraum mit verhängtem Chorgitter

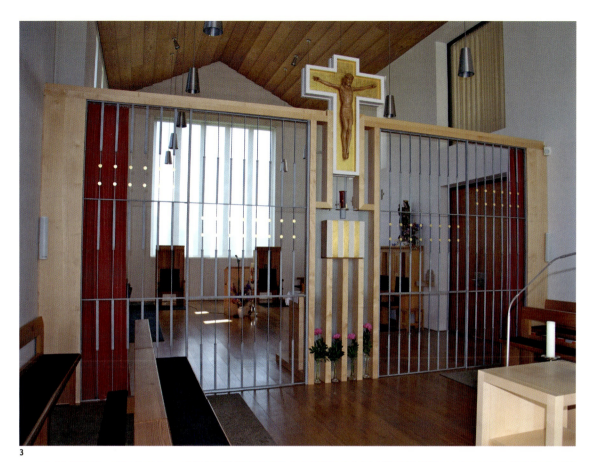

3

4

Tirol 261

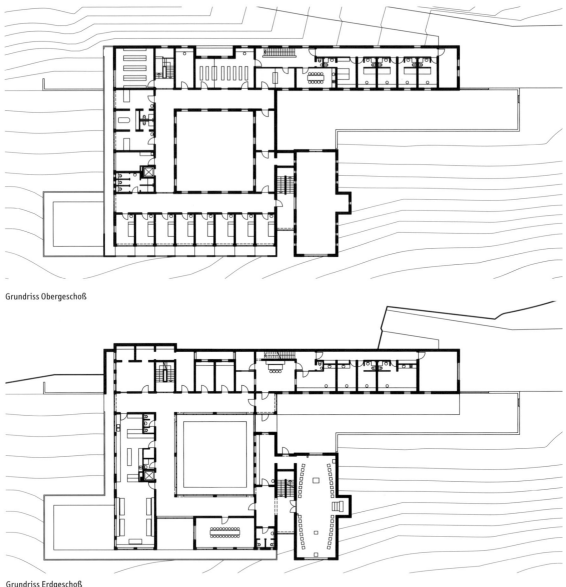

Grundriss Obergeschoß

Grundriss Erdgeschoß

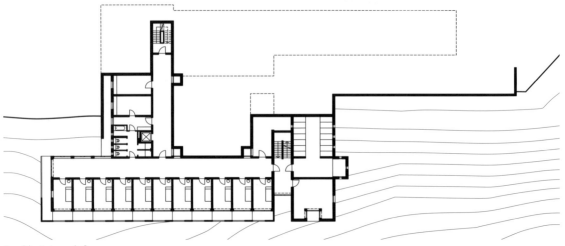

Grundriss Untergeschoß

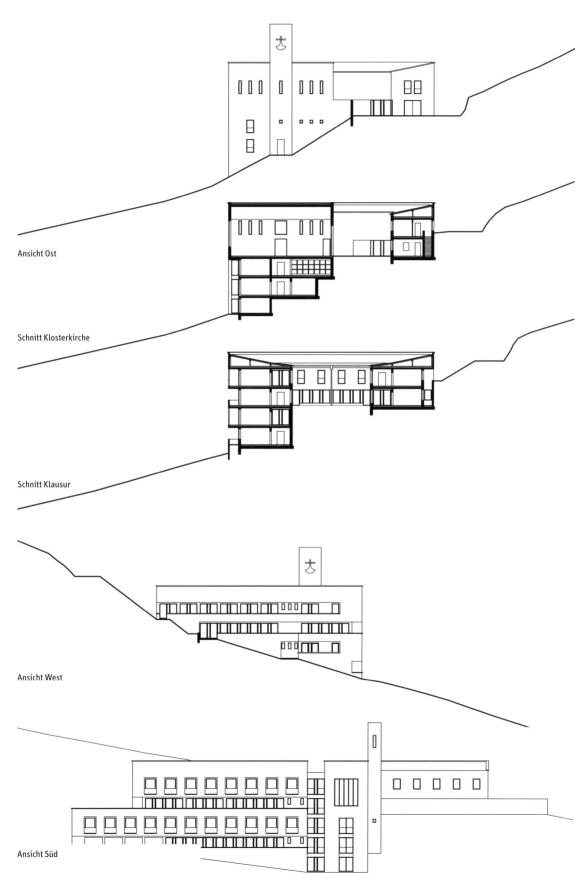

Ansicht Ost

Schnitt Klosterkirche

Schnitt Klausur

Ansicht West

Ansicht Süd

Bludenz:
Neuapostolische Kirche
Architekt Bartholomäus Moosbrugger, 1991-1992

6700 Bludenz, Schmittenstraße 22

Entstehungsgeschichte
Überlegungen zum Neubau einer neuapostolischen Kirche in Bludenz wurden Anfang der 90er-Jahre angestellt, und nach Durchführung eines Architektenwettbewerbes wurde Architekt Bartholomäus Moosbrugger damit beauftragt. Im März 1991 erfolgte der Spatenstich, im September 1992 wurde die Kirche feierlich eingeweiht.

Ort
Der Kirchenneubau befindet sich inmitten einer Wohnsiedlung in Bludenz, an einer Straßenkreuzung zwischen Schmittenstraße und Schillerstraße.

Architektonische Vision
Die Neuapostolische Kirche International schreibt hinsichtlich der Architektur von Kirchengebäuden: „Eine typisch neuapostolische Kirchenarchitektur gibt es nicht. Der neuapostolischen Liturgie entsprechend gibt es keine Bilder oder Statuen, sowie in der Regel keine Glocken und Glockentürme. Der sakrale Hauptraum des Kirchengebäudes ist in seiner Gestaltung zentral auf den Altar als der Stätte der Wortverkündigung und der Feier des Heiligen Abendmahles ausgerichtet. Nebenräume für gemeindliche Aktivitäten außerhalb der Gottesdienste stehen häufig zur Verfügung."[175]

Entsprechend diesen Richtlinien war die Schaffung eines klar gegliederten Bet- und Versammlungshauses die architektonische Vision. Der Architekt schuf ein dreischiffiges schlichtes Kirchengebäude, welches dem basilikalen Kirchenbautypus entspricht.

Architektonisches Thema
Da die Gläubigen der neuapostolischen Kirche häufig weite Anfahrtswege haben, wurden 25 PKW-Stellplätze im Garagenuntergeschoß geschaffen.

Der Besucher betritt den symmetrisch konzipierten Kirchenbau auf der nordöstlichen Seite. Entsprechend den Kriterien der neuapostolischen Kirche ist das Foyer großflächig konzipiert, die Sanitärblöcke befinden sich an beiden Foyerseiten. Im Erdgeschoß liegt rechtsseitig ein etwa 70 m² messender Saal, linksseitig wurde ein Unterrichtsraum errichtet. Im Obergeschoß befindet sich der circa 8 m hohe, dreiteilig gegliederte Kirchensaal, welcher streng symmetrisch konzipiert wurde. Die Empore ist großzügig ausgebildet, wie dies für den neuapostolischen Kirchenbau charakteristisch ist.

Das Hauptaugenmerk in der Grundrisskonzeption ist die Orientierung hin zum Altarbereich. Architekt Moosbrugger gestaltete den Altarraum nischenförmig, indem er zwei Mauerscheiben vom Kirchenhauptschiff entkoppelte und diese mit je zwei schmalen seitlichen Fenstern und einem zusätzlichen Oberlichtband ausstattete.

Architekturanalytische Betrachtung
Ausbildung eines dreischiffigen Versammlungsraumes, der in seiner architektonischen Grundkonzeption auf dem im christlichen Sakralbau jahrhundertelang tradierten Basilikatyp basiert. Durch Verwendung zweier verschiedener Grautöne für das Ziegelmauerwerk konnte eine bänderförmige Mauergestaltung erzielt werden.

Durch höhenmäßiges Absetzen der Kirchennebenschiffe entsteht mit dem Kirchenhauptschiff ein dreiteiliger Kirchenraum. Dies entspricht dem Vorbild einer dreischiffigen Basilika.

Konstruktion
Es handelt sich um ein massives Ziegelmauerwerk mit Verwendung von Stahlbetonträgern. Das Satteldach wurde im Bereich der Seitenschiffe abgesetzt und in Holzbauweise ausgeführt, seine Konstruktion ist als Sichtkonstruktion belassen. Die Dachsparren wurden aus statischen Gründen mit metallenen Zugseilen unterspannt. Im äußeren Erscheinungsbild dominiert das rohbelassene, bänderförmig ausgebildete Ziegelmauerwerk. Die Holzdeckenkonstruktion lässt Dachsparren, Dachpfetten und Dachlattung unverkleidet.

Materialität und Innenausbau
Die Außenmauern wurden als Sichtziegelmauerwerk ausgeführt, durch die Verwendung von zwei verschiedenen Grau-Schattierungen entstand die bereits beschriebene bänderförmige grafische Fassadengestaltung.

Das innere Raumbild ist gekennzeichnet durch das weiß gestrichene Mauerwerk und durch die sichtbare Holzdeckenkonstruktion, wobei die Felder zwischen den Dachsparren durch eine weiße Verkleidung kontrastierend betont wurden. Der Boden des Erd- und Obergeschoßes wurde mit grauen quadratischen Steinplatten verlegt. Die drei Kirchenbankblöcke wurden aus massivem Buchenholz gefertigt.

Lichtführung
Die tageslichtspezifische Belichtung wird durch drei Oberlichtbänder in der Kirchenlängsachse erzielt, eines im Bereich des Dachfirstes und zwei im Bereich der seitlichen Kirchensaalwände. Zusätzlich dringt Tageslicht durch mehrere quadratische Fenster, die in den aus Stahlbeton gefertigten Dachlängs- und Hauptträger integriert sind.

Im Altarraumbereich wurden je zwei schmale seitliche Fenster angebracht, eine zusätzliche Oberlichtverglasung über der Apsisnische illuminiert den gesamten Altarbereich. Zusätzlich wurde ein kreisrundes Fenster im Bereich der oberen Altarwand, knapp unter dem Dachfirst, eingebaut. Konisch geformte Deckenlampen in linearer Anordnung dienen als künstliche Lichtquellen.

Liturgische Orte
Entsprechend den Richtlinien der neuapostolischen Kirche ist der Altar das Zentrum des Kirchenraumes und der Ort für die Abendmahlfeier. Der in Holz gefertigte Altar besteht aus einem zweiteiligen Altarsockel, auf welchem eine massive Mensaplatte ruht und auf dem sich das Lesepult befindet.
Ein Schwerpunkt bei der Abendmahlfeier der neuapostolischen Gemeinde ist die musikalische Gestaltung, deshalb wird die Orgel in direkter Nachbarschaft zum Altar positioniert. Der Altarraum bietet genügend Platz für die Sänger.

Künstlerische Gestaltung
Gemäß den Richtlinien der neuapostolischen Kirche gibt es keine besondere künstlerische Gestaltung.

1

2

1 Kirchengebäude – Außenansicht
2 Kirchengebäude – Portal
3 Kircheninnenraum mit Altarzone
4 Kircheninnenraum mit Orgelempore
5 Altarzone

Folgende Seite
1 Kircheninnenraum von Orgelempore mit Blick zur Altarzone

3

4

5

1

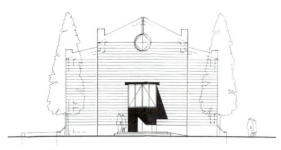

Ansicht Nord-Ost

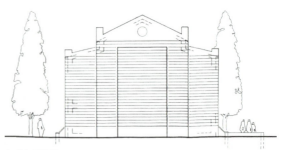

Ansicht Süd-West

Ansicht Süd-Ost

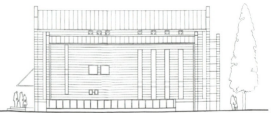

Ansicht Nord-West

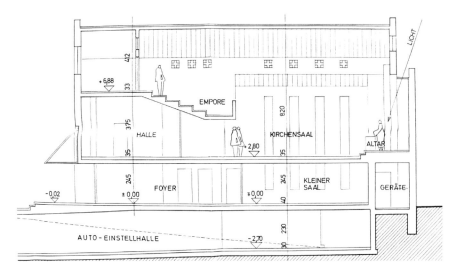

Längsschnitt

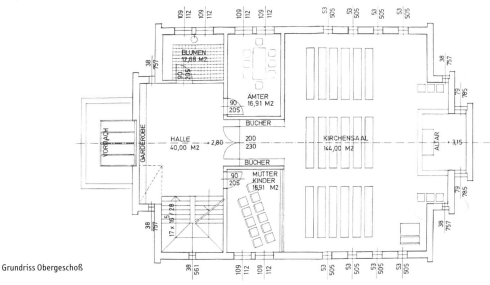

Grundriss Obergeschoß

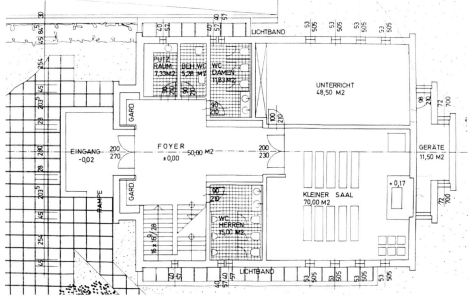

Grundriss Erdgeschoß

Aigen im Ennstal:
Römisch-katholische Filialkirche
Architekt Volker Giencke, 1990-1992

8943 Aigen im Ennstal

Entstehungsgeschichte
Die Filialkirche Aigen im Ennstal gehört zum Pfarrverband Irdning–Donnersbach–Donnersbachwald. Der Pfarrer Herbert Prochazka schreibt zur Entstehungsgeschichte: „Die Idee, in Aigen ein Gotteshaus zu erbauen, geht – nach mündlicher Überlieferung – auf die Zeit vor dem Zweiten Weltkrieg zurück, als die Errichtung einer eigenen Kirche erstmals erwogen wurde. Dieses Vorhaben wurde jedoch wegen der Kriegswirren in der NS-Zeit fallengelassen. Erst 1985 – nach jahrelangen Schwierigkeiten sowohl bürokratischer als auch organisatorischer Art – wurde der Auftrag für die Planung einer Kirche samt Pfarrhof dem Architekten Volker Giencke erteilt. Am 3. Mai 1992 nahm Diözesanbischof Johann Weber die feierliche Einweihung vor. Der lang ersehnte Wunsch der Bevölkerung, ein eigenes Gotteshaus zu haben, war endlich in Erfüllung gegangen."[176]

Ort
Die Gemeinde Aigen im Ennstal mit einer Einwohnerzahl von circa 2100 liegt im Bezirk Liezen. Das Architektenteam Erwin Egger und Gerhard Kreiner gestaltete im Rahmen des Ortserneuerungsprojektes „Lebendiges Zentrum Aigen" das gesamte Ortszentrum neu. Die Architekten Egger und Kreiner schreiben: „Nach der Sanierung von Volksschule, Wohnhaus und Gemeindeamt, sowie dem Neubau des Cafehauses und des Geschäftshauses im Zentrum konnte 2007 auch der EU-geförderte neue Hauptplatz fertiggestellt werden. Statt umstrukturierten Asphaltflächen bietet der Neue Dorfplatz nun großzügige Flächen für diverseste Veranstaltungen, eine Bacharena, spannende Beleuchtung des Nachts, eine attraktive, zeitgemäße Bepflanzung, sowie ein neu gestaltetes Kriegerdenkmal."[177]

Der Kirchenneubau liegt direkt an der Hauptdurchfahrtsstraße und ist dem neugestalteten Dorfplatz benachbart.

Architektonische Vision
Architekt Volker Giencke beschreibt das Projekt: „Das Grundstück ist ein freier Platz in der Mitte des Ortes, vom Dorfplatz durch einen Bachlauf getrennt. Nach Norden begrenzt ein Felsrücken das Grundstück, im Süden führt die Landstraße vorbei, die den Ort durchquert. Ein Kiesweg mit alten Obstbäumen führt von der Straße zur Kirche. Drei schmale Stege, Konstruktionen aus rostfreiem Stahl und Eichenholz, queren den Bachlauf und verbinden Dorfplatz und Kirchplatz. Der Kirchenplatz liegt zwischen der Kirche, dem frei stehenden Kirchenturm und dem zweistöckigen Pastoralhaus. Der Grundriss der Kirche entspricht einem ungleichen Vieleck mit festen Mauern nach Norden und nach Osten und farbigen Glaswänden nach Süden und Westen. Hinter den Betonwänden liegen die Sakristei und ein Raum für Gespräche. Eine Wand ist zweischalig und enthält den Aufstieg in das Dach, den Beichtraum und die Nische für die Orgel. Der Kirchenraum ist abgesenkt, der Altarraum leicht erhöht."[178]

Architekt Volker Giencke schuf ein lebendiges Kirchengebäude, das durch die Verwendung von schrägen polychromen Glastafeln einen Baukörper bildet, der das „Bild des bunten und vielschichtigen Weltalls" widerspiegelt. Eine weitere wichtige und metaphernhafte Geste zeigt das Dach. „Das Dach ist wie ein Bootsrumpf gestaltet, dessen Kiellinie den Weg vom Eingang bis zum Altar nachzeichnet."[179] Diese Metapher verweist durch das Thema des Bootsrumpfes im weitesten Sinne auf die Arche Noah und die vielschichtige heilsgeschichtliche Bootssymbolik. In unmittelbarer Nähe zur Kirche steht der frei stehende Glockenturm als markantes christliches Zeichen.

Das mehrteilige Gebäudeensemble besteht aus Kirche, Pfarrhaus und frei stehendem Glockenturm. Die Vision war die Schaffung eines von vielfärbigem Licht durchfluteten sakralen Baukörpers, der lebendig erscheint.

Architektonisches Thema
Die Kirche liegt inmitten eines Grünareals neben dem Dorfbach. Drei elegante Niroholzstege führen zum Kirchenplatz, der vom frei stehenden Glockenturm dominiert wird. Die Topografie des Ortes und die Wegführung lassen den Besucher durch eine Art architektonische „Schleuse" in den polygonalen Kirchenraum eintreten. Dieser wird im Norden und Osten von einigen massiven Mauerwandscheiben gebildet, hingegen dominieren an der Süd- und Westseite schräg gesetzte, sich zum Teil überlappende, polychrome Glaswände. Diese sind teilweise mit Sichtglastafeln und teilweise mit färbigen Glastafeln ausgeführt, was eine schillernde und zugleich meditative Raumwirkung erzeugt.

Ein weiteres wesentliches architektonisches Thema ist die Ausbildung eines großen begrünten Dachs, das den gesamten Sakralraum und teilweise das benachbarte Pfarrhaus schützend überspannt.

Architekturanalytische Betrachtung

Die drei Baukörper – Kirchenbau, Pfarrhaus und Campanile – stehen in einem intensiven Raumdialog. Sämtliche Grundrisslinien zeugen von einer dynamischen Zergliederung und Verzerrung im Sinne der dekonstruktivistischen Architektursprache. Der Glockenturm und das Pfarrzentrum zeigen im Grundriss ein verzogenes Viereck. Die Grundrisskonfiguration des Kirchenbaukörpers ist ein vielschichtiges Polygon, wobei die kirchlichen Nebenräume die Form eines sich verjüngenden Keiles annehmen.

Die statisch wirksamen Kräfte werden konsequent konstruktiv dargestellt und zusätzlich dekonstruktivistisch überzeichnet. Sämtliche Linienführungen werden „dynamisiert". Dadurch ergibt sich ein sehr lebendiges Raumkonstrukt (beziehungsweise Dekonstrukt), ausgeführt in verschiedenen Materialien. Die Zergliederung, die Versetzung und die räumliche Durchdringung sollen beim Betrachter einen Nachdenkprozess über den gelebten oder nicht-gelebten Glauben initiieren. Trotz oder gerade wegen der vielschichtigen Raumsequenzen entsteht ein lebendiger, jedoch auch sehr meditativ wirkender Sakralbau.

Architekt Volker Giencke schuf einen vielfärbigen „Lichtraum", der von einem schiffsbugförmigen Dachkonstrukt und von einem Stück Erde in Form eines begrünten schräg geneigten Daches abgeschlossen wird. Er setzte sich intensiv mit dem Themengeflecht Erde, Licht und Farbe auseinander.

Konstruktion

Zur Konstruktion schreibt Architekt Volker Giencke: „Ein gebauchtes, hölzernes Dach schließt den Kirchenraum nach oben und überdeckt einen Teil des Kirchenplatzes. Den Dachrand bilden breite, weiß lackierte Stahlblechkassetten, die die konstruktive Verbindung zwischen den Holzträgern und den Stahlstützen herstellen. Das Dach ist begrünt und wird an seinem Tiefpunkt in den vorbei fließenden Bach entwässert. Das würfelförmige Pastoralhaus ist eine Stahlkonstruktion mit Fassaden aus Lärchenholz und Glas. Der Campanile ist seiner Grundrissform nach ein verzogenes Viereck. Er ist 32 m hoch, mit einem breiten Sockelgeschoß und einer Glockenstube an seinem oberen Ende. Sein Stahltragwerk ist mit Glastafeln verkleidet, die punktweise und elastisch befestigt sind."[180]

Materialität und Innenausbau

Im äußeren Erscheinungsbild dominiert die weiß lackierte Stahlkonstruktion. Unter dem weit ausladenden Kirchendach wirken die polychromen Glastafeln wie ein matt schillernder Schiffskörper unter einem großen weißen Segel. Die verschiedenfärbigen Glastafeln erzeugen Lebendigkeit. Das dritte verwendete Material ist der Baustoff Holz. Sowohl bei den Holzträgern der Dachkonstruktion als auch bei der Holzverblendung wurden Lärchenholzbretter verwendet.

Die Atmosphäre des Kircheninnenraumes wird durch die natürliche Belichtung der polychromen Glastafeln beherrscht. Sie bringen den Kirchenraum im Inneren zum „Leuchten". Das zweite dominierende Material im Kircheninnenraum ist der Werkstoff Holz. Der Boden wurde komplett mit Lärchenholzbrettern ausgelegt, die gesamte Deckenuntersicht mit hellen Holzplatten verkleidet. Die geostete Altarwand und die westlich orientierte Wand wurden weiß gestrichen. Die westliche Kirchenwand, welche das Chorpodest aufnimmt, wurde im rotbraun-grünen Sichtbeton belassen und zeigt einen deutlichen Materialkontrast auf.

Lichtführung

Die Wirkung des Kircheninnenraumes lebt von der natürlichen Belichtung. Die verschiedenfärbigen Glastafeln hüllen den Kirchraum entsprechend dem Tagessonnenstand und der Witterungssituation in verschiedenartiges Licht. Durch die Verwendung der verschiedenen Glastafeln entsteht ein Kaleidoskop an polychromen Farben. Zur künstlichen Illumination wurden mehrere konisch geformte, in Metall ausgeführte Deckenlampen im gesamten Kirchenraum abgehängt.

Liturgische Orte

Das inselförmig konzipierte Altarpodest liegt circa 50 cm unter dem Eingangsniveau, dadurch entsteht ein abgesenkter Altarbereich. Sämtliche liturgischen Prinzipalstücke stehen auf dem einstufig erhöhten hölzernen Altarpodest. Im räumlichen Zentrum steht der gläserne Altar.

„Der Volksaltar – ein 90 cm hoher Glasquader – ist mit Glasbrocken gefüllt. In seinem Inneren sind Reliquien des hl. Florian aus der Florianikirche in Krakau."[181]

In einiger räumlicher Distanz befindet sich der Ambo. Er besteht aus zwei vertikalen Glasscheiben, auf welchen eine schräge, roh belassene Stahlblechplatte als Pultauflage dient.

Pfarrer Prochazka schreibt über den Tabernakel: „Der Tabernakel weist durch seine Tresorform auf seinen wertvollen Inhalt, das Allerheiligste hin. Er ist in die Altarwand eingeschnitten und besteht aus einer Zelle, die aus rohem Stahlblech geschweißt ist."[182]

Die Sessio und die Ministrantensitze bestehen aus Holzmehrschichtplatten mit Ledersitzkissenbezug.

Die beiden geschwungen ausgeführten Kirchenbankblöcke befinden sich auf der leicht geneigten Pultfläche des Kircheninnenraumes, welche den höher gelegenen Eingangsbereich und den um 50 cm abgesenkten Altarbereich verbindet. Beide Kirchenbankblöcke sind zum Altarpodest hin ausgerichtet. Die Linienführung der Kirchenbankreihen und der Altarinsel korrespondiert gegensinnig und nimmt inhaltlich und formal Bezug zueinander auf.

Reflexionen zum Sakralraum

Der hohe Campanile setzt ein markantes christliches Zeichen und verweist auf die Bedeutsamkeit des Ortes. Über einen Steg gelangt man in den Sakralraum. Dieser erstrahlt in verschiedenfärbigem Licht, das dem Raum eine Lebendigkeit und Vielschichtigkeit gibt, die ergreift. Die Ergriffenheit führt so bei innerer Disposition zum Gebet und zur vertikalen Ausrichtung hin zu Gott. Ein weiteres Hauptanliegen in der Konzeption ist die Konzentration auf den Gemeinschaftscharakter bei den verschiedenen liturgischen Feiern.

Der Sakralraum wurde von mir als plastische Interpretation von Piet Mondrianschen Bildkompositionen erlebt. Die wechselnden Lichtstimmungen und Farbkompositionen führen zu einer Erhabenheit und Feierlichkeit des Raumes, die mich regelrecht in den Bann zogen.

Künstlerische Gestaltung

Der Grazer Künstler Fritz Panzer gestaltete die Glaswand im Bereich der Tabernakelnische. Der bereits oben beschriebene metallene Tabernakel befindet sich in einer schmalen, vertikal ausgebildeten Mauernische im Bereich der Altarwand. Die Rückwand wurde mit einem Glastafelsegment versehen, das ebenfalls von Fritz Panzer gestaltet wurde. Es zeigt ein abstraktes schwarz-weißes Bild.

Das Vortragekreuz ist eine künstlerische Arbeit des Benediktinerfraters Bernward Schmid, gefertigt in der Goldschmiedewerkstätte der Benediktinerabtei Seckau. Frater Bernward Schmid schuf die Darstellung des gekreuzigten Jesu Christi in figuraler Weise und versah das aus Metallformrohren zusammengefügte Kreuz mit einem emaillierten farbigen Kreisring.

Glastafel – Wandelement

Folgende Seiten
1 Kirchenaußenansicht – Eingangsbereich
2 Campanile
3 Pfarrhaus und Kirchengebäude
4 Kircheninnenraum mit Blick zum Eingangsbereich
5 Tabernakel von Fritz Panzer
6 Kircheninnenraum mit Altarzone

1

2

3

4

5

6

1 Portalzone von außen
2 Portalzone von innen
3 Überdachte Durchgangszone
4 Fassadenflächen

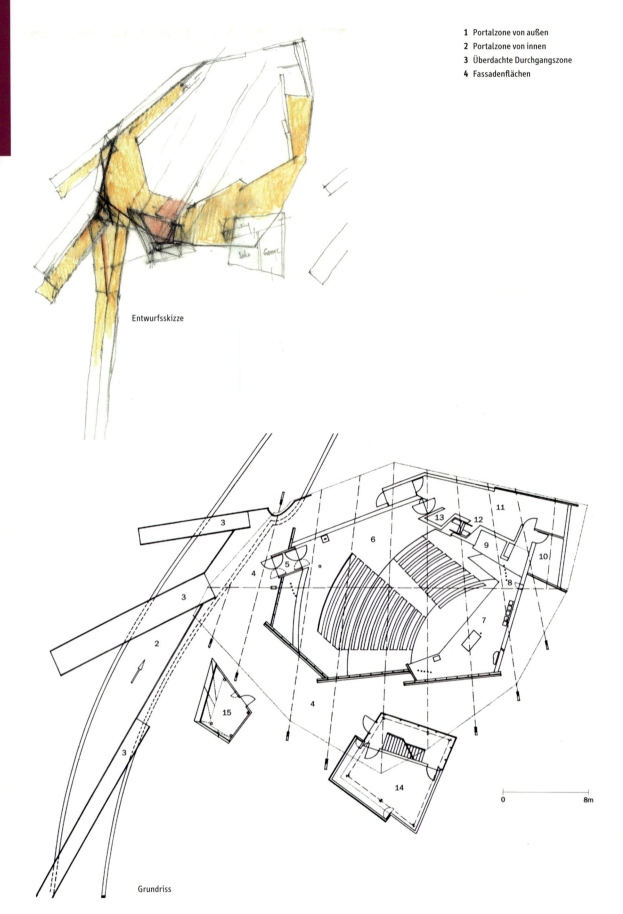

Entwurfsskizze

Grundriss

1

2

3

4

Graz-Eggenberg:
Römisch-katholische Pfarrkirche zu den Heiligen Schutzengeln
Architekt Werner Hollomey, 1995-1996

8020 Graz, Hauseggerstraße 72

Entstehungsgeschichte
Der Direktor des Diözesanmuseums und Diözesankonservator Heimo Kaindl schreibt hinsichtlich der Entstehungsgeschichte: „Die Anfänge der Pfarrkirche zu den ‚heiligen Schutzengeln' gehen auf das Jahr 1913 zurück. [...] Aufgrund Kriegswirren und der Notsituation wurde vom Neubau einer Kirche Abstand genommen und erst 1927 wurde die Planung wieder aufgenommen. Aufgrund neuerlicher Notzeiten beschränkte man sich auf eine als Provisorium gemeinte Notkirche mit einem Theatersaal bzw. einem Kindergarten im Untergeschoß.

1931 wurde nach Plänen von Hans Pelzl der schlichte Bau errichtet und am 11. September 1932 die Notkirche geweiht. [...] Mitte der 1980er Jahre wurde der Mangel an Pastoralräumen größer. Am 4. Oktober 1988 setzte der Pfarrgemeinderat einen Bauausschuss ein, der ein Raumkonzept erarbeitete. Im Februar 1989 wurde zwischen Generalvikar Leopold Städtler und dem Bauausschuss auch die Möglichkeit einer großen Lösung diskutiert. Die ‚Notkirche heilige Schutzengel', das letzte Kirchenprovisorium der Steiermark, sollte durch einen Kirchenneubau ersetzt werden. [...] Unter Pfarrer Johann Schreiner wurde das Vorhaben in enger Zusammenarbeit des Bauausschusses mit den Künstlern und der Pfarrbevölkerung umgesetzt: 1994 wurde Architekt Werner Hollomey mit der Planung des Projektes beauftragt. Als Künstler wurden Edith Temmel, Josef Fink, Kurt Zisler und Manfred Gollowitsch eingeladen. 1995 stimmte der Bauausschuss der Diözese Graz-Seckau dem Neubau der Schutzengelkirche zu. Am 6. Oktober 1996 wurde der fertig gestellte Kirchenneubau durch Diözesanbischof Johann Weber eingeweiht."[183]

Ort
Der Kirchenneubau befindet sich in der Hauseggerstraße in einem Wohnbezirk in Graz-Eggenberg. Die neue Pfarrkirche liegt in einem parkähnlichen Areal und wurde winkelförmig an den aus dem Jahr 1932 stammenden Altbau angeschlossen. Der Altbau, die neue Pfarrkirche und das angrenzende Gebäude mit Pfarrkanzleien bilden ein großräumiges Ensemble.

Architektonische Vision
Basierend auf den geometrischen Grundfiguren Quadrat und Kreis, entwarf Architekt Werner Hollomey eine weitläufige, lichtdurchflutete helle Kirchengesamtanlage. Hauptschwerpunkt war die intensive Auseinandersetzung mit dem Bauvolumen des Quaders, Zylinders, Halbzylinders und der kreisförmigen Scheibe. Das Zusammenspiel dieser verschiedenen Baukörper kennzeichnet die architektonische Vision.

Architekt Werner Hollomey schreibt dazu: „Nach Westen öffnet sich der Kirchenraum, der von massiven fensterlosen Wänden aus Ziegelmauerwerk und Stahlbeton umschlossen wird. Gemeindebereich und Altarzone verschmelzen zu einem Bereich. Vier goldene Stützen akzentuieren das Quadrat des Raumes und tragen das kreisrunde schwebende Raumgitterdach wie einen Baldachin. Zwischen den 4,5 m hohen Raumschalen und dem Dach umzieht ein Glasband den Raum und bringt so die Decke zum Schweben. Das Raumkonzept basiert auf der Überlagerung der geometrischen Grundfiguren Kreis und Quadrat. Im Hauptraum wird die Zone ‚irdischer Umfangenheit' (Quadrat) von einem Bereich ‚kosmische Öffnung' (Kreis) überlagert, wobei der Lauf der Sonne dem Kirchenraum einen sich wandelnden und stimmungsreichen Charakter verleiht."[184]

Die zweite große Vision war die Beteiligung zahlreicher bildender Künstler zur Ausgestaltung der Altarwand, der Eingangswand, der südlichen Kirchenwand und der Wochentagskapelle, um verschiedene bildnerische Kunstdisziplinen zu einem modernen sakralen Gesamtkunstwerk zusammenzuführen – als Verbindung von Architektur und bildender Kunst.

Architektonisches Thema
Die neue Pfarrkirche liegt inmitten eines parkähnlichen Grundstücks, welches von zwei Wohnstraßen aus betreten werden kann. Die Längsachse des neuen Pfarrzentrums liegt rechtwinkelig zur Hauptachse des Altbaus. Ein Arkadengang verbindet Alt- und Neubau.

Der aus zwei halbzylindrischen Betonschalen gebildete Glockenturm bildet das weithin sichtbare Zeichen für das römisch-katholische Pfarrzentrum.

Das vom Arkadengang überdeckte gläserne Eingangsportal führt zum großflächigen Foyer, welches an drei Seiten raumhoch verglast ist und den Blick in den Kirchensaal freigibt. An der rechten Seite des Foyers befindet sich der Taufbereich mit einem markanten Taufstein, welcher in einer kreisrunden Mulde vertieft eingesetzt ist. Vom Taufbereich aus betritt der Besucher die Wochentagskapelle, die aus den zwei Glockenturmschalen gebildet worden ist. Der Kirchenhauptraum ist gekennzeichnet durch seine quadratische Grundrissform, welche mit einem nahezu kalottenförmigen Altarbereich abschließt.

Architekturanalytische Betrachtung
Die zwei geometrischen Grundfiguren Quadrat und Kreis werden seit Jahrhunderten im Sakralbau verwendet und haben eine hohe symbolische Bedeutung. Deshalb entwarf Architekt Werner Hollomey die Grundrissebene als Quadrat, die Dachebene jedoch als Kreisform. Dieses formale Gestaltungsmittel setzte der Architekt ebenso im Altarbereich, im Kirchenhauptraum und bei der Wochentagskapelle konsequent fort.

Das Thema Quadrat und Kreis beschäftigt seit über 1500 Jahren die Architektur. Hierzu schreibt Volker Hoffmann, Professor am Institut für Kunstgeschichte der Universität Bern: „[…] beruht der gesamte Entwurf der Hagia Sophia auf einem Analemma. Das ist ein bereits von Ptolemäus beschriebenes Projektionsverfahren, bei welchem sich Quadrat und Kreis umfangen sowie dreidimensional als Würfel und Kugel durchdringen. Für die Hagia Sophia hatten Anthemios und Isidoros […] ein verschränktes Doppelquadrat-Analemma als einheitliche Entwurfsfigur für den Grundriss und den Aufriss der Kirche entwickelt."[185]

Konstruktion
Die Außenwände wurden teilweise in Stahlbeton und teilweise als massives Ziegelmauerwerk aufgebaut. Die Deckenkonstruktion ist eine Stahlfachwerkkonstruktion in Form eines kreisförmigen Raumgitterdachs. Die Dachkonstruktion ruht auf vier Bündelstützen. Die zwei halbzylindrischen Stahlbetonschalen des Glockenturms wurden im oberen Teil mit einer Stahlbetonscheibe verbunden und zusätzlich mit einer stahlfachwerksmäßigen Auskreuzung statisch ausgesteift.

Materialität
Im äußeren Erscheinungsbild dominieren das hellgrau gestrichene Massivmauerwerk und das Stahlbetonmauerwerk. Das zweite dominierende Material sind die Sichtglasscheiben, welche im Foyerbereich und im Bereich der kreisförmigen Oberlichtverglasung über dem Kirchenhauptraum verwendet worden sind. Die dritte Materialität stellt das weiße Raumgitterdach dar.

Innenausbau
Der gesamte Boden des Foyers, des Kirchenhauptraumes und der Wochentagskapelle wurde mit weißen, glatt polierten Marmorplatten verlegt, wobei im Bereich des Kirchenhauptraumes ein schmaler Streifen aus blauem brasilianischem Granit – Azul Bahia – den mittigen Weg hin zum Altarpodest kennzeichnet. Die Trennwand zwischen Foyer und Kirchenhauptraum wird durch eine Sichtglasscheibenwand mit Stahlrahmenkonstruktion gebildet.

Lichtführung
Der gesamte Kircheninnenraum wird auf der einen Seite durch die gläserne Foyerzone und auf der anderen Seite durch das dreiviertelkreisförmig konfigurierte Oberlichtband erhellt, welches im Bereich der Altarzone linear verläuft. Im Bereich der Übergangszone, zwischen halbkreisförmiger Altarwand und dem Flächentragwerk, wurde ein dreieckiges Oberlichtfenster ausgebildet, welches in das umlaufende Oberlichtband einmündet. Der Taufstein als initialer liturgischer Ort wurde durch die Anbringung eines kreisrunden Oberlichts mit einem konisch konfigurierten Oberlichtfenster in seiner Bedeutung hervorgehoben.

Die halbzylindrische Altarwand der Wochentagskapelle wird durch ein kreissegmentförmiges Oberlichtband illuminiert. Der rückwärtige Teil der Kapelle wird durch ein schmales, schräggestelltes, halbkreisförmiges Oberlichtband indirekt beleuchtet. Zur künstlichen Beleuchtung wurden im Bereich des Kirchenhauptraumes mehrere vierarmige, weiße Deckenleuchten vom Raumgitterdach abgehängt.

Liturgische Orte
Taufstein, Altar und Ambo wurden vom Künstler Manfred Gollowitsch geschaffen. Heimo Kaindl schreibt hierzu: „Der Weg zum Altar wird von einem Steinband im Boden markiert. Aus blauem brasilianischem Granit ist dieser Weg gesetzt, der auch auf die Partnerpfarre Dom Jesus Lapa in Brasilien verweist. An der Altarwand setzt sich der blaue Granitstreifen fort und entschwindet im blauen Halbkreisfenster an der Wand, eine Verbindung zur Unendlichkeit. Das Altarbild und der unverrückbare Feierort der Kirche, der Altar, als Mitte der feiernden Gemeinde, unterbrechen diesen Weg. Der tischförmige Altar ist aus dem Sockel, in dem der Weg seine Spur hinterlassen hat, und der vorragenden Mensaplatte zusammengefügt. Ihr

Grundriss entspricht einem 2/3-Kreis, der von den geschwungenen hölzernen Bänken des Hauptraumes aufgenommen und weitergeführt wird. Der Altar ist aus massivem weißem Marmor gefertigt. Er ist ein Stein des Heiles und ein Fels, wie Christus. Der Stein aber ist auch Hinweis auf den Opferaltar des Alten Testaments. In seiner schlichten Form zeigt er Dauerhaftigkeit und ist Mahnung, Aufforderung, Erneuerung und Halt. Dem Altar als Tisch des Brotes entspricht formal der Ambo als Tisch des Wortes. Der Tabernakel als schlichter Metallkubus ruht auf einer Stele aus weißem Marmor. Aus Kreis und Kugel beziehungsweise Quadrat und Würfel konstruiert und aus weißem Marmor gefertigt, ist das Taufbecken in der Vorhalle. Es ist nicht nur das Zeichen der Pfarrkirche. Die Positionierung unter dem kreisrunden Fenster und das auf das Taufbecken fallende Licht machen das Sakrament der Taufe sichtbar: Taufe ist Aufnahme in die Gemeinschaft."[186]

Der Architekt schuf zwei symmetrisch angeordnete Kirchenbankblöcke, welche eine leichte Bogenform aufweisen und sich dadurch zum bogenförmig ausgeführten Altarpodest hin orientieren.

Reflexionen zum Sakralraum

Der Sakralraum zeigt sich als Konstrukt aus weiß gestrichenem Stahl, Glas und Massivmauerwerk. Der Raum wirkt transparent, abstrakt und vergeistigt. Er ist beseelt von der gesamtkünstlerischen Gestaltung und hat dadurch ausgeprägten Verweischarakter.

Der Kirchenhauptraum drückt Leichtigkeit und Transparenz aus, was frei in der Besinnung, frei zur Ausrichtung hin zu Gott macht. Diese Konzeption fördert den Gemeinschaftscharakter der Eucharistiefeier.

Die kleine Wochentagskapelle ist hingegen ein Ort der Konzentration und Ruhe.

Künstlerische Gestaltung

Sämtliche künstlerischen Arbeiten wurden entlang eines architektonisch konzipierten Weges angeordnet. Den Beginn des Weges markieren die an der Kirchensüdwand angebrachten Kreuzwegstationen. Diese wurden von Jugendlichen gefertigt. Heimo Kaindl schreibt: „Der Kreuzweg der Schutzengel-Kirche ist eine schulische Projektarbeit aus dem Jahre 1996. Sie entstand als spannende Zusammenarbeit unter der Leitung von Manfred Gollowitsch, mit Maria Kohlbacher als begleitende Kunsterzieherin, dem Grafikkünstler Herwig Tollschein und 14-jährigen Schülerinnen und Schülern der Hauptschule der Schulschwestern Graz-Eggenberg. Zunächst beschäftigten sich die Schülerinnen und Schüler im Religions- und Kunstunterricht mit dem Thema ‚Kreuzweg'. [...] Als Technik wurde die Radierung gewählt. Nach der Herstellung von Abzügen der Kreuzwegstationen wurden die Kupferplatten, teils mit schwarzer Druckfarbe in den Vertiefungen, als Kreuzwegstationen in eigens dafür vorgesehenen Fensternischen der Kirche angebracht. Expressive Direktheit kennzeichnet die dargestellten Szenen. In leicht verständlicher Ausdrucksprache wird das Leiden Christi von der Verurteilung durch Pilatus bis zur Grablegung gezeigt."[187]

Vom Kreuzweg gelangt man zum Altarpodest, hier wurde die Altarwand von Kurt Zisler gestaltet. Heimo Kaindl schreibt dazu: „Die Altarwand ist den Mittlern und den Verbindungsgliedern zwischen Gott und Mensch gewidmet. Drei von der Wand abgesetzte Tafeln bilden das Zentrum und kommen auf den Beschauer zu. In der Dreizahl dieser modernen, ungegenständlich gemalten Ikonen spiegeln sich Dreifaltigkeit und Kreuzigung Christi wider. In der mittleren Tafel wird die Spur Jesu in seiner Menschwerdung sichtbar. Der blaue Steinstreifen auf Boden und Wand, ein Sinnbild des Lebensweges, wird hier zum goldfarbenen Streifen transformiert. Über dem erdbraunen Farbfeld und dem wasserblauen Diagonalstreifen des Flusses steigt er empor, Sinnbild für das Leben Jesu auf Erden zwischen der Taufe im Jordan und seiner Auferstehung. Wo das Gold in die Erde eintaucht, entspringt der Fluss als Zeichen der Fülle: Ich bin gekommen, dass sie das Leben haben und es in Fülle haben. Die drei Tafeln bilden eine Kreuzgruppe und verklammern in der Horizontalen die Wand. Die abgeriebenen Tafeln lassen viel Weiß durchscheinen, Symbol für Tod und Auferstehung. Umgeben werden die Tafeln von vier Gestalten mit Flügeln und Augen. Es sind Engel, deren Aufgabe es ist, zwischen Gott und den Menschen zu vermitteln. [...] Die biblische Tradition nennt diese vier Engel Michael, Gabriel, Rafael und Uriel. Die Botschaft der Engel schwingt an den Seiten aus. Rechts knüpfen Flügelstrukturen ein Band zwischen Himmel und Erde. Die linksseitigen Darstellungen haben biblische Berichte zur Grundlage, in denen Gott die Menschen immer begleitet. Als Wolke begleitet er sie bei Tag, als Licht in der Nacht. Unter seinen Fittichen können wir uns geborgen fühlen. An der Altarwand ist viel leerer Raum und weiße Wand. Sie erinnert daran, dass Gott ein Geheimnis ist und unsere Vorstellung weit übersteigt."[188]

Von der Altarwand gelangt man zu der gegenüber der Kreuzwegwand gelegenen „Lichtwand". Diese wurde von der Grafikerin Edith Temmel entworfen.

„Die Nordwand des Kirchenraumes wurde von Edith Temmel als ‚Lichtwand' gestaltet, die beim Taufbecken beginnt und durch die Glaswand des Vorraumes hindurch als Weg zum Altar führt. Entstanden ist eine Wandmalerei, die – angelehnt an das Patrozinium – den Schutzengeln Raum im Kirchenraum zu geben versucht und die Darstellung gleichzeitig harmonisch in die vorgegebene Architektur einfügt. Erdfarbene und grüne Farbtöne empfangen die Besucher am Beginn, eingeflochten darin ist in schmalen Streifen rötliches Licht, wie von der untergehenden Sonne. Die Schwere des Irdischen wird beim Taufbecken zurückgelassen, wo der helle, breite, goldgelbe Lichtstrahl erscheint. Vom Himmel herab formt sich eine begleitende Führung. Striche und Linien, die an weiches Gefieder erinnern, gleiten sanft fließend vom Himmel zur Erde herab. Weiter zur Altarwand hin wandelt sich die Farbgebung in verschiedenste Blautöne. Zwei herabreichende goldgelbe Farbfelder, aus dynamischen Pinselstrichen zusammengefügt, erinnern an große Flügel und sind wohl von der Engelvision des französischen Künstlers Marc Chagall beeinflusst. [...] Von diesen Schwingen, diesen Engelsflügeln, darf man sich behutsam aufgehoben und mitgenommen erleben, als ob einem Schutzengel damit Einlass in den Raum gewährt worden wäre."[189]

Eine weitere künstlerische Arbeit ist die Gestaltung der Altarwand im Bereich der Werktagskapelle, welche vom Priester und Künstler Josef Fink gestaltet wurde.

„Die Kapelle im Turmfuß wird von der Malerei der Altarwand dominiert. Ausgangspunkt der Gestaltung war für den Künstler und Priester Josef Fink ein Abschnitt des Psalmes 43. ‚Der Abgrund ruft den Abgrund hervor.' Er zielt damit auf jene Fragen, die ihn Zeit seines Lebens beschäftigt haben: Weshalb ist etwas? Woher kommen wir? Was sind wir? Wohin gehen wir? Auf blauem Grund hat Fink die einfachen Zeichen aus der Menschheitsgeschichte zitiert. Ganz unten erkennt man tierähnliche Pflanzenformen, die den Prozess des Lebendigwerdens versinnbildlichen. Tierähnliches und ‚Menschen' steigen empor. Als Menschengruppe beginnen sie einen verhaltenen Tanz. Sie werden von Schamanen in Opferhaltung rechts und einem Blitz links flankiert. Darüber erscheint als riesiges Antlitz kein Pantokrator, sondern der schlichte Mensch. Sein Ausdruck ist nachdenklich, sein Antlitz der Schöpfung zugeneigt. Seine Haarlocke ist Teil der Schöpfung – die Milchstraße als Teil des Universums weit in den Abgrund der Unendlichkeit. Umrahmt wird der Prozess der Menschwerdung des Menschen von bis ins Mesolithikum zurückreichenden Zeichen sowie verschiedensten Schrift- und Geistspuren. Steinzeitliche magische Symbole stehen neben der Grundgleichung zur Entstehung des Lichtes von James Maxwell. Sie alle zielen auf die Aussage von Carl Friedrich von Weizsäcker: ‚Das Eigentliche des Wirkens ist Geist.' Sein Nachdenken über diesen Satz hat Fink auf die Altarwand gemalt und hier ein Stenogramm der Evolution geschaffen. Nicht von ungefähr ist dazu rechts außen das schlichte ‚I love you' angebracht. Eine Erinnerung an die ehemalige Kirche ist die im Kapellenraum aufgestellte Schutzmantelmadonna von Othmar Klemencic."[190]

1 Kirchturm
2 Hauptportal
3 Kirchenaußenansicht
4 Kircheninnenraum mit Flächentragwerk
5 Wochentagskapelle von Josef Fink
6 Taufbecken mit Lichtwand von Edith Temmel

Folgende Seite
1 Kircheninnenraum mit Ambo

4

5

6

1

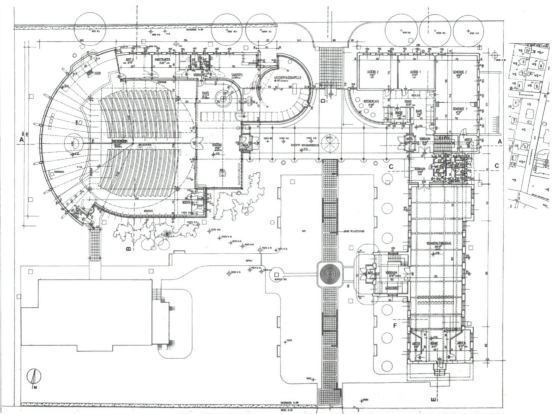

Grundriss Erdgeschoß

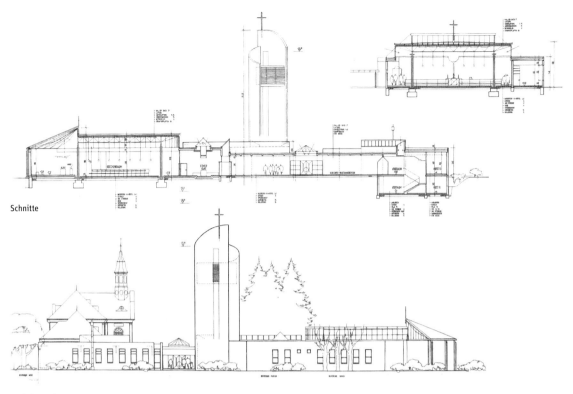

Schnitte

Ansicht Nord

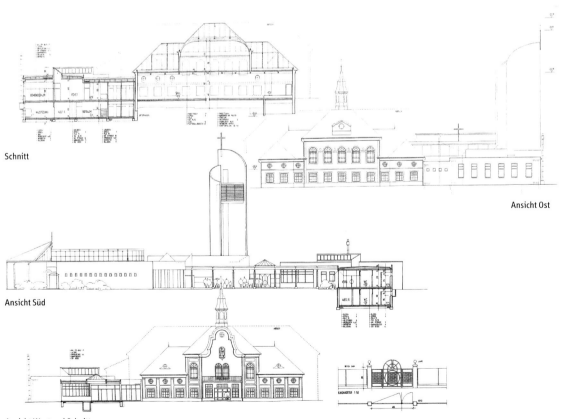

Schnitt

Ansicht Ost

Ansicht Süd

Ansicht West und Schnitte

Damtschach:
Römisch-katholische Pfarrkirche
Architekt Gernot Kulterer, 2001-2003

9241 Wernberg, Damtschacherstraße 29

Entstehungsgeschichte
Die Messfeiern der römisch-katholischen Gemeinschaft wurden bis zum Jahr 2003 in der Schlosskapelle Damtschach abgehalten. Da sich die katholische Kirchengemeinde vergrößerte, wurde Architekt Gernot Kulterer im August 1995 mit Durchführung eins Gutachterverfahren beauftragt. Der Baubeginn erfolgte am 27. April 2001. Die feierliche Grundsteinlegung wurde am 21. September 2001 begangen und am 4. Mai 2003 wurde der Kirchenneubau durch Diözesanbischof Egon Kapellari feierlich eingeweiht.

Ort
Damtschach ist ein Ortsteil der Gemeinde Wernberg im Bezirk Villach-Land, in den Ossiacher Tauern, östlich von Villach zwischen Ossiacher See und Wörther See gelegen. In Damtschach leben 142 Einwohner.

Der Kirchenneubau liegt gegenüber dem barocken Schloss Damtschach und wurde auf der unteren Plateausohle eines Wiesenareals errichtet.

Architektonische Vision
Architekt Gernot Kulterer zur architektonischen Vision: „Der Zugang zum überdeckten Kirchenvorplatz erfolgt von der nördlich vorbeiführenden Straße, also von der Seite her. Der Haupteingang zum Kirchenraum liegt an dessen Südwestecke, der Altarbereich mit Tabernakel diagonal gegenüber. Auf diese Weise entsteht ein spiralförmiger Weg, welcher den Bau für den Ankommenden von außen und innen räumlich stärker erlebbar macht. Eine den Vorplatz südlich begrenzende ‚Leitwand' betont die Wegführung. Sie setzt sich an drei Seiten den Innenraum umschließend fort, die vierte Wand bildet ein ‚hineingestelltes Holzhaus' mit den Nebenräumen und einer darüberliegenden Stufenempore. Über allem schwebt ein weitausladender Dachbaldachin, der in assoziativer Fortsetzung des umliegenden Waldes von 20 Holzsäulen getragen wird. Mit dem Verzicht auf ein weit gespanntes Tragwerk zugunsten von kleinen Stützweiten entsteht damit gleichsam eine dreischiffige Halle mit differenzierten Raumbereichen für die liturgischen Funktionen."[191]

Architektonisches Thema
Der Besucher betritt den von einem weitauskragenden Baldachindach dominierten Kirchenneubau, der mit einem großzügigen Vorplatz ausgestattet ist. Die Südwand des Kirchengebäudes wurde paraventartig verlängert und enthält einen breiten Mauerwanddurchbruch, um den Blick zur Bergkette der Karawanken freizugeben. Im Bereich der Südwestecke des Kirchenbaus befindet sich das grau lasierte Eingangsportal. Nach Durchschreiten des Windfangs befindet sich der Besucher im rechteckigen Kirchenraum, der durch zwölf Holzsäulen in drei Abschnitte gegliedert erscheint. Neben dem Windfang ist die Nebenraumzone mit Sakristei, Aussprachezimmer und Sanitärblock angeordnet.

Im mittleren Teil des Kirchenraumes stehen zwei Kirchenbankblöcke. Rechts neben dem Altarpodest mit Altar, Ambo und Tabernakel wurde eine Raumzone für das Taufbecken geschaffen. Eine frei stehende Stiege im Bereich der Südwand führt zur quer gelagerten Orgelempore, die tribünenartig ausgebildet ist.

Architekturanalytische Betrachtung
Architekt Gernot Kulterer schuf einen flachen Kirchenbauquader mit den Längen- und Breitenverhältnissen 4:3. Dementsprechend bildet er seine konstruktiven Raster mit vier konstruktiven Zonen in der Längsrichtung und drei Zonen in der Querrichtung. Das Baldachindach wird von 20 Holzsäulen entsprechend dem konstruktiven Raster getragen.

Bei der Grundrissanalyse fällt auf, dass die erste quer gelagerte Zone den Kirchenvorplatz umfasst, die zweite Zone nimmt Windfang, Aussprachezimmer, Sakristei und Sanitärblock ein. Die dritte Zone birgt die Kirchengemeinde und die vierte Zone das Altarpodest mit sämtlichen liturgischen Orten inklusive Taufbereich. Durch die klare konstruktive Konzeption entsteht ein präzises Raumgefüge.

Konstruktion
Drei selbsttragende Leichtbetonwände begrenzen den Kirchenraum. Das baldachinförmige Dach wird von 20 schlanken Fichtenholzsäulen getragen. Die Holzsäulen wurden aus statischen Gründen im Kircheninnenraum mittels metallener Konsolen mit den massiven Stahlbetonscheiben verbunden. Der flachwinkelige Walmdachaufbau entspricht einer traditionellen Holzdachkonstruktion mit Blechverkleidung.

Materialität und Innenausbau

Das äußere Erscheinungsbild wird vom bereits oben beschriebenen Baldachindach, welches im Außenbereich von fünf Fichtenholzsäulen getragen wird, bestimmt. Die Eingangsfassade wurde als Holzkonstruktion mit einer Lärchenholzverlattung ausgeführt. Die massiven Mauerwandscheiben wurden weiß gestrichen. Die Untersicht des Baldachindaches wurde mit rechteckigen, weiß lasierten Fichtenholzpaneelen verkleidet, dadurch prägt die Materialpaarung weißes Mauerwerk und Holz den äußeren Erscheinungscharakter.

Im Inneren dominieren die weiße Mauerwerksfarbe und kontrastierend hierzu die verschiedenen Holztöne und Maserungen. Die Sakristeizone und die Orgelempore wurden mit Eschenholzpaneelen verkleidet. Dadurch entsteht der Eindruck einer „Holzbox". Der gesamte Boden des Kirchenraumes wurde mit grünlichen Schieferplatten ausgelegt.

Lichtführung

Ein circa 80 cm hohes vierseitig umlaufendes Oberlichtband zwischen Decke und Massivmauerwerk bringt ausreichend Tageslicht in den Kircheninnenraum. Dieses Oberlichtband wurde mit Sichtglastafeln ausgeführt. Das quadratische Fenster im Bereich der Kirchensüdwand erhellt den Taufbereich, und ein vertikales schmales Fenster im Bereich der Altarwand, in der Nähe des Tabernakels gelegen, bringt zusätzlich Tageslicht in den Altarraumbereich. Diese Lichtregie führt zu einer lichtdurchfluteten Kirchenraumatmosphäre. Mehrere zylindrisch geformte Deckenlampen wurden zur künstlichen Beleuchtung eingesetzt.

Liturgische Orte

Altar, Ambo und Tabernakel befinden sich auf dem einstufig erhöhten, ebenfalls mit grünlichen Schieferplatten ausgekleideten Altarpodest. Sämtliche Prinzipalstücke wurden klar und präzise geplant und ausgeführt.

Der Altar besteht aus vier vertikalen Ahornplatten, welche jedoch nur Teile der Längs- und Schmalseite einnehmen und räumlich versetzt ausgeführt worden sind. Auf diesen Holzplatten ruht die bündig montierte, in Ahorn ausgeführte Mensaplatte.

Der Ambo wurde analog als schlichter, in Ahorn ausgeführter Korpus mit schräger Lesepultfläche gestaltet.

Der quaderförmige, in Aluminium gefertigte Tabernakelkorpus ruht auf einer schlanken, mit Schieferplatten verkleideten Stele. Der zweitürige Tabernakel wurde mit einer kreuzförmig ausgebildeten Griffleiste versehen.

Die Sessio für den zelebrierenden Priester und die Sitze für die Ministranten wurden in analoger Entwurfs- und Materialsprache ausgeführt. Der Priestersitz wurde mit einer leicht schräg gestellten Rückenlehne ausgestattet, die Sitzflächen sind gepolstert. Die beiden Kirchenbankblöcke wurden als lineare Kirchenbankreihen in massivem Ahornholz gefertigt.

Reflexionen zum Sakralraum

Das Baldachindach wirkt beschützend und schirmend, im Inneren steht man gleichsam „mitten im Wald". Das Licht bringt das dominante Dach zum „Schweben" und verweist dadurch auf den markanten Ort. Im Kircheninnenraum herrscht jedoch eine ruhige Raumatmosphäre vor, die Innehalten und Besinnung unterstützt.

Künstlerische Gestaltung

Karl Vouk wurde mit der Ausgestaltung des Kircheninnenraumes beauftragt. Hierzu schreibt der Theologe und Diözesanreferent für Kulturkoordination der Diözese Gurk Karl-Heinz Kronawetter: „Die Ausgestaltung der neuen Damtschacher Pfarrkirche durch den Kärntner Künstler Karl Vouk thematisiert die biblische Ostererzählung von der Begegnung der Emmausjünger mit dem Auferstandenen (Lukas 24). In ein Fries aus unbehandeltem Stahl, das sich wie ein Weg an der Südwand beginnend bis zum Längsfenster der Altarwand zieht, schneidet der Künstler einfache Zeichen, die im christlichen Symbolzusammenhang eine besondere Bedeutung erfahren. Diese Art der Weggestaltung nimmt direkt Bezug auf die unterschiedlichen liturgischen Orte des Gotteshauses. So lassen die Fußspuren am Beginn an die personale Begegnung der Jünger mit Christus denken. Der Auferstandene geht auf die Jünger und zugleich auch auf die Betrachter des Werks zu. Ein symbolisch dargestellter Fisch in der Nähe des Taufbeckens verweist ebenfalls auf Christus, in dessen Tod und Auferstehung wir bei unserer Taufe hineingetaucht wurden. Auf der Höhe des Ambo sind Schriftzeichen verschiedener Sprachen (Hebräisch, Griechisch, u.a.) zu entdecken, die auf die weltumspannende Wirkung der göttlichen Offenbarung verweisen. Hinter dem Altar schließlich wird das Brotbrechen dargestellt. Ein bewusster Materialwechsel und die Überschreitung des irdischen Horizontes deuten auf das Geschehen am Altar. Der Künstler positioniert den Leib Christi, das geteilte Brot, in Form einer segmentierten Scheibe in einer anderen, höheren Dimension über dem Fries. Der fehlende Teil der kreisförmigen Scheibe ist wie eine Intarsie in den irdischen Bereich eingesetzt. Er bildet eine Klammer zwischen Himmel und Erde, zwischen göttlichem und menschlichem Tun. Wie die biblische Begegnung der Emmausjünger nach einer gemeinsamen Rückschau auf den Sinn der Heiligen Schriften beim Brotbrechen des abendlichen Mahls im Erkennen Christi ihren Höhepunkt und zugleich ihr Ende fand, so entwickelt auch der Künstler seinen Weg-Fries dynamisch hin zum zentralen liturgischen Geschehen der Eucharistiefeier: Er nahm, sprach den Lobpreis, brach und gab ihnen das Brot. Die künstlerische Gestaltung geht noch einen Schritt weiter: Eine silbergraue Aluminiumplatte an der Nordwand der Kirche zeigt die Konturen einer schwebend-entschwindenden menschlichen Figur und eine stilisierte Flamme. Die Umrisse der Figur sind einer bekannten Verklärungsdarstellung entliehen, die von Raffael im frühen 16. Jahrhundert gemalt wurde. Durch die indirekte Hereinnahme der Verklärung Jesu auf dem Berg Tabor, die als Vorausblick auf das Ostergeschehen gedeutet werden kann, und durch die wiederholten Materialwechsel von patiniertem Stahl zu silbrig glänzendem Aluminium deutet der Künstler wiederum auf die ganz andere Daseinsweise des auferstandenen Christus hin. Den Jüngern aus Emmaus und wohl auch dem Betrachter bleiben nur noch die innere Gemeinschaft mit dem Auferstandenen und ein brennendes Herz voller Sehnsucht und Hoffnung auf seine Wiederkunft. Mit der stilisierten Flammenzunge verweist der Künstler bereits auf Pfingsten hin, wo der tröstende und stärkende Geist – unser Beistand – mit Tosen und mit Brausen erscheint."[192]

1 Kirchengebäude –
  Eingangsfassade
2 Kircheninnenraum mit Altarzone
3 Kircheninnenraum mit
  Orgelempore

Folgende Seite
1 Deckenkonstruktion – Eckdetail
2 Künstlerische Arbeit von
  Karl Vouk
3 Tabernakel
4 Taufbecken und Fries von
  Karl Vouk

1

2

3

4

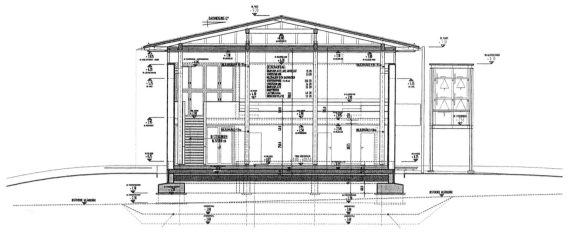

Querschnitt

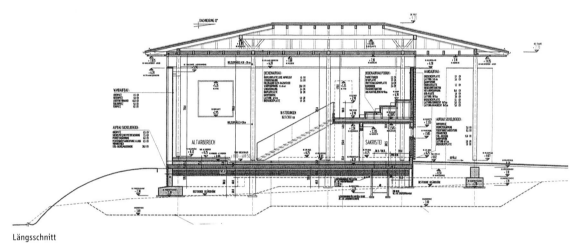

Längsschnitt

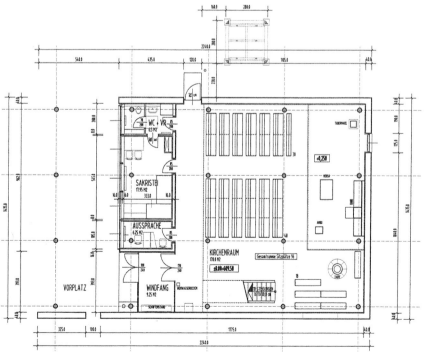

Grundriss Erdgeschoß

Rudersdorf bei Ferndorf:
Evangelische Kirche
Heinrich Burgstaller und Hannes Walder, 1998-2000

9702 Rudersdorf 12

Entstehungsgeschichte
Die evangelische Gemeinde in Ferndorf umfasst circa 900 Gläubige. Bis zum Jahr 2000 diente das kleine Pfarrhaus in Rudersdorf als Bet- und Versammlungsort.

Aufgrund des enormen Platzmangels wurden bereits 1997 die ersten Konzepte zu einem Neubau erstellt. Idee und Entwurf stammen von Heinrich Burgstaller. Der Entschluss für den Neubau fiel zu Ostern 1997. Hannes Walder führte die Einreichplanung durch. Pfarrer Wilfried Schey berichtet hinsichtlich der weiteren Entstehungsgeschichte: „Im August 1998 erfolgte der Spatenstich, und nach kurzer Bauzeit konnte im Sommer 1999 die Gleichenfeier gefeiert werden. Der Kirchenneubau konnte zu Ostern 2000 feierlich eingeweiht werden."[193]

Ort
Der Kirchenneubau befindet sich in der Gemeinde Rudersdorf, die zur Katastralgemeinde Ferndorf, im unteren Drautal zwischen Spittal an der Drau und Villach gelegen, gehört.

Architektonische Vision
Heinrich Burgstaller, selbst Mitglied der evangelischen Gemeinde, hatte die Vision für den Kirchenneubau. Hannes Walder führte ihn bautechnisch aus.

Das Bauareal für den Kirchenneubau befindet sich auf einem schmalen, dreieckförmigen Areal in Hanglage. Deshalb wurde zunächst das gesamte Grundstück geebnet. Durch die Errichtung zweier unterschiedlich großer Halbzylinder wurde der Kirchenneubau möglich.

Die größere Halbzylinderschale nimmt den Kirchenraum auf, die kleinere den Altarbereich. Durch Angliederung zweier flacher quaderförmiger Baukörper konnte auf der einen Seite die Sakristei und auf der anderen der Chorbereich errichtet werden.

Die Vision war, durch zwei Halbschalen und den Aufbau von zwei halbkonischen Dächern ein neues Kirchengebäude zu errichten. Mit dem Bau eines mittig gelegenen Kirchenturmes wurde ein deutliches christliches Zeichen gesetzt.

Architektonisches Thema
Ein schlanker, zweiteilig ausgebildeter und abgetreppter Turmhelm stellt ein markantes christliches Erkennungszeichen dar. Das 175 m² große Kirchengebäude ist für circa 130 Sitzplätze konzipiert.

Die Eingangszone wird durch ein weit ausladendes Vordach gebildet. Der gesamte Kirchenbau ist streng symmetrisch konzipiert und geostet. Der große halbzylindrische Kirchenraum ist der Ort für die Kirchengemeinde. Der Altarraum wird durch eine kleinere halbzylindrische Schale gebildet, ergänzt von zwei rechteckförmigen symmetrisch angeordneten Anbauten. Die rechtsseitig angeordnete Sakristei hat einen externen Zugang, linksseitig wurde der Chorraum ausgeführt.

Architekturanalytische Betrachtung
Der Entwurf basiert auf dem Prinzip des Zentralraumes, der in zwei unterschiedlich große halbzylindrische Schalen zerlegt und anschließend wieder zusammengefügt wurde. Es handelt sich um einen Zentralraum mit einer geometrischen Modifikation. Kennzeichnend für den Kirchenneubau ist die Errichtung des Turms über dem Altarbereich exakt im Kreismittelpunkt. Der Glockenturm setzt durch seine konstruktive und materialtechnische Ausführung ein inneres und äußeres Zeichen.

Konstruktion
Der Kirchenneubau wurde mit einem Ziegelmauerwerk errichtet. Die Dachkonstruktion wurde als Pfettendachstuhl ausgeführt, die beiden halbkonischen Dachflächen – Zeltdächer und die anschließenden Teilwalmdächer – wurden mit Kupferblech verkleidet.

Materialität und Innenausbau
Das Äußere wird bestimmt durch das weiß gestrichene Ziegelmauerwerk, die massive Holzkonstruktion des Kirchenvordachs, die Kupferverblechung der Dachkonstruktion und die Holzverblendung des Glockenturms. Ein weiteres Merkmal ist die farbliche Betonung der Halbsäulen im Bereich der Doppelfenster. Die Halbsäulen wurden in den Farben Blau, Weiß, Rot, Goldgelb und Schwarz bemalt, im Kircheninneren wurden sie einheitlich mit goldgelber Farbe versehen, ausgenommen der Halbsäule im Taufbereich. Diese wurde als Verweis auf den besonderen liturgischen Ort ebenfalls blau bemalt.

Im Inneren dominiert der weiße Anstrich des Ziegelmauerwerks und die Untersicht der in Holz ausgeführten Dachkonstruktion. Der Boden im Bereich des Altarraumes wurde kreisförmig mit kleinem, konzentrisch angeordnetem Kunststeinpflaster ausgelegt, der restliche Kircheninnenraum wurde mit quadratischen Kunststeinplatten versehen.

Lichtführung
Gedämpftes Tageslicht fällt durch die vier Doppelfenster und die zwei Eckfenster im Bereich der Kirchenhauptwand ein. Im Bereich der Apsiswand wurden drei vertikale Fenster zur Altarraumbeleuchtung eingesetzt.

Vier segmentbogenförmige Oberlichtfenster erhellen den Kirchenraum im Bereich des Vierungsturms und geben den Blick hin zum Turmhelm frei. Zur künstlichen Belichtung wurden mehrere kleine schalenförmige Wandlampen montiert.

Liturgische Orte
Entsprechend der evangelischen Glaubenslehre sind der Ort für die Abendmahlfeier, der Ort für die Predigt und der Taufort maßgeblich. Der im Zentrum des Altarraumes befindliche Altar wurde als einfacher massiver Holztisch ausgeführt, der an den Abendmahltisch erinnert. Die Kanzel ist eine ausgehöhlte Baumstammschale mit gläserner Lesepultauflagefläche und befindet sich direkt neben dem Altartisch.

Als „Taufstein" dient ein händisch nachbearbeiteter Holzfindling mit schalenförmiger Vertiefung, welcher an der südwestlichen Raumecke des Kircheninnenraumes in der Nähe eines Eckfensters aufgestellt worden ist.

Reflexionen zum Sakralraum
Die besondere Topografie und die kleine Dimension der Kirche erzeugen eine besondere Stimmung. Der Sakralraum wirkt ruhig, schlicht und ehrlich. Im Raum herrscht eine unprätentiöse sakrale Atmosphäre.

Künstlerische Gestaltung
Basierend auf dem theologisch-liturgischen Konzept des evangelischen Pastors Wilfried Schey wurden zwei bildende Künstler beauftragt, die Außen- und Innenraumgestaltung durchzuführen.

Alois Köchl schuf im Außenbereich Skulpturen, welche die vier Evangelisten darstellen. Die vier bildhauerischen Arbeiten umkreisen gleichsam den Kirchenbaukörper. Als erste ruht, auf einem schlanken Betonpfeiler, die abstrakte Eisenplastik in Gestalt eines Menschen, des Evangelisten Matthäus. In der Nähe des Kirchenvorplatzes schuf der Künstler als Darstellung des Evangelisten Markus einen aus blauen Neonröhren geformten Löwen. Die dritte skulpturale Arbeit zeigt einen Stierkopf auf einer metallenen Radachse, der den Evangelisten Lukas symbolisiert. Als vierte künstlerische Arbeit positionierte er eine in Aluminiumguß gefertigte Adlerdarstellung auf einer Betonstele, die hinter dem Altarraumbereich aufgestellt ist. Sie steht für den vierten Evangelisten, Johannes. In der Positionierung und Abfolge der Evangelisten bezieht sich Alois Köchl auf das Buch des Propheten Ezechiel: „Ich sah, ein Sturmwind kam von Norden, eine große Wolke mit flackerndem Feuer, umgeben von einem hellen Schein. Aus dem Feuer strahlte es wie glänzendes Gold. Mitten darin erschien etwas wie vier Lebewesen. Und das war ihre Gestalt. Sie sahen aus wie Menschen. Jedes der Lebewesen hatte vier Gesichter und vier Flügel. [...] Und ihre Gesichter sahen so aus: Ein Menschengesicht blickte bei allen vier nach vorn, ein Löwengesicht bei allen vier nach rechts, ein Stiergesicht bei allen vier nach links und ein Adlergesicht bei allen vier nach hinten. [...] Jedes Lebewesen ging in die Richtung, in die eines seiner Gesichter wies. Sie gingen, wohin der Geist sie trieb, und änderten beim Gehen ihre Richtung nicht." (Ez 1,4-12)

Im Kircheninnenraum gestaltete Alois Köchl die Säule im Chorbereich und eine von dieser bis zur Chorrückwand aufgespannte Metallskulptur. Darin erzählt der Künstler die Geschichte des Propheten Jona in abstrahierender, kalligrafischer Weise. Er thematisiert Jonas Ungehorsam und die Bestrafung, Jonas Gebet und Errettung, Jonas Bußpredigt in Ninive und Jonas Verdruss und Zurechtweisung. Diese biblische Geschichte nimmt ihren Beginn an der Stahlbetonsäule und geht weiter zur Metallplastik, die in zarten Metallstäben ausgeführt worden ist.

Die Konzeptkünstlerin Walburga Michenthaler gestaltete Fenster für die Auferstehungskirche Ferndorf. Sie setzte sich intensiv mit den Texten des Schweizer Theologen und Dichters Kurt Marti auseinander. In einem seiner Lieder heißt es: „Der Himmel, der ist, ist nicht der Himmel, der kommt, wenn einst Himmel und Erde vergehen. Der Himmel, der kommt, das ist eine fröhliche Stadt und der Himmel mit dem Antlitz der Menschen. Der Himmel, der kommt, grüßt schon die Erde, die ist, wenn die Liebe das Leben verändert."[194]

Walburga Michenthaler schuf ihre Arbeit „Fallende Blumen in Fenstern" als transparente Teilsequenz direkt in den Fensterinstallationen des Eingangsbereichs und im südlichen Sakristeifenster. Hierzu schreibt sie: „Der evangelische Liedtext ‚Der Himmel, der ist, ist nicht der Himmel, der kommt, wenn einst Himmel und Erde vergehen' bezieht sich auf eine Bibeltextstelle aus der Johannesoffenbarung 20,21, die in meinem künstlerischen Schaffen in den Jahren um die Jahrhundertwende weite Kreise gezogen hat. [...] Im Eingangsbereich der Ferndorfer Auferstehungskirche überlagerte ich diese Traumsequenz in dreifacher Ebene mit in Polyesterharz eingegossenem und haltbar gemachtem, echten Johanniskraut (auch als ‚Blut Christi' bezeichnet, es steht symbolisch für das Blut des Opferlamms) und einem transparenten Digitaldruck fallender Johanniskrautblumen als fotografische Reproduktion des Fensterprototyps, den ich bereits 1999 als Versuchsreihe für die Ausstellung ‚ich gegenüber' für das Jahr 2000 hergestellt habe. [...] Die Textstelle am Südeingang der Kirche im Eingangsbereich zur Sakristei bezeichnet die Auflösung, in einer möglichen zukünftigen Welt des ‚kommenden Gottes', die in einer weiteren Strophe des evangelischen Liedtextes antizipiert wird. ‚Der Himmel, der kommt, grüßt schon die Erde, die ist, wenn die Liebe das Leben verändert'. Dieses Fenster zeigt ein Kreuz aus Johanniskrautblumen vor hellblauem Himmel fotografiert. Es soll das Siegeskreuz des Auferstandenen darstellen, der den Tod mit der Kraft der opferbereiten Liebe besiegt hat. So gesehen, ist diese Liebe die Erlösung von Tod und Verderben und der metaphorische Schlüssel zum Himmel."[195]

Kircheninnenraum mit Laterne

Folgende Seiten
1 Kirchengebäude mit Eingangsbereich
2 Kircheninnenraum mit Laterne
3 Kircheninnenraum mit Abendmahltisch
4 Kanzel und künstlerische Arbeit von Alois Köchl „Die Geschichte des Propheten Jona"
5 Kanzel
6 Kircheninnenraum

1

2

3

4

5

6

1

2

3

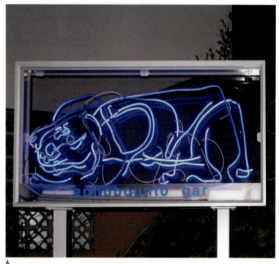

4

Alois Köchl schuf vier Skulpturen für den Außenbereich, die die vier Evangelisten darstellen:
1) Stierkopf mit Radachse aus Eisen – Evangelist Lukas,
2) abstrahierte Menschendarstellung aus Eisen – Evangelist Matthäus,
3) Adler aus Aluminiumguss – Evangelist Johannes und
4) Löwendarstellung aus Neonröhren – Evangelist Markus.

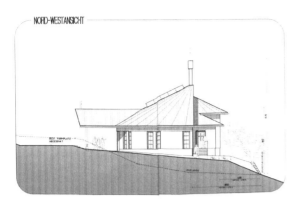

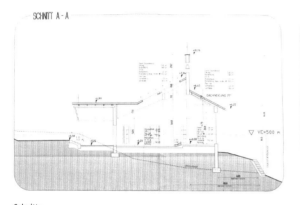
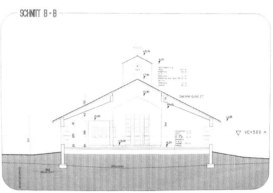

Schnitte

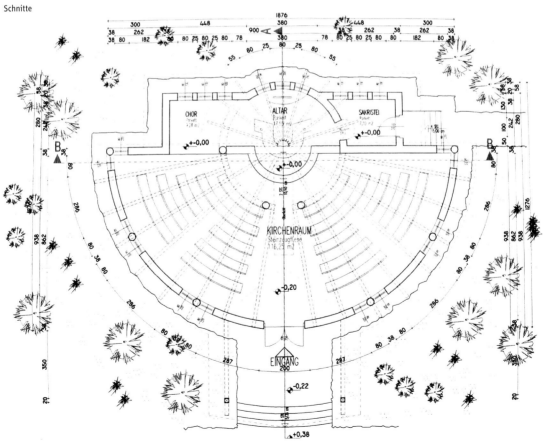

Grundriss Erdgeschoß

Gmünd:
Evangelische Kirche – Dreieinigkeitskirche
Architekt Felix Orsini-Rosenberg und Ingenieur Gert Ziegler, 2000-2001

9853 Gmünd in Kärnten, Fischertratten 4

Entstehungsgeschichte
Der ursprüngliche Plan war es, die profanisierte Pankratiuskirche in Gmünd zu adaptieren, umzubauen, um darin die evangelischen Feiern abhalten zu können. Dieser Plan wurde aus finanziellen Gründen fallengelassen, und 1996 wurden einige Architekten und Ingenieure eingeladen, Entwürfe für einen Kirchenneubau zu präsentieren. 1998 wurde das eigentlich favorisierte Projekt von Gert Ziegler jedoch durch die Ortsbildkommission der Gemeinde Gmünd als „zu modern interpretiert" und dieses Projekt kam nicht zur Realisierung.

Anschließend wurde Architekt Felix Orsini-Rosenberg beauftragt, einen neuen Vorentwurf auszuarbeiten. Dieser Vorentwurf wurde hierauf gemeinsam mit Ingenieur Gert Ziegler umgesetzt. Am 24. April 2000 erfolgte der feierliche Spatenstich, und am 2. Mai 2000 konnte mit dem Bau begonnen werden.

Die Grundsteinlegung fand am 20. Mai 2000 statt, im September 2000 wurde der Glockenturm aufgestellt. Im Winter 2000/2001 folgten der Innenausbau und die Fertigstellung. Am 10. Juni 2001 konnte die Dreieinigkeitskirche feierlich eingeweiht werden.

Ort
Die evangelische Kirche wurde in der Nähe der Lisarbrücke errichtet. Die Gemeinde Gmünd zählt circa 2600 Einwohner, etwa ein Drittel davon gehören der evangelischen Glaubensgemeinschaft an. Der Kirchenneubau liegt an einem Eckgrundstück und kann bereits von der Lisarbrücke aus wahrgenommen werden.

Architektonische Vision
Die architektonische Vision von Architekt Orsini-Rosenberg war die Errichtung eines zeitgemäßen evangelischen Bethauses, basierend auf der Tradition der evangelischen Toleranzpatentbethäuser mit einem im Erdgeschoß gelegenen Betraum. Dieser wurde kreisförmig konzipiert und mit einem Tonnengewölbe abgeschlossen. Entsprechend der evangelischen Bautradition war die Errichtung einer Orgelempore wesentlich. Weitere Kennzeichen für evangelische Bethäuser sind die Ausbildung des Jugendraumes im Erdgeschoß und die Errichtung einer Küsterwohnung im Obergeschoß. Der Architekt knüpfte an diese Bautradition an.

Architektonisches Thema
Der Kirchenneubau wurde entlang der Diagonalachse des Grundstücks errichtet, und durch die Positionierung des Baukörpers im rückwärtigen Grundstücksanteil entstand ein gepflasterter Kirchenvorplatz.

Der an der Kirchenlängswand gelegene Eingang führt durch den frei stehenden Glockenturm. Dieser wurde aus vier schlanken, 16 m hohen Stahlbetonstützen gebildet und ist mit einem schlichten Satteldach abgeschlossen. Der unverkleidete Glockenstuhl beinhaltet derzeit eine kleine Glocke.

Vom Foyer aus betritt der Besucher den kreisförmigen Kircheninnenraum, dieser wurde für circa 150 Personen konzipiert, ist jedoch zum Foyer hin erweiterbar. In der Raumdiagonale des Kircheninnenraumes wurde eine zylindrische Raumnische als Taufbereich ausgebildet. Im Foyerbereich führt die zweiläufige Stiege zur Orgelempore. Der Raumabschluss erfolgt mit einem halbzylindrischen Tonnengewölbe und schließt mit einem halbkreisförmigen Fenster ab. Durch das Fenster kann eine große Fichte wahrgenommen werden – das Fenster rahmt ein Ausschnittsbild der Natur. Dieser Naturbezug war für Orsini-Rosenberg sehr wichtig. Gegenüber dem Kirchenraum befindet sich der Jugend- und Besprechungsraum.

Architekturanalytische Betrachtung
Der Entwurf von Architekt Felix Orsini-Rosenberg zeigt die intensive Auseinandersetzung mit der evangelischen Bautradition. Orsini-Rosenberg knüpft an die Toleranzbethäuser der Vergangenheit an, und er kreierte eine zeitgemäße Interpretation des evangelischen Gottesdienstraumes mit Ort für die Taufe, Ort für die Abendmahlfeier und mit der Errichtung einer für den evangelischen Kirchenbau typischen Küsterwohnung im Obergeschoß.

1 Gottesdienstraum mit Kreuz und Abendmahltisch

Konstruktion

Der weiß verputzte Massivmauerwerksbau ist mit einem mit Eternitschindeln gedeckten Satteldach versehen. Das Tonnengewölbe des Kirchenraumes wurde als verputzte Holzkonstruktion ausgeführt.

Der Glockenturm besteht aus vier Stahlbetonpfeilern mit einer im oberen Bereich montierten Stahlbetonplatte. Die Aussteifung des Glockenturms erfolgte mit verzinkten Stahlrohren und gekreuzten Stahlseilen.

Materialität und Innenausbau

Sowohl im äußeren als auch im inneren Erscheinungsbild dominiert das weiße Massivmauerwerk. Da das Tonnengewölbe auch weiß gestrichen wurde, entsteht ein harmonischer Raumeindruck.

Der gesamte Boden im Erdgeschoß und im Bereich der Orgelempore wurde mit Keramikplatten ausgelegt. Der Eingang zum Kirchenraum wurde mit zwei großen, kreissegmentbogenförmigen Schiebewandelementen aus Buchenholz ausgestattet. Die Bestuhlung besteht aus Buchenholzsesseln mit textiler Polsterung.

Lichtführung

Durch das große halbkreisförmige Giebelfenster dringt ausreichend Tageslicht in den Kircheninnenraum. Im Bereich des frei schwebenden Altarkreuzes wurden zusätzlich einige Halogenlampen aufgehängt.

Liturgische Orte

Im Zentrum des zylindrischen Kircheninnenraumes steht der kreisrunde Altar. Dieser wird aus vier kreuzförmig angeordneten Buchenholzplatten gebildet, auf denen die kreisrunde in Marmor ausgeführte Mensaplatte liegt. Der Altar wurde höhenverstellbar ausgeführt, um die Abendmahlfeier im kleinen Kreis um den Altar sitzend feiern zu können.

Exakt in der räumlichen Diagonalachse befindet sich der Ambo, ein in Holz gefertigtes Dreibeingestell mit einer flexiblen Lesepultfläche.

In der zweiten diagonalen Raumachse wurde die zylindrische Taufkonche errichtet. Im Inneren der Taufkonche fließt ständig frisches Quellwasser, gespeist vom externen Brunnen, über eine Taufschale in ein Bodenbecken. Die Auseinandersetzung mit dem Thema Wasser und dem Sakrament der Taufe wird hier architektonisch konsequent ausformuliert.

Reflexionen zum Sakralbau

Das gesamte Gebäudeensemble ist schlicht gestaltet. Der einfache Glockenturm wirkt in seiner Bescheidenheit zeichensetzend. Der zylindrische Zentralraum mit tonnenförmigem Gewölbeabschluss wirkt kraftvoll und in sich ruhend. Durch die Einbeziehung des Elements Wasser in der speziellen Taufkonche und durch das große Giebelfenster wird ein starker Naturbezug spürbar.

Künstlerische Gestaltung

Das direkt über dem Altar angebrachte, schwebende Holzkreuz zeigt eine Besonderheit: der Querbalken wurde vom vertikalen Holzbalken isoliert, um so auf den von Jesus bei der Kreuzigung getragenen Querbalken zu verweisen (der vertikale Balken war bereits in den Boden von Golgatha eingerammt). Die 14 Kreuzwegstationen wurden als römische Ziffern am Querbalken eingeritzt. Ein Christustorso, von einem abgetragenen Holzhaus im Mölltal stammend, wurde im oberen Abschnitt des vertikalen Holzbalkens fixiert.

1 Kirchengebäude mit Glockenturm
2 Taufkapelle – Außenansicht
3 Taufkapelle – Innenansicht

Folgende Seite
1 Giebelfenster mit Holzkreuz

1

2

3

1

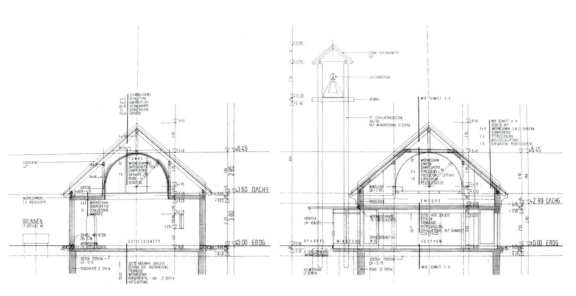

Schnitte

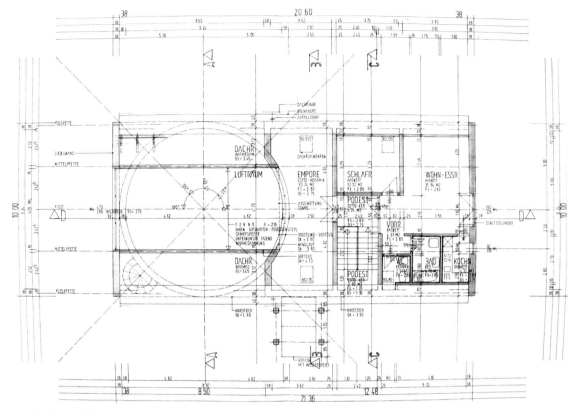

Grundriss Obergeschoß

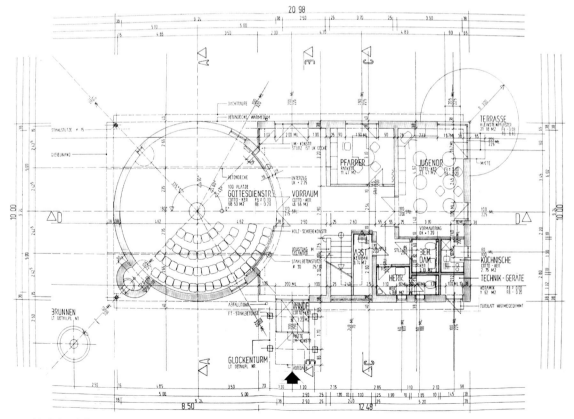

Grundriss Erdgeschoß

Villach:
Neuapostolische Kirche
Architekt Dominik Aichinger, 1999-2000

9500 Villach, Agnes-Greibl-Straße 17

Entstehungsgeschichte
1999 wurde Architekt Dominik Aichinger beauftragt, den Kirchenneubau in Villach zu planen. Im September 1999 erfolgte der feierliche Spatenstich, im November 1999 war Baubeginn. Die Kirche konnte bereits im Juni 2000 geweiht werden.

Ort
In der Nähe des Stadtzentrums von Villach, inmitten einer Wohnanlage mit Villencharakter, wurde zwischen August-von-Jaksch-Straße und Agnes-Greibl-Straße der neuapostolische Kirchenneubau in Hanglage errichtet.

Architektonische Vision
Architekt Dominik Aichinger schreibt hierzu: „Ein Hangareal zwischen Stadtvillen und Wohnbauten. Ein moderner Kirchenbau auf der Suche nach Einklang mit der Umgebung und den Menschen. Zurückhaltung wird geübt. Dem Prunk und dem falschen Pathos wird entsagt. [...] Eine parallel zum schachtelförmigen Baukörper angeordnete Wandscheibe bildet räumlich ein dem Hang als Stiegenlandschaft folgendes Foyer. [...] Die Situierung des Gebäudes im Hangbereich des Areals ermöglicht die funktionale An- und Verbindung der begleitenden Straßenzüge, sichert die städtebauliche Maßstäblichkeit zur angrenzenden Villenbebauung."[196]

Die architektonische Vision war die Errichtung eines quaderförmigen Monoliths, der durch die parallel gestellte Wandscheibe ein Hingehen auf das Gebäude und ein Durchschreiten des Gebäudes ermöglicht und somit das Thema des Weges aufgreift.

Bezüglich des Kirchenraumes schreibt Dominik Aichinger: „Während die verglasten Raumzonen als Schwellenbereich nach außen funktionieren, ist der Kirchenraum als introvertiert geschlossene Box konzipiert."[197]

Architektonisches Thema
Der Kirchenbesucher kann auf dreierlei Weise die neuapostolische Kirche betreten. Erstens vom südlich gelegenen Parkplatzareal. Aichinger stellte parallel zum Kirchenhauptkörper eine Nord-Süd gerichtete selbsttragende Mauer auf. Im Zwischenraum ist die Erschließungszone untergebracht. Die 17-stufige Treppenanlage führt hin zum Foyer, und von hier gelangt der Besucher zum Kirchenraum. Die zweite Zugangsmöglichkeit ist der Steg aus verzinkten Stahlprofilen, der von der August-von-Jaksch-Straße betreten werden kann. Der dritte Weg führt über einen s-förmig angelegten Gehweg hin zum Kirchenportal. Das Portal wird von einem schräg geneigten, in Metall ausgeführten Vordach, welches von zwei Metallstangen gestützt wird, architektonisch als Eingangssituation deutlich markiert. Anschließend betritt der Besucher das 40 m² große Foyer mit Garderobe und Sanitärblock. Im Erdgeschoß befindet sich mittig das Ämterzimmer. Der streng symmetrisch konzipierte Kirchenraum befindet sich im ersten Obergeschoß, die gesamte innenarchitektonische Ausrichtung konzentriert sich auf das einstufige Altarpodest mit Altar, Orgel und vier Priestersitzen. Der Kirchenraum ist durch eine Faltschiebewand zum Foyer hin erweiterbar. Im zweiten Obergeschoß befinden sich im hinteren Teil der Jugendraum, mittig gelegen eine Teeküche und anschließend im Emporenbereich der Kinderraum.

Architekturanalytische Betrachtung
Zwei Entwurfsschwerpunkte können festgestellt werden: die intensive Auseinandersetzung mit der Topografie des Ortes und die Schaffung eines introvertierten Versammlungsraumes.

Konstruktion
Architekt Dominik Aichinger schreibt hinsichtlich der Konstruktion: „Ein Stahlskelett bildet die Primärkonstruktion der folgenden ‚Slim-Floor'-Bauweise aus vorgefertigten Betonfertigteilen."[198]

Die Primärkonstruktion ist eine Stahlträgerkonstruktion mit sieben statisch wirksamen Rahmen im Abstand von 2,5 m. Die sekundäre Hülle wurde aus Betonfertigteilen gebildet. Die Gesamthöhe des Baukörpers variiert von 9 m im südlichen Anteil bis zu circa 5 m im nördlichen Abschnitt. Die 16 m lange, parallel gestellte Mauerwandscheibe wurde analog aus Betonfertigteilen gebildet. Das Flachdach besteht aus Stahlträgern und Hohldielen.

Weiters schreibt Aichinger zur Baudurchführung: „Intensive Planung und hoher Vorfertigungsgrad der Einzelbauteile reduzierten die Bauzeit auf vier Monate."[199]

Materialität
Im äußeren Erscheinungsbild imponieren die hellgrau gestrichenen Betonfertigteile, wobei die horizontalen und vertikalen Montagefugen ein grafisches Wandbild ergeben. Zusätz-

lich dominiert der Werkstoff Glas, welcher in den Bereichen der Erschließungszone und bei den sechs vertikalen Fensterstreifen an der Südfassade eingesetzt wurde. Das dritte Material ist der Werkstoff Metall: der Steg ist in verzinkten Stahlprofilen ausgeführt worden und im Bereich des Kirchenportales wurde Nirosta ebenso wie beim Brüstungsgeländer des Zugangssteges verwendet. Das mittig über dem Portal an der Ostwand platzierte Logo der neuapostolischen Kirche wurde analog in Nirosta gefertigt.

Innenausbau
Im inneren Erscheinungsbild treten die weiß gestrichene Mauerwerksfarbe und der Holzton der Faltwand zwischen Foyer und Kirchenraum hervor. Satiniertes Glas und Nirostaprofile wurden bei der Emporenbrüstung verwendet.

Der gesamte Boden des Erdgeschoßes, des ersten und zweiten Obergeschoßes wurde mit hellgrauen, quadratischen Kunststeinplatten ausgelegt. Im Bereich des Kirchenraumes wurde zur Betonung der Mittelachse ein Streifen mit dunkelgrauen Kunststeinplatten eingesetzt. Der Plafond des Kirchenraumes wurde als Akustikdecke ausgeführt.

Lichtführung
Die natürliche Belichtung des Kirchenraumes erfolgt durch drei 40 cm breite und 270 cm hohe Fenster im Bereich der Südfassade. Als künstliche Lichtquellen dienen mehrere, in die Akustikdecke integrierte Lichtquellen. Über dem Altar wurden zwei konische, weiß lackierte Deckenlampen abgehängt.

Liturgische Orte
Die gesamte Konzeption des Kirchenraumes konzentriert sich auf den streng in der Symmetrieachse gelegenen Altar. Der in Holz ausgeführte Altar steht auf einem einstufigen Altarpodest, welches mit hellgrauen Natursteinplatten verkleidet worden ist. An der Altarwand wurde das in Metall gefertigte Logo der Neuapostolischen Kirche angebracht. In unmittelbarer Nachbarschaft zum Altar wurden die Orgel und vis-à-vis die vier Priestersitze, wie dies im neuapostolischen Kirchenbau der letzten Jahre in Österreich typisch ist, aufgestellt.

Künstlerische Gestaltung
Gemäß den Richtlinien der neuapaostolischen Kirche gibt es keine besondere künstlerische Gestaltung.

1 Kirchengebäude – Nordfassade
2 Hauptportal – Agnes-Greibl-Straße
3 Eingangsrampe – August-von-Jaksch-Straße
4 Kircheninnenraum mit Altarzone
5 Kinderraum – Empore

4

5

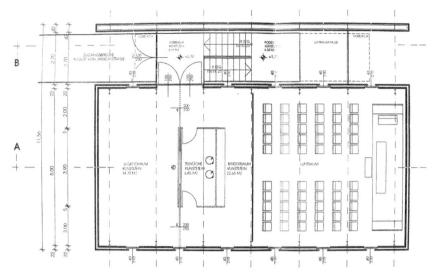

Grundriss 2. Obergeschoß

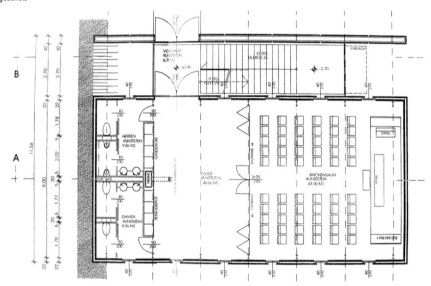

Grundriss 1. Obergeschoß

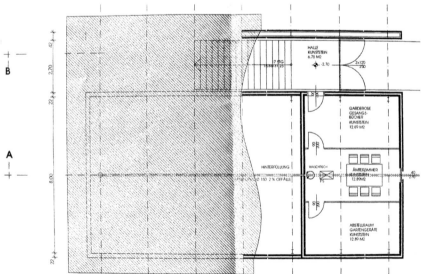

Grundriss Erdgeschoß

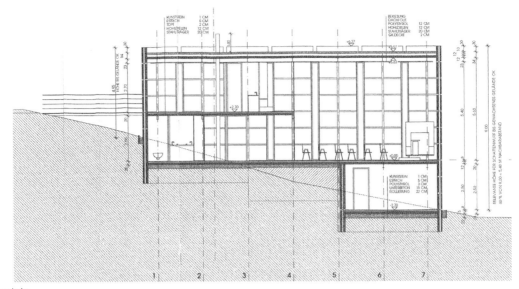

Längsschnitt

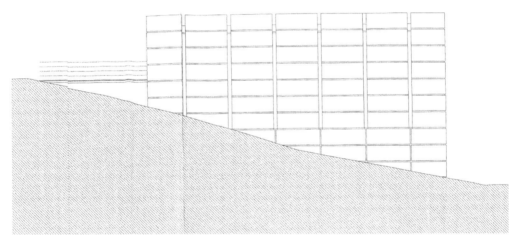

Ansicht West

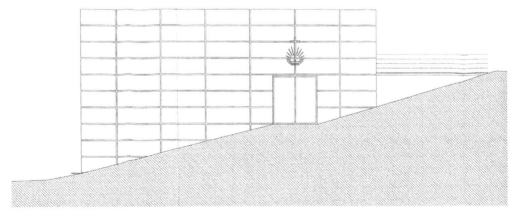

Ansicht Ost

Zusammenfassung

Der Sakralbau ist ein besonderes Kapitel der Architektur. Der sakrale Raum ist ein Sehnsuchtsort, der uns öffnen und uns bewusst machen soll, dass wir die Endlichkeit und Begrenztheit des Raumes überwinden und in die Unendlichkeit des unvorstellbaren Universalraumes eingehen werden. Der Sakralraum ist ein Kontrapunkt zur äußeren Welt, ein Raum der Besinnung, der Aussprache, der Verkündigung und der liturgischen Feier. Er soll als Raum des Erhabenen und des Numinosen wahrgenommen werden können.

Zahlreiche exemplarische Neubauten im Zeitraum 1990 bis 2011 stehen im Mittelpunkt der Publikation. Beschreibung, Funktionsanalyse und Reflexion bilden diese Bauten ab und erzeugen ein Gesamtbild der Bautätigkeit der christlichen Glaubensgemeinschaften in Österreich.

Zur Annäherung an diese Neubauten war es notwendig, Untersuchungskriterien zu entwickeln, die über die normale Beschäftigung mit Gebautem hinausgehen. Die Analyseschritte reichen von der Entstehungsgeschichte, der Beschreibung des Ortes, der Darstellung der architektonischen Vision, der Untersuchung der unterschiedlichen architektonischen Themen über die architekturanalytische Betrachtung, die Beschreibung von Konstruktion, Materialität und Innenausbau, Lichtführung bis zur Auseinandersetzung mit den liturgischen Orten und der künstlerischen Gestaltung. Die Einbindung der Kurzbiografien der Architekten und Künstler ist wesentlich, um die Projekte abzurunden und den verschiedenen Entwicklungslinien innerhalb dieser vielschichtigen Bauaufgabe nachzuspüren.

Zum sakralen Raum gehören nicht nur die dargestellte Planung und die morphologische Beschreibung, sondern auch das Erlebnis der „sakralen Berührung", anders als bei jeder anderen architektonischen Aufgabe. Dies lässt sich nur in der Begehung und Wahrnehmung der Wirkung des Raumes und durch das Erleben liturgischer Handlungen erfahren, und daraus resultieren die projektbezogenen Reflexionen über den Sakralraum.

Die sakrale Bautätigkeit in Österreich ist geprägt von den verschiedenen Glaubensinhalten der christlichen Glaubensgemeinschaften. Daher ist der Darstellung der Charakteristika ebenso Raum gewidmet wie der Unterscheidung ihres Zugangs zum liturgischen Ort und zum Sakralen, da diese Zeichensetzung für die Manifestation des Raumes wesentlich ist.

Die römisch-katholische Kirche als die größte Glaubensgemeinschaft baut ihre Glaubensinhalte auf dem Nizäno-konstantinopolitanischen Glaubensbekenntnis auf, welches aus den ersten beiden ökumenischen Konzilen hervorgegangen ist. Im Vordergrund stehen die Lehre von der Dreifaltigkeit und die Lehre von der Menschwerdung Gottes. Die Sakramente sind als wirksame Zeichen der Gnade von Christus selbst eingesetzt und wurden auf die Zahl Sieben festgelegt: Taufe, Firmung, Eucharistie, Buße, Krankensalbung, Weihe und Ehe. Als Glaubenscharakteristikum gilt der Glaube, dass in der geweihten Hostie der Leib Christi real gegenwärtig ist, deshalb wird der Tabernakel als Ort der Realpräsenz Gottes betont. Mit dem Zweiten Vatikanischen Konzil strebte die römisch-katholische Kirche Erneuerung und Modernisierung an, was sich nachhaltig im Kirchenbau ausdrückt.

Die evangelische Kirche als die zweitgrößte christliche Glaubensgemeinschaft in Österreich besteht aus der evangelischen Kirche A.B. (Augsburger Bekenntnis) und aus der evangelischen Kirche H.B. (Helvetisches Bekenntnis). Evangelisch bedeutet, der biblischen Botschaft des Evangeliums gemäß. Luther sah nur zwei Sakramente, nämlich die Taufe und das Abendmahl, als schriftgemäß an und stritt für den absoluten Vorrang des gepredigten Wortes vor dem ex opere operato empfangenen Sakrament. Die evangelische Kirche vertritt in Abgrenzung zur römisch-katholischen Kirche ein anderes Amtsverständnis, sie spricht vom „allgemeinen Priestertum".

Die orthodoxe Kirche ist eine Familie von Kirchen, die in der Verwaltung voneinander unabhängig und meistens Landeskirchen sind. Sie teilen denselben Glauben und erkennen den Ehrenprimat des Patriarchen von Konstantinopel an. Die Bezeichnung „orthodox" bedeutet: Die rechte Lehre und der rechte Lobpreis. Historisch gesehen, entwickelte sich die orthodoxe Kirche aus dem byzantinischen Kaiserreich. 1054 kam es zum Schisma. Kontrovers waren der päpstliche Primat und das Filioque. In ihrer Glaubenslehre unterscheidet sie sich nicht grundlegend von der römisch-katholischen Kirche und feiert ebenso die sieben Sakramente. Die Mitte des religiösen Lebens ist die Eucharistiefeier, genannt die „Göttliche Liturgie". Die orthodoxe Liturgie wird anbetend und meditierend gefeiert.

Die neuapostolische Kirche gehört zur Gruppierung der christlichen Apostelgemeinden und ist eine internationale christliche Kirche, die 1863 aus der katholischen-apostolischen Gemeinde entstanden ist. Die Bibel bildet die Grundlage der Lehre. In Anlehnung an die Urkirche wurde das Apostelamt mit dem Stammapostel an der Spitze wieder eingeführt. Die Apostel sind Stellvertreter Jesu Christi, eigentlich Mittler zwischen Gott und der Gemeinde. Das Sakrament der Versiegelung (Übermittlung des Heiligen Geistes) dürfen nur sie alleine vollziehen. Die beiden anderen Sakramente, Wassertaufe und Abendmahl, werden auch von Inhabern des Priester- oder Bischofsamtes gespendet. Die neuapostolische Kirche unterhält keine ökumenischen Beziehungen, da sie sich, Dank des Apostelamtes, als das in unserer Zeit wieder aufgerichtete Erlösungswerk Gottes, als die wahre Kirche der Endzeit versteht.

Der sakrale Raum mit seinen liturgischen Orten verdeutlicht Grundlegendes. In der römisch-katholischen Kirche wurde durch die Liturgiekonstitution und das Zweite Vatikanische Konzil die prinzipielle Ausrichtung der Künste im Zusammenhang mit sakralen Bauten festgelegt. Diese Anweisungen der Liturgiekonstitution sind prinzipieller Natur, und ihre konkrete Umsetzung wurde erst 1970 in der Einführung zum erneuerten Römischen Messbuch kundgemacht.

Das Zweite Vatikanische Konzil hat in seiner Liturgiekonstitution „Sacrosanctum Concilium" maßgebliche Veränderungen für den römisch-katholischen Kirchenbau initiiert. Die wesentlichen Veränderungen, die den Kirchenraum betreffen, können folgendermaßen zusammengefasst werden: Konzentration auf einen einzigen, frei stehenden Altar unter Verzicht auf Seitenoder Nebenaltäre; Trennung von Altar und Aufbewahrungsort der Eucharistie (Tabernakel), der nun in einer eigenen Kapelle aufgestellt werden kann; Einführung eines festen Ortes der Wortverkündigung (Ambo) im Altarbereich, wodurch die Kanzel im Kirchenschiff obsolet wird; Einführung eines festen Priestersitzes für die Gottesdienstleitung; Änderung des Kommunionritus (Kommunionsprozession); Funktionsänderung des Taufsteins aufgrund der Bestimmung, das Wasser in jeder Feier außerhalb der Osterzeit zu weihen; Verlagerung des Taufortes vom Eingangsbereich ins Angesicht der Gemeinde; Änderung der Bußpraxis, Einführung von Beichtzimmern und Reduzierung der Beichtstühle.

Bei der Gestaltung römisch-katholischer sakraler Räume müssen demnach drei Ebenen berücksichtigt werden. Die personale Ebene (die persönliche Gottesbeziehung des Einzelnen), die gemeinsame vertikale Ausrichtung (die Beziehung des Volks zu Gott) und die horizontale Ausrichtung (das Miteinander der Gläubigen in der gemeinsamen Eucharistiefeier).

Der evangelische Kirchenbau ist gekennzeichnet durch Zurückhaltung, Schlichtheit und Schmucklosigkeit, dies geht auf die Reformatoren Luther und Calvin zurück. Ein wesentliches Charakteristikum des protestantischen Kirchenbaus in Österreich war die Errichtung der Toleranzbethäuser, welche keine Glocken, keinen öffentlichen Eingang an der Straßenseite haben und von außen nicht als Kirche erkennbar gestaltet werden durften. Der besonders im evangelischen Kirchenbau im 20. Jahrhundert verbreitete Mehrzweckraum wurde aufgrund der mangelnden sakralen Identifikation aufgegeben, da er zu einer „Entsakralisierung" des Kirchenraumes führte.

Die spezifischen Anforderungen an den sakralen Raum in der orthodoxen Kirche hingegen sind gekennzeichnet durch die scharfe Trennung des Sakralen vom Profanen. Die orthodoxe Kirche ist ein vom profanen Leben ausgegrenzter heiliger Ort, der dem Tempel in Jerusalem nachempfunden ist. Das Gotteshaus bildet den Tempel ab: Der Narthex (die Vorhalle) entspricht den Vorhöfen des Tempels, das Kirchenschiff der Tempelhalle selbst, und der Altarraum, der vom Hauptraum durch Stufen und/oder Altarschranken, durch einen Vorhang oder durch die Ikonostase abgetrennt ist, dem Allerheiligsten. Diesen Altarraum dürfen nur geweihte Bischöfe, Priester und Diakone betreten, wie im Alten Testament allein dies nur der Hohepriester durfte.

Das Charakteristikum der neuapostolischen Kirche hingegen ist die Ausbildung von schlichten Versammlungs- und Beträumen mit Konzentration hin zum Altarbereich. Das Gebäude soll als Kirche erkennbar und als öffentliches Gebäude wahrnehmbar sein. Die Kirche soll als Gemeindezentrum Räume für unterschiedliche Funktionen enthalten, und der Gottesdienstraum soll als heller Raum mit viel natürlichem Licht ausgestattet sein. Zurückhaltende Gestaltung der Altarwand, Altar als zentraler Punkt und die Reduktion der Material- und Farbvielfalt stehen im Vordergrund der Anforderungen an den sakralen Raum in der neuapostolischen Kirche.

Dem Untersuchungszeitraum 1990 bis 2011 sind in Österreich einige wegweisende Sakralbauten vorausgegangen. Der erste moderne Kirchenbau der Nachkriegszeit war der Umbau eines ehemaligen Stallgebäudes zur Pfarrkirche in Salzburg-Parsch, geplant von der Arbeitsgruppe 4 in den Jahren 1953 bis 1956. Das schlichte, aber kraftvolle Bauwerk hat von seiner sakralen Raumwirkung nichts eingebüßt und stellt nach wie vor einen Maßstab für den Umgang mit sakralen Räumen dar.

Die Arbeitsgruppe 4 errichtete 1958 bis 1961 in Steyr-Ennsleite ein wegweisendes römisch-katholisches Seelsorgezentrum. Dieses Projekt ist gekennzeichnet durch den architektonischen Gedanken der Flexibilität und Variabilität und steht für die Position einer konstruktivistischen Architekturhaltung. Architekt Ottokar Uhl vertrat die Ansicht, dass Kirchenbau als isolierte Bauaufgabe überholt sei und als Prozess gesehen werden sollte. So schuf er in den Jahren 1960 bis 1964 eine demontierbare Kirche, welche konsequent den modularen und industriellen Bauansatz vertrat, der jedoch in den folgenden Jahrzehnten nicht weiter verfolgt wurde. Johann Georg Gsteu errichtete 1962 bis 1965 das Seelsorgezentrum Oberbaumgarten. In diesem Projekt nahm der Architekt das damals erst im Entstehen begriffene liturgische Konzept des Zweiten Vatikanischen Konzils vorweg und entwarf einen Kirchenzentralraum mit Ausbildung eines räumlichen Lichtkreuzes. Josef Lackner baute in Völs in den Jahren 1965 bis 1967 eine Pfarrkirche mit starker expressiver, zeichenhafter Form und setzte nachhaltige Impulse. Roland Rainer verfolgte hingegen einen Ansatz, der seine Ursprünge in den frühchristlichen Zentralbauten hatte und wählte für das römisch-katholische Seelsorgezentrum in Puchenau ein in sich verwobenes System mehrerer Oktogone und fügte dies zu einem stimmigen Kirchengesamtkomplex zusammen. Dieser Zentralraumgedanke setzte weitreichende Impulse bis in die Gegenwart. Mit der Kirche Salvator am Wienerfeld schlug Johannes Spalt 1976 bis 1979 einen entgegengesetzten Weg ein. Dieser Sakralbau erinnert in der Gestaltung an japanische und ostasiatische Bauten.

Trotz der Einschränkung auf den Zeitraum 1990 bis 2011 und des Themas ergab sich die stattliche Zahl von 40 Projekten von zum Teil sehr namhaften Architekten. Davon entfallen auf die römisch-katholische Kirche 26, auf die evangelische Kirche 7, auf die orthodoxe Kirche 3 und auf die neuapostolische Kirche 4 Neubauten. Das sind im europäischen Vergleich enorm hohe Werte – erst recht, wenn man die Zahl der Kirchenschließungen und Kirchenprofanierungen in vielen Ländern Europas betrachtet. Bei Analyse sämtlicher Projekte wird die Fülle der heterogenen und von Anspruch wie Erfüllung hoch differenzierten Lösungsansätze erkennbar.

Für die römisch-katholische Kirche ist die intensive Auseinandersetzung mit den liturgischen Orten charakteristisch. Durch die Sieben-Zahl der Sakramente werden die liturgischen Orte in ihrer Vielfalt differenziert ausgestaltet. Die Zeichensetzung und die Erkennbarkeit des Baukörpers nach außen (Glockentürme), die in der Vergangenheit einen hohen Stellenwert hatte, werden derzeit mangelhaft thematisiert. Der technisch-konstruktive Innovationsgrad ist im Gegensatz zu den derzeitigen architektonischen Strömungen und Möglichkeiten – mit Ausnahme einiger Beispiele – niedrig. Der für den römisch-katholischen Kirchenbau in den letzten Jahrhunderten typische Beichtort wird in der zeitgenössischen römisch-katholischen Sakralarchitektur wenig akzentuiert, ja sogar vernachlässigt. Die prägnante Ausnahmestellung des Beichtstuhles wurde durch die Betonung der Beichtzimmer in ihrer Verortung aufgehoben.

Die Auseinandersetzung mit der bildenden Kunst findet fast überall statt, allerdings werden nur selten namhafte Künstler beauftragt – dies im deutlichen Gegensatz zu früheren Jahrzehnten. Der Rückzug der Kirchenmusik findet seine Entsprechung in dem geringen Ausstattungsgrad mit hochwertigen Orgeln. Kinder- und Jugendräume erwecken häufig den Eindruck von „Resträumen". Diese Bereiche zeigen keine architektonischen Gestaltungsqualitäten. Zwar hat das Zweite Vatikanische Konzil Richtlinien für die liturgischen Orte erlassen, aber es gibt keine definierten oder gar verbindlichen Kriterien für die Anforderungen an zeitgenössischen Kirchenbau. So hängt die Lösung von Bauaufgaben nicht nur von der Qualität der beauftragten Architekten und Künstler ab, sondern wesentlich auch vom Bewusstsein und Anspruch der in den Diözesen beziehungsweise in den Pfarrgemeinderäten verantwortlichen Entscheidungsträger.

Entscheidend für das Gelingen der katholischen Kirchenneubauten ist das Erzielen eines Dreiklanges von Architektur, Theologie/Liturgie und der bildenden Kunst. Bei jenen katholischen Neubauten, wo ein intensiver Dialog zwischen Architekt, Theologe und bildendem Künstler stattfand, gelang die sakrale Raumschöpfung. Entscheidend ist das Ausmaß des

„intensiven Durcharbeitens" der liturgischen Orte im Kontext der Architektur und deren künstlerische Umsetzung, um die liturgischen Funktionsabläufe lebendig und überzeugend darstellen zu können. Auffällig ist ebenso die divergierende Dokumentationsstruktur in den Diözesanbauämtern, die verschiedenartig ausgebildet ist und gehandhabt wird.

Als besondere Schwerpunktsetzungen, thematisiert in Richtung technischer Innovation, sind die Projekte Podersdorf, Wels und Seelsorgestelle voest zu erwähnen, die eine intensive Auseinandersetzung mit der Natur und deren Ressourcen widerspiegeln. Das Pfarrzentrum Podersdorf besticht durch die konzentrierte Wirkung des weißen Raumes. In Wien-Donaustadt gelang es dem Architekten, einen Kontrapunkt zur Umgebung zu schaffen und durch seine Lichtregie einen faszinierenden Sakralraum zu kreieren. Steyr-Resthof ist gekennzeichnet durch einen differenzierten und sensiblen Umgang mit den Naturräumen und seiner räumlichen Durchflutung. Wels ist charakterisiert durch die Ausformung eines gelungenen und reflektierten Mehrzweckraumes und setzt Maßstäbe als Passivhauskirche. Linz-Solarcity zeigt das Bemühen um einen neuen Prototypcharakter für eine Seelsorgestelle, hierbei wurde jedoch dem sakralen Bereich nur mangelhaft Ausdruck verliehen. Die Seelsorgestelle voest in Linz zeigt das intensive Bemühen um die Schaffung eines stimmigen und innovativen Sakralraumes im Verbund eines Mehrzweckraumes und es gelang die Ausbildung einer „grünen Oase" inmitten des Industriegeländes. Lichtenberg thematisiert den Kirchenzentralraum als einen stimmigen liturgischen Lichtraum. Das Projekt Gallspach besticht durch die besondere Topografie und die komplexe räumliche Lösung des Ovaloids mit Einbeziehung des Kreuzwegthemas. Beim Seelsorgezentrum Treffling gelang es, durch die künstlerische Auseinandersetzung mit den liturgischen Orten einen besonderen Sakralraum zu entwerfen – und dies als Mehrzweckraum. Das Kloster Maria im Paradies in St. Veit im Pongau ist gekennzeichnet durch die Integration orthodoxer Elemente. Dort entstand ein meditativer Sakralraum mit bestechender Schlichtheit. In Innsbruck-Kranebitten wurde das traditionelle Thema der Hauskirche aufgegriffen und ein stimmiger Kirchenzentralraum kreiert. In Aigen-Ennstal entstand ein polychromer Sakralraum von hoher Lebendigkeit, Leichtigkeit und Strahlkraft. Graz-Eggenberg ist charakterisiert durch seine konstruktive Architektursprache und der intensiven Einbindung der bildenden Kunst.

Die römisch-katholische Konzilspfarre Sankt Paul in Salzburg besticht durch die hervorragende Integration des Altarbildes in die gesamte Raumkomposition.

Der evangelische Kirchenneubau ist gekennzeichnet durch die konsequente Weiterführung der evangelischen Bautradition und deren Charakteristika. Die vorliegenden Lösungen sind ebenso heterogen wie bei der römisch-katholischen Kirche. Im Gegensatz zu römisch-katholischen Kirchenbauten wird der konsequenten musikalischen Gestaltung eine hohe Wertigkeit beigemessen, und die Kirchen werden dementsprechend ausgestattet. Ebenso charakteristisch für den evangelischen Kirchenbau ist die konsequente Gestaltung der Räume für Kinder und Jugendliche, um diesen die Mitfeier der Liturgie zu ermöglichen. Das Gemeindezentrum Arche am Leberberg versinnbildlicht mit seiner klaren Architektursprache und der Verwendung des Kubus mit gläserner Sockelzone den Geist der evangelischen Kirche in eindrucksvoller Weise. Die Kirche Klosterneuburg ist als lebendiger Lichtraum in Form eines Zentralbaukörpers gekennzeichnet. In Gmünd entstand eine Kirche von schlichter Konzentration und Einfachheit, die an die evangelischen Toleranzbethäuser anknüpft. Ein Sonderprojekt ist die Kirche Waidhofen/Thaya, die den ökumenischen Gedanken durch Integration orthodoxer Elemente aufnimmt und dadurch betont. Das Gemeindezentrum Salzburg-Süd überzeugt durch Konzentration der verschiedenen Gemeindefunktionen um die Auferstehungskirche und durch einen intensiven Dialog zwischen Architektur, Liturgie und Kunst. Die Martin Luther Kirche in Hainburg an der Donau setzt durch ihren hohen Innovationsgrad wesentliche Maßstäbe für die Zukunft des evangelischen Kirchenneubaus in Österreich.

Die drei orthodoxen Kirchenneubauten, Wien-Simmering, Wien-Hirschstetten und Salzburg-Schallmoos basieren auf der langen Bautradition und Bauphilosophie der Orthodoxie und betonen die zonale Gliederung der Räume, die zur Ikonostase und dem heiligen Altarraum hinführen. Weiters setzen die Glockentürme ein charakteristisches Zeichen. Der Einfluss der Orthodoxie auf die römisch-katholischen Bauten ist beim Beispiel Kloster Maria im Paradies in St. Veit im Pongau konkret ablesbar.

Die vier neuapostolischen Kirchenneubauten sind gekennzeichnet durch ihr homogenes architektonisches Erscheinungsbild und ihre Konzentration hin zum Altarbereich. Bei den Bauten der neuapostolischen Gemeinschaft ist ebenso wie bei den evangelischen Kirchenbauten der Ort für die musikalische Gestaltung konsequent ausformuliert worden, nämlich direkt neben dem Altarbereich. Eine weitere Schwerpunktsetzung ist die Schaffung der Räume für Kinder und Jugendliche, um diese im direkten Kontakt an der Kirchenversammlung teilhaben zu lassen. Die neuapostolische Kirche in Villach ist charakterisiert durch die intensive Auseinandersetzung mit der Topografie, der Schaffung eines introvertierten Versammlungsraumes und durch ihre zeitgemäße Konstruktion. Die Kirche St. Pölten besticht durch ihre klare räumliche Gliederung mit skulpturaler Wirkung.

Den kleinsten gemeinsamen Nenner sämtlicher christlicher Sakralbauten in Österreich bilden die liturgischen Orte Altar und Taufbereich, die von allen Glaubensrichtungen als Basissakramente anerkannt sind. Entscheidende Momente für das Gelingen eines sakralen Neubaus sind dort gegeben, wo ein intensiver Dialog zwischen der Theologie/Liturgie einerseits und der Kunst und Architektur andererseits stattfindet. Das entscheidende architektonische Kriterium ist somit die Suche nach dem Geistigen in der Bauaufgabe, die Suche nach dem Sakralen, die Suche nach der Zeichensetzung und dem Raum als Verkörperung der intensiven Auseinandersetzung oben angeführter Punkte. Dadurch schließt sich der Kreis zur Theorie.

Endnoten

1 Ebenbauer, Peter. Heiligenverehrung. In: Biser, Eugen, Ferdinand Hahn und Michael Langer (Hrsg.) (2003). Lexikon des christlichen Glaubens. München: Pattloch Verlag, S. 189
2 Gmainer-Pranzl, Franz. Katholizismus. In: Lexikon 2003, a.a.O., S. 249
3 Klein, Christoph. Katholische Kirche. In: Lexikon 2003, a.a.O., S. 247f
4 Bowker, John (Hrsg.) (1999). Das Oxford-Lexikon der Weltreligionen. Düsseldorf: Patmos Verlag, S. 827
5 Kraus, Hans-Joachim. Reformation / Reform. In: Eicher, Peter (Hrsg.) (2005). Neues Handbuch theologischer Grundbegriffe, Bd. 3. München: Kösel Verlag, S. 516-521
6 Ix, Ilsetraut und Rüdiger Kaldewey (1988). Was in Religion Sache ist. Lern- und Lebenswissen. Düsseldorf: Patmos Verlag, S. 116
7 Ebd., S. 118f.
8 http://www.evang.at/wir-ueber-uns.0.html [besucht 2005-10-30]
9 Thon, Nikolaus. Orthodoxe Kirche. In: Drehsen, Volker u.a. (Hrsg.) (1995). Wörterbuch des Christentums. München: Orbis Verlag, S. 921f.
10 Lilienfeld, Fairy (1995). Orthodoxe Kirchen. In: Müller, Gerhard (Hrsg.) (1989). Theologische Realenzyklopädie, Band 25. Berlin-New York: Walter de Gruyter Verlag, S. 425
11 Ebd.
12 Ebd.
13 Klein, Aloys. Apostelgemeinden. In: Kasper, Walter (Hrsg.) (1993). Lexikon für Theologie und Kirche, Band 1. Freiburg-Basel-Wien: Herder Verlag, S. 861
14 Sacrosanctum Concilium, Nr. 122, in: Rahner, Karl und Herbert Vorgrimmler (Hrsg.) (1967). Kleines Konzilskompendium. Freiburg-Basel-Wien: Herder Verlag, S. 87
15 Ebd.
16 Sacrosanctum Concilium, Nr. 124, ebd., S. 88
17 Deutsche Bischofskonferenz (Hrsg.) (1991): Die Feier der Heiligen Messe. Meßbuch für die Bistümer des deutschen Sprachgebietes. Authentische Ausgabe für den liturgischen Gebrauch. Freiburg-Basel-Wien: Herder Verlag, S. 64
18 Ebenbauer, Peter. Altar. In: Biser, Eugen, Ferdinand Hahn und Michael Langer (Hrsg.) (2003). Lexikon des christlichen Glaubens. München: Pattloch Verlag, S. 15f.
19 Bischofskonferenz (1991), Feier, a.a.O., S. 64f.
20 Ebd.
21 Ratzinger, Joseph (2000). Der Geist der Liturgie. Freiburg-Basel-Wien: Herder Verlag, S. 68
22 Ebd., S. 70
23 Emminghaus, Johannes (1976). Gestaltung des Altarraums, in: Pastoral-katechetische Hefte 57, Benno-Verlag 1976, S. 16
24 Bischofskonferenz (1991), Feier, a.a.O., S. 65
25 Ebd.
26 Berger, Rupert (1987). Kleines Liturgisches Lexikon. Freiburg-Basel-Wien: Herder Verlag, S. 137
27 Ebd.
28 Bischofskonferenz (1991), Feier, a.a.O., S. 67
29 Fellerer, Johannes (1969). Antworten des Konzils auf Fragen des Kirchenbaus. In: Deutsche Gesellschaft für Christliche Kunst (Hrsg.), Kirchenraum nach dem Konzil. München o.V., S. 18
30 Bischofskonferenz (1991), Feier, a.a.O., S. 67
31 Berger (1969), Wörterbuch, a.a.O., S. 30
32 Vgl. ebd.
33 Emminghaus (1976), Gestaltung des Altarraumes, a.a.O., S. 67
34 Bischofskonferenz (1991), Feier, a.a.O., S. 66
35 Ebd.
36 Ebd.
37 Ebd.
38 Fellerer (1969), Kirchenraum, a.a.O., S. 15
39 Bischofskonferenz (1991), Feier, a.a.O., S. 66
40 Adam, Adolf und Rupert Berger (1980). Neues Pastoralliturgisches Handlexikon. Freiburg-Basel-Wien: Herder Verlag, S. 504
41 Ebd.
42 Berger, Rupert in: ebd., S. 56
43 Bischofskonferenz (1991), Feier, a.a.O., S. 66f.
44 Schwarz, Rudolf (1960). Kirchenbau. Welt vor der Schwelle. NA 2007. Regensburg: Schnell + Steiner Verlag, S. 27
45 Sacrosanctum Concilium, Nr. 2, in: Kleines Konzilskompendium, a.a.O., S. 51
46 Gerhards, Albert (2002). Räume für eine tätige Teilnahme – Katholischer Kirchenbau aus theologisch- liturgischer Sicht. In: Stock, Wolfgang Jean (2002). Europäischer Kirchenbau 1950-2000. München: Prestel Verlag, S. 11
47 Hammer-Schenk, Harold (1989). Kirchenbau III, in: Theologische Realenzyklopädie, Band 18., a.a.O., S. 461
48 Ebd.
49 Ebd., S. 476
50 Memmert, Günter. Kanzel. In: Burkhardt, Helmut und Uwe Swarat (Hrsg.) (1994). Evangelisches Lexikon für Theologie und Gemeinde, Bd. 3. Wuppertal-Zürich: Brockhaus Verlag, S. 1037
51 Schwebel, Horst. Kirchenbau V. In: Theologische Realenzyklopädie, Band 18, a.a.O., S. 524f
52 Lilienfeld, Orthodoxe Kirchen, a.a.O., S. 426
53 Ebd., S. 426f.
54 Becker, Udo (1998). Lexikon der Symbole. Freiburg-Basel-Wien: Herder Verlag, S. 137
55 Neuapostolische Kirche in Österreich, http://cms.nak-sued.de/Geschichte [besucht 2008-10-27]
56 Ebd., http://cms.nak-sued.de/Kirchenbau2730.0.html [besucht 2008-10-27]
57 Achleitner, Friedrich (1980). Österreichische Architektur im 20. Jahrhundert. Band 1. Salzburg: Residenz Verlag, S. 252
58 Ebd.
59 Ebd., S. 102f
60 Uhl, Ottokar (2003). Gegen-Sätze – Architektur als Dialog, ausgewählte Texte aus vier Jahrzehnten. Wien: Picus Verlag, S. 55f.
61 Joszai, Agnes und Zuzana Nejedla (2007). In: Bäumler, Ann Katrin u. Andreas Zeese (Hrsg.). Wiener Kirchenbau nach 1945. Von Rudolf Schwarz bis Heinz Tesar. Wien: Eigenverlag der Abt. Kunstgeschichte der Technischen Universität Wien, S. 71
62 Ebd., S. 73
63 Ebd., S. 72
64 Achleitner, Friedrich (2002): Künstlerische Vielfalt und typologische Strenge. Kirchenbau in Österreich zwischen 1950 und 2000. In: Stock (2002), Kirchenbau, a.a.O., S. 87
65 Achleitner (1980), Architektur Bd. 1, a.a.O., S. 347
66 Rainer, Roland (1985), in: Sondernummer des Pfarrblattes Puchenau: St. Andreas – Puchenau 1976. Nr. 807, S. 38f. welches Jahr denn jetzt?
67 Ebd., S. 39
68 Ebd.
69 Achleitner (1980), Architektur Bd. 1, a.a.O., S. 85
70 Spalt, Johannes (1993), in: Johannes Spalt. Wien-Köln-Weimar: Böhlau Verlag, S. 81
71 Ebd., S. 79ff
72 Ziesel, Wolfdietrich in: Ebd., S. 89
73 Achleitner, Friedrich (1990). Österreichische Architektur im 20. Jahrhundert, Band 3/1. Salzburg: Residenz Verlag, S. 258f
74 Achleitner (2002), Vielfalt, a.a.O., S. 89
75 Waechter-Böhm, Lisbeth, in: Architektur Aktuell 178, April 1995, S. 78
76 Waechter-Böhm, Lisbeth, in: Die Presse, Spectrum, 9.8.1997
77 Ebd.
78 Brief von Walter Zschokke an CG, 7. September 2008
79 Tesar, Heinz: Die römisch-katholische Kirche „Christus Hoffnung der Welt" ist ein Kreuzquader mit Naturlichtnotationen. Manuskript von Heinz Tesar.
80 Zschokke, Walter (2007). Katholische Kirche „Christus, Hoffnung der Welt" – Wien Donaucity. Regensburg: Schnell und Steiner, S. 6
81 Ebd., S. 17
82 Ebd., S. 15
83 http://www.kirchenbeitrag.at/projekte/10/articles [2007-12-26]
84 Ebd. [2007-09-25]
85 Joanta, Serafim, in: Rufe zu Christus, Nr. 25/2001, S. 10
86 Ionescu, Mihaela und Georg Baldass: Biserica noastro, in: Rufe zu Christus, Nr. 25/2001, S. 11
87 Staikos, Michael (2000). Auferstehung. Von erlebter orthodoxer Spiritualität. Wien: Ibera Verlag, S. 89
88 Dura, Nicolai (2007). Kirche in Bewegung. Das religiöse Leben der Rumänen in Österreich. Wien: RUOKI Österreichverlag, S.239
89 Lichtblau, Andreas und Susanna Wagner in: Broschüre Pfarrzentrum Podersdorf am See, S. S. 28-32
90 Andreas Lichtblau, ebd., S. 32
91 Marboe, Isabella: lichtblau wagner – pfarrzentrum in podersdorf, in: Architektur aktuell, 9/2002, S. 134
92 Göbl, Friedrich in: Fischer, Udo Eduard (Hrsg.) (1994): St. Altmann. Kirche in Paudorf. S. 56.
93 Friedrich Göbl in einem Brief an CG, 27. November 2011
94 Wolfsberger, Günter in ebd., S. 57.
95 Ebd.
96 Ebd.
97 Leo Pfisterer in einem E-Mail an CG, 6. Juni 2011.

98 Rittinger, Bernhard (o.J.): Auf der Suche nach dem Antlitz Christi. Zum Werk des Wiener Malers Gottfried Hula, in: Christusbilder von Gottfried Hula. o.S.
99 Pfoser, Wolfgang in: Festschrift Weihe der Pfarrkirche „Auferstehung Christi", Pfarre Stattersdorf-Harland, S. 36
100 Rudolf Gritsch, in: Festschrift Weihe, a.a.O., S. 45
101 Willi Bernhard, ebd.
102 Pfarre Kleinwilfersdorf (Hrsg.) (2008): Festschrift Weihe der Filialkirche Oberrohrbach „Kirche vom Erbarmen Gottes". S. 17f.
103 Ebd., S. 57f.
104 Ebd., S. 61f.
105 Ebd., S. 64f.
106 Sartorius, Julius (1995), in: Gott allein sei Ehre! Die Evangelische Kirche Klosterneuburg. Broschüre der Evangelischen Kirche, S. 5
107 Warlamis, Efthymios (s.a.), in: Festschrift – Die evangelische Kirche Waidhofen an der Thaya. Kirche der Frohen Botschaft, S. 28
108 Ebd., S. 7
109 COOPHIMMELB(L)AU in einem Mail an CG, Mai 2011.
110 Ebd.
111 Paul Weiland in einem Mail an CG, Juni 2011.
112 Helga Reichel in einem Brief an CG, Juni 2011.
113 Küllinger, Franz (1996). In: Römisch-katholische Seelsorgestelle Treffling (Hrsg.). Seelsorgestelle Treffling. Linz: Druckerei In-Takt, S. 5
114 Küllinger, Text, Gespräch von CG mit Franz Küllinger, 24. Mai 2008, S. 10f.
115 Ebd., S. 14
116 Wolfgang Langer in: http://www.dioezese-linz.at/pfarren/treffling/kreuzweg.htm [2008-01-12]
117 Brief von Josef Königsmaier an CG, 24. Oktober 2008. Seelsorgestelle Schlüßlberg „Zur Hl. Familie". Erläuterungsbericht
118 http://www.ziegel.at/informat/architekt/kurrent.htm [2007-10-23]
119 www.dioezese-linz.at/pfarren/steyr-resthof/architekt.htm [2007-11-04]
120 http://dioezese-linz.at/pfarren/steyr-resthof/die_aussenanlagen.htm [2007-11-05]
121 Ebd.
122 Luger, Maximilian und Franz Maul in: Kraftwerk Kirche. Festschrift anlässlich der Eröffnung und Kirchenweihe des neuen Pfarrzentrums Wels-Laahen. Wels: Eigenverlag, S. 9
123 Ebd.
124 http://www.architekten24.de/projekt/zentrum-solarcity-linz/uebersicht/3552/index.html [2007-11-12]
125 Pointner, Hubert und Herbert Pointner (2006), in: Broschüre zur Eröffnung der Seelsorgestelle ELIA Solar City vom 30. Juni -1. Juli 2006. Linz: Eigenverlag, S. 42; 28f.
126 Friedl, Herbert, in: Ebd., S. 36
127 Ebd., S. 34
128 www.ingeborgkumpfmueller.at [2007-10-08], S. 32 wieso Seitenangabe bei Internetquelle?
129 http://www.nextroom.at/actor.text.php?actor_id=3342&cat_id=1 [2008-05-07]
130 Röm.-kath. Pfarramt Gallspach (Hrsg.). Broschüre Pfarrkirche zur hl. Katharina Gallspach. Eigenverlag, S. 15
131 Ebd, S. 11f.
132 Röm.-kath. Pfarramt Gallspach (Hrsg.) Broschüre zur Pfarrkirche zur hl. Katharina Gallspach. Eigenverlag, S. 18f.
133 Architekt Schaffer in einem Brief an CG, 22. April 2010.
134 Leisch-Kiesl, Monika: Ein Lichtraum in Lichtenberg. in: Pfarrblatt Lichtenberg, S. 5
135 Pfarre Pöstlingberg-Lichtenberg (Hrsg.) (2010): Festschrift Seelsorgezentrum Lichtenberg, S. 17.
136 Christoph Freilinger in einem Brief an CG, Juli 2011.
137 Fischer, Judith P. in: Festschrift Seelsorgezentrum Lichtenberg, a.a.O., S. 20f.
138 x architekten in einem E-Mail an CG, Februar 2011.
139 Ebd.
140 Ebd.
141 Ebd.
142 Ebd.
143 Hausberger, Peter (Hrsg.) (2002). Broschüre Konzilspfarre St. Paul in Salzburg. Salzburg: Röm.-kath. Pfarramt St. Paul, S. 16
144 Ebd., S. 18
145 Ebd., S.22
146 Festschrift zur feierlichen Einweihung der Auferstehungskirche und des evangelischen Gemeindezentrums Salzburg-Süd am 25.September 1999, S. 28.
147 Günther Marschall in einem E-Mail an CG, 19.6.2011.

148 Ebd.
149 Festschrift zur feierlichen Einweihung, a.a.O., S. 32.
150 Mulitzer, Matthias, in: Zum Bauvorhaben der Klosterkirche des Klosters Maria im Paradies-Kinderalm. Aussendung der Betlehemschwestern 2002. S. 1
151 Mulitzer, Matthias. Bauen nach der Regel: Über zwei Klosterneubauten in Österreich und Venezuela, in: Architektur aktuell 5/2004, S. 96f.
152 Mulitzer, Bauen, a.a.O., S. 100f.
153 Mulitzer, Bauvorhaben, a.a.O., S. 2
154 Ebd.
155 Brief von Matthias Mulitzer an CG, 21. Jänner 2008
156 Ebd.
157 http://www.kirchen.net/rupertusblatt/section.asp [besucht 2008-03-02]
158 Illmer, Markus und Günther Tautschnig, in: Pfarrbrief zur Kirchweihe am 24. November 2002. Innsbruck: Eigenverlag Pfarrvikariat Kranebitten, S. 21
159 Ebd., S. 16
160 Ebd., S. 10
161 Ebd., S. 22
162 Markus Illmer in: www.dioezese-innsbruck.at/index.php?id=1210&language=1&portal=100167 [besucht 2007-11-24]
163 Illmer, in: Pfarrbrief, a.a.O., S. 24
164 Ebd.
165 http://www.heilig-geist.at/cms/index [2007-11-07]
166 Ebd.
167 Ebd., Maurizio Bonato 26.9.2002
168 Ebd.
169 Heubacher-Sentobe, Margarethe, in: Festschrift zur Kirchenweihe Karmel St. Josef in Innsbruck-Mühlau vom 23. Juni 2003. Innsbruck: Karmel St. Josef, S. 21
170 Ebd.
171 Ebd., S. 5
172 Ebd.
173 Zogmayer, Leo, in: Ebd., S. 24
174 Ebd.
175 http://www.nak.org/de/glaube-kirche/nak-von-a-bis-z/glossar/all/architektur [2007-08-31]
176 http://www.pfarre-irdning.at/140.shtml [2007-08-31]
177 Gerhard Kreiner in http://www.egger-kreiner.at/projekte/proj_details [2008-08-30]
178 Giencke, Volker (2001). Projekte/Projects. Wien-New York: Springer Verlag, S. 60.
179 http://www.pfarre-irdning.at/140.shtml [2007-08-31]
180 Giencke (2001), Projekte, a.a.O., S. 61.
181 http://www.pfarre-irdning.at/140.shtml [2007-08-31]
182 Ebd.
183 http://www.kath-kirche-graz.org/cms/layout/set/print/pfarren_seelsorgestellen/graz_hl_schutzengel [2008-03-03]
184 Hollomey, Werner (2006), in: Broschüre Pfarrkirche zu den heiligen Schutzengeln Graz-Eggenberg. Graz: Eigenverlag, S. 2f.
185 Volker Hoffmann in: http://innovations-report.de/html/berichte/architektur_bauwesen/bericht-31195 [2007-04-01]
186 Kaindl, Heimo (2006), in: Broschüre Pfarrkirche zu den heiligen Schutzengeln, a.a.O., S. 4.
187 Ebd. S. 8.
188 Ebd., S. 4.
189 Ebd., S. 7.
190 Ebd., S. 9.
191 Gernot Kulterer in http://www.kath.kirche-kaernten.at/pages/bericht [2007-02-04]
192 http://www.kath-kirche-kaernten.at/pages/bericht [2008-02-07]
193 Wilfried Schey im Rahmen eines Recherchegespräches mit CG am 20. und 21. März 2008, geführt in Rudersdorf und Villach.
194 Kurt Marti. Der Himmel der ist, ist nicht der Himmel, der kommt... (Gemeindelied EG 153, 1-5, 1971).
195 Walburga Michenthaler im Brief an CG, 11. September 2008.
196 Aichinger, Dominik (2005). Dominik Aichinger Architekt. S.l., S. 23ff.
197 Ebd., S.27.
198 Ebd., S. 24.
199 Ebd., S. 27.

Architektenbiografien

Dominik Aichinger
*1968 in Vöcklabruck, Diplom Architektur TU Graz, 1994 Gründung eines eigenen Architekturbüros in Wien, 1998 Gründung Projektbüro in Kuala Lumpur, 2000 Gründung Projektbüro in Beijing, 2003 eigene Immobiliendevelopments in Wien.

Arbeitsgruppe 4
Architektengruppe, gegründet 1950 von Schülern Clemens Holzmeisters an der Wiener Akademie der bildenden Künste. Mitglieder waren Wilhelm Holzbauer (bis 1964), Friedrich Kurrent, Otto Leitner (bis 1953) und Johannes Spalt. Die Arbeitsgruppe 4 trat mit innovativen Bauten und Entwürfen im Sakral-, Wohn-, Städte- und Schulbau hervor und begann mit der Aufarbeitung der österreichischen Moderne in der Architektur. Bauten: Pfarrkirche Salzburg-Parsch, 1953-56; Seelsorgezentrum Ennsleiten (mit Johann Georg Gsteu), 1958-61, 1970/71; Kolleg St. Josef, Salzburg-Aigen, 1961-64. Ausstellungen: Wien um 1900, 1964; Internationale Kirchenbauausstellung, 1966.

Georg Baldass
Architekturstudium an der TU Wien, Diplom 1980, Präsident der Wiener Architektenkammer 1994-1998. Gemeinsames Architekturbüro mit Mihaela Ionescu.

Ernst Beneder
*1958 in Waidhofen an der Ybbs, Architekturstudium an der TU Wien, Postgraduate Studien am Tokyo Institute of Technology, Fellow der Japan Society for the Promotion of Science, seit 1987 Architekt in Wien, Gastprofessuren an der TU Wien und an der University of Illinois, 2001 Otto Wagner Städtebaupreis für das Stadtprojekt Waidhofen an der Ybbs. Seit 1996 Arbeitsgemeinschaft mit Anja Fischer.

Eugen Dumitru
*1954 in Greban/Rumänien, 1974-1980 Universität für Architektur „Ion Mincu" in Bukarest, Fakultät für Architektur und Systematisierung, 1980 Diplomarbeit und Diplomprüfung zum Thema „Kreationszentrum für Bildende Künstler", 2008 Nostrifizierung des rumänischen Studiums und der Diplomarbeit in Österreich TU Wien. 1980-1983 Institut für Projektierung aus Resita Rumänien, 1983-1992 Institut für Projektierung „Carpati Design R.A." Bukarest, lebt und arbeitet seit 1993 in Österreich.

Anja Fischer
1983-1990 Studium der Architektur an der RWTH Aachen und an der TU Wien, Kultur- und Sozialanthropologie an der Universität Wien. Seit 1996 Arbeitsgemeinschaft mit Ernst Beneder. Werke: Heimatmuseum Waidhofen/Ybbs, Stift Herzogenburg Osterkapelle, Otto Wagner-Spital mit Pflegezentrum, Umbau Pavillon 2, 3 und 11 - Neurologisches Zentrum, Wohnhausanlage Wien.

Heinz Frühwald
*1942 in Kirchberg/Pielach, Architekturstudium an der Akademie der bildenden Künste, 1970 Diplom bei Prof. E.A. Plischke, 1987-2005 freiberuflicher Architekt, Teilnehmer bei Architekturwettbewerben, Wohnungs- und Haussanierungen im städtischen Bereich, sowie Neubauten von Wohnhausanlagen und Gemeindezentren.

Volker Giencke
*1947 in Wolfsberg, Architektur- und Philosophiestudium in Graz und Wien, Mitarbeit bei Merete Mattern/München-Berlin und Günther Domenig/Graz-Wien, Architekturbüro in Graz seit 1981, seit 1992 Professor für Entwerfen - Studio 3 und Hochbau an der Universität in Innsbruck. Werke: Neue Stadtmauer als Wohnskulptur Kufstein 2009, Konzerthalle in Lettland 2009, Hochhaus Wien 10, Habitat 2, Graz, Office and Retail Building Tallinn.

Friedrich Göbl
*1941, Architekturstudium an der Akademie für angewandte Kunst bei Prof. F. Schuster, Architekturbüro in Krems. Werkliste: BRG Krems, Sportzentrum Herzogenburg, Hauptschule Traismauer, Wohnhausanlagen in Krems, Korneuburg, Schrems und Aggsbach, Volksschulen in St.Andrä/Traisen und Paudorf, Banken in Wien, Ybbsitz, Weistrach und Aschbach.

Johann Georg Gsteu
*1927 in Hall in Tirol, Architekt. Studierte 1950-53 an der Wiener Akademie der bildenden Künste bei Prof. Holzmeister, 1980-92 Professor an der Gesamthochschule Kassel. Entwarf vor allem Sakralbauten mit rationalen und technisch innovativen Entwurfskonzepten sowie Wohnbauten nach ähnlichen Prinzipien. Bauten: Umbau Rosenkranzkirche Wien-Hetzendorf, 1956-58 (mit F. Achleitner); Seelsorgezentrum Wien-Baumgartner Spitz, 1960-65; Bildhauerunterkunft St. Margarethen, 1962-68; Z-Zweigstellen Wien-Rudolfsheim, Sparkassenplatz (1970-72), Wien-Strebersdorf (1971-72) und Wien-Stadlau (1979); Pfarrsaal und Kindergarten, Wien-Hetzendorf, 1968-71; Bauteil in der Wohnhausanlage Wien-Aderklaaerstraße, 1973-78; Wohnhaus Matthäusgasse 3, Wien-Landstraße, 1983-85; Wohnhaus Weiglgasse 4, Wien, 1983-87; Stationsgebäude der U6, Wien, 1990-95.

Gottfried Haselmeyer
*1956 in Scheibbs, Architekturstudium an der Akademie der bildenden Künste in Wien, 1980 Diplom bei Prof. Roland Rainer, 1986 Eröffnung eines eigenen Architekturbüros in St. Pölten, Arbeitsschwerpunkt: Wohnbau, Sanierung und Umbau von Bestandsobjekten.

Otto Häuselmayer
*1943 in Wien, Architekturstudium an der TU Wien und bei Jacob Berend Bakema an der Salzburger Sommerakademie, Mitarbeiter bei Wilhelm Holzbauer, anschließend Assistent am Hochbauinstitut der TU Wien, seit 1976 freischaffender Architekt in Wien. Wichtige Bauten u. a.: Siedlung Wienerberggründe, Wien 10, 1989-1992, Schutzbau über die archäologische Grabungsanlage Hanghaus 2, Ephesos (Türkei), 1997-2000.

Margarethe Heubacher-Sentobe
*1945, Architekturstudium an der Akademie der bildenden Künste in Wien, Meisterschule bei Prof. Roland Rainer, Mitarbeit in verschiedenen Architekturbüros in Innsbruck, 1978 Eröffnung des eigenen Bü-

ros in Schwaz, seit 1990 Lehrauftrag für Entwerfen an der TU Innsbruck, zahlreiche Einfamilienhäuser in Tirol, Seniorenclub-Stadtpark in Schwaz (Bauherrnpreis), Wohnanlagen in Wörgl, Um- und Zubau des Wlasak Kindergartens in Schwaz, Kindergarten in Zell am Ziller, Haus Wanitschek in Brixlegg.

Erio Hofmann
*1942 in Salzburg, 1960-1968 Architekturstudium TU Wien, 1969-1972 Mitarbeit Architekturbüro Harrison & Abramovic in New York, 1970-1971 Korrespondent des Architekturmagazins Der Bau, 1971-1972 Mitarbeit bei Silverman & Cika Architects New York City, ab 1974 selbstständiger Architekt in Partnerschaft mit dem Architekturbüro des Vaters bis 1982, Arbeitsschwerpunkt: Planung und Bauüberwachung im Krankenhausbau, Pflegeheime, Bankgebäude, sozialer und privater Wohnbau, universitäre Forschungszentren, Revitalisierung von Altbauten, Schul- und Internatsausbauten, Kirchenbauten und private Wohnbauten, 1981-1985 Partnerschaft mit Architekt DI Robert Kurzweil.

Werner Hollomey
*1929 in Schladming, 1947-1952 Studium an der Technischen Hochschule in Graz, 1953-1974 Assistent bei Prof. Friedrich Zotter und Prof. Ferdinand Schuster an der TU Graz, 1953-1959 eigenes Architekturbüro, 1959-1986 Partner der WERKGRUPPE Graz, ab 1987 lfd. Partnerschaft mit Architekt Ralf Hollomey, 1974-1997 Vorstand des Instituts für Hochbau und Entwerfen, Gründungsmitglied des Forum Stadtpark; Zahlreiche katholische Bauten: römisch-katholisches Pfarrzentrum Schutzengel Graz, römisch-katholische Kirche Altaussee, evangelische Kirche Lukaskapelle LKH Graz, evangelische Kirche Heilandskirche Graz, evangelische Friedhofskirche Graz.

Markus Illmer
*1958 in Innsbruck, Studium der Theologie, Philosophie und Architektur in Innsbruck. Studium an der Päpstlichen Universität Gregoriana, Rom. Mag. theol., Dr. phil und Dipl.Ing/Architektur. 1984-1992 Univ. Assistent am Institut für Liturgiewissenschaft, Universität Innsbruck, seit 1997 eigenes Architekturbüro in Innsbruck.

Mihaela Ionescu
Architekturstudium an der Universiät „ION MINCU" Bukarest, Diplom 1982. Gemeinsames Architekturbüro Baldassion mit Georg Baldass in Wien seit 1996. Zahlreiche Wettbewerbserfolge und Publikationen. Arbeitsschwerpunkt: Städtebau, Wohnbau, Bürohäuser, Industriebauten, Revitalisierungen, industrielles Design.

Siegfried Jakob
*1929 in Pöttelsdorf, Bundesgewerbeschule Mödling , Meisterschule für Architektur an der Akademie (heute: Universität) für angewandte Kunst bei Prof. Oswald Haerdtl, anschließend Meisterschule bei Prof. Clemens Holzmeister an der Akademie für bildende Kunst Wien, Diplom 1955. Tätigkeit als Architekt und Bauleiter in Hannover und Düsseldorf, 1958-1960 als Architekt im Büro Kappl in Mattersburg, 1960 Ziviltechnikerprüfung mit selbstständigem Büro, 1966 bis 1989 Lehrer an der HTL Wr. Neustadt.

Josef Königsmaier
*1952 in Vöcklabruck, HTL Hochbau in Krems, Akademie d. bildenden Künste Wien, Meisterklasse Prof. Plischke und Prof. Peichl, Diplom 1980, eigenes Büro seit 1985 in Gmunden. Projekte: Geschäfts- und Wohnbauten, Einfamilienhausbau, Technologiezentren, Alten- und Pflegeheime, Büro- und Geschäftsbauten, Pfarrkirche Gallspach, Umbau Pfarrzentrum Timelkam, Seelsorgezentrum St. Josef Steyrermühl.

Gernot Kulterer
*1940 in Villach, 1967 Architekturdiplom TU Wien, 1969-1976 Atelier Prof. Wilhelm Holzbauer in Wien und Amsterdam, seit 1975 eigenes Büro in Villach, 1976-2000 Professor an der HTL in Villach, 1983-1985 Mitglied des Kunstrates der Diözese Gurk, 1992-1999 Stellv. Vorsitzender im Fachbeirat für Baukultur des Kärntner Kulturgremiums, seit 1991 Mitglied der Ortsbildpflegekommission Villach, seit 1997 Vorsitzender des Architekturbeirates der Stadt Villach, seit 1999 Ständiges Mitglied des österreichischen Denkmalbeirates, seit 2004 stellv. Vorsitzender im Fachbeirat für Baukultur. Werke u. a.: Galerie Freihausgasse Villach, Stift Viktring Umbau BRG, Stadtpfarrkirche Feldkirchen, Pfarrzentrum St. Martin, Rathaus Villach - Erweiterung, Pfarrzentrum Wölfnitz.

Friedrich Kurrent
*1931 in Salzburg, studierte an der Akademie der bildenden Künste bei Prof. Clemens Holzmeister in Wien. Mitglied der „Arbeitsgruppe 4" (Architekten Wilhelm Holzbauer und Johannes Spalt), die u. a. die Pfarrkirche Parsch, das Seelsorgezentrum Steyr-Ennsleite und das Kolleg St. Josef in Salzburg-Aigen realisierten. 1973-1996 Ordinarius des Lehrstuhls für „Entwerfen, Raumgestaltung und Sakralbau" an der TU in München. 1986 Wohnhaus in der Nobilegasse, 1991 Bergkapelle in Ramingstein, 1996 Evangelische Kirche in Aschheim bei München, federführend am Umbau des Allgemeinen Krankenhauses in Wien.

Josef Lackner
*1931 in Wörgl, †2000 Innsbruck, Architekt. Studierte an der Akademie der bildenden Künste in Wien bei Clemens Holzmeister; ab 1959 Architekt in Innsbruck, ab 1979 Professor für Architektur an der Baufakultät der Universität Innsbruck. Bekannt durch seine zeichenhaften Bauten, z.B. Kirche Neu-Arzl bei Innsbruck, 1958-60; Pfarrkirche Wien-Lainz, 1965-68; Pfarrzentrum Wien-Glanzing, 1968; Pfarrkirche St. Barbara, Wulfen (Deutschland), 1968; Bad Flora, Hungerburg bei Innsbruck, 1969; Kirche St. Norbert, Innsbruck, 1969-72; Gymnasium, Internat und Kloster der Ursulinen, Innsbruck, 1971-79; Jugendzentrum Fellbach (Deutschland), 1974; Arzbergsiedlung Telfs, 1975-78 (mit H. Parson); Verwaltungsgebäude Jenbacher AG, 1992-93.

Andreas Lichtblau
1990-1994 Architekturstudium an der TU Graz, 1998 Diplom an der TU Graz, Lehrauftrag an der TU Graz für Grundlagen der Gestaltung, 1990-1994 Assistent TU Graz für Gebäudelehre und Wohnbau, seit 1987 gemeinsames Büro mit Susanna Wagner, seit 1994 Ziviltechniker. Innenneugestaltung Dom Eisenstadt, Hanghaus St- Andrä, Bürogebäude in Stmk. und Wien, Erweiterung der HAK/HAS Krems, Fachhochschule Krems.

Maximilian Luger
*1958 in Kleinzell, Oberösterreich, Architekturstudium TU Wien, Hochschule für Gestaltung Linz, seit 1988 selbstständiges Büro in Wels/Oberösterreich, seit 1989 Lehrtätigkeit an der Fachhochschule Rosenheim. Seit 1989 Zusammenarbeit mit Franz Maul. Gem. Arbeiten: Schwimmschule Steyr, Erweiterungs Verwaltungstrakt Stift Schlierbach, Bildungshaus Schloss Puchberg, Badeanlage Nussdorf, TDZ Technologie- und Dienstleistungszentrum Donau-Böhmerwald, Musikheim und Jugendzentrum Kitzmantel Vorchdorf.

Günther Marschall
*1949 in Salzburg, 1970 bis 1977 Architekturstudium – Technische Fakultät der Universität Innsbruck, 1978 internationaler Wettbewerb Fa. MERO-Raumstruktur GmbH & Co Würzburg, 1. Preis Studentenarbeit, 1978/1979 Mitarbeiter Architekturbüro Univ. Prof. Architekt Dr. Othmar Barth/Brixen-Südtirol, 1985 Ziviltechnikerprüfung – Architektenbüro Salzburg, Wohnbau, Sanierungsplanung, Geschäfts- und Gewerbebau, Innenraumgestaltung, 1985 Assistent Institut für Raumgestaltung und Entwerfen Technische Fakultät Universität Innsbruck, 1986 Professor Höhere Technische Bundeslehranstalt Salzburg – Abteilung Bautechnik, 2009 Abteilungsvorstand Bautechnik-HTL Salzburg, 2011 Vorsitzender der Sachverständigenkommission für Altstadterhaltung Amt der Salzburger Landesregierung.

Franz Maul
*1954 in Nußdorf am Attersee, Studium an der Hochschule für künstlerische und industrielle Gestaltung Linz, seit 1985 selbständiger Architekt in Wels. Seit 1989 Zusammenarbeit mit Maximilian Luger. Gemeinsame Bauten siehe bei Maximilian Luger.

Walter Michl
*1953 in Wien, Architekturstudium an der TU Wien, 1986 Befugnis als Architekt, seit 1989 transArt-Büro mit Walter Zschokke, seit 1989 Redaktion der *BauArt*. Bauten: Haus „S" Klosterneuburg, 1990, Wohn- und Bürohaus Wien, 1992.

Katsuhito Mitani
*1950 in Kyoto, Japan, nach Abschluss des Architekturstudiums an der Universität Kyoto (1975), 1979 Post Graduate-Studium an der TU Wien. Seit 1980 Zusammenarbeit mit Architekt Falkner, 1993 Gründung des eigenen Büros in Wien. Bauten u. a.: Tankstelle Burgtheater, Umbau Kirche Walding, Trainingsstätte ShuMeiKan-Dojo in Wien, Schule Wartberg ob der Aist.

Bartholomäus Moosbrugger
war bis 2004 mit eigenem Büro in Dornbirn tätig. Weitere Angaben liegen nicht vor.

Matthias Mulitzer
*1960 in Goldegg, Architekturstudium Akademie der bildenden Künste in Wien, Diplom 1986 bei Gustav Peichl, Mitarbeit bei E.A. Plischke und Carl Pruscha, Architekturbüro seit 1992 in Wien, intensive Auseinandersetzung mit Klosterarchitektur und Bau des Klosters Camaldolese (Pregonero, Tachira – Venezuela) und Friedhofserweiterung in Goldegg/Salzburg.

Felix Orsini-Rosenberg
*1929 in Salzburg, 1949-1956 Studium an der Technischen Hochschule Wien, 1955 Sommerakademie bei Hermann Baur über Kirchenbau, Arbeit im Büro Hermann Baur, eingehende Beschäftigung mit dem Kirchenbau, 1968 Organisation einer Kirchenbautagung in St. Georgen/Kärnten, 1969-1975 Arbeit mit Büro 21 in Klagenfurt. Wichtige Bauten: Kinderheim in Treffen, Arbeiten am Kloster Loretto in St. Andrä/Lavanttal, Kapelle Waaggasse, Klagenfurt.

Wolfgang Pfoser
*1955 in St. Pölten, 1980 Architekturdiplom TU Wien, seit 1988 eigene Ziviltechnikerkanzlei in St. Pölten, 2001 Pilgrampreis. Arbeitsschwerpunkte: kirchliches Bauen, öffentliche Bauten für Kultur, Schule und Verwaltung, Gesundheitsbauten. Handelsakademie Gänserndorf, BRG Horn.

Helmut Pointner
*1967 in Freistadt, Architekturstudium TU-Wien, Diplom 1993, Mitarbeit in verschiedenen Architekturbüros, seit 1998 eigenes Büro in Wien. Bauten siehe bei Herbert Pointner.

Herbert Pointner
*1966 in Freistadt, Architekturstudium TU-Wien, Diplom 1992, Mitarbeit in verschiedenen Architekturbüros in Linz und Wien, seit 1996 eigenes Büro in Freistadt. Bauten u. a. Aufbahrungshalle und Stadthaus Melzer in Freistadt, Haus Putz in Edelstal.

Wolf D. Prix
*1942 in Wien, studierte an der Technischen Universität Wien, der Architectural Association in London und dem Southern California Institute of Architecture in Los Angeles. Seit 1993 ordentlicher Professor für Architekturentwurf an der Universität für angewandte Kunst in Wien. Seit 2003 Vorstand am Institut für Architektur, Leiter des Studio Prix und Vizerektor der Hochschule. Zahlreiche Gastprofessuren: 1984 Architectural Association in London und 1990 Harvard University in Cambridge, Massachusetts, 1985 bis 1995 Adjunct Professor SCI-Arc in Los Angeles, seit 1998 Fakultätsmitglied der Columbia University in New York, 1999 Übernahme des Harvey S. Perloff-Lehrstuhls an der University of California, Los Angeles (UCLA) und 2001 Gastprofessur. Er gehört zu den Vertretern des Dekonstruktivismus. Zusammen mit Helmut Swiczinsky und Michael Holzer gründete er 1968 die Wiener Architektengruppe COOP HIMMELB(L)AU. Ausgewählte Werkliste: Dachausbau Falkestraße Wien (1988), Masterplan für die Stadt Melun-Sénart in Frankreich, Ostpavillon Groninger Museum Niederlande (1994), Design EXPO.02 Arteplage im schweizerischen Biel, multifunktionale Dresdner UFA Kinopalast (1998), Akademie der bildenden Künste (2005), BMW Welt (2007) in München, Akron Art Museum in Ohio (2007), Central Los Angeles Area High School 9 for the visual an performing arts Los Angeles (2008), Pavillon 21 MINI Opera Space München Deutschland

(2010), SEG Apartment Tower (1998), SEG Apartment Block Remise (2000), Wohnbaukomplex Gasometer B (2001), Büro- und Wohnanlage Schlachthausgasse (2005).

Roland Rainer
*1910 in Klagenfurt, †2004 Wien, Architekt und Stadtplaner. Studierte an der Technischen Hochschule in Wien, ab 1932 selbstständig, 1953/54 Professor an der Technischen Hochschule in Hannover, 1955 in Graz, 1956-80 Leiter der Meisterschule für Architektur an der Akademie der bildenden Künste in Wien, 1958-63 Stadtplaner von Wien. Entwickelte in zahlreichen Publikationen eine zusammenhängende Lehre vom Einzelhaus bis zum Städtebau. Für Privathäuser propagierte Rainer das naturnahe Wohnen im verdichteten Flachbau und griff Ideen aus der Antike (Atriumhaus) und dem Orient auf (Gartenstadt Puchenau bei Linz, 1966-82); für große öffentliche Bauten verwendete er eine expressiv-konstruktive Sprache als Ausdruck demokratischer Repräsentation (Stadthalle Wien, 1955-58; Stadthalle Ludwigshafen, 1962-65). Weitere Werke: Fertighaussiedlung Wien 13, Veitingergasse, 1954 (mit C. Auböck); Böhler-Haus, Wien, 1956-58; Siedlung Maurerberg, Wien, 1958-63; Mehrzweckhalle Bremen (mit Säume und Hafemann), 1961-64; AHS Wien-Kagran, 1969-73; ORF-Zentrum Wien, 1968-75.

Gabriele Riepl
*1954 in Lienz, Studium der Architektur TU Wien und der Universität Innsbruck, seit 1985 gemeinsames Büro mit Peter Riepl. Werke u. a.: Stellwerk Wien Süd-Ost, Stellwerk Verschiebebahnhof Linz, Rathaus Ternberg, Mehrzweckhalle Kirchdorf, AK Linz Erweiterung, Bundesschulzentrum Kirchdorf, Höss Halle Hinterstoder, Fachhochschule Eisenstadt.

Peter Riepl
*1952 in Wels, Studium der Architektur an der Universität Innsbruck, 1988-1994 Bürogemeinschaft mit Thomas Moser, seit 1985 gemeinsames Büro mit Gabriele Riepl, zahlreiche Gastprofessuren in Deutschland. Bauten siehe bei Gabriele Riepl.

Adalbert Rothenthal
*1940 in Wien, Studium TU Wien, 14 Monate Auslandsaufenthalt in Los Angeles, seit 1975 selbstständiger Architekt in Graz, 25 Jahre Mitglied der Ortsbildschutzkommissionen im Pongau und Lungau, seit 1979 intensive Beschäftigung mit der Baubiologie, seit 1981 Ausarbeitung eigener baubiologischer Planungsprinzipien und deren zahlreiche praktische Anwendungen, mehrere Projektgemeinschaften mit Salzburger Kollegen, Arbeitsschwerpunkt: Projekte im Denkmalpflegebereich, gehobener privater Wohnbau.

Wolfgang Schaffer
*1953, Architekturstudium TU Wien und 1980 Diplom TU Wien bei Prof. Schweighofer. Werkliste: Erholungsheim der OÖGGKK Bad Ischl 1983–1984, Museum Arbeitswelt Steyr – Wehrgraben 1985–1986, Nettingsdorfer Papierfabrik Neubau Hackschnitzelanlage 1988, Bauleitungspraxis Umbau Plus-City, Industriebauplanungen, 1987 Kunstförderungsstipendium der Stadt Linz für Bereich Architektur,

1989 Gründung des eigenen Architekturbüros in der Römerstraße 83, 1989 Wettbewerb LMS Neuhofen/Krems 1. Preis, ARGE mit Arch. Sturm, seit 2001–2010 zweitberuflich als Baureferent der Diözesanfinanzkammer Linz tätig, Leiter der Bauabteilung, zuständig für Um-, Zu- und Neubau in 488 Pfarren an Kirchen, Pfarrheimen und Pfarrhöfen, seit 2005 Dombaumeister für den Mariendom zu Linz.

Konrad Schermann
*1958 in Gmünd, NÖ. 1976 Matura, 1976-1984 Studium der Architektur, Mathematik und Datentechnik an der TU Wien, 1984 Diplom. Mitarbeit in Wiener Architekturbüros, 1986-1987 Assitent an der Lehrkanzel für Wohnbau und Entwerfen an der TU Wien. 1987 Büro in Wien, 1990 Ziviltechniker, 1989-1999 Lehrauftrag an der TU Wien.

Peter Schuh
*1941 in Zell am Ziller, 1960-1964 Architekturstudium an der Akademie der bildenden Künste bei Clemens Holzmeister, Bundesgewerbeschule in Innsbruck, 1964 Diplomarbeit unter E.A. Plischke, 1963-1983 Mitarbeiter bei C. Holzmeister, 1980-2006 Leiter des Diözesanbauamtes, Arbeitsschwerpunkt: sakrale Bauaufgaben, Umbauten historischer Bausubstanz, Adaptierungen und Umgestaltungen von Kirchenbauten, Kircheninnenraumgestaltungen.

Josef Schütz
*1958 in Haslach, Hochbau in Krems, 1978-1985 Architekturstudium TU Wien, Diplomarbeit „Wohnen im Ortskern" bei Prof. Ernst Hiesmayr, 1985-1987 Mitarbeit im Architekturbüro Falkner Wien, 1987-1991 Projektgemeinschaft mit Architekt Böker Ottensheim, seit 1991 eigenes Architekturbüro „ARKADE" in Haslach. Bergrestaurant Zwieseltreff, Haus Dr. Scheuer in Feldkirchen, Campus der ETH Zürich.

Johannes Spalt
*1920 in Gmunden, †2010 in Wien. Architekt. Schüler von Clemens Holzmeister an der Akademie der bildenden Künste in Wien, 1945-49 selbstständiger Architekt in Gmunden und Wien, 1952-64 Mitglied in der Arbeitsgruppe 4, ab 1969 Atelier in Wien (teilweise mit F. Kurrent); ab 1973 Leiter der Meisterklasse für Innenarchitektur und Industrieentwurf an der Hochschule für angewandte Kunst, 1975-79 Rektor. Gestaltete Bauten in einer charakteristischen Detailsprache, zahlreiche Ausstellungen und Möbelentwürfe (unter anderem für die Firma Wittmann). Werke: Firma Wittmann, Etsdorf (Niederösterreich), 1964-66; Terra-Baumaschinen AG, Wien, 1964-67; Z-Filiale Wien-Floridsdorf, 1971-74 (alle mit F. Kurrent); Wohnhaus F. Wittmann, Etsdorf, 1975; Haus Draxler, Nußdorf (OÖ), 1988.

Walter Stelzhammer
*1950 in Oberösterreich, 1970-1977 Studium an der Akademie der bildenden Künste Wien bei Prof. Plischke und Prof. Peichl, 1970-1972 Mitarbeit im Atelier Plischke, 1977 Diplom Meisterschulpreis, 1977-1979 Mitarbeit im Atelier Prof. Krier, 1979-1981 Mitarbeit im Büro Prof. Wawrik, 1982 Gründung eines eigenen Ateliers, 1982-1983 Assistent am Institut für Gebäudelehre Prof. Schweighofer TU Wien, 1989-1994 Lehraufträge am Institut für Hochbau und Entwerfen Prof.

Puchhammer TU Wien, 2004 Vorlesungsreihe an der Fachhochschule für Studiengänge der Wirtschaft FHW Wien, 2004-2005 Lehrauftrag am Institut für künstlerische Gestaltung-Gestaltungslehre Prof. Palffy TU Wien. Werke: Atriumsiedlung Oasteig, Wohnhausanlage am Leberberg, Wohnanlage Atzgersdorf, Baumarkt Wien, Bildungszentrum Campus Krems.

Werner Stolfa
*1959 in Eggenburg, NÖ, 1977 Matura, 1977-1984 Studium der Architektur an der TU Wien, 1984 Diplom, 1984-1988 Assistent an der Lehrkanzel für Wohnbau und Entwerfen an der TU Wien, 1988-1992 Mitarbeit im Büro Arch. W. Rausch, Wien. 1992 Ziviltechniker, Büro in St. Andrä-Wördern, 1992-1994 Lehrauftrag an der TU Wien.

Alfred Sturm
*1951, Architekturstudium TU Graz, 1980 Diplom TU Graz zum Thema: „Bauen für geistig behinderte Menschen". Seit 1975 dauernde Beschäftigung mit dem Thema „Bauen für Behinderte", Kindergarten und Schulwesen, 1981 Übersiedelung nach Linz, 1982 nach Hörsching 1983 Ziviltechnikerprüfung in Graz, 1980-1985 Praxis: Szyszkowitz-Kowalski Graz, Kürmayr Linz, Görlich Wels, Schremmer-Jell Linz, Radler Linz, 1986 Gründung Architekturbüro – freiberuflicher Architekt mit Büro in Hörsching, 1988 Gründung Architekturgruppe BLECHWELL mit O. Kitzmüller, W. Schaffer, 1989 Gründung Architektenarbeitsgemeinschaft mit W. Schaffer

Günther Tautschnig
*1957 in Lienz, Architekturstudium an der Technischen Fakultät für Bauingenieurwesen und Architektur der Universität Innsbruck, 1990 Diplom bei Prof. Lackner. Seit 2001 eigenes Büro in Innsbruck. Etliche Projekte auf dem Gebiet Sakralbau.

Heinz Tesar
*1959 in Innsbruck, 1959-1961 Auslandsaufenthalte in Hamburg, München, Amsterdam, 1961-1965 Studium an der Akademie der bildenden Künste bei Roland Rainer in Wien, 1965-1970 Beschäftigung mit Embryobildern und Homotypen, seit 1973 eigenes Büro in Wien, seit 2000 auch in Berlin, Gastprofessor u. a. in Zürich, New York, Harvard, München und an der Salzburger Sommerakademie. Wichtige Bauten u. a.: Büro- und Geschäftshaus am Zwinger, Dresden, Museum Sammlung Essl, Klosterneuburg, Umbau Bodemuseum, Berlin.

Christoph Thetter
*1943 in Wien, 1971 Diplom TU Wien, 1972-1974 Arbeit bei Prof. Garstenauer Salzburg, 1975-1981 Arbeit im Büro Prof. Holzbauer Wien, seit 1980 Arbeitsgemeinschaft Atelier in der Schönbrunnerstraße, 1981 selbstständiger Architekt in Wien, 1988 Universitätsassistent TU Wien bei Prof. Puchhammer. Werke u. a.: Sommerhaus in Wien 2002, Reihenhäuser in Purkersdorf.

Peter Thurner
*1941 in Innsbruck, †2005 ebd. 1960-1966 Architekturstudium TU Graz, 1967-1968 AA - London, 1969 Gründung Atelier M9 zus. mit Richard Gratl in Innsbruck, ab dann freischaffender Architekt, Hauptwerke: Bauten in Tanzania, Gesundheitszentrum in Columbien, Schulzentrum und Kongress Innsbruck.

Ottokar Uhl
*1931 in Wolfsberg, Architekt. Studierte an der Akademie der bildenden Künste bei Prof. Welzenbacher, ab 1959 als selbstständiger Architekt in Wien tätig. Setzte mit der Montagekirche in der Kundratstraße in Wien (1963-67) und mit dem Umbau der Studentenkapelle Wien 1, Ebendorferstraße (1982, ursprünglicher Bau 1957/58) die Ideen des Zweiten Vatikanums in Architektur um. Entwarf ab Ende der 70er-Jahre Mitbestimmungsmodelle im Geschoßwohnbau (Wohnhaus Feßtgasse, Wien 16, 1977-81), 1973-94 Universitätsprofessor in Karlsruhe. Werke u. a.: Sakralbauten; Gymnasium Völkermarkt, 1970-74, Wohnen mit Kindern in Wien, Wohnhausanlage „Wohnen morgen" in Hollabrunn.

Susanna Wagner
*1966, Architekturstudium TU Wien, 1993 Diplom TU Wien, seit 1998 Ziviltechnikerin, Lehrauftrag an der TU Wien, seit 1987 gemeinsames Büro mit Andreas Lichtblau.

Efthymios Warlamis
*1942 in Nordgriechenland, Architekturstudium an der Hochschule für angewandte Kunst Wien, 1974-1981 Lehrauftrag an der Hochschule für angewandte Kunst Wien Abteilung für Architektur. Ab 1975 gründete er eine Reihe experimenteller Forschungsprojekte darunter „Stadtidentität", „ägäische Architektur". Seit 1992 leitet er gemeinsam mit Heide Warlamis in Schrems das Internationale Designcenter I.D.E.A., Treffpunkt für Kunst und Kultur, Design und innovative Projekte. 2009 Gründung und seither Leitung des Kunstmuseums Waldviertel.

x architekten
x architekten ist eine Gruppe von ArchitektInnen: Architekt David Birgmann, Architektin Bettina Brunner, Architekt Rainer Kasik, Architekt Max Nirnberger und Architekt Lorenz Prommegger. Projektleiter für die Seelsorgestelle war Architekt David Birgmann. Die Gruppe entwickelt in projektbezogener Arbeit konzeptionelle Positionen zur Gegenwartsarchitektur. Als mathematische Variable steht das x für Offenheit und fordert die Mehrzahl: Das Team mit flacher Hierarchie ersetzt das Berufsbild des Architekten als Einzelkämpfer. Die Dynamik eines permanenten, zwischen Kreativität und (Selbst-)Kritik pendelnden Arbeitsprozesses lässt über das Vermögen des Einzelnen hinausgehende Qualität entstehen. Das Tätigkeitsfeld von x architekten umfasst Wohnbau, Bürobau, Bauten für Industrie, Gewerbe, Shopping und Entertainment, Städtebau und Design.

Wolfgang Zehetner
*1953 in Viehdorf bei Amstetten, 1972-1979 Architekturstudium TU Wien, 1 Jahr Auslandsaufenthalt in Sao Paulo, 1983-1993 im Diözesanbauamt Wien, seit 1993 selbstständiger Architekt, Erweiterung der Pfarrkirche St. Pölten. Seit 1994 Dombaumeister zu St. Stephan.

Gert Ziegler
*1941 in Villach, HTL Villach 1955-1960, 1961-1996 Angestellter Hochbau-Ingenieur bei Architekt Bauer & Söhne, ab 1977 Büroleiter Zweigbüro, selbstständiges Planungsbüro Ziegler 1996-2006.

Walter Zschokke
*1948 in der Schweiz, †2009 Wien. Studium der Architektur an der ETH, 1977-1985 Assistent bei Prof. Vogt und Doktorat in Architekturgeschichte an der ETH Zürich, ab 1985 in Wien, arbeitete auf dem Gebiet der Architektur als Entwerfer, Historiker, Kritiker, Kurator und Ausstellungsmacher. Ab 1989 gemeinsames Atelier mit Walter Michl in Wien, Möbeldesign, Bau- und Wettbewerbsprojekte, Wettbewerbsorganisation, Juryteilnahmen, städtebauliche Konzepte.

Künstlerbiografien

Siegrun Appelt
*1965 in Bludenz, lebt und arbeitet in Wien. Werkliste: 2010 Sehnsucht, 12. Architekturbiennale Venedig; Ruhrlights: Twilight Zone, Ruhr.2010, Mülheim; 2009 Glow, Eindhoven; 2008 Updating Germany, 11. Architekturbiennale Venedig; Ruhrlights, Mühlheim; 2007 Lichttage, Winterthur; 2006 116 kW, Kunsthalle Schirn, Frankfurt; Lebt und arbeitet in Wien, Kunsthalle Wien; 2005 288 kW, Kunsthaus Bregenz; Lichtkunst aus Kunstlicht, ZKM Karlsruhe; 2004 Moderato cantabile, Landesgalerie Linz; 68.719.476.736, MUMOK, Wien; 2002 NON-PLACES, Frankfurter Kunstverein; 2001, Detourism, Rennaissance Society, Chicago; 1999 Raumvorstellungen, Lothringerstraße 13, München; 1998 Reservate der Sehnsucht, hARTware projekte, Dortmunder U; 1997 It always jumps back/and finds its way, de APPEL, Amsterdam;

Sepp Auer
*1939 in Braunau/Inn, 1961 Meisterprüfung im Schlosserhandwerk, 1975 Beginn der Lehrtätigkeit an der Hochschule für angewandte Kunst in Wien, 1994-1997 Leiter der Meisterklasse für Bildhauerei der Universität für Angewandte Kunst in Wien, 1992-1995 Jurytätigkeit der niederösterreichischen Landesregierung, Kunst im öffentlichen Raum, 1994-1996 Jurytätigkeit oberösterreichische Landeskulturpreise, Kunst im Öffentlichen Raum, 2001-2003 Kurator für Kunstankäufe Magistrat Linz. Südflügel-Erweiterung Schlossmuseum Linz.

Alois Bauer
*1948, Goldschmiedelehre, Meisterprüfung, freischaffender Künstler, diverse Ausstellungen, Ausstellungsbeteiligungen und Preise, u.a. Galerie Espai Positura Barcelona, Triennale Européenne du Bijou Paris, Diagonal-Design Ausstellung Expo Sevilla, 1. Preis Brunnenwettbewerb Wels. Gemeindezentrum Afritz, Bezirksaltenheim Marchtrenk, Kirche St. Willibald/Peuerbach.

Gabi Berger
*1955 in Wien, Studium der Bildhauerei am Salzburger Mozarteum bei Prof. Arnold und an der Hochschule für Gestaltung bei Prof. Reiter, Diplom 1986. Seit 1991 lebt die Künstlerin in Oberösterreich und „ORDNET" [bearbeitet, spaltet] den Granit im eigenen Steinbruch. Seit 1982 Ausstellungen u. Ausstellungsbeteiligungen, Theater, Performance, Aktion, Bildhauersymposien und Kunst im Öffentlichen Raum.

Willy Bernhard
*1940 in Salzburg, besuchte die Glasfachschule in Kramsach, war dort von 1968-2000 Lehrer für Glasmalerei und Entwurf. „Kunstmachen" gilt ihm als kultischer Akt. Zahlreiche Einzel- und Gruppenausstellungen.

Maria Biljan-Bilger
*1912 in Radstadt, †1997 in München. Ausbildung an der Grazer Kunstgewerbeschule, wichtige Rolle im „Art Club" Wien, Teilnahme an den Biennalen in Sao Paulo und Venedig, Österreich-Ausstellung in Amsterdam und New York, international bekannte Plastikerin.

Herbert Boeckl
*1894 in Klagenfurt, †1966 in Wien. Maler. Als Maler Autodidakt, ab 1935 Professor an der Akademie der bildenden Künste in Wien und Lehrer bedeutender österreichischer Maler. Er erarbeitete in seinem Frühwerk einen eigenständigen, stark expressiven Stil mit pastosem Farbauftrag; für die mittlere Werkperiode ist die Auseinandersetzung mit dem Realismusbegriff auf der Basis einer spezifischen Auffassung von der Funktion der Farbe und anhand von figuralen und landschaftlichen Themen charakteristisch. Boeckls Malerei nach 1945 bildete eine eigenständige Antwort auf die internationale abstrakte Malerei.

Mauricio Bonato
*1953 in Ala/Trento, Italien, Studium der Kunstgeschichte in Innsbruck, 1987 Friedenspreis der Stadt Innsbruck, 1995 Preis „Kunst am Bau" Innsbruck, 1. Preis künstlerische Gestaltung Krankenhaus Kitzbühel, 1996 1. Preis künstlerische Gestaltung Krankenhaus Reutte, 2. Preis Herz-Jesu Wettbewerb, Tirol, 1.und 2. Preis künstlerische Gestaltung Theologische Fakultät Innsbruck.

Gerhard Brandl
*1958 in Linz, 1985 bis 1992 Studium der Malerei und Grafik in Linz, seit 1990 Ausstellungstätigkeit im In- und Ausland, 1990 bis 1995 Betreiben der temporären Galerie B, 1997 Mitgliedschaft in der Künstlervereinigung MAERZ, 2003 bis 2007 Vorsitzender der Künstlervereinigung MAERZ, seit 2001 Kurator zahlreicher Ausstellungen. Lebt und arbeitet in Linz. Werkliste: 2005 Kapelle Priesterseminar Linz: Ambo und Beistelltisch; 2006 Kapelle der Franziskanerinnen Brucknerstraße Linz: Neugestaltung; 2007 Herbert Baier Platz Linz: Mitarbeit an der gesamten Neugestaltung; 2009–2011 Seelsorgezentrum, Treffpunkt mensch & arbeit, Standort voestalpine: Altar, Ambo, Tabernakel, ewiges Licht, Kreuz Außenbereich und Glocke im Innenhof.

Erwin Burgstaller
*1962 in Grieskirchen, 1976-1980 Bildhauerklasse Bundesfachschule Hallstatt, seit 1981 als freischaffender Künstler in Gallspach tätig, 1994-2003 Organisator der Gallspacher Kunstwerktage, Mitglied der Welser Künstlergilde, zahlreiche Ausstellungen und Auftragsarbeiten in Österreich, Deutschland und den Niederlanden.

Hilde Chisté
*1961 in Innsbruck, 1988-1990 Mitglied der „Gruppe 84", 1990 Internationale Sommerakademie Salzburg, Klasse C. L. Attersee, lebt in Absam in Tirol. Werke u. a.: Integratives Gesamtkonzept mit Glaswänden und Falttrennwänden im Wohnheim Saggen, Innsbruck, 2006; Josef-King-Gedenkstele, Schwaz, 2007, Messgewänder für Schwaz und Innsbruck.

Josef Fink
*1941 in Ebersdorf bei Gnas, †1999 Graz. Priester, Autor, Maler, Kulturvermittler, Künstlerseelsorger, Rektor des Kulturzentrums bei den Minoriten, 1966 Priesterweihe, 1970 zwei Jahre Akademie für angewandte Kunst, 1975 Kulturzentrum bei den Minoriten mit Harald Seuter, Eröffnung des Kulturzentrums bei den Minoriten, seit diesem Jahr bis zu seinem Tod Künstlerseelsorger.

Judith P. Fischer
*1963 in Linz, lebt und arbeitet in Wien und Enzersdorf/Fischa (NÖ). Studium der Bildhauerei an der Universität für angewandte Kunst in Wien (1991 Diplom); 2000 „INCONTRO", Centre d´Art d´Ivry/Le Credac, Paris; 2005 „variation élastique", art position galerie/Wien; „innovation.irritation.variation" Art Room Würth/Böheimkirchen/NÖ, 2007; „weiß ist eine farbe", blaugelbe Galerie Zwettl/NÖ; „body shell", Galerie Franzke/Wien, 2008; „echinops.retro", Remise Bludenz/Vorarlberg

Herbert Friedl
*1943 in Unterweitersdorf, Grafiker, lebt und arbeitet in Pregarten und Linz. Werke: Neugestaltungen in den Kirchen Pregarten, Ebensee, Linz-Solarcity, Andachtsraum des evangelischen Studentenheims, Neugestaltung der Euthanasie-Gedenkstätte im Schloss Hartheim.

Manfred Gollowitsch
*1942 in Leoben, 1973 Lehrtätigkeit an der Pädagogischen Akademie der Diözese Graz-Seckau, Lehraufträge, Lehrveranstaltungen und Projekte im In- und Ausland (u. a. Rumänien, Ungarn, Litauen, Polen), 1993 Diplom der Mesaryk Kunstakademie Prag (Grafik) und zahlreiche Buchillustrationen, 1997 österreichischer Pilgrampreis für Steinbildhauerei, seit 2000 Lehrauftrag für modernes skulpturales Gestalten (Theorie und Praxis) an der Kunstuniversität Karstad/Schweden, zahlreiche Ausstellungen im In- und Ausland sowie zahlreiche öffentliche Aufträge (Brunnen- und Altargestaltungen, Illustrationen und Wandbemalungen).

Rudolf Gritsch
lebt als Schulleiter in Kramsach. Der Glaskünstler hat unter anderem den neuen Tabernakel im Salzburger Dom geschaffen.

Christoph Herndler
*1964, Studium der Orgel und Elektroakustik an der Musik-Universität Wien, Kompositionsstudium bei Roman Haubenstock-Ramati. Studienaufenthalte: 1989-1990 CCRMA, Stanford University Kalifornien, 1992 University of California, San Diego, Department of visual art. Mehrere Ausstellungen.

Richard Hirschbäck
*1937 in Schwarzach-St. Veit, †2007 Thumersbach. 1956-61 Studium an der Akademie der bildenden Künste Wien bei Prof. Gütersloh; 1971 1. Preis Österr. Grafikwettbewerb der SAFE, Förderungspreis der Salzburger Landesregierung 1972, 1973 Kunstpreis Köflach, 1980 Slavi-Soucek-Preis für Grafik des Landes Salzburg. Zahlreiche Einzelausstellungen in Österreich, der Schweiz und Deutschland, lebte und arbeitete in Thumersbach bei Zell am See.

Chryseldis Hofer-Mitterer
*1948 in Landeck, 1966 Akademie der bildenden Künste in Wien, Aufenthalte in Kreta und auf der griechischen Insel Syphnos, 1974 Diplom mit Meisterschulpreis bei Rudolf Hausner, seither freischaffende Künstlerin. Glasfenster, Wandmosaiken, vor allem in Tirol.

Rudolf Hradil

*1925 in Salzburg, † 2007 in Wien, war einer der bedeutendsten österreichischen Maler, Druckgrafiker, Zeichner und Aquarellisten seiner Zeit. Ab 1964 Mitglied der Wiener Secession, er lebte und arbeitete in Salzburg und Wien. 1946 Studium der Mathematik, Universität Innsbruck, 1947–1951 Studium an der Akademie der bildenden Künste, Wien, bei Robin C. Andersen, Albert Paris Gütersloh und Herbert Boeckl. In den Sommerferien Schüler bei Anton Kolig, Nötsch. 1951–1952 Paris-Stipendium, Besuch der Schule von Fernand Léger, 1959–1960 Besuch der Central School of Arts and Crafts, London. Reger Kontakt mit Erich Fried und Elias Canetti, 1963 Stipendium am Istituto Austriaco di Cultura, Rom, ab 1964 Mitglied der Secession, Wien, 1965 Stipendiat der Max-Beckmann-Gesellschaft in Murnau und Frankfurt am Main, 1981, 1982, 1984 Leitung der Radierklasse an der Internationalen Sommerakademie, Salzburg, 1986 DAAD-Stipendium, Berlin, 1989 Leitung der Klasse für Aquarellmalerei an der Internationalen Sommerakademie, Salzburg, seit 1989 mehrfach Unterricht in Aquarellmalerei und Zeichnen in der Galerie Vita (damals in Bern), 1999 Entwurf der Glasfenster für das Evangelische Gemeindezentrum Salzburg-Süd.

Gottfried Hula

* 1941 in Wien, 1959 bis 1963 Studium an der Akademie der bildenden Künste, Wien, 1965 bis 1983 Lehrtätigkeit an der Akademie der bildenden Künste Wien. Ausstellungen im In- und Ausland: 1965 Künstlerhaus Wien, 1980 Galerie Lehner Linz, 1997 Stift Heiligenkreuz Niederösterreich, 1999 Palais Palffy Wien, 1999 Pfarrkirche Schönberg Bayern, 2000 Deutscher Katholikentag Hamburg, 2001 SIAC Luxemburg, 2002 Galerie Maringer St. Pölten.

Tobias Kammerer

*1968 in Rottweil, 1986-1992 Studium an der Akademie der bildenden Künste in Wien, freie Malerei bei Prof. Arik Brauer und Prof. Josef Mikl, 1992 Magister artium, Studium an der Akademie der bildenden Künste in Wien, Bildhauerei bei Prof. Bruno Gironcoli, Zahlreiche Preise und Auszeichnungen, u.a. 2004 1. Preis für die Glockenzier der Europäischen Friedensglocke für das Straßburger Münster 2006. Zahlreiche Ausstellungen und Projekte im In- und Ausland.

Alois Köchl

*1951 in Klagenfurt, 1974 Diplom für Malerei an der Akademie der bildenden Künste in Wien, Projektbeteiligungen beim Steirischen Herbst, Triennale für Zeichnung-Nürnberg, Europalia-Gent, Ausstellungen in Bern, Luxemburg, Landesgalerie Klagenfurt, Museumsquartier Wien, Stadtzeichner in Nürnberg.

Oskar Kokoschka

*1886 in Pöchlarn, †1980 in Villeneuve bei Montreux. Maler, Grafiker, Dichter, studierte an der Wiener Kunstgewerbeschule, ab 1907 Mitarbeit in der Wiener Werkstätte, ab 1910 an der Zeitschrift Der Sturm in Berlin, 1919-23 Professor an der Dresdner Akademie, später ausgedehnte Reisen durch Europa, Nordafrika und den Nahen Osten. 1938 Emigration nach London. 1953 ließ sich Kokoschka in Villeneuve nieder.

Silvia Kropfreiter

besuchte HTL für Gebrauchsgrafik, Linz, Meisterklasse für Gebrauchsgrafik (Diplom), Meisterklasse für Malerei und Grafik, Hochschule für künstlerische und Industrielle Gestaltung, Linz, Meisterklasse für Malerei und Grafik, Hochschule für angewandte Kunst, Wien, lebt und arbeitet in Wien und Hargelsberg, zahlreiche Ausstellungsbeteiligungen.

Ingeborg Kumpfmüller

*1958 in Grieskirchen, bildende Künstlerin und Grafikerin, lebt und arbeitet in Wien. 1985-1990 Hochschule für angewandte Kunst in Wien. Arbeitsschwerpunkte: Schriftgestaltung, Schriftinstallationen im Architekturbereich, im öffentlichen Raum, Gestaltung von Leitsystemen. Eingangsbereich Arbeiterkammer Wien, Fachhochschule St. Pölten.

Vasile Lefter

*1968 in Draguseni/Rumänien, Kunstakademie in Rumänien, Fresken in Cugir und Alba Julia.

Cordula Loidl-Reisch

Landschaftsarchitektin, Studium irregulare Landschaftsgestaltung und Ökologie an der Universität für Bodenkultur und der TU Wien, Lehraufträge an der Wiener Akademie der bildenden Künste, Fachpreisrichterin bei mehreren Wettbewerben, Professur für Landschaftsarchitektur TU Berlin. Naturbad Amstetten, 2002, Neugestaltung Außenanlagen Stift Admont, 2004.

Walburga Michenthaler

*1967, 1987-1997 Studien der Biologie, Theaterwissenschaft, Soziologie und Philosophie an der Universität Wien und an der Hochschule für Angewandte Kunst, 1993 Projektarbeit mit der Schule für Dichtung, 1998 Musicalproduktion am Künstlerhaus Wien, 1999 Mitbegründerin der Kunstschule Hüttenberg/HEFT in Kärnten, Ausstellungsprojekte in Großbritannien, Deutschland, Ukraine, Italien und USA, Arbeiten zum Thema Mythos, Religion und Architektur, seit 2001 Dozentin an der FH -Technikum Kärnten, 2004 künstlerische Leitung Interreg IIIA Freskomalerei in Feltre/Belluno.

Josef Mikl

*1929 in Wien, †2008 ebd. Maler und Grafiker. Studierte an der Akademie der bildenden Künste in Wien bei J. Dobrowsky; 1956 Mitbegründer der Künstlergruppe „Galerie nächst St. Stephan" (mit W. Hollegha, M. Prachensky, A. Rainer); 1968 österreichischer Vertreter bei der Biennale in Venedig; 1969-97 Professor an der Akademie der bildenden Künste in Wien. Vertrat einen „abstrakten Realismus" (in einer Vielfalt von künstlerischen Ausdrucksformen) mit der menschlichen Figur als zentralem Thema. Besonderer Stellenwert kam bei ihm der Zeichnung zu. Zahlreiche Einzelausstellungen.

Hartwig Rainer Mülleitner

*1968 in der Steiermark, studierte nach dem Abschluss der Halleiner Fachschule für Holz- und Steinbildhauerei bei Prof. Reiter an der Hochschule für künstlerische und industrielle Gestaltung in Linz, Diplom 1995. Er lebt meist in Salzburg. Teilnahme an zahlreichen internationalen Symposien. 1992 Sonderpreis der Stadt Krems und 1. Preis im Kunst am Bau-Wettbewerb zur künstlerischen Gestaltung der überdachten Gaswerkgasse in Salzburg, 1993 Anerkennungspreis der Stadt Freistadt.

Lorenz Otto
*1944 in Mödling/NÖ, 1960-63 „Modellbaulehre" (Gießereitechnik) in Osnabrück (BRD). 1968-1973 Studium an der Akademie f. angewandte Kunst Wien bei Prof. Leinfellner, 1973 Diplom mit Auszeichnung und Preis für Wirtschaft und Forschung, 1977 Kauf von Schloss Saubersdorf NÖ und Übersiedelung dorthin. 1985 Gründung des Bildhauersymposiums Winzendorf-Muthmannsdorf. Leitung desselben bis 1998. 1973-2000 Assistent an der Hochschule für angewandte Kunst in Wien bei den Professoren Leinfellner, Bertoni, Bilger, Thun, Fassel, Kowaur, 2000-2009 Professur und Leitung der Meisterklasse für Keramik an der Universität für angewandte Kunst in Wien. Seit 2009 im Ruhestand, lebt und arbeitet in Saubersdorf/NÖ. In seiner bildhauerischen Tätigkeit arbeitet er mit allen Materialien; Schwerpunkte im sakralen Bereich, Altarraumgestaltung in einer Reihe von Kirchen in Wien und Niederösterreich, diverse Ausstellungen im In- und Ausland, Mitglied des Künstlerhauses in Wien.

Franz Xaver Ölzant
*1934 in der Steiermark, 1955-1958 Bildhauerstudium an der Hochschule für angewandte Kunst in Wien, 1958 Atelier in Niederösterreich und Wien, 1986-2001 Professur für Bildhauerei an der Akademie der bildenden Künste Wien.

Fritz Panzer
*1945 in Judenburg, 1959-1961 Kunstgewerbeschule Graz, 1961-63 Kunstschule Linz, 1964-1971 Akademie der bildenden Künste in Wien bei Prof. Gütersloh, Mikl, Hollegha. 1972-76 ständiger Wohnsitz in Italien (Rom, Orvieto), 1977 Staatsstipendium für Maler, 1977-78 Aufenthalt in den USA (Los Angeles), 1979-98 Wohnsitz in der Steiermark, ab 1998 in Berlin, zahlreiche Ausstellungen im In- und Ausland. Arbeitsschwerpunkt: Kartonplastiken, Rekonstruktionen von Gegenständen im Maßstab 1:1.

Leo Pfisterer
*1963 in Wien, aufgewachsen in Niederösterreich, Absolvent der Höheren Grafischen Bundeslehr- und Versuchsanstalt, Ausbildung in russischer Ikonenmalerei, seit 1992 Leitung von Ikonenmalseminaren, erste Auftragswerke im Bereich Bildhauerei, 1996 staatliche Anerkennung als Maler und Bildhauer, seither freiberuflich tätig. Werkliste: Gottesmutter von Vladimir (Pfarrkirche Stattersdorf-St.Pölten), Thronender Christus (Christuskirche – Herzberg am Harz), Kreuz, Gottesmutter des Zeichens, Joachim und Anna (Pfarrkirche St. Josef, Krypta, Wien 14), Auferstehungsikone (Pfarrkirche Kottingbrunn), Ikone „Lichtweg" (Pfarrkirche Großhöflein-Eisenstadt), Auferstehungsikone (Pfarrkirche St. Peter im Sulmtal), Kreuz, Gottesmutter (Krankenhauskapelle Rudolfstiftung-Wien)

Krista Pliem
*1964 in Zell am See (Salzburg), Glasfachschule Kramsach (Tirol), Internationale Sommerakademie in Salzburg bei dem Fluxuskünstler Wolf Vostell, 1986 Assistentin von Georg Meistermann in der Klasse Glasmalerei an der Internationalen Sommerakademie, danach Aufbau des eigenen Ateliers in der Nähe von Salzburg, 1987 Glaswand in der Salzburger Arbeitsmarktverwaltung nach einem Entwurf von Johann Weyringer, 1988 bleigefasste Fenster für die Kapelle „Zum guten Hirten" in Thalgau-Egg, 1993 achtteiliges Fenster für die Hauskapelle im Krankenhaus Schwarzach, 1994 Glasfenster in der Kapelle des Seniorenheims Bergheim (Salzburg) nach dem Entwurf ihres Vaters Beppo Pliem, 1999 Ausführung der Glasfenster für die Kirche Salzburg Süd nach dem Entwurf von Rudolf Hradil, zahlreiche private Aufträge.

Hans-Peter Profunser
*1956 in Lienz in Osttirol, Lehre als Maschinenschlosser bei den österreichischen Draukraftwerken, ab 1988 freiberuflicher Bildhauer in Berg im Drautal, 2000 Sala di Cultura Chions, Italien, 2000/2001 Domgalerie, Wiener Neustadt, 2002 Galerie Prannerstraße, München, 2003/2004 Galerie Gerlich, Salzburg, 2004 Kraftwerk Reißeck, „Kraftwerk Mensch", Galerie „Zur alten Mühle", Zürich/Weiningen, Bronzskulptur Raiffeisenbank Oberdrautal-Weißensee, Christusskulptur in der evangelischen „Auferstehungskirche" in Salzburg, Skulpturenweg am Weißensee, Schiff der Visionen für die Gesellschaft Draugesund, einige Bühnenbilder.

Veronika Schaller
*1967 in Wien, studierte zunächst an der Pädagogischen Akademie, danach Philosophie und Politikwissenschaft. Neben ihrer Unterrichtstätigkeit erlernte sie am Grazer Institut für Kinderphilosophie das Philosophieren mit Kindern. Die Geburten ihrer beiden Kinder und zwei schwere Krankheiten unterbrachen ihre berufliche Laufbahn und ermutigten sie, neue Wege zu gehen. Heute arbeitet sie als Malerin und Kunsterzieherin, zahlreiche Ausstellungsbeteiligungen.

Hubert Scheibl
*1952 in Gmunden, österreichischer Maler, lebt und arbeitet in Wien, 1976 bis 1981 Studium an der Akademie der bildenden Künste in Wien, Schüler von Max Weiler und Arnulf Rainer, Mitglied der Gruppe der „Neuen Wilden" in den 1980er-Jahren. Seine meist sehr großformatigen Ölbilder sind kraftvolle, farbige, abstrakte Werke. Zahlreiche Ausstellungen.

Hubert Schmalix
*1952 in Graz, bildender Künstler, 1971-1976 Studium an der Akademie der bildenden Künste Wien, seit 1997 Professor, zu Beginn der 1980er-Jahre Exponent der „Neuen Malerei", 1983 Teilnahme an Aktuell 83, 1984 Auslandaufenthalt auf den Philippinen und den USA, 1987 Übersiedelung nach Los Angeles, wo er bis heute lebt, Seine Werke befinden sich u.a. im Museum of Contemporary Art Zagreb, Neue Galerie Graz am Landesmuseum Joanneum, Sammlung Essl-Kunsthaus Klosterneuburg, MdM Salzburg Rupertinum, MAK Wien.

Bernward Peter Schmid (Fr. Bernward OSB)
*1920 in Riefensberg, Vorarlberg, †2010, Professor, Goldschmiedemeister, 1935 Eintritt in die Brüder Oblatenschule der Benedik-

tiner in Seckau, 1939 Ablegung der Ordensgelübde. Lehre im Gold u. Silberschmiedehandwerk bei Bruder Notker OSB und P. Theodor Bogler im Kloster Maria Laach, 1946 Rückkehr ins Kloster Seckau, 1946-1950 Fachschulklasse für Bildhauerei bei Prof. Silveri, dann Metallgestaltung bei Prof. Sieder. 1951 Abschluss der Meisterschule und Meisterprüfung als Gold und Silberschmied. Aufbau der Goldschmiedewerkstätte in der Abtei Seckau, Lehrer für Bildnerische Erziehung am Abteigymnasium. Das künstlerische Werk besteht neben profanen Arbeiten (Schmuckstücke, Ehrenringe, Portale) vor allem aus sakralen Gegenständen, die für Kirchen, Klöster und aus besonderen Anlässen hergestellt wurden – z. B. Messkelche, Monstranzen, Tabernakel, Türen, Bischofsstäbe, Kreuze, Leuchter und Schalen.

Herbert Schmid
*1961 in Imst, Ausbildung zum Elektronik-Ingenieur, Medizinstudium und 5 Jahre tätig als Arzt, seit 1993 freischaffender Künstler, 2003 Ausstellung erster Großobjektserien, Weiterentwicklung von Glasskulpturen.

Peter Skubic
*1935 in Gornji-Milanovac in Jugoslawien, 1952-1954 Fachschule für Metallkunstgewerbe in Steyr, 1954-1958 Akademie für Angewandte Kunst in Wien, 1979 Berufung an die Fachhochschule Köln, Fachbereich Kunst und Schmuckgestaltung. Zahlreiche Ausstellungsbeteiligungen.

Keith Sonnier
*1941 in Marnou/Lousiana, lebt und arbeitet in New York, wurde international bekannt durch seine Skulpturen und Installationen mit Neonröhren, sein spektakulärstes Werk ist der 1 km lange „Lichtweg", der zwei Terminals am Münchner Flughafen verbindet. Seit den späten 1960er-Jahren Verwendung von „billigen" Materialien wie Fiberglas, Blei, Fett, Latex, Glas, Draht, Neon und Aluminium.

Edith Temmel
*1942 in Graz, lebt und arbeitet freischaffend als Malerin, befasst sich mit Glaskunst und Objekten, wesentlicher Schwerpunkt ihres Schaffens sind Glasfenster im Sakral- und Profanbereich.

Marc Tesar
*1963 in Wien, lebt und arbeitet als freischaffender Künstler in Wien. Schwerpunkte der Tätigkeit sind der konzeptuelle Entwurf, die städtebauliche und die Bestandsanalyse. Im Bereich Kirchenbau erfolgreiche Teilnahme an mehreren Wettbewerben. Zusammenarbeit mit Heinz Tesar, z. B. Gestaltung des Neuzugangs Stift Klosterneuburg.

Karl Vouk
*1958 in Klagenfurt, Architekturstudium an der TU und an der Akademie für bildende Kunst in Wien. Diplom 1986 in der Klasse von Prof. Peichl, lebt und arbeitet in Rinkolach bei Bleiburg. Intensive bildnerische und künstlerische Auseinandersetzung mit dem Thema Zeichen und Schrift. 1984 und 1996 Professor an der Sommerakademie für Bildende Künste in Salzburg.

Günter Wolfsberger
*1944 in St. Wolfgang im Waldviertel, Studium an der Akademie der bildenden Künste Wien, Diplom in Kleinplastik und 1980 Meisterschule an der Akademie der bildenden Künste Wien, 1989 Aufträge für vier Brunnengestaltungen in Linz, 1992 künstlerische Gestaltung der Kirche Neumarkt/Ybbs.

Fritz Wotruba
*1907 in Wien, †1975 ebd. Einer der bedeutendsten österreichischen Bildhauer im 20. Jahrhundert, 1926-1928 Studium für Bildhauerei an der Kunstgewerbeschule Wien, Schüler von Anton Hanak, 1938-1945 Emigration in die Schweiz, ab 1945 Professor an der Akademie der bildenden Künste in Wien, 1948 und 1952 österreichischer Vertreter auf der Biennale in Venedig, 1959, 1964 und 1977 Teilnehmer der documenta in Kassel. Sein größtes Werk war die Planung der Kirche „Zur heiligen Dreifaltigkeit" in Wien-Mauer. Wotruba löste zunehmend die figuralen Komponenten zu Gunsten geometrischer Abstraktion auf.

Kurt Zisler
*1945 in Bärnbach, Studium der Theologie und Germanistik in Graz und Paris, seit 1970 Religionslehrer an HS und AHS, daneben Tätigkeit als Maler, zusammen mit Prof. Zagorodnikow Gestaltung der Altarwand der Pädagogischen Akademie in Eggenberg. Werke u.a.: Barbarakirche in Bärnbach, Ausgestaltung der Kapelle im Haus der Frohbotschaft in Batschuns/Vorarlberg.

Leo Zogmayer
*1949 in Krems an der Donau, bildender Künstler, 1975-1981 Studium bei Herbert Tasquil an der Hochschule für angewandte Kunst, zahlreiche nationale und internationale Ausstellungstätigkeit, zahlreiche Kircheninnenraumgestaltungen im In- und Ausland.

Glossar

Analemma
(griech., Sockel einer Sonnenuhr) entsteht durch die Montage von Fotos der Sonne, die man ein Jahr lang täglich zur gleichen Zeit macht; werden diese verbunden, erhält man das Analemma, eine langgestreckte Acht

Apsis
Raumteil, der im christlichen Kirchenbau dem Altar als Standort dient

Chorstallen
auch Chorgestühl, in Kloster- und Stiftskirchen die sich zu beiden Seiten des Chorraumes befindenden hölzernen Sitzreihen für die Geistlichen

ex opere operato
(lat., „aus der vollzogenen Handlung heraus") drückt aus, dass ein Sakrament die bezeichnete Gnade aus sich heraus bewirkt, unabhängig von der inneren Haltung des Spenders und Empfängers

Filioque
Verknüpfung der lateinischen Wörter filius (Sohn) mit que (und); soll ausdrücken, dass der Hl. Geist aus dem Vater und dem Sohn hervorgeht

Finite-Elemente-Methode
weit verbreitetes modernes, numerisches Berechnungsverfahren im Ingenieurwesen (partielle Differenzialgleichungen)

Konche
eine Einbuchtung beziehungsweise halbrunde Nische; Apsis oder Seitenkapellen sind häufig als Konche ausgebildet

numinos
gottähnlich, göttlich

Pantokrator
(griech. panto „alles" und kratos „Herrschaft"), vor allem Ehrentitel für Jesus Christus. In der Kunst wird die Bezeichnung Pantokrator meist für Darstellungen des thronenden Christus verwendet

Stipes
Unterbau eines Altars, auf dem die Altarplatte (Mensa) aufliegt

Sedilien
Sitze im Kirchenraum für Priester und Messdiener

Tambour
der zylindrische oder polygonale, meist von Lichtöffnungen durchbrochene Unterbau einer Kuppel

Tridentinum
Konzil von Trient (lat. Tridentum), das zwischen 1545 und 1563 stattfand

Bibliografie

Lexika und Fachwörterbücher

Baumann, Urs u.a. (Hrsg.) (1998). Wörterbuch des Christentums. Gütersloh und Zürich.
Biser, Eugen, Ferdinand Hahn und Michael Langer (Hrsg.) (2003). Lexikon des christlichen Glaubens. München.
Bowker, John (Hrsg.) (1999). Das Oxford-Lexikon der Weltreligionen. Düsseldorf.
Burkhardt, Helmut und Uwe Swarat (Hrsg.) (1994). Evangelisches Lexikon für Theologie und Gemeinde, Bd. 3. Wuppertal-Zürich.
Drehsen, Volker u.a. (Hrsg.) (1995). Wörterbuch des Christentums. München.
Hammer-Schenk, Harold. Kirchenbau III. In: Müller, Gerhard (Hrsg.) (1989). Theologische Realenzyklopädie, Bd. 18. Berlin-New York.
Jedin, Hubert (1985). Handbuch der Kirchengeschichte, Band V. Freiburg-Basel-Wien.
Kasper, Walter (Hrsg.) (1993). Lexikon für Theologie und Kirche, Band 1. Freiburg-Basel-Wien.
– (Hrsg.) (1995): Lexikon für Theologie und Kirche, Bd. 3. Freiburg-Basel-Rom-Wien.

Die Bibel (2004) Einheitsübersetzung der Heiligen Schrift. Stuttgart.

Literatur

Achleitner, Friedrich (1980). Österreichische Architektur im 20. Jahrhundert, Band 1. Salzburg.
• (1990). Österreichische Architektur im 20. Jahrhundert, Band 3/1. Salzburg.
• (2002). Künstlerische Vielfalt und typologische Strenge. Kirchenbau in Österreich zwischen 1950 und 2000. In: Stock, Wolfgang Jean (Hrsg.) (2002). Europäischer Kirchenbau 1950-2000. München.
Acken, Johannes van (1922). Christozentrische Kirchenbaukunst. München. **Aichinger**, Dominik (2005). Dominik Aichinger Architekt. S.l.
Ando, Tadao (1990). Tadao Ando. Zürich-München.
Architekturzentrum Wien (2001). Sturm der Ruhe. What is Architecture? Salzburg.
Arnhelm, Rudolf (1980). Die Dynamik der architektonischen Form. Köln.
Baudrillard, Jean (1999). Architektur: Wahrheit oder Radikalität? Graz-Wien.
Bäumler, Katrin und Andreas Zeese (Hrsg.) (2007). Wiener Kirchenbau nach 1945. Wien.
Benediktiner Abtei Seckau (2000). Zwischen Augenblick und Ewigkeit. Seckau.
Bergthaler, Wolfgang (Hrsg.) (1992). Funktion und Zeichen. Graz-Budapest.
Bering, Kunibert (1986). Raumbegriff in dieser Zeit. Essen.
Bertoni, Franco (2002). Minimalistische Architektur. Basel-Boston-Berlin.
Bialas, Volker (2004). Johannes Kepler. München.
Blaser, Werner (2001).Tadao Ando – Architektur der Stille – Architecture of Silence. Naoshima und Basel-Boston-Berlin.
Boff, Leonardo (1992). Die kleine Sakramentenlehre. Düsseldorf.
Böhme, Gernot (2006). Architektur und Atmosphäre. München.
Bollnow, Otto Friedrich (1984). Mensch und Raum. Stuttgart.
Botta, Mario (1983). Mario Botta Öffentliche Bauten 1990-1998. Basel-Boston-Berlin.
• (1997). Ethik des Bauens. Basel-Boston-Berlin.
• (1998). Mario Botta. Mailand.
Brandl, Gerhard (2007). In: Unsere Brücke. Heft Juni- Dezember 2007. Linz.
Cochlovius, Gero. Das Sakrale. In: Biser, Eugen (2003). siehe LEXIKA.
Deutsche Bischofskonferenz (Hrsg.) (1991). Die Feier der Heiligen Messe. Meßbuch für die Bistümer des deutschen Sprachgebietes. Authentische Ausgabe für den liturgischen Gebrauch. Freiburg-Basel-Wien.
Deutsche Bischofskonferenz (Hrsg.) (2000). Leitlinien für den Bau und die Ausgestaltung von gottesdienstlichen Räumen.
Diözese Linz (Hrsg.) (2004). Jahrbuch der Diözese Linz 2004. Linz.
• (Hrsg.) (2008). Jahrbuch der Diözese Linz 2008. Linz.
Drew, Philip (1996). Church of the water, church of the light. London.
Duby, Georges (2004). Die Klöster der Zisterzienser. Architektur und Kunst. Paris.
Ebenbauer, Peter. Altar. In: Biser, Eugen (2003). Siehe LEXIKA.
• Heiligenverehrung. In: Biser, Eugen (2003). Siehe LEXIKA
Emminghaus, Johannes (1976). Gestaltung des Altarraums, in: Pastoral-katechetische Hefte 57, Benno-Verlag 1976
Esterbauer, Reinhold. Das Heilige. In: Biser, Eugen (2003). Siehe LEXIKA.
Feldtkeller, Christoph (1989). Der architektonische Raum. Braunschweig.
Fellerer, Johannes (1969). Antworten des Konzils auf Fragen des Kirchenbaus. In: Deutsche Gesellschaft für Christliche Kunst (Hrsg.). Kirchenraum nach dem Konzil. München.

Festschriften
• Augustiner Chorherrenstift Herzogenburg (Hrsg.). Festschrift anlässlich der Segnung und Eröffnung der Osterkapelle am 27. November 1999
• Diakon Friedrich V. Reiter (Hrsg.) (2006). Festschrift zur Kirchweihe und Pfarrerhebung St. Severin
• Evangelische Gemeinde Klosterneuburg (Hrsg.) (1996) Festschrift der Evangelischen Kirche Klosterneuburg: Gott allein sei Ehre!
• Karmel St. Josef Innsbruck: Festschrift zur Kirchenweihe Karmel St. Josef in Innsbruck-Mühlau vom 23. Juni 2003

Feuerstein, Günther (2001). Human and Animal Forms in Architectur. Stuttgart.
Fronius, Hans (1978). Stationen am Weg. Der Kreuzweg in Thörl. Weitra.
Furuyama, Masao (1995). Tadao Ando. Basel-Boston-Berlin.
Gerhards, Albert (2002). Räume für eine tätige Teilnahme – Katholischer Kirchenbau aus theologisch-liturgischer Sicht. München.
Gerhards, Albert, Thomas Sternberg und Walter Zahner (Hrsg.) (2003). Communio-Räume. Regensburg.
Giencke, Volker (2001). Projekte/Projects. Wien.
Glockzin-Beaver, Sigrid (2002). Kirchen-Raum-Pädagogik. Münster.
Gmeiner, Johann (Hrsg.) Broschüre zur Pfarrkirche zur hl. Katharina Gallspach.

Gut, Benno (1981). Die Feier der Heiligen Messe. Messbuch. Für die Bistümer des deutschen Sprachgebietes. Kleinausgabe. Das Messbuch Deutsch für alle Tage. Wien.
Günzel, Stephan (2005). Philosophie und Räumlichkeit. In: Kessl, Fabian u.a. (Hrsg.) (2005). Handbuch Sozialraum. Wiesbaden.
Hezel, Dieter (1983). Architekten – Roland Rainer. Stuttgart.
Hilberath, Bernd Jochen. Filioque. In: Kasper, Walter (1995). Siehe LEXIKA.
Hofer, Johann (2000). Katholischer Kirchenbau in Vorarlberg von 1945-1999. Ungedr. Dissertation, Universität Innsbruck
Holzbauer, Wilhelm (1985). Bauten und Projekte 1953-1985. Salzburg-Wien.
• (1985). Bauten und Projekte 1985-1990. Salzburg-Wien.
Holzbauer, Wilhelm, Gustav Peichl und Roland Rainer (1984). Katalog zur Ausstellung „Three Viennese Architects". Wien.
Hübl, Heinrich (1977). Wilhelm Holzbauer. Wien.
Husserl, Edmund/Klaus Held (Hrsg.) (1998). Die Phänomenologische Methode. Ausgewählte Texte I, mit einer Einleitung. Stuttgart.
Jormakka, Kari (2003). Geschichte der Architekturtheorie. Wien.
Kapellari, Egon (2006). Bis das Licht hervorbricht. Fragen zwischen Kirche und Kunst. Wien.
Katechismus der Katholischen Kirche (1993). München.
Kirche Waidhofen/Thaya (Hg.) (2006). Kirche der frohen Botschaft. Waidhofen/Thaya.
Kirchgässner, Alfons (1966). Der Mensch im Gottesdienst. München.
Klein, Aloys. Apostelgemeinden. In: Kasper, Walter (1993). Siehe LEXIKA.
Kölbl, Alois, Gerhard Larcher und Johannes Rauchenberger (Hg.) (1997). ENTGEGEN ReligionGedächtnisKörper in Gegenwartskunst. Ostfildern-Ruit.
Kraut, Markus (1999). Raumlichtung. Wien.
Kühn, Christian (1998). Der schöne Name Arche, in: Die Presse, Spectrum, 2. Mai 1998
Kunsthalle Krems (Hrsg.) (1995). Schätze und Spiritualität. Ausstellungskatalog. Krems.
Kurrent, Friedrich (1997). Kathedrale unserer Zeit. Salzburg.
• (2006). Texte zur Architektur. Salzburg.
• und Scarlet Munding (2001). Einige Häuser, Kirchen und dergleichen. Salzburg.
Larentzakis, Grigorios. Orthodoxe Kirchen. In: Biser, Eugen (2003). Siehe LEXIKA.
Larentzakis, Grigorios. Papst. In: Biser, Eugen (2003). Siehe LEXIKA.
Lackner, Josef (2002). Architekturforum Tirol-Innsbruck. Salzburg.
Larcher, Gerhard (Hg.) (2000). Kunstraum Kirche Zeiten Wende Zeiten Ende. Innsbruck.
Laule, Ulrike (2004). Kirchen, Klöster, Kathedralen. Berlin.
Leisch-Kiesl, Monika, Christoph Freilinger und Jürgen Rath (Hrsg.) (2004). Altar als Gemeinderaum. Umgestaltung bestehender Kirchen. Linz.
Lienhardt, Conrad (1997). Rudolf Schwarz (1897–1961) Werk – Theorie – Rezeption. Ausstellungskatalog. Regensburg.
• (2000). Ottokar Uhl: Werk. Theorie. Perspektiven. Regensburg.
• (2004). Sakralraum im Umbruch. Kirchenbau der katholischen Kirche in Oberösterreich. Regensburg.
Lilienfeld, Fairy. Orthodoxe Kirchen. In: Theologische Realenzyklopädie (1995), Bd. 25. Berlin-New York.
Löw, Martina (2001). Raumsoziologie. Frankfurt/M.
Mack, Gerhard (1996). Herzog & de Meuron 1989-1991. Das Gesamtwerk Band 2. Basel-Boston-Berlin.
Magistrat der Stadt Wien MA 19 (Hrsg.) (1995). Stefan K. Hübner. Peter Leibetseder. Ganztagsvolksschule Schumpeterweg Musikschule Kummergasse Wien 21. Projekte und Konzepte Heft 8
Marboe, Isabella: lichtblau wagner – pfarrzentrum in poderdorf. In: Architektur aktuell, 9/2002
Maria Annuntiata vom Kreuz OCD (1996). Ort der Stille. 150 Jahre Karmel Innsbruck. Innsbruck
Marjanovic, Vladislav (1996). Unterwegs durch Emmaus am Wienerberg. Ein Beitrag zur Geschichte des 10. Bezirkes. Wien
Muck, Herbert (1966). Die Gestaltung des Kirchenraumes nach der Liturgieform. Regensburg.
• (1968). Kirchenbau als Kunst. München.
• (1986). Der Raum. Wien.
• (Hrsg.) (1988). Gegenwartsbilder, Kunstwerke und religiöse Vorstellungen des 20. Jahrhunderts. Wien.
Mulitzer, Matthias (2004). Bauen nach der Regel über zwei Klosterneubauten in Österreich und Venezuela, in: Architektur aktuell (5/2004).
Müller, Gerhard (Hrsg.) (1989). Theologische Realenzyklopädie, Bd. 18. Berlin-New York.
Naredi-Rainer, Paul (1990). Vision & Schicksal. Graz.
Nißmüller, Thomas und Rainer Volp (1998). Raum als Zeichen. Münster.
Nitschke, Markus – ORTE Architekturnetzwerk Niederösterreich (Hrsg.) Raum und Religion. Salzburg-München.
Nüchtern, Michael (1997). Kirche in Konkurrenz. Herausforderungen und Chancen in der religiösen Landschaft. Stuttgart.
• (1998). Die (un)heimliche Sehnsucht nach Religiösem. Stuttgart.
Ott, Michaela (2005). Denken des Raumes in Zeiten der Globalisierung. Münster.
Pieper, Josef (1989). Was heißt Sakral? Klärungsversuche. Hamburg.
Pehnt, Wolfgang (1997). Rudolf Schwarz, Architekt einer anderen Moderne. Stuttgart.
Rahner, Karl (1960). Kirche und Sakramente. Freiburg-Basel-Wien.
• und Herbert Vorgrimmler (1965). Das Heilige. In: Kleines theologisches Wörterbuch. Freiburg-Basel-Wien.
• (Hrsg.) (1967). Kleines Konzilskompendium. Freiburg-Basel-Wien.
Rainer, Roland (1980). Bauen und Architektur. Graz.
• (2003). Das Werk des Architekten 1927-2003. Wien.
Rauchenberger, Johannes (1999). Biblische Bildlichkeit. Paderborn.
Regensburger Domstiftung (Hrsg.) Redaktion Gerhards, Albert u.a. (2004). Dom im Licht – Licht im Dom. Regensburg.
Richardson, Phyllis (2004): Neue sakrale Architektur. München.
Ring, Romana (2004). Architektur in Oberösterreich seit 1980. Salzburg–München.
Rombold, Günter (1988). Der Streit um das Bild. Stuttgart.
• (1998). Ästhetik und Spiritualität. Stuttgart.
• (2004). Bilder – Sprache der Religion. Münster.
Roppolt, Lydia (2005): Sakrales – Monumentales. Weitra.
Seblatnig, Heidemarie (2006). Profane Sakralarchitektur in Wien ab 1960. Wien.

Seelsorgestelle Solar City (Hg.) (2006). Broschüre der Seelsorgestelle Elia Solar City vom 30. Juni 2006. Linz.
Scheer, Anton. Messe. In: Drehsen, Volker u.a. (Hrsg.) (1995). Wörterbuch des Christentums. München.
Schmied, Wolfgang (Hrsg.) (1980). Zeichen des Glaubens – Geist der Avantgarde. Religiöse Tendenzen in der Kunst des 20. Jahrhunderts. Stuttgart.
- (Hrsg.) (1990). Gegenwart Ewigkeit. Spuren des Transzendenten in der Kunst unserer Zeit. Ostfildern-Ruit.

Schwarz, Rudolf (1938). Vom Bau der Kirche. Würzburg.
- (1960). Kirchenbau. Welt vor der Schwelle. Regensburg.

Schwebel, Horst (2004). Über das Erhabene im Kirchenbau. Münster.
Seblatnig, Heidemarie (Hg.) (2006). Profane Sakralarchitektur in Wien ab 1960. Wien.
Steger, Bernhard und Christa Kamleithner (2005). Ottokar Uhl. Salzburg-München.
Stegers, Rudolf (1999). Räume der Wandlung. Wände und Wege. Studien zu Werk von Rudolf Schwarz (Bauwelt Fundamente). Basel.
Steffan, Emil (2000). Werk. Theorie. Wirkung. Regensburg.
Sternberg, Thomas (1999). In: Ansorge, Dirk, Christoph Ingenhoven und Jürgen Overdiek (Hrsg.). Raumerfahrungen – Raum und Transzendenz. Beiträge zum Gespräch zwischen Theologie, Philosophie und Architektur, Bd. 1. Münster.
- (2002). Unalltägliche Orte – sind katholische Kirchen heilige Räume? In: Kunst und Kirche, 3/2002. Wien-Köln-Weimar.

Stock, Alex (1991). Zwischen Tempel und Museum. Theologische Kunstkritik. Paderborn.
- (2003) Bilderfragen. Theologische Gesichtspunkte. Paderborn.

Stock, Wolfgang Jean. (2002a). Architekturführer. München-Berlin-London-New York.
- (2002b). Europäischer Kirchenbau 1950-2000. München-Berlin-London-New York.

Spalt, Johannes (1976). Ausstellung, veranstaltet von der Kammerhofgalerie der Stadt Gmunden und der Künstlergilde Salzkammergut. Gmunden: o.V.
- (1993). Johannes Spalt . Wien.

Taylor, Marc (1994). Disfiguring: Art, Architecture, Religion (Religion and Postmodernism). Chicago.
Thiel-Siling, Sabine (Hrsg.) (1998). Architektur! Das 20. Jahrhundert. München-London-New York.
Thon, Nikolaus. Orthodoxe Kirche. In: Drehsen, Volker (1995). Siehe LEXIKA.
Uhl, Ottokar (2000). Werk. Theorie. Perspektiven. Regensburg.
- (2003a) Architekt und Ermöglicher. Wien.
- (2003b). Gegen-Sätze – Architektur als Dialog. Ausgewählte Texte aus vier Jahrzehnten. Wien.

Waechter-Böhm, Lisbeth, in: Die Presse, Spectrum, 9. August 1997
Wagner, Manfred (2000). Stoppt das Kulturgeschwätz. Wien-Köln-Weimar.
Walf, Knut. Hierarchie. In: Drehsen, Volker (1995). Siehe LEXIKA.
Weyel, Birgit. Sakramente. In: Biser, Eugen (2003). Siehe LEXIKA.
Wiederin, Gerold und Helmut Federle (1997). Nachtwallfahrtskapelle Locherboden. Stuttgart.

Wigley, Mark(1994). Architektur und Dekonstruktion: Derridas Phantom. Basel-Boston-Berlin.
Wischmeyer, Wolfgang. Orthodoxe Kirchen des Ostens. In: Burkhardt, Helmut (1994). Siehe LEXIKA.
Wisser, Gernot (2000). Freiheit zur Genese. Münster.
Wöhler, Till (2005). Neue Architektur Sakralbauten. Berlin.
Zschokke, Walter (2007). Katholische Kirche „Christus, Hoffnung der Welt" – Wien Donaucity. Regensburg.

Zeitschriften und Broschüren

Architektur Aktuell (4/1995; Re-Interpretation 6-7/2000; Dignity 3/2001; Technology 7- 8/2001; Memory 11/2001; Working Conditions 12/2001; Cultural Structures 2 9/2002; Spirit & Space 1-2/2003; Sensorium 11/2003; Molding the Light 1-2/2004; Kirche in der Solar City. Zurück zum Selbst 1-2/2007.
Blickpunkt 2004 - Bauprojekte der Diözese Linz 2002/2003; 2006 - Bauprojekte der Diözese Linz 2004/2005.
Das Münster. Themenhefte: Symbolik 4/2002; Altar 2/2004; Räume der Stille 4/2004; Orte der Verkündigung 4/2005; Licht 1/2006.
Der Architekt. Der Zweck und die Mittel. Kirchliche Ästhetik(en) im Wandel (3/2007).
Detail. Sakrale Bauten. (9/2004).
Deutsche Bauzeitung. Kirchen. (11/2004).
Forum Kunst-Wissenschaft-Medien (Quart.2/2007). Was ist sakrale Architektur? Eine Anfrage als Briefwechsel zwischen Romana Ring und Peter Paul Kaspar.
Impulse für die pastorale Arbeit, Nr. 30. Richtlinien für die Gestaltung eines neuen Altares und der übrigen liturgischen Funktionsorte in den Kirchen der Erzdiözese Wien.
Kirchliche Kunst in Niederösterreich Ergänzungsband zu Band 1 Pfarr- und Filialkirchen südlich der Donau 1983.
Kunst und Kirche: Die Aktualität des Werkes von Rudolf Schwarz und Emil Steffan 1/1983; Peichls Entwürfe für die Europavesper 3/1983; Noch ist alles offen – Raum als Instrument: katholische Kirche St. Judas Thaddäus in Karlsruhe – Neureut 1/1990; Unalltägliche Orte sind in katholischen Kirchen heilige Räume? 2/2006).

Pfarrbroschüren
- Stadtpfarramt Gänserndorf (Hrsg.) (1996). Weihung Seelsorgestation Gänserndorf-Süd.
- Pfarrgemeinde Kranebitten, (24.11.2002). Pfarrbrief zur Kirchweihe am 24. November 2002.
- Pfarrgemeinde Kranebitten, (24.11.2002). Pfarrbrief Sonderausgabe zum Kirchenbau 2002.
- Pfarre St. Franziskus (Mai 2005). Kraftwerk Kirche Festschrift anlässlich der Eröffnung und Kirchenweihe des neuen Pfarrzentrums Wels-Laahen.
- Pfarrzentrum St. Franziskus, Sonnenkirche in Wels. Artikel aus Deutsche Bauzeitung Jg.: 139 (8.2005).
- Pfarre St. Severin Salzburg. Informationsblatt. Altarbild.
- Pfarrkirche zu den heiligen Schutzengeln Graz-Eggenberg. Broschüre 2006. Graz: Eigenverlag.

- Römisch-katholische Seelsorgestelle Treffling (Hrsg.). Seelsorgestelle Treffling. Linz: Druckerei In-Takt.
- Solares Bauen (2007). Kraftwerk für ein Gotteshaus – Sonnenkirche St. Franziskus in Wels.

Tagung der Diözesanen Bauämter Österreichs in der Erzdiözese Salzburg (5.-7.10.2005).
Theologisch-praktische Quartalschrift. Die Kirche und ihr Publikum (1/2005).
Unsere Brücke Juni-Dezember 2007. Diözese Linz.

Foto-/Plannachweis

Siegrun Appelt: S. 210 (2)
Architekturbüro Luger und Maul: S. 178 (1, 2), 180 (2)
Architekturzentrum Wien: S. 25, 27 (links), 28, 30, 35
Archiv Neuapostolische Kirche Österreich, Herbert Fürtbauer: S. 93, 143, 264, 266, 267, 268(1), 306
Mischa Erben: S. 120, 122, 123 (3 u. 4), 125
Johann Georg Gsteu: S. 26 (unten), 28 (unten)
Bruno Klomfar: S. 193
Christian Richter: S. 8, 14, 60, 63, 65 (3 u. 4), 66 (3)
Eva Rubin: S. 31 (oben)
Herbert Schwingenschlögl: S. 65 (2)
Margherita Spiluttini: 188 (1)
Efthymios Warlamis: S. 128

Alle anderen Fotos stammen von Constantin Gegenhuber.

Die Pläne wurden von den jeweiligen Architekten und Architekturbüros zur Verfügung gestellt. Autor und Verlag bedanken sich sehr herzlich für die freundlichen Abdruckgenehmigungen.

Kurzbiografie des Autors

Constantin Gegenhuber

Dipl.-Ing. (TU Wien)
Mag. art. Dr. phil. (Universität für angewandte Kunst Wien)
Dr. med. (Universität Wien)

Arzt, Architekt und Produktdesigner, *1960. Lebt und arbeitet in Steyr.

Arbeitsschwerpunkte:
- Facharztordination
- Architektur – Beratungen und Planungen für Ordinationen, Ärztezentren und Krankenhäuser
- Design – medizinische Produktentwicklung (Würdigungspreis für Wissenschaft und Kunst)
- Künstlerische Arbeiten – bildnerische Arbeiten zum Thema Krankheit und Leid
- Zahlreiche Ausstellungen im In- und Ausland

Die Erkenntnis der spirituellen Dimension in der Architektur führte zur intensiven Auseinandersetzung mit dem Thema der christlichen Sakralarchitektur.

www.arch-med.at
www.dr-gegenhuber.at

Impressum

Bibliografische Information der Deutschen Nationalbibliothek
Die Deutsche Nationalbibliothek verzeichnet diese Publikation in
der Deutschen Nationalbibliografie; detaillierte bibliografische
Daten sind im Internet über http://dnb.d-nb.de abrufbar.

©2011 Verlag Anton Pustet
5020 Salzburg, Bergstraße 12
Sämtliche Rechte vorbehalten.

Die Projekte wurden nach subjektiven Gesichtspunkten
ausgewählt und erheben nicht den Anspruch der Vollständigkeit.

Coverfoto vorne: Röm.-kath. Filialkirche Oberrohrbach
Coverfoto hinten und Titelei: Seelsorgestelle „Treffpunkt
Mensch und Arbeit" Linz, Standort voestalpine
Seite 334/335: Evangelische Kirche – Martin Luther Kirche, Hainburg

Cover Layout: Tanja Kühnel
Grafik: Ondrej Vranka
Lektorat: Anja Zachhuber
Druck: Druckerei Theiss GmbH, St. Stefan im Lavanttal
Gedruckt in Österreich

Diese Publikation wurde durch die Kulturabteilung der Stadt
Wien, Wissenschafts- und Forschungsförderung und durch
Bandagist Heindl, Linz unterstützt.

ISBN 978-3-7025-0632-2

www.pustet.at